Christian Schmidt
Die Brunnennymphe

Christian Schmidt

DIE BRUNNEN NYMPHE

Für Gisela zur Freude
und Erbauung.
Herzlichst
Christian Schmidt

edition fischer

Bibliografische Information der Deutschen Nationalbibliothek
Die Deutsche Nationalbibliothek verzeichnet diese Publikation in der Deutschen Nationalbibliografie; detaillierte bibliografische Daten sind im Internet über http://dnb.d-nb.de abrufbar.

Orber Str. 30, D-60386 Frankfurt/Main

Titelbild: Lamia von John William Waterhouse
Schriftart: Palatino 11°
Herstellung: ef/pr
Printed in Germany
ISBN 978-3-86455-073-7

»Romantisieren bedeutet,
dem Gewöhnlichen einen höheren Sinn,
dem Alltäglichen den Anschein des Mysteriums,
dem Bekannten die Würde des Unbekannten
und dem Endlichen die Züge des Unendlichen
zu verleihen.«
(Novalis)

Inhalt

Vorwort

Ich sitze am Schreibtisch, ich, Jan Braaderup, 70 Jahre alt, von dem niemand etwas weiß. Ich sitze hier, in einer verregneten, grauen Novembernacht und bin nichts.

Da passiert etwas Außergewöhnliches, geradezu Unerhörtes. Das Nichts beginnt zu denken. Die Gedanken fließen aus einem Bleistift auf weißes Papier und füllen Seite um Seite. In allem ist die Vorstellung versteckt, das Leben bisher nur an der Oberfläche gefristet zu haben. Was ja gar nicht so schlecht gewesen wäre, hätte ich sie nicht mit einem unglaublich langweiligen Stoff überzogen, wie ihn jeder Spießer auf seinem Sofa hat.

Ist es möglich, dass ich, Jan Braaderup, ruhig auf diesem Sofa sitze, die Hände in den Schoß lege und dem Tod entgegen dämmere? – Nein! Ich will die Zeit nutzen und auf Reisen gehen, die mich unter die Oberfläche führen, damit ich den Sinn des Ganzen verstehe. Der Fels musste erst wachsen, bevor ich nach Goldadern schürfen kann. Ich musste alt werden und eigene Gedanken entwickeln, um über ernste Gefühle und Erfahrungen schreiben zu können. Ich musste Vergangenheit bilden, damit ich aus dem tiefen, geheimnisvollen Brunnen des Gewesenen die eingeschlafenen, vergessenen Erinnerungen wachrufen kann.

Jedes Zurückdenken ist ein geheimnisvoller Weg, ein Wiedererleben mit neuen Augen. Nicht mehr mit dem unschuldigen Blick des Kindes oder dem des neugierigen Knaben, auch nicht mit dem sehnsuchtsvollen des Verliebten, sondern mit dem erfahrenen eines Liebenden.

Es sollen keine Wellness-Reisen sein, denn ich habe keine Zeit mehr, untätig in der Sonne die Seele baumeln zu lassen. Phantasiereisen werden es, Reisen zu dem Wahren, Guten, Schönen.

Bedarf es dazu eines Vorwortes? – Warum? – Wer erkennen will, erkennt. Wer im Dunklen ist, wird selbst bei einem Vorwort, länger als das Werk selbst, in der Finsternis bleiben. Licht ist nur Licht für den Sehenden. Der Blinde, wandelt er auch in noch so hellem Sonnenschein, wird immer in finsterer Nacht bleiben.

Natürlich gibt es Leser, denen man sich kategorisch erklären sollte. Doch werden alle noch so präzisen Erklärungen auch so verstanden, wie sie gemeint sind?

Fragwürdig, so ein Vorwort. Meistens wird es überblättert, als gehöre es nicht zum Buch, obwohl es auf die folgenden Seiten einstimmt, sie verständlich macht, die Absichten des Autors erklärt. Weil es aber zu einem Buch gehört, beginne ich natürlich mit dem Vorwort:

Ein weites Meer mit fremden, geheimnisvollen Ufern und unerforschten Inseln liegt vor mir. Die Farben des Regenbogens spiegeln sich auf den Wassern.

Stürme und wechselnde Strömungen sorgen für Gefahren und Abenteuer, Flauten für Stillstand, – Rast, – ausruhen, – sich besinnen, um mit neuer Kraft und frischem Mut weiter zu segeln. Ich kenne die Richtung nicht, nur das Ziel. Viele Abenteuer sind zu bestehen. Ich ahne nicht welche, weiß nicht, wo und wann.

Eine Reise ins Märchenhafte, ins Ungewisse, über Wellenberge und durch tiefe -täler, durch verwunschene Wasser, unwirklich und doch dem Herzen so nah, – zu nah, um es nicht als Schicksal zu bezeichnen.

Eine Fahrt zu den Stränden der verlorenen Zeit, von

Illusion zu Illusion, in längst vergangene Tage, bruchstückhaft, das Herz überschattet von einer Wolke Wehmut.

Sehnsucht, endlich heimkehren zu können, wird mich in manch sturmtosender Nacht überkommen. Dennoch stoße ich frohen Mutes vom vertrauten Ufer ab und spüre bald die Planken der Phantasie unter meinen Füßen. Sie sind weich und tragen. Ein guter Halt für die Fahrt über das Meer, bis ans Ende von Raum und Zeit. Bis dorthin, wo sich Illusion und Wirklichkeit berühren, um eins zu werden, das Eine im Anderen. Denn hier, wo der Regenbogen zu Hause ist, über den sieben Himmeln, gibt es nur noch sie, die wahre, reine Liebe.

Es ist ein Sehnen, das mich schier zerreißen will. Aus wehmütiger Seele rinnt Träne um Träne, und durch den feuchten Schleier strahlt ein Lächeln, das mich verzaubert.

Ich fahre los, denn ich weiß, wo ich dieses Lächeln finde.

Jan Braaderup, ein Phantasiereisender, der vom Schreibtisch oder nachts von seiner Terrasse durch eine Welt reist, die nur er kennt; ohne Abfahrt, ohne Ankunft. Wie ein Glücksuchender, der sein Glück längst gefunden hat, vagabundiert er durch Märchen und Sagen, verkehrt mit Nymphen, versteht ihre Sprache, kennt ihren Sinn.

In allem liebt er sie, die Eine, die Schöne, die Wunderbare, der nicht nur sein Herz gehört, die auch das Ziel all seiner Reisen ist. Sie wartet auf ihn, wo auch immer, denn sie ist in ihm, wie das Herz und die Seele.

Er wird in sein Innerstes eintauchen müssen, denn er sucht sich, will wissen, wer er eigentlich ist. Die Antwort, so vermutet er, liegt tief verborgen in seinem Ich. Es wird die Suche nach einer Sandbank im Meer der Ungewissheiten.

Im Laufe der Jahre hat er sich erlebt, hat gesehen, wie er sich durch das Leben schlug, hat seine männlichen Eigenschaften zu schätzen und auch zu verachten gelernt. Er hofft, dass er das nicht ist, dass es nur seine Maske war. Nun sucht er die Summe aller weiblichen Eigenschaften, die in ihm sind, die sich irgendwo im Dunklen seiner Seele aufhalten. Der Weg dorthin ist unbekannt, und weil keine naturwissenschaftliche Logik weiterhilft, will er es mit dem Mystisch-Märchenhaften versuchen. Hier hofft er, das zu finden, was all seine Wünsche und Sehnsüchte erfüllen kann. Viele Gedankenpfade wird er durchsinnen, manchen Rückschlag hinnehmen, bis er seiner Najade, seiner Anima in die Arme sinken darf.

Worte sollen seinen Abenteuern die nötige Form geben. Mit ihrer Hilfe wird er versuchen, einen Reiseführer zu den Quellen der Seele zu schreiben. Dabei möchte er nur Schönes zeigen, möchte nichts beweisen, nicht moralisieren oder moralisch sein. Er will erfreuen und unterhalten. Seine Poesie will die helle, duftende Blumenwiese sein, auf der sich die durch das Leben getriebene Seele ausruhen und erholen darf. Der Weg wird ihn in die Welt der Mythen führen, die für ihn, neben der Bibel, der Ursprung und Wegweiser der europäischen Kulturgeschichte ist.

Er meint nicht, dass früher alles besser gewesen ist. Das glauben nur die Nörgler. Jetzt sind die Zeiten, von denen wir später sagen werden, dass früher alles besser war. Wenn man es recht bedenkt, gibt es nur eine Zeit, die gut ist: Heute, jetzt und hier.

Reisen in die Wunderwelt der Märchen sind Braaderups liebste Touren. Ihre bildhaften Geschichten, jede ein Drama im Kleinen, veranschaulichen in einfachen Bildern die Welt, zeigen typisches menschliches Verhalten, seelische Grundbefindlichkeiten und die Phänomene des Daseins: Welterfahrung, Leben, Liebe, Tod.

Die Welt, in der wir leben, ist hübsch hässlich geworden. Wohin wir sehen, stehen uniforme, seelenlose Monster aus Beton, Stahl und Glas. Hochhausschluchten, hohläugige Parkhäuser, Discountmärkte, »Industrieparks«. Das Schöne fällt nicht mehr ins Auge; es ist selten geworden.

In diese anonyme, graue Wüstenlandschaft versucht der Geschichtenerzähler Braaderup Farbtupfer zu setzen, die nur schön sein wollen. Dabei denkt er an die langen, kalten Nächte in der Wüste, als sich Menschen um ein wärmendes Feuer setzten und sich Märchen aus Tausendundeiner Nacht erzählten.

Wie sich doch Situationen gleichen, dachte er und wusste, dass es Sinn macht, Geschichten zu schreiben, so lange noch ein Mensch auf der Erde lebt, der sie hören möchte. Wer sich auf ihre Unwirklichkeit einlässt, wird von ihnen in jene Zauberwelt entrückt, in der es keine strengen Konturen gibt, wo sich die unendlichen Wasser in die schäumende Gischt der Phantasien stürzen; dort, wo der Regenbogen geboren wird, wo sich die Grenzen zwischen der wirklichen und der geträumten Welt auflösen und schöne, warmherzige Nymphen den Wanderer in ihre weichen Arme schließen.

Sehnsucht ist das, wonach wir uns sehnen. Wie ein Spiegelbild das getreue Abbild der Wirklichkeit ist, können Illusionen wirklich werden, weil sie in uns wirken.

Jan Braaderup steht auf der Terrasse. Ein milder Frühlingswind trägt ihm den Geruch der frisch gemähten Wiese in die Nase, über ihm, am abendlichen Himmel, die Venus, der Abendstern.

Stille ringsumher, nur gelegentlich das Plätschern des Wassers, wenn ein Fisch sein feuchtes Element verlassen will, um platschend wieder zurückzufallen. An der Stelle, wo er versuchte zu fliegen und wieder ins Wasser fiel, weil das Schicksal ihm Flossen und keine Flügel beschert hatte, erinnern ein paar Wellen an seinen gescheiterten Versuch, und die Silberfäden des Mondes tanzen auf der Oberfläche.

Braaderup ist nachdenklich. Wird er über genügend Stoff verfügen, um etwas Sinnvolles zu schreiben? Wird seine Seele die Herzen der Leser erreichen? Wird er die Kraft haben und die geistige Frische, die richtigen Worte zu finden?

Andererseits ist Schreiben etwas sehr Schönes und Wichtiges. Nicht ohne Grund sagte Max Frisch, wer nicht schreibe, wisse nicht einmal, wer er nicht sei.

Wie Recht er hat. Jeder erkennt sich in dem, worüber er schreibt, und wie er schreibt. »Le style c'est l'homme.« Man lässt wichtige Rückschlüsse zu, was und wie man ist, denn der Autor schöpft aus sich und hinterlässt Spuren in der Welt.

Der Ausdruck ist kein bloßes äußeres Dekor. Nein, er entspricht der stilistischen Individualität. Es müssen nicht immer Worte sein. Oft sind es Pinselstriche, Steinmetzzeichen, Handbewegungen, die Art des Berührens, des Ansehens, der Tonfall der Stimme oder wie man eine Arbeit verrichtet. All das sind Mosaiksteine zum Gesamtbild einer Person und Fundstellen zur Selbsterkenntnis.

Ich betrachte mich in dem, was ich gemacht und wie ich

es gemacht habe und denke: So also bin ich. Wir tragen Kreativität in uns wie eine Eizelle. Wenn sie wachsen soll, muss ein befruchtendes Element hinzukommen.

Beim Maler ist es der Blick auf etwas. Dieses Etwas berührt ihn, beginnt in ihm zu wachsen, und er gebiert es auf die Leinwand; hält es fest. Dieses Neue, das der Maler aus seinem Inneren schafft, wird zu einem neuen Außen, doch ganz anders, als das Ursprüngliche war. Der Betrachter des Kunstwerkes sieht es und es weckt nun in seinem Inneren Erinnerungen und Gefühle. So schließt sich der Kreis.

Es geht immer darum, dass Kreise sich schließen, wenn sich Dinge vollenden sollen.

Der Maler sieht eine Landschaft, sie bewegt etwas in seiner Seele. Rührt an etwas, das nun aus ihm heraus möchte. Das ist die Motivation zu malen. Er malt mit dem Gefühl, das sich mit seinem Blick verbindet, und heraus kommt ein Bild, das mehr ihn, als die Landschaft widerspiegelt. Er gibt sich preis.

In der Seele des Betrachters, der das Original vielleicht nie gesehen hat und sehen wird, rührt das Bild auch etwas an. So fließt es aus der Seele des Malers in andere, fremde Seelen. Der Kreis schließt sich, viele Kreise. Bei jedem Betrachter ein anderer.

Das vollendete Kunstwerk führt dazu, dass der Kreislauf, die fließende Polarität zwischen den Wesen, der Austausch von innen und außen erfolgt. Die Harmonien dieser Zirkulation, die Gemeinsamkeiten zwischen Künstler und Betrachter, bewirken, ob ein Bild gefällt oder nicht. Dabei kann das Bild im Betrachter etwas ganz anderes auslösen, als im Maler. Das ist auch gut, denn so entsteht ein großer, bunter Teppich, der aus den unterschiedlichsten Empfindungen geknüpft ist.

Genauso ist es mit der Literatur. Auch sie berührt die Herzen der Leser auf vielfältige Weise, baut Brücken, schließt Kreise, befruchtet Träume, wühlt auf, tröstet, weckt einen ganzen Kosmos an Empfindungen und Gefühlen, und verbindet den Autor mit seinen Lesern.

Findet man sich auf irgendeine Art und Weise im Geschriebenen wieder, wird es gefallen. Je größer die Gemeinsamkeiten, desto enger wird die seelische Verbindung, denn Gleiches verbindet, Unterschiede distanzieren.

Für Braaderup ist der Garten von noch größerer Bedeutung als das Schreiben. Seinen Garten bezeichnet er gerne als »Naturgarten« und versteht darunter etwas Ähnliches, wie einen »Waldgarten«.

Er hatte die Natur belassen, wie sie war, so, wie sie auch außerhalb des Grenzbewuchses ist, damit kein Fremdkörper, kein künstliches Biotop entsteht.

Schon als Kind war Braaderup traurig, wenn beim Hausbau zuerst alle Bäume gefällt wurden. Was für ein Trauerspiel! Die Kettensägen fressen sich mit Lärm und Gestank in das Fleisch der Bäume, bis tief ins Mark. Die alten Ehrwürdigen seufzen und fallen stöhnend zu Boden. Schnell werden sie der Krone beraubt, die sie über Jahrzehnte stolz getragen haben. Ihr schlanker Stamm wird zu Brennholz zerstückelt oder kommt ins Sägewerk. Der Baum wollte nicht sterben. Er war gesund und freute sich des Lebens. Doch der Mensch ist stärker. Er macht sich die Erde untertan und versteht darunter Zerstörung. Wenn er genug zerstört hat, jammert er über Klimawandel. Irgendwie erbärmlich. Dabei sollten wir Bäume ehren, waren sie doch vor Zeiten unser Zuhause.

Dann kommen die Planierraupen. Auf großen LKWs

wird der über Jahre aus sich gewachsene Mutterboden entsorgt und mit ihm alle ortsansässigen Pflanzen. Jahre wird es dauern, bis die Natur wieder Fuß fasst, wenn es ihr überhaupt erlaubt wird.

Meistens deckt ein künstlich wirkender Rollrasen die Wunden; ohne Gänseblümchen, Günsel, Löwenzahn, Scharbockskraut, all das, was hier mal zu Hause war, bevor der Mensch kam. Nun ist nichts mehr, denn jetzt ist er da. »Du sollst keine anderen Götter haben neben mir.« Das nimmt er sehr ernst, denn aufgrund seiner selbst erdachten Gottähnlichkeit hält er sich für Gott. Er will über alles herrschen, aber beherrscht nicht einmal sich selbst. Der Boden wird zugepflastert, mit fester Fuge, damit Wachstum keine Chance mehr hat.

Warum ist uns Landschaft so fremd? Warum können wir nicht mit ihr umgehen?

Wir sind es gewohnt, mit Personen zu reden, Rückschlüsse aus ihren Bewegungen zu ziehen, wir betrachten ihre Hände, um etwas über sie zu erfahren. Wir sehen in ihre Gesichter, in denen, wie bei einem Zifferblatt, die Stunden sichtbar sind, die ihre Seelen tragen und wiegen.

Doch die Landschaft hat keine Hände. Sie will auch nicht mit uns reden, und ihr Gesicht ist von unübersehbarer Größe. Auch wenn wir jede Einzelheit an ihr lieben, so ist sie uns doch in ihrer Gesamtheit geheimnisvoll und unbegreiflich, ja vielleicht sogar ein wenig fremd.

Menschen kommen und gehen, die Landschaft bleibt. Daran ändert auch die Tatsache nichts, dass die Menschen seit Jahrtausenden versuchen, mit ihr zu verkehren. Wir bebauen sie und dort, wo wundervolle Frühlinge aus ihrer Tiefe aufsteigen wollen, ersticken wir ihre Fruchtbarkeit mit Beton und Asphalt.

Sie tut, als würde sie von alledem nichts merken, bis wir vor Entsetzen innehalten, wenn sie plötzlich aufsteht und mit ihren Urgewalten Kulturen von ihren Schultern schüttelt, wie lästige Fliegen.

Was macht es ihr schon, wenn wir ihr Gesicht verändern, Wälder roden, Flüsse kanalisieren, Berge durchtunneln, Schätze aus ihrer Rinde holen, die Früchte der Bäume und Felder mit einer Selbstverständlichkeit hinnehmen, als wären sie nur für uns bestimmt? Die Landschaft lässt es geschehen, denn sie weiß, dass sie bleiben wird. Sie murrt nicht, sie jammert nicht, weil sie noch da sein wird, wenn die zweibeinigen Termiten und Maulwürfe längst nicht mehr sind.

Der gewöhnliche Mensch sieht meistens nur die Oberfläche der Dinge. Sein Hauptaugenmerk ist auf die unmittelbare Umwelt gerichtet, denn hier spielt für ihn die Musik, hier ist alles, was ihm wichtig ist. Hier ist die Konkurrenz, an der er sich messen muss, hier liegt sein Heil.

Die Landschaft sieht er nur nebenbei mit. Sie ist etwas Selbstverständliches, Vorhandenes. So leben Mensch und Landschaft nebeneinander her, ohne voneinander zu wissen.

Und dennoch gibt es immer wieder Menschen, die sich mit der Natur befassen, die versuchen, ihr nahe zu sein. Die Künstler: Dichter und Maler, Komponisten und Architekten. Einsame im Grunde, die versuchen, das Ewige mit dem Vergänglichen, das im tiefsten Gesetzmäßige mit dem Vorübergehenden, Flüchtigen zu verbinden. Sie sehen ihre Aufgabe darin, die Natur zu erfassen und sich selbst irgendwo in ihre großen Zusammenhänge einzufügen.

Vielleicht ist es der größte Wert der Kunst, das Medium zu sein, in dem sich Mensch und Landschaft, Gestalt und Welt begegnen und zueinander finden, denn im Bild, im

Bauwerk, in der Symphonie und in der Sprache scheinen wir uns wie in einer höheren prophetischen Wahrheit zu jener vollkommenen Einheit zusammenzuschließen, die das Wesen des Kunstwerkes ausmacht; unsere Umwelt ist dieses Kunstwerk.

Braaderup setzt gerne kleine Inseln mit Rosen, Phlox und Hortensien in die Natur. Funkien kommen in den Schatten blühender Sträucher, die im Herbst bunte Früchte tragen und eine schöne Blattfärbung zeigen.

In das Grün der Bäume wachsen Clematis, Lianenrosen und Blauregen. Sie geben ihren Gastgebern einen ungewöhnlichen, exotischen Reiz.

Im Unterholz findet der aufmerksame Betrachter kleine, halb versteckte Skulpturen. Er nennt sie die Geheimnisse des Gartens. Das sind Dinge, die dem flüchtigen Blick entgehen, die dem aufmerksamen Betrachter aber so viel Freude bereiten, dass er gerne noch einmal die Wege abschreitet; diesmal aber mit einem veränderten Blick.

Geheimnisse sind das gewisse Etwas des Gartens, machen ihn interessant und verwunschen. Ein solches Fleckchen Erde kann Geschichten erzählen, birgt Märchen, hat den Hauch des Mystischen.

Im Herbst, wenn sich das buntgefärbte Laub löst und durch die Luft taumelnd zu Boden fällt, öffnen sich die »Geheimnisse« dem Blick und es entsteht jene Stimmung, die Stefan George so bezaubernd mit Worten festgehalten hat:

»Komm in den totgesagten park und schau:
Der schimmer ferner lächelnder gestade.
Der reinen wolken unverhofftes blau
Erhellt die weiher und die bunten pfade.«

Herbst, was für ein Zauber! Es ist, als wäre ein genialer Maler über das Land gegangen und hätte großzügig die Farben seiner Palette verschwendet. Grün wird Rot, Gelb oder Braun. Man sieht die Pracht, die sich der Gärtner bei seinen Arrangements vorgestellt hat, als er die ganze Bandbreite der Natur für seine Bilder einplante. Gärtnern bedeutet mit Pflanzen malen, arbeiten auf einen Höhepunkt hin. Dieser Höhepunkt heißt Herbst. Nicht ohne Grund beginnt Trakl sein Gedicht: »Gewaltig endet so das Jahr.«

Der Garten im Herbst ist nicht nur Arbeit, sondern vor allem Besinnung, drängt sich doch der Vergleich des Jahresablaufs mit dem Menschenleben auf.

In welchem Abschnitt des Jahreszyklus stehe ich eigentlich, denkt Braaderup. Ist es noch Herbst oder schon Winter?

Vielleicht macht er sich was vor, aber er entscheidet sich für Spätsommer.

Spätsommer

Bald ist es Herbst. Die letzten Sommertage
vergehen schnell. Die Sonne dimmt ihr Licht,
und ihre Kraft nimmt, ohne Frage,
nun täglich ab. – Wir merken's nicht.

Die Blätter wechseln Grün mit Rot
und heimlich, so in aller Stille,
erscheint ein Hauch vom nahen Tod.
Der führt uns dann, wie es sein Wille,
über die ihm vorgeschrieb'ne Spur
hin zur Vollendung der Natur.

Die kalten Winde wehen bald vom Osten,
das bunte Laub fällt von den Bäumen.
Lasst uns vom jungen Weine kosten
und von dem nächsten Frühjahr träumen.

Du schöne Sommerzeit gabst viel.
An deiner weichen, warmen Brust
war alles Glück und Zauberspiel,
war alle Liebe – alle Lust.

Im Hause lockt der wärmende Kamin.
Die ersten Vögel rüsten sich zur Reise.
Wildgänse schreiend südwärts zieh'n,
wie jedes Jahr – die alte Weise.

Und wer zurückgeblieben, hebt,
geduldig wartend auf das nächste Jahr,
ganz still die Hände zum Gebet,
und wünscht sich, dass er weiterlebt,
und alles wird, wie's immer war.

Alle werden ihn verlachen, so viel steht fest, und er kann es verstehen, ja, er würde es wohl auch tun, denn die Geschichte ist so unglaublich, dass er lange überlegt hatte, ob er überhaupt darüber schreiben soll. Doch übervoll, sprudeln die Worte wie von selbst aus ihm heraus: In seinem Garten lebt eine Nymphe, genau gesagt eine Brunnennymphe, eines dieser wunderschönen Wesen, die es, so meint man, nur in Büchern gibt, in Märchen und Mythen, aber nicht im richtigen Leben. Wäre er ihr nicht begegnet, hätte er das auch gedacht. Aber so …

Er nennt sie Brunnennymphe, weil sich ihre Wege eines

Nachts rein zufällig an einem alten Sandsteinbrunnen getroffen haben.

Sie heißt Josephine, lebt im Garten und badet im Brunnen. Manchmal glaubt er sogar, dass sie dort schläft. Trotz der innigen Vertrautheit und der tief gefühlten Liebe zwischen ihnen lässt sie ihn darüber im Unklaren. Braaderup weiß nicht warum, fragt sie aber nicht weiter, denn würde das Wissen auch nur das Geringste an ihrer Beziehung verändern? – Nein, sicher nicht.

Nymphen haben ihre Geheimnisse, was sie nur noch wundervoller macht, als sie es ohnehin sind.

Der Umgang mit diesen bezaubernden Wesen ist nicht immer leicht. Nymphe und Mensch, geht das überhaupt? – Warum nicht? Wenn sich die Herzen finden, ist es unproblematisch. Wichtig ist, dass jeder auf die Eigenarten und Lebensgewohnheiten des anderen Rücksicht nimmt und seine Persönlichkeit respektiert. Alle Probleme lösen sich von selbst, wenn Liebe zwischen beiden ist. Wo Liebe ist, kann jeder sein, wie er ist, ohne zu fürchten, dafür bestraft zu werden. Ja, Braaderup wollte sogar so weit gehen und sagen: er wird für seine Eigenarten geliebt.

Nymphen sind Zauberwesen und kommen aus einer anderen Welt. Auch wenn sie immer jung und wunderschön aussehen, sind sie nach den Jahren uralt. Sie leben, solange sie in den Herzen der Menschen sind. Sollten sie mal daraus verschwinden, leben sie in Erzählungen weiter.

Josephine und ihn verbindet eine große Leidenschaft: beide lieben sie Märchen. Sie ist ihm natürlich weit überlegen, allein schon wegen ihres Alters. Außerdem kennt sie unendlich viele Nymphenmärchen. Sie sind ja, wenn man so will, die Chronik ihrer Familie.

Oft sitzen sie zur mitternächtlichen Stunde in der

Gartenlaube und erzählen sich Geschichten oder tragen einander Gedichte vor. Josephine liebt schöne Gedichte.

Viel Zeit füreinander haben sie nicht, denn als Gartennymphe ist sie ständig unterwegs. Im Winter sehen sie sich öfter und erzählen, dicht aneinander gekuschelt, bis in die frühen Morgenstunden.

Josephines Geschichten sind authentisch, denn sie hat sie erlebt. So gesehen sind es eigentlich keine Märchen, sondern Berichte aus einer uns verloren gegangenen Welt, aus einer Zeit, als alle noch friedlich zusammenlebten und keiner sich vor dem anderen verstecken musste.

Wenn er eingangs sagte, dass Nymphen wunderschön sind, so ist diese Feststellung natürlich subjektiv. Das Empfindungsvermögen für Schönheit, dieses göttliche Geschenk, ist für jeden zum Glück anders. Wäre es nicht so, würden wir alle die gleichen Autos fahren, die gleichen Klamotten tragen, die gleiche Frau oder den gleichen Mann lieben. Unser Leben wäre monoton und langweilig und nur von Kampfeshandlungen um die Gunst der einen Frau oder des einen Mannes geprägt.

»Interessenloses Wohlgefallen« sei Schönheit, meint Kant. Schiller geht noch weiter und sagt: »Schönheit ist Freiheit in der Erscheinung.«

Beiden Definitionen dürfte keine große Bedeutung zukommen. Wir nehmen sie weder dem Idealisten noch dem Philosophen übel. In der Realität ist das Schöne nie frei von Interesse. Es weckt Begehrlichkeiten. Wer dem widerspricht, ist dem wahren Schönen noch nicht begegnet. Schon dem ersten Erblicken folgt ein Sehnen: Ach, wenn ich es hätte … Dem Sehnen folgt der Wunsch, es besitzen zu wollen. Das kann zum Lebenswunsch, aber auch zum Drama werden. Häufig folgt die fixe Idee: Ich will, ich muss es haben.

Kants Idealvorstellung überfordert den Menschen, denn der funktioniert anders, als alle Theorie.

Was die Freiheit in der Erscheinung betrifft, so ist da sicher viel dran. Der schwarze Panther in der freien Wildbahn findet an Schönheit kaum seinesgleichen, doch ist auch Rilkes Panther, dessen »Blick vom Vorübergehn der Stäbe so müd geworden ist, dass er nichts mehr hält« immer noch ein wunderschönes Tier, das wegen seiner Schönheit bestaunt wird. Wirklich Schönes ist auch in Unfreiheit schön. Zumindest, solange es in der Unfreiheit nicht verkümmert und schließlich stirbt.

Interessant, dass beide Aussagen behaupten, dass Schönheit allein durch die Erscheinung wirkt und die inneren Werte des Objekts oder der eigene Nutzen keinen Einfluss auf die Beurteilung haben. Wenn das so wäre, würde der schwarze Panther in den Augen des von ihm Angegriffenen immer noch wunderschön sein, auch wenn er für ihn eine lebensbedrohliche Bestie geworden ist. Doch in der Realität wird er nur noch die starren Augen und den gefletschten Fang mit den großen Reißzähnen sehen. Nichts wird er daran schön finden, sondern alles nur fürchterlich und bedrohlich. Als domestizierte Schmusekatze, die schnurrend zu ihm kommt und sich streicheln lässt, wäre das Tier natürlich viel schöner.

Die Empfindung »Schönheit« wird von den Umständen geprägt und ist somit relativ. Der hungrige Mensch sieht in dem schwarzen Panther nicht das schöne, elegante Tier, sondern ein Objekt, das seinen Hunger stillt. Er findet den Hasen schöner, weil er eine ungefährlichere Beute ist. Erst wenn die lebenswichtigen Bedürfnisse gestillt sind, wird er sich dem Luxus des reinen Betrachtens hingeben, so wie der Verdurstende das lebensrettende Wasser sieht und erst, wenn der Durst gestillt ist, Augen für die Schönheit der Quelle hat.

Bleibt zusammenfassend festzustellen, dass Schönheit eine individuelle Empfindung ist, die von der Gefühlslage des Beurteilenden geprägt und keineswegs als ein »interessenloses Wohlgefallen« empfunden wird.

Schönheit ist nicht nur ein Geschenk, sondern auch Aufgabe, die oft als lebenslanger Kampf um den Erhalt des Körpers in vermeintlich ewiger Jugend missverstanden wird. Sie ist keineswegs an das Alter gebunden, also kein Attribut der Jugend. Deshalb macht es wenig Sinn, die körperliche Jugend erhalten zu wollen. Selbst wer sein ganzes Leben unveränderte Schönheit behielte, würde auf Dauer seinen Glanz verlieren und langweilig werden. Lässt er dem Alter freien Lauf, wird er sich verändern und hat die große Chance, schön zu altern und die Schönheit des Alters mit Geist und Charme, Nachsichtigkeit und Ruhe zu füllen. Die »nur« schöne Jugend wird er weit übertreffen und sich von der »Konkurrenz« positiv abheben. So wie das Positive vom Negativen lebt, so lebt auch Schönheit von Kontrast und Veränderung.

Wären alle gleich schön, wäre Schönheit etwas Langweiliges. So aber geht es um die Faszination des Augenblicks, den Moment des Erscheinens, um den Unterschied zur Konkurrenz. Das bringt Farbe in die Uniformität, das ist gelebtes buntes Leben; und grau ist alle Theorie.

Über Nymphen, er hat so viele gesehen, braucht man sich solche Gedanken nicht zu machen, denn sie sind alle wunderschön, aber die Schönste ist seine Josephine.

Es war eine Nacht wie viele, als sie sich kennenlernten. Braaderup hatte den ganzen Tag am Schreibtisch gesessen, ohne dass ihm etwas Rechtes eingefallen war. In solchen

Situationen ging er gerne auf die Terrasse, rauchte, sah in die Nacht und ließ sich von ihr inspirieren.

So ging er auch an diesem Abend durch den in der Dämmerung liegenden Garten. Die Farben der Blumen verloren langsam ihr Leuchten. Rot fiel noch gut ins Auge, doch nur, wenn es hellrot war. Weiß beherrschte die Szene, weil es das wenige Licht besonders stark reflektiert.

Er wollte noch einmal nach dem Rechten sehen und sich vergewissern, dass all seine Schutzbefohlenen gut über den Tag gekommen waren. Dabei ließ er sich viel Zeit, streichelte behutsam hier und dort, sprach mit den Sorgenkindern, machte Mut und lobte die Fleißigen.

Heute gab es besonders viel zu besprechen, und so war es dunkel geworden, bis er wieder auf der Terrasse stand. Sein Blick ging wie immer zum sternenvollen Abendhimmel. Er zeigte ein funkelndes Strahlen, als ob abertausend Diamanten wahllos auf schwarzblauem Samt verstreut wären. Der Mond schien im belaubten Geäst der Hainbuche hängen geblieben zu sein und leuchtete wie ein Lampion. Seine Silberfäden tanzten auf der gekräuselten Oberfläche des kleinen Brunnens.

Braaderups Blick blieb an einem weißlichen Dunst hängen, der wie zufällig zwischen den kräftigen Trieben einer Kletterrose lag. Neugierig ging er näher und sah, dass es ein weißer Schleier war. Weich und seidig fühlte er sich an, fast unwirklich. Der Wind muss ihn hergeweht haben, dachte er und löste ihn vorsichtig von den Zweigen.

»Hallo, du«, flüsterte es plötzlich. Er blieb stehen und sah sich um. Hatte da jemand gerufen, oder rührte der milde Sommerwind das Windspiel? Er lauschte. Da war es wieder. »Ja, dich meine ich, Braaderup. Gib mir bitte mein Gewand. Ich habe es abgelegt, um im Brunnen zu baden.

Du hast mich überrascht. Nun hocke ich hier nackt im Schilfgras. – Nein! – Sieh bitte nicht her. Wirf mir das Kleid einfach herüber. Bin gleich verschwunden.«

»Nein, nein, das möchte ich nicht. Ich würde doch gerne meine Mitbewohnerin kennenlernen. Weißt du was? Wenn du angezogen bist, setzen wir uns hinten in die kleine Laube, und du erzählst mir, als ein kleines Dankeschön, eine hübsche Geschichte. Einverstanden?« Er warf das Tuch hinter sich ins Schilfgras.

»So! Jetzt darfst du dich umdrehen, Braaderup.«

»Beim Himmel, bist du schön«, entfuhr es ihm, als er eine wunderschöne Frau vor sich stehen sah. Ihr Lächeln kam wie winzige Blitze aus ihren Augen. Es ging ihm tief ins Herz. Er wusste sofort, dass es eine Nymphe war, schön wie die Abenddämmerung an einem milden Sommertag. Nicht nur das Lächeln hielt ihn gefangen. Das kleine Persönchen strahlte so viel Charakter aus. Und diese Traumfigur, – ihre schlanken Beine zeichneten sich gegen das Mondlicht geradezu formvollendet ab. Eng legte sich das Schleiergewebe um ihre runden, weichen Schultern, die in Rundungen übergingen, wie sie nur ein Gott erschaffen kann.

»Sieh dir nicht die Augen aus, mein Alter«, lachte sie, »so sehen wir nun mal aus. Ich bin nichts Besonderes, nur eine ganz gewöhnliche Nymphe und heiße Josephine.«

»Ja, ja, ich hab schon so viel von euch gehört. Wie du wahrscheinlich weißt, schreibe ich auch über euch, aber dass ihr so ...«

»Lass es gut sein, mein Lieber. – Du hast einen sehr schönen Garten. Ich bin gerne hier. Man merkt die Liebe, die du ihm widmest und dein Gespür für das Schöne. Er ist eine kleine Welt für sich.«

»Ja, weißt du, Josephine, im Garten versuche ich meine Träume umzusetzen. Es wird immer ein Versuch bleiben, doch ich komme der Illusion schon recht nah. Gärten haben für mich eine besondere Faszination. Wie viele habe ich schon gesehen. Immer wieder finde ich neue Ideen und Anregungen. Oft sehe ich auch, wie ich es auf gar keinen Fall machen möchte. In Gardone Riviera, am Gardasee, gehe ich immer in einen wunderschönen Garten, vielleicht den schönsten, den ich je gesehen habe. Er wurde mit viel Liebe angelegt.«

»Ach, Braaderup, da ich sicher so bald nicht an den Gardasee komme, könntest du mir den Garten beschreiben. Es interessiert mich riesig. Hinterher erzähle ich dir auch die versprochene Geschichte. Einverstanden?«

»Gerne, Josephine, wie könnte ich einer so schönen Frau wie dir einen Wunsch abschlagen? Komm, setz' dich in den Liegestuhl. Er ist schön bequem, und ich erzähle dir etwas über Garten und Kunst. Eine sehr reizvolle Kombination:

Garten und Kunst

Der Giardino Botanico Fondazione André Heller ist ein Ereignis: die Begegnung von Kunst und Natur. Der Park ist für sich schon eine Florasammlung voller Sinnlichkeit und magischer Kraft. Pflanzen aus allen Erdteilen hat der letzte Zahnarzt des Zaren, Dr. Arthuro Hruska, zusammengetragen und einen traumhaften, paradiesischen ›Weltgarten‹ angelegt, in dem alle natürlichen Kraftlinien verschmelzen.

Hier, in der mediterranen Natur des westlichen Gardaseeufers, steht friedlich zusammen, was sonst Klimazonen trennt.

2.000 Pflanzensorten wachsen nebeneinander auf nur einem Hektar Boden. Nadelbäume, Palmen, Kampferbäume und Bananenstauden werfen mystische Schatten. Sie schützen vor der glühenden Mittagssonne und den kalten Fallwinden. Kleine Teiche und Bachläufe halten den Boden feucht und sorgen für die angenehme Kühle, die den Besucher beim Betreten des Gartens empfängt.

Wunderschöne Pfade aus verschiedensten Mosaiken weisen dem Besucher den Weg. Er geht schweigend, denn alles spricht für sich. Worte sind überflüssig und würden nur die bewundernde Betrachtung stören. Kinder stehen an Teichen und beobachten die Koi-Karpfen oder gehen ein bisschen ängstlich durch Dschungellandschaften aus Farnen, Agaven, Lilien und Sträuchern. Sie staunen über den künstlichen Nebel, der aus Bambushainen steigt.

Diese herrliche Wunderwelt mit all ihrer Pracht und Schönheit bildet den üppigen grünen Rahmen, in den sich die Welt der Kultur einfügt. Kunst und Botanik, Natur und Kultur vereinen sich zu einem vollkommenen Ganzen von beeindruckender Harmonie.

Indische Skulpturen, Objekte von Roy Lichtenstein, Keith Haring, Mimmo Paladio und Susanne Schmögner fügen sich mit vielen anderen Objekten in das Wunder der Pflanzenwelt ein und schaffen einen geheimnisvollen Welt-Kultur-Garten aus dem Miteinander zweier konträrer Biosphären.

Ich liebe diesen faszinierenden Gegenentwurf zur allgemeinen Zerstörung der Natur. Der Besuch des Gartens ist ein wunderschönes Erlebnis. Es wäre noch zu toppen, wenn im Hintergrund, wie aus dem Nichts, ganz leise Musik von Sigur Rós träumen ließe.

Wenn die geheimnisvollen Welten Kunst und Natur

aufeinandertreffen, fehlt zur Perfektion nur noch Musik. Deshalb habe ich die Windspiele in den Bäumen versteckt, die mit ihren sanften, zarten Tönen den Garten erfüllen. Natur lässt sich so gut mit Musik kombinieren. Beides sind Kompositionen, beide verlangen Geschick und Zartgefühl und öffnen die Herzen.

Gardone Riviera, über Jahrhunderte Traumziel vieler Reisender. Luigi Wimmer kam 1875 mit seiner Ehefrau Emilia über die Berge nach Gardone, um im milden Klima und der schönen Landschaft seine angeschlagene Gesundheit zu kurieren. Es gefiel ihnen so gut, dass sie sich hier ansiedelten.

Ihre Verbindungen zur wissenschaftlichen und kulturellen Elite Mitteleuropas machten schnell aus dem kleinen Fischerdorf einen mondänen Kurort. Die kleine Pension der Wimmers, direkt am See, wuchs immer mehr und wurde schließlich das Grand Hotel Gardone.

Die Anreise war schwierig, denn es gab die Gardesana Occidentale noch nicht, die schönste Straße, die ich je gesehen habe. Kurgäste fuhren mit dem Zug bis Mori, von dort mit dem Bus bis Riva und weiter mit dem Boot nach Gardone. Schon aus der Ferne begrüßte sie die mächtige Silhouette des Hotels, dessen Goldmosaiken in der Sonne glänzen. Stefan Zweig, Winston Churchill, Paul Heyse und wie sie alle hießen, auch Bundeskanzler Schröder, waren hier zu Gast.

Warum Stefan Zweig ausgerechnet die düstere Erzählung ›Untergang eines Herzens‹ hier spielen lässt, ist mir nie so recht klar geworden. Offensichtlich hatte der sonnige Himmel seine traurige Seele nicht erheitern können.

Ach, Gardone, wie gerne war ich in diesem kleinen, ruhigen Ort, der nur Tourismus kennt, wenn ein Boot anlegt, um seine quirlige Fracht zu löschen. Dann sind die kleinen Restaurants besetzt. Im Café Wimmer gibt es eine gute Pizza und ein paar Meter weiter 25 verschiedene Eissorten; eine besser als die andere.

Gardone hat im Gegensatz zu Limone oder Sirmione den Tourismus ohne größeren Schaden überlebt und strahlt heute noch den Charme eines vergangenen Jahrhunderts aus. Dafür sorgen nicht nur das Grand Hotel mit seinem wunderschönen Jugendstil und der Giardino Botanico von André Heller, sondern für viele auch das Vittoriale d'Annunzio. Nur etwa 60.000 Menschen besuchen jährlich den Natur-Kunstgarten, 300.000 hingegen das Vittoriale. Wie wenige sich doch für das Schöne interessieren!

Der Park des militanten Nationalisten Gabriele d'Annunzio ist die eitle Selbstverwirklichung eines Abenteurers, Dramatikers und Romanciers, dessen Lebensmotiv ›Piacere‹: ›Lust‹ war.

Man wird an ›Fitzcarraldo‹ erinnert. Nicht etwa wegen der Ähnlichkeit d'Annunzios mit Klaus Kinski, die gibt es auch, sondern weil der Mittelpunkt des neun Hektar großen Anwesens der Bug des Kreuzers ›Puglia‹ ist, der beim Transport im Berg hängen geblieben zu sein scheint.

Schön ist das Amphitheater, das er für seine Geliebte, die ›Duse‹, hat bauen lassen, nachdem er fast ihr gesamtes Vermögen durchgebracht hatte.

In den Museen ist alles zu sehen, was er an Kitsch zusammengetragen hat. Sogar seine Kleidung: von den Schuhen bis hin zum Taschentuch. Er hat alles, als er pleite war, dem italienischen Staat geschenkt.

Er hat seine Landsleute richtig eingeschätzt. Um die Hinterlassenschaft des narzisstischen Selbstdarstellers zu sehen, stehen die Italiener geduldig in langen Warteschlangen, denn die ›geheiligten Räume des Meisters‹ dürfen nur in kleinen Gruppen besichtigt werden.

Der Gipfel ist sein bombastisches Mausoleum, in dem er mit den Kämpfern des Fiume-Kommandos beigesetzt ist.

Wenn du mal nach Gardone Riviera kommst, Josephine, solltest du dir beide Parks ansehen: den Giardino Botanico und das Vittoriale-Nationale. Wenn es geht, an zwei verschiedenen Tagen, denn unterschiedlicher können Parkanlagen nicht sein.«

»Der Giardino Botanico muss herrlich sein, Braaderup, wenigstens nach deiner Beschreibung. Vielleicht fahren wir mal zusammen hin. Jetzt lass uns in die Laube gehen, ich will dir noch die Geschichte von den Heidenymphen erzählen. Sie wird dir gefallen, spielt sie doch in deiner alten Heimat, oben im Norden.«

»Weißt du eigentlich, dass ich ein Gedicht über die Laube geschrieben habe?«

»Nein, woher sollte ich? Sag's mal.«

»Man sitzt in Lauben,
Sonne scheint durch die Gespräche
und lässt uns glauben,
jemand bräche
Rosen aus dem grünen Laub.

Kein Windhauch stört
die hellen Sonnenträume.
Ein süßer Duft betört
des Gartens bunte Räume.
Die Farben sind noch ohne Staub.

Und hinten, über Hügeln weit,
ganz fern am Firmament,
ein kleiner Hauch von Ewigkeit,
ein Ahnen ist's, das jeder kennt,
von Gott und Raum und Zeit.

Die Liebe schwebt
durch diese lichterfüllten Räume.
Sie wirkt und webt
die schönsten aller Träume;
von Glück und Seligkeit.«

»Ach, wie schön, Braaderup. Da traue ich mich ja gar nicht, dir mein Märchen zu erzählen. Doch versprochen ist versprochen.«

Sie ging voraus, ganz leicht, so leicht, als würde sie schweben, und Braaderup bewunderte ihren schönen, runden Po.

Als er das Licht der Lampe anzünden wollte, sagte sie: »Lass es aus. Das Mondlicht genügt. Es schafft so eine traute, anheimelnde Stimmung; so schön zum Märchenerzählen. Sitzt du bequem? Darfst ruhig rauchen, wenn du möchtest. Also, das war so:

Die Heidenymphen

In Undeloh, einem kleinen Flecken in der Lüneburger Heide, lebte einst ein junger Mann. Er war wie alle jungen Männer in seinem Alter, nur dass er schrecklich stotterte. Weil ein Gespräch mit ihm sehr lange dauerte, gingen ihm die Dorfbewohner aus dem Weg. Sie brauchten ihre Zeit, um das tägliche Brot zu verdienen.

Das Leben eines Heidebauern ist mühsam und hat noch keinen reich gemacht. Imkerei, Schnuckenzucht, ein bisschen Landwirtschaft, Torfstechen, viel mehr gibt es nicht. Aber alle Arbeit will gemacht werden. Da war keine Zeit, sich stundenlang mit dem sprachbehinderten Klaas zu beschäftigen. Allein, bis er Me – me – meme – me – moin herausgebracht hatte, verging eine Ewigkeit.

So ein Sprachfehler isoliert. Deshalb lebte Klaas auch einsam in einer kleinen Kate am Rande des Dorfes. Irgendwie, dachte er, muss ich mich mit den Leuten verständigen, muss mich ihnen mitteilen. Mit dem Sprechen geht es nicht. Ich werde es mal mit Musik versuchen. Er kaufte sich eine Panflöte und übte Tag für Tag, Jahr um Jahr.

Als eines Tages ein Dorfbewohner, der nach seinen Bienenstöcken sehen wollte, zufällig an seiner Hütte vorbeikam, klangen wunderschöne, melancholisch-warme Melodien durch das offene Fenster. Zurück im Dorf erzählte er, was für herrliche Musik der Klaas gemacht hätte, die ihm tief ins Herz gegangen sei.

Da gingen alle zur Hütte vor dem Dorf und hörten dem Stotterer zu, und ihnen war, als würden die traurig-klagenden Töne alles Leid erzählen, das dem armen Jungen seit Jahren auf der Seele lag. Da weinten sie, wie die Panflöte, weil sie ihn so schlecht behandelt hatten und fühlten sich voller Schuld.

Tags darauf ging der Gemeindeälteste zu ihm: ›Moin, Moin, Klaas, mein Junge, wir würden uns sehr freuen, wenn du gelegentlich mal wieder zu uns ins Dorf kommen würdest. Bring auch deine Flöte mit. Du spielst so wunderschön. Bist ein echter Meister auf deinem Instrument.‹

›Koko – koko – kokomm ich gege – ge – gegerne. H – h –

heu – heheute A- a – aa – b – bend‹, antwortete Klaas. ›Sese – se – sehr gege – gegern.‹

Gegen Acht ging die Tür im ›Heidekrug‹ auf und Klaas kam herein. Er wurde freudig begrüßt, man hatte viel wieder gutzumachen. Der aber sagte kein Wort. Über sein Gesicht lief ein seliges Lächeln und Freudentränen flossen aus seinen Augen. Ach, wie glücklich er war, wieder unter Menschen zu sein.

Er setzte sich in eine Ecke und begann zu spielen. Alle hörten zu. Keiner hatte es mehr eilig oder ging ihm aus dem Weg. Nein, sie rückten ganz leise ihre Stühle immer näher, um den wunderschönen Weisen zu lauschen, die er ihnen erzählte. Er verzauberte sie mit musikalischen Klangbildern, wie sie sie noch nie gehört hatten, baute Träume auf, schuf in ihren Herzen eine Welt, in der das Glück zu Hause war. Sie vergaßen ihre kärgliche Wirklichkeit für ein paar Stunden und ließen sich dem Glück in den Schoß fallen.

Zu später Stunde, als alle rechtschaffen müde waren, spielte er ›Guten Abend, gut' Nacht‹, und jeder wusste, was er sagen wollte. Sie gingen nach Hause, das Herz voller Freude und Seligkeit. Was für ein himmlisches Geschenk Klaas ihnen gemacht hatte!

Klaas, der Panflötenspieler wurde zu einer Institution. Sein Ruf ging weit über die Grenzen der Heide hinaus. Er gab Konzerte und spielte auf Festen.

Eines Tages wurde er nach Wilsede zum Heideblütenfest geladen. Das war nicht weit, 6 oder 7 Kilometer. Der Weg schlängelte sich durch ein Stück Heidelandschaft, wie es schöner kein Maler hätte malen können.

Der sandige Pfad führte nicht etwa durch eine typische norddeutsche Flachebene, sondern über sanfte, mit blühender Heide geschmückte Hügel, vorbei an dunklen, hohen

Wachholderbäumen, durch den ›Totengrund‹ bis zu dem nur wenige Seelen zählenden Dörfchen mit vereinzelten Höfen und den typischen Treppenspeichern.

Am hohen Himmel strahlte die Sonne, als Klaas durch eine riesige Heidschnuckenherde ging. Ein Hirte, der einsam am Wegesrand stand, weckte in ihm die schönsten Panflötenträume, die weich und fast überirdisch mit dem milden Sommerwind durch das rosa-violette Heidekraut wehten.

Klaas spielte, bis die Nacht aufkam und die Festgesellschaft, schlafschwer von Bier und Korn, langsam nach Hause wankte. Da packte auch er sein Instrument ein und machte sich auf den Heimweg. Über ihm ein sternklarer Nachthimmel, vor ihm die dunkle Heide. Der Mond warf sein fahles Licht auf den Sandweg und überall standen, fast bedrohlich, die schwarzen Wacholder.

Kurz bevor der Pfad zum Totengrund abfiel, umringten ihn Hunderte schönster Nymphen, tanzten um ihn herum und riefen: ›Spielmann, spiele für uns zum Tanz auf. Wir werden dich dafür fürstlich belohnen.‹

Da setzte sich Klaas an eine große Kiefer und spielte für die fröhliche Gesellschaft, bis der Morgen graute. Dann kamen die Nymphen, um sich zu verabschiedeten. Sie lobten sein wunderschönes Spiel und fragten: ›Nun, lieber Klaas, was möchtest du als Lohn? Reichtum oder Schönheit?‹

›Ach, gar nichts. Es hat mir so viel Spaß gemacht mit euch, ihr Schönen, die Nacht zu verbringen. Aber, wenn Schönheit bedeutet, dass ich richtig sprechen kann, dann möchte ich Schönheit. Reichtum brauche ich nicht. Ich bin durch meine Musik reich genug und freue mich, dass sie euch gefallen hat.‹

›Dann geh nun nach Hause, Klaas, und komme bald wieder. Wir sind immer bei Vollmond hier. Lass es dir gut gehen.‹

Im Dorf zurück, begegnete ihm Traute, die Tochter des Gemeindevorstands. ›Moin, Moin, Traute. Na, schon so früh auf den Beinen? Ich wünsche dir einen schönen Tag.‹

Traute blieb der Mund offen stehen. Ja, was war das denn? Was war mit dem Klaas passiert? Der stotterte ja gar nicht mehr! Was für ein Wunder! Das musste sie doch gleich allen erzählen.

Am Abend war der ›Heidekrug‹ bis auf den letzten Platz besetzt, denn jeder wollte wissen, was dem Klaas passiert war. Der erzählte ihnen, was sich in der nächtlichen Heide zugetragen hatte. Hinnerk, der dicke Wirt, hörte aufmerksam zu. Was für ein Dummkopf dieser Klaas doch war, ließ einfach den Reichtum sausen. Wie konnte man nur …

In der nächsten Vollmondnacht nahm er seine Basstuba, die spielte er immer beim Umzug zum Schützenfest, und ging zu der beschriebenen Stelle am Totengrund. Als die Kirchturmuhr Mitternacht schlug, packte er die Tuba aus und rief: ›Hallo, ihr Heidenymphen, ich bin's, der Hinnerk aus Undeloh. Darf ich euch zum Tanz aufspielen?‹

Da kamen die schönen Jungfrauen hinter den Wacholdern hervor, und der dicke Wirt spielte und spielte, bis ihm der Schweiß aus allen Poren trat. Im Morgengrauen verabschiedeten sich die Nymphen und fragten: ›Was möchtest du für dein Spiel, Hinnerk? Schönheit oder Reichtum?‹ Hinnerk tat überrascht und murmelte verlegen: ›Ach, gebt mir, was Klaas nicht wollte.‹

›Geh nach Hause, Hinnerk, dein Wunsch wird erfüllt‹, kicherten die Nymphen und verschwanden hinter den Wacholdern.

Hinnerk rannte, so schnell er konnte nach Hause. Am Dorfrand traf er Klaas, der gerade aus seiner Hütte kam. ›Moin, Hinnerk! Na, schon so früh auf den Beinen?‹

›Meme – me – memoin, Keke – ke – keklaas, wawa – wawas is' dada – da – das dede – dede – de – dedenn?‹«

***

Braaderup stand wie so oft auf der Terrasse. Der Duft von Thymian und Phlox lag in der Luft, durchsetzt vom Aroma der ersten remontierenden Rosen. Was für ein wundervolles Bouquet. Ganz Natur. Seine Gedanken waren unterwegs. Nicht etwa, dass sie plan- und ziellos herumvagabundierten, nein, nein, sie waren ganz zielgerichtet. Ach, wie gerne dachte er an dieses Ziel. Es ist gut, ein Ziel zu haben. In seinem Beruf war es das Ziel gewesen, Kranken zu helfen, sein schriftstellerisches Ziel war, an altes Kulturgut zu erinnern, das Wahre, Gute, Schöne zu bewahren.

Im Märchen lässt sich das Wahre so schön mit dem Sinnlichen und Übersinnlichen verbinden. Wer sich erst einmal auf diese Welt eingelassen hat, stellt schnell fest, dass eigentlich alles zusammengehört.

Die Welt der Märchen, das ist das Wunderland, in dem die Berggipfel mit dem Himmel sprechen, das Einhorn und die Blumen sich über Elfen und Feen unterhalten. Es ist jenes versteckte Paradies, wo die blaue Blume wächst, die wir alle gerne einmal sehen wollen, weil sie ein ewiges Sehnen in uns wach hält.

Er hatte sich ein schönes Märchen überlegt. Es würde Josephine sicher gefallen. Vielleicht wartete sie ja schon in der Laube auf ihn. Er zündete sich eine Zigarette an und ging zwischen den Rosenbeeten nach hinten. Ja, da saß sie, die Schöne, und ein Blitzen kam aus ihren Augen, als sie ihn kommen sah.

»Hallo, Josephine, wartest du schon lange?«

»Nein, nein, bin gerade erst gekommen. Heute gab's viel zu tun. Bin ganz geschafft. Du hast sicher eine schöne Geschichte mitgebracht. Ich habe dich eifrig schreiben sehen, so konzentriert, dass du mein Winken gar nicht bemerkt hast. Ich hätte ja gerne ans Fenster geklopft, wollte aber nicht stören.«

»Ja, ich habe eine Geschichte geschrieben. Sie ist druckfertig. Du sollst sie als Erste hören. Also, pass auf:

Der Weg

November. Tagelang hatte sich die Sonne hinter dicken, grauschwarzen Wolken versteckt. Es wurde nie richtig Tag. Das feuchte, zusammengeballte Laub dünstete Vergänglichkeit aus. Nicht Singen, Sterben lag in der Luft. Das ist die Zeit, in der der Parasympathikus regiert. Exogene Depressionen breiten sich aus, die Psyche steigt in den Keller und nimmt das Immunsystem mit. Grippewellen finden ihre wehrlosen Opfer.

Man möchte weit weg sein, irgendwo in der Sonne im Strandkorb liegen und über die Ohrstöpsel Sigur Rós hören, vielleicht auch Loreena McKennitt; ganz gewiss aber von schönen Dingen träumen, bis die Schwingen der Phantasie tragen, weit, weit hinwegtragen.

Wenn die Musik schweigt, ist nur das Rauschen der Brandung. Jede Welle lädt ihre Schaumkrone am Ufer ab. Ganz leise ist das zarte Rieselgeräusch des Sandes, um gleich wieder vom donnernden Brausen der Wellen übertönt zu werden.

Ach, dachte er, das wäre viel schöner, als auf dieser dunklen, nassen Straße zu sein und zuzusehen, wie der Regen schwer auf das Pflaster fällt.

Er ging schon lange durch menschenleere Straßen. Wenn er es recht besah, ging er schon immer über irgendeine leere Straße. Er war ein Suchender, einer von denen, die suchten, aber nicht wissen, was. Er folgte einer inneren Stimme, die ihm, als er in hilfloser Verzweiflung durch das Leben taumelte, zurief: ›Du musst suchen, immer suchen, bis du findest. Nur wer sucht, der findet.‹

Er war dieser Stimme gefolgt und stand nun hier, alleine, mutlos und leer. Aus dem diesigen Nebel kam ihm die schemenhafte Silhouette eines Bushaltestellenwartehäuschens entgegen. Er setzte sich auf die feuchte Bank und steckte sich eine Zigarette an. Während der Rauch aufstieg, er tat sich schwer bei der feuchten, drückenden Luft, überlegte er, was er hier überhaupt machte. Er suchte. Soweit der Erkenntnisstand. Was er suchte, wusste er nicht. Nun saß er in diesem Bushaltestellenwartehäuschen, es regnete, es war ungemütlich und wurde immer dunkler.

Da näherten sich schlurfende Schritte. Langsam, – blieben immer wieder stehen, – gelegentlich Husten, mit viel Auswurf. Er beugte sich ein wenig vor und sah eine verschwommene Kontur, die sich durch die diesige Nässe schleppte. Beim Näherkommen erkannte er einen Mann, ein Obdachloser, wie es schien, der, wohl nicht mehr ganz nüchtern, die Straße herunterkam. Er war alt und verbraucht. Das harte, entbehrungsreiche Leben hatte deutlich seine Spuren hinterlassen.

Die Kleider schien er bei einer Altkleidersammlung vor dem Reißwolf gerettet zu haben. Was andere wegwarfen, war ihm noch gut. Seine Konfektionsgröße war wohl nicht dabei gewesen. Die Hose, aus dunkelgrauem Manchester, war zu lang und zu weit, Teile eines karierten Flanellhemds stülpten sich zwischen den Revers des dunkelbraunen Lodenmantels hervor. Die Mantelärmel waren viel zu lang und verdeckten seine Hände, die zwei prall gefüllte Plastikbeutel trugen. Er hielt sie fest, denn es war sein ganzes Vermögen, – sein Hausstand.

Gewiss waren die Knöpfe des Mantels noch zu verwenden gewesen, denn der Vorbesitzer hatte sie abgeschnitten. Deshalb musste der Mann ihn mit einem dicken Strick zusammenhalten.

Er setzte sich ans andere Ende der Bank und stellte seine beiden Plastikbeutel neben sich. ›'n Abend‹, murmelte er und holte Brot, eine Konservendose mit Fisch und ein Messer aus der Tasche. Umständlich gabelte er mit dem Messer den Fisch aus der Dose und führte ihn zum Mund, was nicht immer gelang, denn er hatte einen ordentlichen Tremor. Ein Teil landete kurz vor dem Ziel auf dem Mantel und wurde von ihm mit einer gleichgültigen Handbewegung weggewischt. Gelegentlich riss er sich einen Kanten vom Brot ab. – Er kaute lange wegen der desolaten Gebisssituation.

Schließlich stand er auf, klopfte die Essensreste vom Mantel und warf die leere Konservendose in den Papierkorb. Im Zurückgehen zog er eine Schnapsflasche aus der Manteltasche, nahm einen sehr kräftigen Schluck und hielt ihm die Flasche hin: ›Da, trink! Siehst so aus, als könntest du es gebrauchen. Oft habe ich das Gefühl, als könnte es jeder gebrauchen.‹

Der Suchende fühlte sich unwohl. Es widerstrebte ihm, aus der Flasche zu trinken, außerdem vertrug er keinen Alkohol, bekam immer fürchterliche Migräne davon.

Andererseits würde es den Alten beleidigen, wenn er die ›Liebesgabe‹ ablehnte. Also nahm er die Flasche, setzte sie an und spürte, wie ihm der Fusel brennend die Speiseröhre hinunterlief. Als er dem Alten die Flasche zurückgeben wollte, schüttelte der den Kopf. ›Nein, nein, nehmen Sie noch einen. Auf einem Bein kann man nicht stehen.‹ Also nahm er noch einen Schluck. Das Brennen wurde geringer und eine wohlige Wärme durchzog seinen Körper.

Der Alte verstaute die Flasche, holte ein Päckchen Tabak hervor und drehte sich mit seinen zittrigen Finger eine Zigarette. ›Ham'se ma Feuer?‹ Als die Zigarette brannte, sagte er, dem Rauch nachsehend: ›Sagen Sie mal, was machen Menschen wie Sie nachts in einem Bushaltestellen-wartehäuschen?‹

›Ich weiß es nicht‹, und, halb entschuldigend, halb erklärend, fügte er hinzu: ›Ich weiß es wirklich nicht. Ich suche und weiß nicht was.‹

›Aha‹, meinte der Alte und fügte nach einer Pause, die er für einen Zug aus der Zigarette nutzte, hinzu: ›Wer nicht weiß, was er sucht, weiß auch nicht, was er finden soll. Das macht die Suche schwer.‹

Der Suchende merkte, wie der Alkohol zu wirken begann. Der Mann verschwamm mehr und mehr vor seinen Augen, kaum konnte er ihn noch sehen. Seine Stimme kam aus immer größerer Ferne. Er glaubte, noch zu hören, wie der Alte sagte: ›Ich mach mich fort‹, und schlief ein.

Es schien, als trügen ihn traumhaft-melancholische Klangfiguren auf weichen Wolkenkissen durch die Lüfte. Alle Last fiel von ihm ab. Alles Beengende löste sich, bis er leicht, ja schwerelos, nur noch Traum war, eingehüllt in unsägliches Wohlfühlen.

Er gab sich dem Zauberrausch hin und ließ sich ohne

jede Gegenwehr mit der Gewissheit fallen, dass alles, was ihm geschehen würde, gut und richtig war. Er fiel tiefer und tiefer, tauchte ein in den warmen Schaum nie gekannter Gefühle und versank in Lust und Glückserleben.

Oh, dieser Traum barg so viele Wunder, erfüllte alles Sehnen, alles Hoffen. Gefühlswelten taten sich auf, wie ein Zaubergarten, und trugen ihn, den Suchenden, auf weichen, warmen Armen. Alles war unwirklich, und doch fühlte er sich angekommen, war zu Hause.

Warm waren die Arme, die ihn hielten und lieblich das vor ihm liegende Elysium. Seine Seele schien zu schweben, als wären ihr Flügel gewachsen. Gierig sog er all das Schöne in sich auf, wie ein Verdurstender die ersten erquickenden Wassertropfen einer Quelle. Ihm fiel das Licht auf, diese phantastische Helligkeit, die ihm gut tat: Wohlfühllicht.

Irgendwann fand er sich auf einer duftenden Wiese wieder. Um ihn herum wuchsen farbenfrohe Bäume und Büsche mit großen Blüten in den verschiedensten Farben. Wie Riesen-Schmuckdahlien, dachte er. Mit Staunen und Bewunderung betrachtete er sie. So etwas Schönes und Vollkommenes hatte er noch nie gesehen. Vorsichtig nahm er eine Blüte in beide Hände. Schwer war sie und so weich, – so warm. Wie staunte er, als sie plötzlich zu sprechen begann: ›Nicht wahr, so was Schönes wie uns hast du noch nie gesehen. Gibt es bei euch auch nicht. Wir sind die Schönsten hier im Wunderland. Sei bitte ganz vorsichtig und drücke mich nicht, denn ich bin sehr empfindlich. Sag mal, was suchst du eigentlich bei uns?‹

›Ach, du Traumschöne, ich weiß weder, wie ich hierhergekommen bin, noch was ich suche. Kannst du es mir vielleicht sagen?‹

›Ich könnte schon, doch du musst es selber finden. Öffne

dein Herz ganz weit und suche mit der Seele, nicht mit den Augen, dann wirst du es finden.‹

›So sage mir doch wenigstens, du Allwissende, in welche Richtung ich gehen muss, um ans Ziel zu gelangen. Das würde mir schon sehr helfen.‹

›Gehe zum Ursprung des Regenbogens. Was dir auch immer den Weg verlegt, du musst zum Ursprung allen Seins gehen.‹

›Hab Dank für deinen Rat, du wunderschönes Wesen einer unbegreiflichen Natur. Gerne folge ich deinem Rat, denn es scheint, dass du über Kräfte verfügst, die jenseits meines Verstehens liegen.‹

Vorsichtig ließ er sie aus seinen Händen gleiten, suchte am hohen Himmel den Regenbogen und machte sich auf den Weg. Ein Ziel vor Augen ging er heiteren Sinns durch den Blumenwald und ihm schien, als nickten ihm die großen Blüten aufmunternd zu.

Manchmal blieb er stehen, um nach dem Regenbogen zu sehen, der am Himmel wie ein Blinkfeuer aufleuchtete und ihm Tag und Nacht die Richtung wies. Der Weg führte immer geradeaus. Mal über bunte Wiesen, dann wieder durch wogende Kornfelder, an murmelnden Bächen entlang, deren Wasser so klar war, dass er all die bunten Kieselsteine sehen konnte, die auf dem Grund glänzten wie kostbarste Edelsteine.

Oft legte er sich mit einem seligen Lächeln ins weiche Gras und lauschte dem Gesang exotischer Vögel und bei ihrem Zwitschern wähnte er sich in einem Märchenland. Hier gab es Musik, zauberhafte, fast unwirkliche Sphärenklänge, die von irgendwo kamen und sich in der Unendlichkeit verloren. Mal waren sie lieblich, wie warmer Maienregen, dann wieder wie das regelmäßige Rauschen einer

Südseebrandung. Mal schienen ganze Geigenorchester zu schluchzen, dann nur ein Chor zarter, melancholischer Panflöten, manchmal schienen Elfen wunderbare Melodien zu summen. Eins verband diese Musik: Sie ging tief ins Herz und schien von allem Übel zu befreien.

Wenn er nach solchen Pausen weiterging, war sein Schritt leicht und beschwingt und seine Seele wiegte sich im Rhythmus der himmlischen Töne, ja, er versuchte mitzusummen, so frei und unbeschwert war ihm ums Herz. Ach, dachte er, wie wunderbar doch das Leben ist, wenn Augen und Ohren dem Schönen zugewandt sind. So ging er sieben Tage und sieben Nächte, bis er zu einer Kräuterwiese kam, die vor ihm im hellen Sonnenschein lag.

Die Anstrengungen der langen Wanderschaft lasteten auf ihm und er spürte die Schwere seiner Glieder. Nach ein paar Schritten ließ er sich müde ins weiche Gras fallen, schlafschwer schlossen sich die Augenlider und er schlief bis zum nächsten Morgen. Sicher hätte er noch länger geschlafen, wäre da nicht dieser leichte Stoß gewesen. Er öffnete die Augen und blickte in das freundliche Gesicht einer alten Frau. Sie lächelte, als er halb erschrocken und halb erstaunt aufschreckte.

›Du musst keine Angst vor der Kräuterfee haben. Ich bin immer früh auf den Beinen, denn Zauberkräuter pflückt man im Morgentau. Da wirken sie besser, als wenn die Mittagssonne sie ausgetrocknet hat. Nur ganz frühmorgens entfalten sie ihre ganze Wunderkraft. Doch was rede ich da. Sag mal, du Mensch aus Fleisch und Blut, was tust du hier in unserer Zauberwelt? Es ist selten, dass Erdenbewohner den Weg zu uns finden, denn sie haben das Träumen und den Glauben an das Wunderbare verloren.‹

›Ach, liebe Fee, ich weiß nicht, wie ich hergekommen bin. Ganz plötzlich war mein dunkler Weg zu Ende, ich trat ins Licht und erwachte in dieser seltsam schönen Welt. Eine Wunderblume sagte mir, ich solle zum Ursprung des Regenbogens gehen, dort würde ich das finden, was ich suche. Ich ging sieben Tage und sieben Nächte. Vom langen Wandern tun mir die Füße weh. Hast du nicht ein Kraut, das Linderung schafft, denn mich deucht, dass ich noch lange werde suchen müssen.‹

›Ach, Menschlein‹, sagte die Kräuterfee und lachte, ›dazu brauchst du doch keine Zauberwurzel. Häng deine wunden Füße in den kalten Bach, er wird sie kühlen, doch für deine wunde Seele werde ich dir ein Mittel geben. Sie braucht Hilfe, denn sie ist in Not. Ein Saft aus Alraune, Wegwarte und Silberdistel, mit noch ein paar kleinen Zusätzen, die mein Geheimnis sind, wird deiner Seele helfen. Wenigstens so lange, bis du ans Ziel kommst. Dann wird sie frei sein und über die sieben Himmel fliegen. Nun setz dich erst mal und tauche deine Füße ins Wasser.‹

Sie suchte in den Falten ihres Rocks und holte eine kleine Phiole hervor. ›Da, nimm und trink, kleines Menschlein. Es ist mein stärkster Zauber. Ich nehme selbst hin und wieder einen kleinen Schluck davon. Mein Trank enthält alle Magie, alle Wunder, die es überhaupt gibt. Er hat nicht seinesgleichen.‹

Als er zögerte, meinte sie lächelnd: ›Es ist kein Gift, Menschlein. Sieh her!‹ Sie nahm die Flasche und trank einen Schluck.

Mit ungläubigem Staunen sah er, was vor seinen Augen geschah. Die schrumpelige Alte verwandelte sich plötzlich in eine junge Frau. Zarte Jugend lag auf ihrem lächelnden Gesicht und ihre wohlgeformte, schlanke Gestalt umstrahlte jungfräuliche Anmut. Die heruntergekommenen Kleider wurden zu einem weiten, weißen Gewand, das ihre herrliche Figur mit vielen Falten umfloss, und aus ihren Augen leuchtete typisches, spielendes Feenlicht. ›Siehst du, Menschlein, es ist kein Gift. Du kannst getrost davon trinken.‹

Da nahm er sogleich einen großen Schluck und vorsichtshalber noch einen zweiten. Man weiß ja nie, wofür es gut ist.

›Nicht so hastig, sonst verschluckst du dich noch‹, rief sie lachend und verbarg das Fläschchen wieder in ihrer Tasche. ›Du bist nun gefeit gegen alle Gefahren, denen du auf deinem Weg begegnen wirst. Du brauchst vor nichts Angst zu haben. Es kann dir nichts mehr geschehen. Die geheimen Kräfte der Natur sind nun in dir. Sie werden dir stets zur Seite stehen, dich beschützen und dir die nötige Stärke geben, damit du an dein Ziel kommst. So, nun muss ich aber weiter, die Sonne steigt immer höher und mein Korb ist noch leer. Wir sehen uns wieder. Mach's gut.‹

Er spürte einen kleinen Windhauch, dann war sie verschwunden. Wäre nicht der bittere Geschmack ihres Tranks in seinem Mund, er hätte schwören können, dass alles nur ein Traum war; der Traum von einer wunderschönen Frau. Merkwürdig war, dass er glaubte, ihr schon einmal begegnet zu sein. Sie ging ihm nicht mehr aus dem Kopf. Wie wunderschön sie doch war und wie freundlich ihm zugewandt. ›Wir sehen uns wieder‹, hatte sie zum Abschied gesagt, und er freute sich darauf.

Zögernd, noch gefangen vom Erlebten, ging er weiter. Sie hatte Recht gehabt, Feen haben immer Recht, seine Füße schmerzten nicht mehr. Er folgte dem Weg, der zwischen sanften Hügeln in einem herrlichen Tal verlief, durch das ein leise murmelnder Bach floss. Die Ufer waren über und über mit Moos bewachsen, über dem die letzten Strahlen der Abendsonne lagen.

Ach, wie wohlig war ihm, wenn er seine Hände über diesen weichen Teppich gleiten ließ; wie über ein Fellchen. Versonnen, gefangen von der Schönheit, stand er regungslos, um das Glück festzuhalten, das er empfand.

Irgendwann ging er weiter talwärts, durch lichte, herrlich duftende Haine und er spürte, wie ihm milde Wärme entgegen kam. Wahrscheinlich eine heiße Quelle, dachte er, und als sich der schmale Weg auftat, lag sie, in tiefes, weiches Moos gebettet, vor ihm, wie ein goldener Brunnen. Was für ein Wunder, – was für ein großes Wunder.

Er tauchte ein und spürte, wie sich das Wasser warm und weich um ihn schmiegte. Ach, wie er dieses Baden genoss. Am liebsten wäre er nie wieder herausgestiegen. Als das Nachtdunkel aufkam, zog er weiter.

Ja, die Nacht, die geheimnisvolle Nacht. Sie hat ihr eigenes Leben, ihre eigenen Geräusche, ihre Geheimnisse. Wir Menschen kennen sie nicht, weil wir gewöhnlich schlafen oder müde vom Feiern auf dem Nachhauseweg sind. Da hat man weder Augen noch Ohren für die Nacht, sondern ist froh, im Scheinwerferlicht den richtigen Weg zu finden. Hier im Wunderland legte der Mond sein Silberlicht auf den Weg und er konnte ohne Schwierigkeiten auf dem schmalen Pfad den Fluss entlang gehen.

Unter herrlichen Bäumen wanderte er weiter. Der kühle Nachtwind umspielte seine Wangen und er fühlte sich wie ein Geweihter in heiligen Gefilden. Unbesorgt folgte er dem Weg, denn er wusste sich unter höherem Schutz.

Nachdem er viele Tage unterwegs war, kam er an eine Wiese. Es war Nacht. Wunderschöne, sanfte Melodien durchzogen die Lüfte. Sie schienen aus der Unendlichkeit zu kommen und verklangen in weiter Ferne. Wie ein buntes Klanggemälde erschien es ihm. Zu dieser wunderschönen, geheimnisvollen Musik tanzten Elfen, Feen und Nymphen über das weiche Gras, so federleicht, dass sich unter ihren Füßen kein Hälmchen zu biegen schien. Lachend und singend schwebten sie über die nächtliche Wiese. Sie kamen von überall: von den Bäumen, aus den Büschen, den Blumen, aus den Quellen und Flüssen. Unübersehbar war die Zahl der schönen, lichten Gestalten mit dem Glänzen in den Augen, an dem man sie erkennt, selbst wenn sie in Verkleidung unter den Menschen wandeln.

Jedes Glitzern in den Blumen, das Leuchten aus Büschen und von Bäumen kommt aus ihren Augen. Es ist ein seligmachendes Lächeln für die, deren Herz dafür offen ist.

Er genoss diesen Anblick, und ihn überkam ein bisher ungekanntes Sehnen. Ach, könnte er nur einmal so unbekümmert sein, wie diese zauberhaften Traumgestalten. Starr, gebannt von der Schönheit des Augenblicks, stand er am Waldesrand, und die Musik fand den Weg in seine Sinne. Sein Blick weilte hoch oben am Gewölbe des blauschwarzen Sternenhimmels, glitt zögerlich über die mächtigen Baumwipfel, die sich unruhig im Flackern der Fackeln bewegten, um schließlich auf einer einzigen Gestalt zu ruhen, die ihn magisch anzog: Auf seiner wunderschönen Kräuterfee. Er hatte sie sofort erkannt, denn bei ihrem Anblick durchzuckte es ihn, als wäre er bei einem Geheimnis ertappt worden. Er fühlte abwechselnd Schüttelfrost und Hitzewallungen, wie ein Fieberkranker.

Sie warf ihm, dem Einsamen, Blicke voller Liebe und Innigkeit zu, und sein Herz jubelte vor Freude. Phasen kalter Nacht und erquickende, warme Sonnentage durchzogen seine Seele. Unwiderstehlich und zwingend war der Zauber, der bis in seine heiligsten Tiefen zog. ›Komm herüber zu uns, Menschlein‹, rief sie lachend, ›tanze mit uns, bevor du weiterziehst.‹ Scheinbar schwerelos eilte er zu ihr, nahm sie vorsichtig in die Arme, zögerte noch einen Augenblick, drückte sie dann fest an sich und schwebte, getragen von den Zauberklängen, über die Wiese. Auf und ab und ringsumher. Er hielt das Schönste in den Armen, was er je gehalten hatte, und das Herz schlug ihm vor Freude und Glück bis zum Hals. Im Genuss der gemeinsamen Nähe tanzten sie durch die Nacht, waren sich nah, so unendlich nah, hatten sich ohne viele Worte so viel zu sagen, hielten sich nur fest, ein jeder den anderen und wollten sich nie wieder loslassen. In den herrlichsten Träumen überraschte sie der aufkommende Morgen und es hieß Abschied nehmen.

›Ach, Liebster, ich lasse dich nur schweren Herzens weiterziehen‹, flüsterte sie und drückte ihre warmen, feuchten Lippen auf die seinen. Ihr Mund war so süß, wie eine hesperische Götterfrucht. Er schmolz dahin unter ihren Küssen und das Feuer der Liebe züngelte ihm bis ins Herz. ›Ach du, ich kann nicht fortgehen. Ich bleibe bei dir, Herzensliebste, bis ans Ende meiner Tage.‹

Er zog sie an sich, als ziehe er den Himmel voller Seligkeit an sein Herz. ›Ach, du, wie liebe ich dein heiliges Feuer unter dem Schleier süßer Verborgenheit‹, stammelte er.

Sie küsste ihn tief und innig. ›Wir sehen uns wieder. Bald, denn ich zerspringe jetzt schon vor Sehnsucht nach dir. Denke doch an die heiße Quelle. War es nicht wunderschön? Geh nur weiter, mein schöner Mann, immer weiter zum Ursprung des Seins, und fürchte dich nicht. Es wird dir nichts passieren. Du hast vom Zaubertrank getrunken. Bis bald, mein Herz. Denke an die siebenköpfige Feuerschlange, Liebster. – Du musst durch die Höhle gehen. –

Denke dran! – Frage die Fingerhüte, die kennen die Gegend gut. Die zeigen dir den richtigen Weg. Leb' wohl, mein Herz! Vergiss mich nicht.‹

Als sie wegging, sah er, wie sie ihre Hände vor's Gesicht legte. Ihre Schultern bebten und ihr Schluchzen ging ihm bis tief in die Seele. Was für eine wunderbare Frau, dachte er und wusste, dass dieses noch nie gespürte Gefühl in seiner Brust Liebe war.

Sinnend ging er weiter und trug die Küsse der wunderschönen Frau mit sich. Lange noch klangen ihre Worte nach: ›Wir sehen uns wieder. Bald, denn ich zerspringe jetzt schon vor Sehnsucht.‹

Immer wieder erschien ihm die wundersame Metamorphose von der alten, verhutzelten Kräuterfrau zur schönen, liebreizenden Fee. Sorge machte sich breit, sie könnte wie diese strahlenden Himmelskörper sein, die urplötzlich aus dem Nichts erscheinen, am Himmel leuchtend ihre Bahn ziehen, um so schnell wieder zu verglühen, wie sie gekommen waren. Trost und Glück für den Augenblick, doch sie geben kein Licht für spätere Jahre. Ihre Glückseligkeit erwärmt den Moment, aber ihm folgen tiefschwarze Nächte voll bitteren Leids. Er fürchtete sich davor und war fest entschlossen, diese liebliche Lichtgestalt ganz fest zu halten, damit ihr goldener Schein immer in seinem Leben bliebe.

Fingerhüte, Fingerhüte, riesengroße Fingerhüte, ein ganzer Wald voll. Als er nachts ankam, waren sie ihm in der Dunkelheit nicht aufgefallen. Er glaubte, es sei eine unbekannte Art von Bäumen, mit großen, weichen, wolligen Blättern, aber als die Sonne herauskam, sah er, dass es gigantische Fingerhüte waren. Wenn der Wind durch ihre Blätter strich, läuteten ihre Glöckchen, wie Hunderte von Windspielen. Manche ganz hell, andere dumpf und dunkel.

Mit jedem Schritt merkte er, wie sein Herz langsamer, aber kräftiger schlug. Er spürte seinen Herzschlag in den Ohren dröhnen; und dazu dieses Geläute. Ihm schwindelte und er fürchtete, das Bewusstsein zu verlieren. Beruhigend war nur, dass seine Liebste ihm gesagt hatte, er solle keine Angst haben, ihm werde nichts passieren. Na, hoffentlich wussten das diese Giganten auch.

Er setzte sich ins Moos und rief: ›Hey, ihr Riesen, nicht so viel von eurem Gift. Es bringt mich um. Mir ist übel und ich bekomme kaum noch Luft.‹

›Ja, sage es doch gleich, Menschlein, dann atmen wir langsamer. Entschuldige bitte, aber wir konnten nicht wissen, dass du so wenig verträgst. Können wir das irgendwie wieder gutmachen?‹

›Ja, das könnt ihr schon. Sagt mir, wo der Eingang zur Höhle ist, die unter dem Land der siebenköpfigen Feuerschlange verläuft. Ich muss zum Ursprung des Seins, wo der Regenbogen herkommt.‹

›Oh‹, murmelten da alle Fingerhüte, die das gehört hatten, ›da hast du dir aber viel vorgenommen. Der Weg ist nicht einfach. Selbst wenn du es bis dahin schaffst, musst du noch hinauf zum Tempel. Der liegt über den Wolken. Da wartet noch eine ganze Menge Arbeit auf dich. Kehre lieber um. Das würde dir viel Kummer ersparen.‹

›Nein, ihr Großen, das geht nicht, ich muss dort hin, was auch immer kommen mag. Es ist meine Bestimmung, mein Schicksal. Helft mir bitte. Ihr könnt doch so viel und wisst alles. Helft einem Suchenden.‹

Da steckten die Fingerhüte ihre riesigen Stängel zusammen und diskutierten heftig. Ihr Murmeln war mal ganz leise, dann schwoll es wieder an, ihre großen Glocken läuteten, wenn sie sich erhitzten, und klangen sanft, wenn sie nachdachten. Schließlich nickten sie zustimmend. Dann beugte sich einer der Größten zu ihm herunter. Er schien zu lächeln, als er sagte: ›Es sei denn, Menschlein. Wir haben über deine Geschichte nachgedacht und beschlossen, dir zu helfen. Allein schon, weil wir alle diese ekelhafte Feuerschlange nicht leiden können. Sie ist das Böse in der Welt und wurde vom Guten, nach langem Kampf, eingesperrt. Ihr Gefängnis darf sie nicht verlassen, ihr steht nur der nächtliche Himmel offen. Hier zischelt sie oft zwischen den Sternen herum und sprüht Feuer, vor Wut über ihre Gefangenschaft. Schön ist sie, die Schreckliche, aber tödlich. Du musst auf der Hut sein. Manches Böse versteckt sich im Gewand des Schönen und lockt damit ins Verderben. Sieh dich vor. Du darfst ihren Garten nicht betreten. Wenn du auch nur einen Fuß hineinsetzt, bist du verloren. Um zu deinem Ziel, dem Garten des Glücks, zu kommen, musst du durch eine lange, dunkle Höhle gehen, die vor dem Schlangengarten beginnt und im Glücksgarten endet. Ein langer, beschwerlicher Weg, Menschlein. Nur wer ein festes Ziel vor Augen hat und einen unbeugsamen Willen, kann es schaffen. Nur wenigen gelang es bisher. Die meisten ließen sich durch schöne Reden in den Schlangengarten locken, andere haben ihr Ziel und damit ihr Leben in der Höhle aufgegeben. Wir werden dir helfen, aber schaffen musst du es allein. Überprüfe dich sorgfältig, ob du es wirklich willst, ob du das Ziel mehr liebst, als dein Leben.‹

›Ja‹, sagte der Suchende, ›das tue ich. Nichts soll mich davon abhalten, ans Ziel zu gelangen.‹

Der Riesenfingerhut nickte: ›Nun gut, wenn du deiner Sache so sicher bist, so höre: Wenn du diesen Wald durchquert hast, kommst du an eine Wiese mit buntem Mohn. Lass dir ein paar Kristalle von ihrem Saft geben und verwahre sie sorgfältig. Der Mohn ist ein friedlicher Geselle und gibt gerne. Der Wiese schließt sich eine große Wüste an, die du durchqueren musst. Das wird schwer, denn es gibt keine Oase, also kein Wasser. Diese Wüste endet an einem Felsmassiv mit zwei Spalten. Eine führt zum Schlangengarten, die andere ist der Eingang in die Höhle, durch die du gehen musst, wenn du leben willst. Am Ausgang der Höhle ist der Glücksgarten. Er ist wunderschön. So etwas hat dein Auge noch nie gesehen, glaube mir. Mitten im Garten stehen zwölf mächtige Marmorsäulen, die bis in die Wolken reichen. Diese Säulen tragen das Heiligtum, den Ursprung allen Seins, – dein Ziel. Das Problem ist, dass kein Fremdling dort hinaufkommt, denn die Säulen sind glatt und bieten keinen Halt. Wir haben lange beratschlagt, wie wir dir helfen können, dieses letzte Hindernis zu bewältigen. Nimm das Samenkorn vor deinen Füßen und verwahre es sorgfältig. Es ist kein gewöhnlicher Samen, sondern ein Zauberkorn. Wir schenken es dir, quasi als Wiedergutmachung für die Pein, die wir dir bereitet haben. Am Fuße einer Tempelsäule gräbst du ein tiefes Loch; einen Meter tief. Du wirst es mit den Händen machen müssen, denn es gibt keine Werkzeuge. Lege den Zaubersamen in das Loch und wässere ihn gut. Es gibt zahlreiche Springbrunnen im Garten. Schütte das Pflanzloch zu, verdichte die Erde und lege dich mitten drauf zum Schlafen. Das Korn wird aufgehen und in einer Nacht wächst ein Fingerhut bis in die Wolken, bis zum Tempeleingang. Sobald du erwachst, brauchst du nur einzutreten. Damit du durch die Geschwindigkeit des Wachsens nicht munter wirst und vor Schreck vom Stängel fällst, schlucke vor dem Schlafengehen die Kristalle vom Mohnsaft, dann schläfst du tief und fest. Wir wünschen dir eine gute Reise und vor allem eine sanfte Himmelfahrt. Mach's gut, Menschlein. Viel Glück.‹

›Danke, ihr lieben, freundlichen Gesellen, ich werde eure Worte wohl bedenken und alles befolgen. Auf dem Rückweg erzähle ich euch, wie es mir ergangen ist. Lebt wohl.‹

Die Fingerhüte schüttelten fröhlich ihre Glocken und riefen: ›Du wirst nicht zurückkommen, Menschlein. – Nun geh schon los, sonst überrascht dich die Nacht.‹

Mit kräftigem Herzklopfen, das Digitoxin der Fingerhüte tat noch seine Wirkung, ging er los. Noch lange hörte er ihr fröhliches Geläute in der Ferne. Es war ein schöner, milder Tag und er kam zügig voran. Die Sonne stand hoch im Zenit, als er die große Wiese mit dem Mohn erreichte. Ach, war das ein herrlicher Anblick; diese vielen, verschiedenen Mohnsorten. Soweit das Auge reichte: Mohn, Mohn, nichts als Mohn. Noch nie hatte er solch eine Farbenpracht gesehen.

›Hallo, ihr Schönsten der Schönen, ich komme von weit her und muss gleich weiter. Könnt ihr mir nicht eine Gasse freimachen, die in Richtung des Regenbogens führt, damit ich keine von euch treten muss? Ich tue nicht gern weh und achte auf die Bedürfnisse anderer.‹

Die Mohnblüten nickten, und wie auf Kommando legte sich die eine Hälfte von ihnen auf die rechte, die andere auf die linke Seite. So entstand ein schmaler, strichgerader Pfad, der sich schräg durch die Wiese zog. Als der Suchende sie durchquert hatte, bedankte er sich und sah, dass sich alle Mohnblumen schon wieder aufgerichtet hatten. Keiner war etwas passiert.

›Darf ich noch eine Bitte äußern, ihr Süßen?‹

›Ja, ja, ja‹, riefen da alle Mohnblumen durcheinander. ›Was möchtest du?‹

›Schenkt mir ein paar Kristalle von eurem Saft. Gerade so viel, wie ich brauche, um eine Nacht fest durchzuschlafen.‹

›Wenn es mehr nicht ist‹, sprach die große Mohnblüte direkt vor ihm. ›Ich bin der Papaver somniferum, halte deine Hand unter meine Kapsel und fange den Saft auf. Er wird schnell kristallisieren.‹

›Habt Dank für eure Freundlichkeit, ihr schönen Kinder des Morpheus. Ich ziehe nun weiter. Die Wüste liegt vor mir. Alles Gute für euch.‹

›Leb wohl, Wanderer. Gutes Gelingen, – nimm genug Wasser mit!‹

Frohen Mutes wanderte er weiter. Er dachte an die schöne Kräuterfee, dachte an ihre süßen, warmen Küsse. Wie weich sie sich anfühlte, wie schön es war, als sie sich fest aneinander schmiegten. Und das Bad in der heißen Quelle, – was für ein wunderbares Geschenk. Er spürte das Wasser noch überall und genoss seine Feuchte. Sie stillte den Durst.

Nach sechs entbehrungsreichen Tagen in der Wüste erreichte er um Mitternacht das Felsmassiv. Jetzt war Vorsicht geboten. Noch im Mondschein suchte er die beiden Spalten im Gestein.

Da lagen sie vor ihm, schwarz und bedrohlich. Eine bedeutete den Tod, die andere führte ihn zum Ziel. Welche war die Richtige? Ein Schaudern überkam ihn. Da meinte er plötzlich die Stimme seiner Kräuterfee zu hören: ›Fürchte dich nicht. Es wird dir nichts passieren‹, hatte sie gesagt.

Als die Sonne vorsichtig ihre Finger rötlich am Horizont ausstreckte, stand er schon vor den beiden Felsspalten. Welche sollte er nehmen? Welche war die Richtige? Er wollte den rechten Eingang nehmen, der würde schon der Rechte sein. War er es nicht, so wäre das auch nicht schlimm, denn er würde den Garten der Feuerschlange schon von weitem sehen und umkehren. War es der Richtige, würde er in die dunkle Höhle führen. Alles ganz einfach, wenn nur der fürchterliche Durst nicht wäre. Die Zunge klebte ihm am Gaumen, die Lippen waren aufgesprungen. Alles würde er für einen Schluck Wasser geben, für einen winzigen Schluck, und er dachte an die Springbrunnen im Glücksgarten, dachte an die heiße Quelle. Ach, könnte er mit seinen Lippen nur einmal die Oberfläche berühren. Er musste sich mit aller Kraft von diesem glückseligen Bild losreißen. – Also die rechte.

Die Felsspalte klaffte weit, die Wände glatter, blanker Fels, der bedrohlich stiel in die Höhe ragte. Alles war kahl. Nach einer kurzen Strecke bog der Weg steil um und er sah in sattes Grün und wunderschöne, duftende Blumen. Himmlische Musik kam ihm entgegen, leise und lieblich, wie für sein Ohr gemacht. Blaue Anemonen riefen mit sirenenhaften Stimmen: ›Willkommen, schöner Wanderer, bist du durstig? Sicher bist du durstig, du kommst ja aus der Wüste, da gibt es kein Wasser, keinen kühlenden Schatten. Deine Lippen sind rau und aufgesprungen, die Zunge klebt dir am Gaumen. Komm näher und erquicke dich. Hier ist eine frische, klare Quelle. Hörst du sie plätschern? Sie wird dich laben. Köstliche, süße Beeren werden deinen Hunger stillen. Komm nur, du Weitgereister, du müder, erschöpfter Geselle, wir werden dich verwöhnen.‹ So sangen mit lieblicher Stimme die blauen Anemonen. Er blieb wie angewurzelt stehen. ›Ach, ihr holdseligen, schönen Stimmen‹, rief er, ›gerne folge ich eurer Einladung. Haltet nur alles bereit, denn ich habe einen fürchterlichen Durst. Gleich kehre ich zurück, muss nur meinen Trinkbecher holen, den ich am Eingang der Schlucht vergessen habe.‹

Er rannte, als wäre der Leibhaftige hinter ihm her, aus

der Schlucht. Uff, das war der falsche Eingang, der linke war der richtige. Na, dann, auf ein Neues.

Der Einstieg in die Höhle war beschwerlich. Der Weg führte über große Geröllmassen bergauf. Er war geschwächt und kam schnell ins Schwitzen. Endlich, am Eingang angekommen, schlug ihm eine verführerisch duftende, feuchte Wärme entgegen. Er kletterte in die Tiefe und stützte sich am weichen Moos der Wände ab. Wie schön es sich anfühlte!

Nicht weit, und er hörte eine muntere Quelle plätschern, die ihn, den Erschöpften erquickte. Mit frischen Kräften drang er tiefer in die Höhle ein. Sie wurde immer enger und niedriger. Weite Strecken musste er auf allen Vieren, manchmal sogar auf dem Bauch rutschend, zurücklegen. Oft fiel der Weg steil ab oder stieg ebenso steil an. Die Dunkelheit war so groß, dass er sich vorwärts tasten musste. Er stieß sich an scharfen Felskanten, die er in der Finsternis nicht gesehen hatte und spürte, wie ihm das Blut von der Stirn floss. Nach einem Sturz in ungewisse Tiefe blieb er bewusstlos liegen, wusste nicht, wie lange, wäre vor Schmerzen und Erschöpfung am liebsten liegen geblieben, doch eine innere Kraft trieb ihn vorwärts, rüttelte ihn, den Erschöpften, der nur noch schlafen wollte, wach und drängte ihn weiter, immer weiter. Wie hatte sie gesagt? ›Wir sehen uns wieder.‹ Ja, er wollte, er musste sie wiedersehen. Er spürte ein sehnsuchtsvolles Verlangen nach ihr, der Wunderschönen. ›Hilf mir, Liebste‹, rief er, und wie ein mächtiges Echo hallte es zurück: ›Hilf dir, – hilf dir, – hilf dir.‹ Ach ja, die Fingerhüte hatten Recht, nur wer sein Ziel mehr liebt, als sein Leben, wird es schaffen. Ich werde es schaffen. Ich will es schaffen.

Mühsam stand er auf und taumelte vorwärts. Da war es, als wichen ihm die harten Felsen aus, und er taumelte in den aufgehenden Tag, der sich am Ende des langen Weges zeigte. Die labyrinthische Felsenhöhle war zu Ende; die Qualen hatten ein Ende. Das Ziel seiner langen Wanderschaft lag nun zum Greifen nah. Er setzte sich erschöpft auf eine verwitterte Steinbank und dachte: Ich liebe das Leben, nicht, weil ich an das Leben, sondern an die Liebe glaube. Sie hat mir geholfen, all die Mühsal zu bestehen, und seine müden Lider fielen ihm langsam zu.

Als er erwachte, war es Nachmittag. Die Sonne senkte sich langsam im Westen. Nun aber schnell! Er blickte sich um und sah sofort die mächtigen Marmorsäulen, die, steil aufragend, sich in den Wolken verloren.

Ohne Werkzeug kratzte er mühsam mit den Händen ein Loch. Das war nicht leicht, denn es musste groß und einen Meter tief sein. Als ihm das gelungen war, warf er das Samenkorn hinein und begoss es reichlich mit Wasser. Dann verdichtete er die Erde darüber, schluckte die Schlafkristalle und war schnell über dem Pflanzloch eingeschlafen.

Als sich der Mondschein auf die taubedeckten Wiesen legte, begann der Fingerhut zu wachsen. In unglaublicher Geschwindigkeit wurde er größer und größer und trug den Schlafenden auf seinen großen wolligen Blättern in die Höhe, bis er in den Wolken verschwunden war.

Er erwachte, als es hell wurde und sah vor sich ein weites Tor. Vorsichtig trat er ein. Im gedämpften Licht stand eine Figur, die mit einem dichten, weißen Schleier verhängt war.

Das also war sein Ziel. Das war der Ursprung alle Seins. Mit unsicheren Schritten ging er auf das Heiligste zu. Nichts rührte sich. Nur das Rauschen des Windes ging durch die Halle.

Etwas zog ihn magisch an und er spürte Wärme von dem Bildnis ausgehen, eine Wärme, die ihm bis ins Herz ging. Was mochte sich unter dem Tuch verbergen? Was war es, wofür er alle Strapazen auf sich genommen hatte?

Vorsichtig zog er den Schleier ab. Da stand sie, seine geliebte Kräuterfee und lächelte ihm entgegen. ›Gabrielle‹, stammelte er und sank auf die Knie. Er umarmte sie und presste seinen Kopf tief in ihren Schoß. ›Liebste, so viel musste passieren, bis mir Herz und Augen geöffnet wurden, damit ich erkenne, dass die Liebe der Ursprung allen Seins ist.‹«

***

Als er erwachte, graute der Morgen. Der Regen hatte nachgelassen. Ihn fröstelte in den feuchten, klammen Klamotten. Sein Schädel brummte. Dieser verdammte Alkohol!

Verschlafen zog er sein Handy aus der Tasche. Es leuchtete Alarm; der Akku war fast leer. Diese eine Nummer muss noch gehen, – nur noch diese Nummer! Er wählte – und als sich eine verschlafene Frauenstimme meldete, sagte er: »Entschuldige bitte den frühen Anruf, Gabrielle, ich möchte dir nur sagen: Ich liebe dich.«

***

Wie ein dunkles Samttuch ruhte die aufkommende Nacht über der Erde, als Braaderup auf die Terrasse trat. Die Steine hatten die Energie der Sonne gespeichert und gaben nun ihre Wärme an die laue Nacht ab. Fast wäre er über die Gartenschuhe gestolpert, die achtlos im Weg lagen. Er räumte sie zur Seite und betrachtete die Silhouette der Bäume, die sich geheimnisvoll gegen den noch hellen Himmel abgrenzte.

Dort hinten blinzelte, verschlafen, Venus, der Abendstern und sah den Fledermäusen zu, die im Zickzackkurs die Luft durchpflügten.

Die Welt kam langsam zur Ruhe, nur noch das Rauschen der Autobahn. Es würde die ganze Nacht über zu hören sein und gegen Morgen in den Geräuschen der erwachenden Menschen untergehen.

Uhlenflucht nennt man in Norddeutschland diese Zeit zwischen Tag und Nacht. Sie birgt so viel Zauber und Schönheit.

Die tagfrohen Tiere sind schlafen gegangen. Wenn es lau ist, singen die Nachtigallen, Fledermäuse sind auf Beute aus. Langsam kommen die Tiere der Nacht hervor. Lautlos huschen sie wie flüchtige Schatten über die Wiese oder schweben durch die Lüfte. Uhu und Eule hinterlassen nur ein Rauschen und unwillkürlich zieht jeder den Kopf ein, wenn sie vorüber fliegen.

Manchmal wandern auch leuchtend-funkelnde Augen im Dunkel vorbei. Fuchs oder Katze, wer weiß es schon? Über allem liegt schwarzgraues Dunkel. Romantisch-mystisch und auch ein bisschen beängstigend.

Da geht der Blick lieber zum nächtlichen Himmel, an dem, wie von unsichtbarer Hand großzügig verteilt, die Sterne funkeln. Oft schon hatte er ihnen seine Probleme erzählt, hatte Fragen gestellt, doch die Ewigen schwiegen und strahlten ihn an, silberhell, wie Diamanten.

Wo nahm Josephine nur die Schönheit her, die ihn so verzauberte? Was waren das für unsichtbare Kräfte, die im Geheimen wirkten und sie so fest verbanden? Alles war geheimnisvoll und unergründlich, wie die Nacht selbst.

Er spürte in seinem Herzen einen Brand wie von tausend Jahren, der sich ausbreiten wollte in selige Tiefen, der sich in ihr Blut verströmen möchte, endlos und ewig, wie die wilden Wasser des Ozeans; brausend, schäumend, hin und her, dann wieder sanft und sacht in ihr ruhend. Kein Zauber, keine Magie, nur Glut, die wärmt und fest verbindet.

Es gibt so vieles, was man sich wünscht, erdenkt, erhofft und was dann an den rauen Klippen der Wirklichkeit zerschellt. Vielleicht erfüllt sich alles dort oben am sternklaren Nachthimmel, wenn wir einmal dort stehen und einander zublinzeln, wie Leuchttürme, damit wir in der unendlichen Weite des Universums den Weg zueinander finden und für alle Ewigkeiten zu einem neuen Stern verschmelzen.

Was für eine märchenhafte, mystische Nacht. Braaderup sitzt in der Laube am hinteren Ende des Gartens und wartet auf sie, die ihn verzaubert hat. Sie kommt aus der Welt der Feen, Nymphen und Elfen und liebt Märchen wie er. Den ganzen Tag hatte er am Schreibtisch gesessen, um ihr eine Geschichte zu schreiben. Mara, die Nymphenkönigin war das Ergebnis. Sie würde Josephine bestimmt gefallen.

Braaderup fühlte Unruhe in sich. Ob sie wohl sein Sehnen, seine Zuneigung spürte? Er war sich ziemlich sicher. Nymphen spüren alles. Sie können in Herzen sehen, und wenn er ihre Blicke und das Lächeln richtig deutete, war auch in ihr etwas von dem Feuer, das ihn gepackt hatte und brennen ließ.

Gegen Mitternacht huschte ein heller Schein über die taubedeckte Wiese auf ihn zu. »Hallo, Braaderup, wartest du schon lange?«

»Ach Josephine, du bist eine Frau, auf die es sich lohnt zu warten. Ich freue mich, dass du da bist, denn es wartet eine Geschichte von Nymphen und Liebe auf dich. – Da fällt mir ein: Wie haltet ihr Nymphen es eigentlich mit der Liebe?«

»Ja, Braaderup, was soll ich dir darauf antworten. Es gab mal einen Philosophen, der sagte: ›Seit ich die Menschen kenne, liebe ich die Tiere.‹ Wir Nymphen könnten sagen: Seit wir die Menschen kennen, lieben wir die Pflanzen. Von den Menschen haben wir uns distanziert, seit unserer Schwester damals Gewalt angetan wurde. Außerdem sind wir Nymphen eingeschlechtig, unisex, wenn du so willst. Unser Geschlechtstrieb ist nicht besonders ausgeprägt. Wir brauchen ihn nicht. Wozu auch? Wir sind unsterblich und haben die ewige Jugend. Unsere Art erhält sich selbst. Sollte einmal Mangel sein, gibt es den Nymphenkönig, der für Nachwuchs sorgt. Wir haben da ein ganz bestimmtes System, funktioniert prima. Sollten wir mal nach Nymphenheim kommen, werde ich es dir zeigen. Nun glaube aber bloß nicht, dass wir Nymphen nicht lieben können. Wenn es uns mal gepackt hat, lieben wir tief und innig, voll feurigen Begehrens. Sieh dich nur vor, mein Lieber. Du bist der Typ, auf den Nymphen fliegen.« Sie hielt die Hand vor den Mund und schüttelte sich vor Lachen. Ach, sie hatte ein wunderschönes Lachen. Noch lange klang es in seinem Herzen nach.

»Wir werden uns sicher noch oft über Liebe unterhalten, Braaderup, immer, wenn es sich ergibt. Es ist ein unerschöpfliches Thema, nicht nur, weil jeder etwas Anderes darunter versteht. Nun fange mal langsam mit deiner Geschichte an, sonst graut der Morgen und du bist immer noch bei der Einleitung. Ich bin doch so neugierig, was du die ganze Zeit geschrieben hast.«

»Weißt du, Josephine, ich habe immer an dich gedacht, da sind mir die Worte nur so zugeflogen. Also, das war so:

Die Nymphenkönigin

Lang ist es her, dass die Nymphen noch in den großen Wäldern lebten. Es waren sehr schöne, heilige Jungfrauen, die Reisenden und Wanderern Speisen und Getränke aus goldenen Schalen reichten und über ihr Wohl wachten. Ihr Zuhause waren Grotten, Quellen und Brunnen.

Heilig waren sie, weil sie aus dem Schoß von Mutter Erde kamen und Segen spendendes Wasser aus den heilenden Quellen schöpfen durften. Wer die Jungfrauen berührte oder ihnen gar Gewalt antat, beleidigte Mutter Erde und wurde von ihr bestraft.

Eines Tages verging sich ein finsterer Ritter an einer der Jungfrauen. Das friedliche Miteinander war zerbrochen. Die Brunnen trockneten aus, die Quellen versiegten. Die früher zutraulichen Nymphen flohen und kamen aus Angst vor den Menschen nur noch nachts aus ihrem Versteck. Kam jemand in ihre Nähe, erschreckten sie ihn so, dass er floh und sich nie wieder blicken ließ.

Nachts tanzten sie im silbernen Licht des Mondes auf versteckten, verschwiegenen Waldwiesen, badeten in Seen und Brunnen und sangen bei Vollmond wunderschöne Lieder; traurig-melancholische Weisen aus einer Zeit, in der alle Geschöpfe noch friedlich zusammenlebten.

Mancher hatte sie mit wehenden Haaren auf Einhörnern oder schneeweißen Hirschen über nächtliche Wiesen jagen sehen. Wer ihnen begegnete, dachte stets, wie wunderschön sie sind, und sein Herz schlug höher.

Es wurde aber auch erzählt, dass sie neugierige oder gar aufdringliche Männer in die großen Sümpfe lockten oder an Bäume hängten. Besonders junge Männer, die nächtelang im Unterholz versteckt lauerten, um nur einen Blick auf ihre keusche, wunderschöne Nacktheit zu werfen, bestraften sie für ihren Übermut.

Damals, in den unschuldigen Zeiten, stellten sie ihre Schönheit zur Schau, denn ihre Nacktheit war etwas Besonderes, nicht von dieser Welt. Sie ließen sich gerne bewundern. Doch seit der fürchterliche Ritter einer ihrer Schwestern Gewalt angetan hatte, bestraften sie jeden, der einen lüsternen Blick auf sie warf.

Mara, die Schönste im Nymphenvolk, wurde wie eine Königin verehrt. Sie war so schön, dass selbst die Sonne neben ihr verblasst wäre. Doch die beiden sind sich nie begegnet, weil sie tagsüber schlief, und erst aus ihrer Grotte kam, wenn die Sterne hoch am nachtblauen Himmel standen.

Der gute alte Mond riss immer seine großen Augen weit auf, wenn er sie sah; besonders, wenn sie über Blumenwiesen tanzte. Was für schmale, kleine Füßchen sie doch hat, dachte er oft, und diese wunderschönen, schlanken Beine. Der brave Mond sah gar nicht mehr hin, denn er fürchtete, auf seine alten Tage noch ins Trudeln zu kommen, wenn er seine Blicke zu lange auf ihr ruhen ließ.

Ach, dieser runde, glatte Po, – himmlisch, einfach himmlisch. Er war fast so schön, wie er, der Mond selbst.

Diese Nymphen sind wunderschön, dachte er verträumt, doch Mara ist ein Juwel, ein Diamant. Sie ist der Abendstern unter ihnen, keine andere kommt ihr gleich.

Er seufzte tief, wie gerne wäre er einmal Mensch. Nur ein einziges Mal; nur für sie, die Wunderschöne, mit den runden, weichen Armen. Es müsste herrlich sein, in ihnen zu liegen. Versonnen, voller Sehnsucht, ließ er seine Silberfäden auf ihr ruhen und die Nymphenkönigin erstrahlte in hellem Glitzerglanz.

Allein tanzte sie über die Wiesen. Was für ein Tanz; voller Anmut und Grazie. Im sanften Melodienreigen, der aus einer anderen Welt zu kommen schien, setzte sie ihre Schritte und schwebte wie eine leichte Feder über die Wiese. Kein Halm, nicht eine Blume knickte unter ihren Füßen.

Wurde ihr Tanz schneller, wogten ihre herrlichen Brüste im Rhythmus der Bewegungen auf und ab. Hin und wieder sah sie zu ihm hinauf und schickte ein Lächeln, so warm, dass der Mond vor Freude errötete und noch heller leuchtete.

Wenn die Liebliche sang, kamen die nachtmunteren Tiere zur Waldwiese, um ihr zuzuhören. Keines hatte je so melancholisch-mystische Weisen gehört, wie sie die Schöne sang. Alle zog sie in ihren Bann. Keiner konnte ihr widerstehen. Auch die Menschen nicht.

Ihre Schönheit und ihr Liebreiz hatten sich herumgesprochen. Überall wurde über die schöne Nymphe geflüstert. Männer wollten sie sehen, einmal sehen … Doch wer sie sah, verliebte sich unsterblich, kam nicht mehr von ihr los, wollte mehr, wollte alles, wollte sie, die Frau mit dem übersinnlichen, betörenden Lächeln, das Sehnsucht weckte.

Wie viele sind diesem Sehnen gefolgt, sind in den Wald gegangen, um sie zu suchen und wurden nie mehr gesehen. Wen erst die Sehnsucht gepackt hatte, den griff sich die Nymphenkönigin und verwandelte ihn in einen Baum oder Strauch, damit der Wald um sie herum noch dichter würde und sie keiner mehr finden konnte. Sie wollte nur dem gehören, der sie reinen Herzens liebte.

Manchen nahm sie sich aus Neugier, doch keiner entging seiner Metamorphose. Früher oder später war jeder in einen Baum oder dornigen Strauch verwandelt. Wenn sie an ihnen vorbeiging, wimmerten und stöhnten ihre verdammten Seelen.

Größer und größer wurde der Chor der Unglücklichen. Das Ächzen und Klagen tönte durch die Nächte, und wenn der Wind ihr Lied mit sich nahm und durch die Straßen der Dörfer trug, sahen die Menschen einander an und sprachen: Hört ihr das Klagen der Seelen vom Nymphenwald? Sie geht wieder um, die zaubermächtige Königin.

Eines Tages ging ein Fremder, der von weit her kam, durch den Wald. Bäume und Sträucher hatten die Wege überwuchert, und er verlor bald die Orientierung. Weil er keine Spuren mehr fand, denen er hätte folgen können, ging er nach Gutdünken. Doch der Wald schien sich gegen ihn verschworen zu haben. Die Bäume und Sträucher verwehrten ihm den Weg. Zweige bogen sich herab und zerrissen seine Kleider oder bohrten ihre Stacheln tief in sein Fleisch. Immer wieder musste er sich von den Dornen losreißen, um vorwärtszukommen. Äste peitschten ihm ins Gesicht, Wurzeln verlegten den Weg.

Die Nacht brach herein, es wurde immer dunkler, kaum konnte er die Hand vor Augen sehen. Im fahlen Licht des Mondes lag vor ihm eine Lichtung.

Am Rande der Lichtung, unter einem mächtigen Haselstrauch, fand er einen kuscheligen, weichen Schlafplatz und war vor Erschöpfung bald eingeschlafen. Ein wunderschönes Singen weckte ihn aus dem Schlaf. Vorsichtig bog er die Zweige des Haselstrauchs auseinander, um nach der Sängerin Ausschau zu halten. Da stand sie: direkt vor ihm, nackt und schön, wie ein junger Frühlingstag, und ihr Gesang ließ sein Herz höher schlagen.

Wenig später kamen, vom Gesang herbeigerufen, noch viele andere junge Frauen. Sie tanzten einen Reigen, wie er schöner nicht sein konnte. Nur überirdische Wesen tanzen mit so viel Anmut im Mondenschein.

Auch wenn er todmüde war, er konnte den Blick nicht von ihnen lassen. Er hatte schon manche Frau gesehen, doch diese hatten an Reiz und Grazie nicht ihresgleichen.

Immer wieder suchte sein Blick die schöne Sängerin und in seinem Herzen keimten viele sehnsuchtsvolle Wünsche. Als sich seine schlafschweren Lider senkten, nahm er sie alle mit in den Traum.

Als er am Morgen erwachte, sah er sich um. – Die Lichtung war leer. Nichts erinnerte an die Geschehnisse der Nacht. Nur die Träume blieben in seinem Herzen.

Er ging über die vom Morgentau benetzte Blumenwiese und fand im Moos versteckt eine frisch sprudelnde Quelle. Er löschte seinen Durst, zog die zerrissenen Kleider aus und reinigte die verschorften Wunden. Das kühle Wasser war wie lindernder Balsam. Rasch wusch er die schmutzige Kleidung aus und legte sie zum Trocknen in die Sonne.

Was für ein schöner Traum das doch war, dachte er und alles Sehnen lag im Bild dieser Erinnerungen. Mit dieser Frau würde er die Grenzen überfliegen, die die sieben Himmel von der Wirklichkeit trennen. Er würde mit ihr auf Liebesflügeln in eine Traumwelt fliegen, in der die Zeit stillsteht, wo sich die schäumenden Wasser in die Gischt der Unendlichkeit stürzen. Sie war die Frau seiner geheimsten Wunschträume, die Ersehnte, die Einzigartige. Doch, wie alles Schöne, so war auch dies nur ein Traum.

Noch ganz im Banne des Zauberbildes zog er sich an, nahm Hut und Wanderstab und ging weiter, nicht ohne sich noch ein paar Mal sehnsüchtig umzusehen. Weil er nicht wusste, in welche Richtung er gehen sollte, marschierte er, kurz entschlossen, immer der Sonne entgegen. Irgendwo würde sein Weg schon enden. Bald lichtete sich der Wald, tat sich auf, und vor ihm in der Niederung lag, zwischen Wiesen und Feldern, ein Dorf.

Beschwingten Fußes stieg er hinab. Die Bewohner empfingen ihn freudig. Sie hatten schon viele in den Wald gehen sehen, aber noch keinen, der herauskam. Deshalb nahmen sie diesen ungewöhnlichen Vorfall zum Anlass, ein Fest zu feiern.

Als reichlich Met und Wein geflossen waren, fragten sie den Fremden, wie es ihm im Wald ergangen sei. Da erzählte er von dem beschwerlichen Weg und von seinem wundersamen Traum.

›Das war kein Traum, du hast Mara gesehen, die Nymphenkönigin. Nur deiner Müdigkeit ist zu verdanken, dass du jetzt nicht ein Baum oder Strauch bist, der nachts mit den Anderen seufzt und stöhnt. Danke deinem Schutzengel, dass er dich vor dem Schlimmsten bewahrt hat. Denn wer die Nymphenkönigin sieht, ist ihr verfallen. Er will sie besitzen, um jeden Preis. Doch sie will nur den Einen, auf den sie wartet. Alle anderen verwandelt sie in Bäume oder Sträucher, um sich vor ihrer Zudringlichkeit zu schützen.‹

In dieser Nacht konnte er nicht schlafen. Ihm war die ganze Zeit, als höre er die Nymphenkönigin rufen. ›Komm, komm‹, rief sie, ›erlöse mich, erlöse mich.‹ Doch es war nicht nur der Lockruf aus dem Wald, es war sein Innerstes, das ihn drängte. Die Frau aus dem Traum war so wunderschön gewesen, so anders als alle anderen. Nie gekannte Sehnsucht nach Nähe und Wärme, ja, nach Liebe, ihrer Liebe, rief ihn zurück in den Wald.

Ein Leben lang meinte er von ihr geträumt zu haben.

Nun war sie da, greifbar nah. Sie war die Frau aus all seinen Träumen. Sie war die Ersehnte.

Noch bevor der Hahn dreimal gekräht hatte, machte er sich auf den Weg. Von den Dorfbewohnern erbat er sich die schönsten Blumen. Diese wollte er ihr bringen und ihr seine Liebe gestehen, auch auf die Gefahr hin, in einen Baum verwandelt zu werden. Er musste der inneren Stimme folgen. Komme, was wolle.

Würde er, im Gewirr des Waldes, die Lichtung wiederfinden? Würde sie wieder singen und tanzen? Würde sie stehen bleiben, wenn er auf sie zukäme oder verschwinden? Fragen, auf die es keine Antworten gab. Was würden die auch nützen? Er folgte einem inneren Zwang, einem ›Muss‹.

Die Lichtung war leichter zu finden, als erwartet, brauchte er doch nur darauf zu achten, dass die Sonne immer in seinem Rücken stand. Auch diesmal wollte der Wald ihm den Weg verwehren, doch er kämpfte sich mutig durch das Dickicht, sein Ziel fest vor Augen. Es war das schönste Ziel, das es gab. Was scherten ihn da Disteln und Dornen, Äste und Wurzeln. Ihn trieb ein tiefes Sehnen vorwärts, und er folgte ihm.

Als er die Lichtung erreichte, brach die Dämmerung herein. Er kühlte an der Quelle die heiße Stirn und reinigte seine Wunden. Dann ging er zu der Stelle, an der ihm die Nymphenkönigin erschienen war, und legte die Blumen ins Gras. Wenn sie käme, würde sie sein Geschenk sehen.

Versteckt unter den Zweigen des Haselstrauchs konnte er die Wiese gut überblicken, ohne selbst gesehen zu werden. Das Herz schlug ihm bis zum Hals. Ach, wie langsam doch die Zeit verging. Der Mond erschien am Firmament. Jetzt müsste sie bald kommen, dachte er, und da war sie plötzlich, wie aus dem Nichts, mitten auf der Wiese.

Heißes Sehnsuchtsbrennen durchzog ihn. Was für eine wunderschöne Frau! Einmal wollte er ihr nah sein, wollte sie berühren, ihren Duft einatmen. Mehr bedurfte es nicht zu seinem Glück. Er war durch die Welt gezogen, hatte überall nach ihr gesucht und war nun angekommen, war am Ende einer langen Reise.

Mara hob die Blumen auf, betrachtete sie, sog ihren Duft ein und sah vorsichtig nach allen Seiten. Sie witterte Gefahr. Doch als sie nichts Auffälliges bemerkte, begann sie zu singen. Es war das alte Lied der Nymphen, das sie immer singen, wenn der Herbst die Blätter bunt färbt. Mystisch und melancholisch klang ihre Stimme, als wäre es ein Abschiedslied. Auch wenn er kein Wort verstand, die Melodie war so getragen-traurig, dass ihm heiße Tränen über die Wangen liefen.

Es hielt ihn nicht mehr in seinem Versteck. Vorsichtig stand er auf und ging auf sie zu. Die Nymphe zuckte zusammen, als sie ihn sah. In ihrem Gesicht wechselten Zorn und Neugierde.

Als er vor ihr stand, sank er auf die Knie, küsste ihre zarten, kleinen Füße und sprach mit einer Stimme, die ihm selbst fremd war: ›Mara, du schöne, wunderbare Frau, ich trage dich tief in meinem Herzen. Bitte, schicke mich nicht weg, lass mich bei dir sein, denn ich sterbe ohne dich vor Kummer und Herzeleid.‹

Die Nymphenkönigin stand starr. Ihr Gesang war verstummt. In der Luft lag nur, wie ein Bittgesang, das Stöhnen und Murmeln der Verzauberten. Da sagte Mara leise: ›Steh' auf, Fremder.‹ Er erhob sich langsam, und sein Blick glitt an ihrem Körper entlang. Oooh, – wie wunderschön sie war, diese Einzige, Unvergleichliche. Ihn durchzog eine nie gefühlte Wärme und in seinem Herzen entflammte brennende Sehnsuchtsglut. Seine Gefühle wirbelten wirr durcheinander. In Sekundenschnelle durchlebte er Höhen und Tiefen, Freud und Leid. Was sollte er tun? Was würde sie tun? Er wusste es nicht, bis zu dem Moment, als sich ihre Blicke trafen. Er spürte den musternden, kritischen Blick, mit dem sie ihm ins Herz sah.

Da löste sich die Spannung, sie legte ihre weichen Arme um seinen Hals, beugte sich zu ihm, und ihre Lippen trafen sich, wie zwei, die lange aufeinander gewartet haben. Süß waren die Lippen der Nymphe, und ihre Zungen verschlangen sich tief und innig.

Sie küsste wie eine hungrige Löwin, und er antwortete ihr mit der gleichen Lust und den gleichen Wünschen.

›Halte mich fest‹, hauchte er, ›ganz fest. Wir wollen zusammen durch die Ewigkeit gehen.‹

›Ja, mein Herzensmann, lass uns über die sieben Himmel in die Unendlichkeit fliegen. Ich will dich halten, alle Zeit.‹

Da fiel der Zauber von den Bäumen und Sträuchern und die jungen Männer eilten fröhlich in ihre Dörfer. Von überall kamen Nymphen aus ihren Verstecken und tanzten einen Hochzeitsreigen um das glückliche Paar.

Als der Tag erwachte, waren alle verschwunden. Auch die Nymphenkönigin wurde nie wieder gesehen. Es heißt, sie sei mit ihrem Liebsten über den sieben Himmeln.«

»Sieh da«, flüsterte Josephine und schmiegte sich dicht an ihn, »mein Braaderup versteht was von Liebe, von Nymphenliebe. Als hätte ich es geahnt. Mir war so merkwürdig zumute, als ich dich damals im Mondenschein stehen sah. Halte mich bitte nicht für aufdringlich und distanzlos, aber mir scheint, dass wir noch viel Schönes miteinander erleben werden. Nimm mich bitte mal ganz fest in deine Arme. So, nun muss ich los. Die Arbeit wartet. Wir sehen uns bald wieder, mein Braaderup.« Sie gab ihm einen flüchtigen Kuss und verschwand im Morgennebel.

Braaderup ging zum Haus. Die Morgenröte streckte vorsichtig ihre rosigen Finger aus, legte sich auf die erwachende Natur und die Rosen begannen ihre Blüten zu entfalten.

»Ach ja«, seufzte er, als sein Blick auf La France, eine seiner Lieblingsrosen fiel, »sie wird wohl nie so werden, wie ich es mir gewünscht habe.« Trotz aller Pflege und Mühen war sie ein kleiner Kümmerling geblieben. So ganz anders, als damals, als sie in Mode kam. Weder Düngung noch Bodenveredlung hatten daran etwas ändern können. Sie blieb klein und traurig, bildete keinen richtigen Strauch aus und bekam nur wenige, schwache Triebe mit kleinen Blüten.

Die ehemals so stolze Rosenkönigin war unscheinbar geworden. Überzüchtet. Doch was heißt »überzüchtet«? Sie war kleingemacht worden, wurde Opfer ihres eigenen Ruhmes.

Guillot Fils hatte sie 1867 als Zufallssämling gefunden. Eine dicht gefüllte, silbrig-rosa Rose, mit einem betörenden, kräftigen Duft. Ihr Siegeszug um die Welt verlief rasant. Die Nachfrage war so groß, dass die Züchter den Bedarf nicht mehr decken konnten, und weil jeder ein gutes Geschäft machen wollte, okulierten sie nicht nur, wie üblich, die kräftigsten Augen, von denen es nur wenige gibt, sondern auch die vielen schwachen. Die Folge waren schwache Pflanzen mit mickrigen Blüten. Die kräftige, edle »La France« wurde müde und verschwand ebenso schnell von der Rosenbühne der Welt, wie sie gekommen war. Das nennt man »überzüchtet« und meint damit, dass sie Opfer von Geschäftemacherei wurde.

Wie es so ist, die entstandene Lücke wurde professionell mit »Mme. Caroline Testout« geschlossen. Ebenso aristokratisch wie die Vorgängerin, wohlgeformt und gesund, prachtvolle Blüten, die noch reichlicher trieben, als bei »La France«. Aber sie blieb immer nur der Ersatz für eine edle Gestorbene.

Braaderup hatte »La France« zufällig auf einer Rosenreise durch Frankreich gefunden. Stolz brachte er den wertvollen, seltenen Kauf mit nach Hause. Eigentlich hätte es keine Probleme geben dürfen, denn die Containerrose hatte kräftige Triebe und war gut gewurzelt: A-Qualität. Doch er sollte sich irren. Nach zwei Jahren war sie nicht mehr als ein armseliges Relikt vergangener Pracht.

Jetzt hätte er Leonie, die Rosennymphe gebraucht. Sie konnte Wunder bewirken, konnte aus Kleinem Großes machen, doch sie war eines Tages verschwunden und keiner wusste, wohin.

Braaderup stand auf der Terrasse. Es regnete und war furchtbar stürmisch. Das Windspiel sang hell und laut. Sicher würden sich die Nachbarn eines Tages beschweren.

Was für ein Schietwetter! So viel Regen, jetzt, wo die Rosenblüte anfing. Die Zentifolien würden mit Sicherheit nicht aufgehen und wieder in der Knospe faulen. Wie sagt Faust? »Zeig mir die Frucht, die fault, bevor sie reift!« Nichts leichter als das: Zentifolien im Regen!

Ehe er sich einen Schnupfen holte, wollte er doch lieber ins Warme an seinen Schreibtisch gehen und die Geschichte von Leonie, der Rosennymphe schreiben. Es würde nicht einfach werden, denn die Erinnerungen lagen weit zurück, in der frühen Kindheit.

Lange hatte er überlegt, ob er Nymphe, Elfe oder Fee als

Zentralfigur seiner Geschichten wählen sollte. Er hatte sich für Nymphe entschieden, weil Nymphen etwas ganz Besonderes sind. Elfen sind zu klein, eigentlich nur kleine Kobolde, mehr was für Kinder. Feen erinnern immer an: Ich bin eine gute Fee, du hast drei Wünsche frei. Auch wenn er gerne drei Wünsche freigehabt hätte, so fand er Fee doch zu banal.

Nymphe birgt etwas Geheimnisvolles, Göttliches, Schönes, Mystisches. Sie ist zauberhaft, unwirklich und doch dem Menschen so nah. Sie bringt Gutes, auch wenn es auf den ersten Blick oft nicht so scheint, wie die Episode von Hylas und den Wassernymphen zeigt, die John William Waterhouse so schön gemalt hat:

Auf der Fahrt der Argonauten brach dem Herkules das Ruder. Sie legten an der mysischen Küste Kleinasiens an, und während Herkules sich ein neues Ruder zimmerte, schöpfte Hylas, sein schöner, junger Waffenträger, aus einer nahe gelegenen Waldquelle frisches Wasser. Als die Quellnymphen den schönen Jüngling sahen, befiel sie eine so heiße, begehrende Lust, dass sie ihn zu sich in die Tiefe zogen. Ob es nicht Hylas' eigener Wunsch war, bei den wunderschönen Jungfrauen zu bleiben? Braaderup glaubte schon, dass es so war, musste die Frage aber fairerweise offenlassen, denn der Jüngling wurde nie wieder gesehen; konnte also nicht gefragt werden.

Seit dieser Zeit pilgern junge Mysier einmal im Jahr zu der Quelle, doch nie wieder war einer so schön, dass die Nymphen ihn hätten haben wollen.

Amor und Psyche

Wenn Braaderup an Nymphen dachte, fiel ihm immer Psyche ein. Sie war im strengen Sinne keine wirkliche Nymphe, sondern eine schöne Königstochter. Der Begriff ist eigentlich ein weißer Schimmel, eine Tautologie, denn hat man jemals von einer hässlichen Königstochter gehört? – Na also, Königstöchter sind immer schön und Psyche war sogar wunderschön.

Dennoch wollte sie keiner haben. Ihre beiden älteren Schwestern verheirateten sich gut und Psyche blieb sitzen. Jetzt machten die besorgten Eltern den größten Fehler, den man im alten Griechenland begehen konnte, sie befragten das Orakel des Apoll. Dieses prophezeite, sie würde mit einer fliegenden Giftschlange vermählt werden, vor der selbst die Götter zitterten.

Das war natürlich schlimm. Dass außerordentlich schöne Frauen Partnerschaftsprobleme haben, weil Männer sich nicht rantrauen, ist nichts Neues, aber die Sache mit der fliegenden Giftschlange ...? – Ist auch nicht so ungewöhnlich. Psyche ist ein junges, unschuldiges Mädchen, das langsam zur Frau erwacht. In ihr fängt es an zu rumoren, Lust und Begierde erwachen. Gelegentlich gleitet die Hand schon mal hinunter zum Dreiecksfellchen und probiert. Zaghaft ist sie noch und ängstlich. Alles ist unbekannt, neu, vielleicht auch verboten, und heimlich denkt sie dabei an das, was ihr immer als giftig dargestellt wurde: an den Phallus, die Schlange.

Doch noch ist nichts mit schönen Spielen, jetzt steht sie erst einmal auf einem Berggipfel, wo die Vermählung mit dem Monster stattfinden soll.

Aber es kommt nicht dazu. Zum Glück gab es Venus, die stinksauer auf die schöne Sterbliche war, weil die Menschen deren Schönheit verehrten und darüber völlig vergaßen, ihr, Venus, Opfer zu bringen. Das fand sie nicht witzig; auch römische Götter wollen ernst genommen werden. Sie rief im eifersüchtigen Zorn ihren Sohn Amor und befahl ihm, die menschliche Konkurrentin aus dem Weg zu räumen. Mit seinem Pfeil sollte er sie treffen und mit Liebe zu dem widerlichsten Menschen erfüllen. Offensichtlich kannte sie den fatalen Orakelspruch nicht, der ja all ihre Probleme löste. Doch wen wundert's: Apoll ist griechisch, sie römisch. Die konnten nie so richtig miteinander.

Amor machte sich auf den Weg, den Wunsch der Mutter zu erfüllen, schließlich war er ein braver Sohn. Er erschien in dem Moment auf der Bildfläche, als Psyche sich dem Untier hingeben wollte. – Oder musste? – Sie war sich unschlüssig. So ein erigierter Phallus ist für ein unschuldiges, junges Mädchen schon etwas Ungeheuerliches.

Als Amor sie anvisiert, ist er von ihrer Schönheit so überwältigt, dass er in trunkener Verwirrtheit sich selbst mit dem Pfeil verletzt.

Nun haben wir den Salat! Der Schütze verliebt sich in sein Opfer, der Jäger wird zum Gejagten. Er lässt die geliebte Frau von Zephyr, dem milden Westwind, in einen märchenhaften Palast bringen. Hier besucht er sie inkognito Nacht für Nacht und treibt mit ihr allerlei Liebesspiele, die, oh Wunder, auch bald zu einer Schwangerschaft führen.

Psyche, die glaubt, der nächtliche Besucher sei der für sie bestimmte Ehemann, ist begeistert. Was für ein wunderbarer Liebhaber er doch ist. Nacht für Nacht gibt sie sich ihm voller Lust hin. Sie genießt es, denn der Geliebte erfüllt all ihre tiefsten Wünsche und Sehnsüchte. Auch wenn sie im Dunklen seine Gesichtszüge nicht erkennt, ja, sie kann ihn überhaupt nicht sehen, weil er ihr seine Unsichtbarkeit zur Bedingung gemacht hat, spürt sie doch die Zärtlichkeit seiner Berührungen, hört die Sanftheit seiner Stimme und seiner Worte.

Solches Glück ist trügerisch und meistens flüchtig. Das Ende naht in Form ihrer Schwestern, die sie beneiden und Misstrauen säen. Sie machen ihr klar, dass das alles nicht mit rechten Dingen zugeht, dass der Unsichtbare sicher ein fürchterliches Monster ist, das ihr wegen seiner schrecklichen Gestalt nicht bei Tageslicht gegenübertreten will und bestimmt ihr Kind verschlingen wird.

Psyche beginnt zu zweifeln. Einmal gesätes Misstrauen treibt schreckliche Blüten. Sie beschließt, gegen das Verbot des Geliebten zu handeln, das gegebene Versprechen zu brechen. Als Amor eines Nachts vor Erschöpfung einschläft, zündet sie ein Öllämpchen an und bewaffnet sich mit einem Messer, um dem Monster den Garaus zu machen.

Merkwürdig, dachte Braaderup, eben war er noch der wunderbarste Liebhaber, und nun will sie ihn umbringen. Wie eng das Gegensätzliche doch in der Liebe beieinander liegt.

Natürlich, wir wissen es längst, liegt vor ihr kein Ungeheuer, sondern der schöne, göttliche Liebhaber. Sein Anblick erweckt in ihr, jetzt, wo sie ihn verlieren soll, die wahre Liebe. Sie beugt sich über ihn, will ihn küssen, verliert das Gleichgewicht und heißes Öl tropft aus der Lampe auf die Schulter des Schlafenden. Der erwacht schmerzgeplagt, erkennt, dass Psyche sein Vertrauen missbraucht hat und meint, dass ihr gemeinsames Glück nun auf ewig dahin ist.

So, dachte Braaderup, jetzt mal ein kleines Denkexperiment aus der Serie »Was wäre gewesen, wenn«. So viel Zeit muss sein.

Wären die Schwestern nicht gekommen, hätten die beiden weiterhin ungetrübt ihre Liebe genossen und beiden wäre viel Herzeleid erspart geblieben. Ein schöner Gedanke, aber irreal, denn die Schwestern stehen für zwei Eigenschaften: Neid und Neugier. Vertraue dich in Liebesangelegenheiten keinem an, nicht mal der eigenen Schwester, denn man wird dich sehr wahrscheinlich beneiden, sicher aber schlecht beraten.

Verschweige dem Menschen, den du liebst, nichts, denn jeder möchte wissen, woran er ist.

Früher oder später wären Psyche hinsichtlich des ungewöhnlichen Verhaltens ihres Lovers Bedenken gekommen. Sie wäre neugierig geworden, und Neugier will befriedigt werden. Alles wäre so gekommen, wie es gekommen ist. Die Schwestern haben nur, wie ein Katalysator, das Geschehen beschleunigt.

Viel interessanter ist die Überlegung, was passiert wäre, hätte Psyche eine Taschenlampe gehabt. Sie hätte den Geheimnisvollen gesehen, ihre Liebe wäre erwacht und Amor hätte es nie erfahren, weil ja kein heißes Öl getropft wäre. Himmlische Zeiten wären angebrochen.

Doch alles ist graue Theorie! Sicher wäre die Geschichte durch einen dummen Zufall aufgeflogen, und sei es durch die Möwen seiner Mutter, die es ihm zugeflüstert hätten. Alles wäre viel schlimmer geworden und ein Happy End unmöglich.

In der Liebe sind Ehrlichkeit und Offenheit unverzichtbar. Sie sind das Fundament des gemeinsamen Glücks, denn auf ihnen baut das gegenseitige Vertrauen auf.

Was für ein schlauer Kopf, dieser Lucius Apuleius. Der wusste das alles schon im 2. Jahrhundert nach Christus. In seinen Metamorphosen, dem ältesten, vollständig erhaltenen Roman, der noch heute zur Weltliteratur gehört, hat er Amor und Psyche mit seinem Märchen ein bleibendes literarisches Denkmal gesetzt. In den Ich-Roman, den der Autor streckenweise aus der Sicht eines Esels erzählt, in den er verwandelt wurde, hat er zahlreiche Geschichten eingewoben; frivole mit derber Erotik, wie sie nicht nur in der Antike beliebt waren.

Braaderup liebt solche Erzählungen. Sie sind ehrlich und entsprechen den Wünschen der Menschen mehr, als alle Geschichten über Mord und Totschlag. Doch eigenartig, immer wenn es um Sex geht, entrüstet sich die Volksseele und erzählt was von Moral. Dabei ist das meiste, was Moralapostel predigen, eine Folge des Alters, wo Leidenschaft und Neigung ihre Kraft verloren haben und allein die Vernunft übrig geblieben ist. Oft nur für kurze Zeit, denn früher oder später geht auch die flöten.

Das ist meine Meinung; durchaus möglich, dass es ethisch vertretbarer ist, zu beschreiben, wie einem Menschen das Hirn aus dem Schädel gepustet wird, und sich, mit Blut vermischt, über eine weiße Wand verteilt.

Apuleius geht es nicht um Gewalt. Im Zentrum dieses sogenannten »Schelmenromans« steht das Märchen von Amor und Psyche. Übersetzen wir Amor mit Liebe, dann geht es um die Liebe und die Psyche. Setzen wir Amor mit Cupido gleich, wie es die Römer taten, dreht sich alles um die Begierde und ihre Auswirkungen auf die Seele. Das ermöglicht eine vielschichtige Ausdeutung, je nach Geschmack.

Augustinus, kein Kind von Traurigkeit, liebte die Metamorphosen des Apuleius und gab ihnen den ehrenden Nebentitel: »Der goldene Esel«.

Herder nennt die Metamorphosen den vielseitigsten Roman, der je gedacht wurde, und zweifelt, ob sich Höheres überhaupt ausdenken lässt.

Ähnlich urteilt Goethe: »Schwerlich ist jemals in eines Menschen Geist etwas Lieblicheres und Zarteres aufgestiegen; der Verstand ist befriedigt, das Gemüt erfreut und das Herz entzückt und schlägt froh dem Werke entgegen, welches reizt, ergreift und unsere schönsten Empfindungen aufregt; die Kunst überschüttet uns mit ihren Wohltaten.«

Ein Werk, das »unsere schönsten Empfindungen aufregt«. Was meint ein Mann, dessen letztes großes Werk mit den Worten endet: »Das Ewig-Weibliche zieht uns hinan«, mit den schönsten Empfindungen, die aufregen? – Genau das meinte Braaderup auch. Also, keine falsche Prüderie.

So, dachte Braaderup, nun will ich aber mal im Kontext fortfahren. Amor hat gerade eine peinliche Nummer abgezogen und sich aus dem Fenster geschwungen. Fehlt nur, dass er zur Mama fliegt und sich ausweint. Er tut es auch, aber nicht direkt. Eine Möwe erzählt Venus, dass Amor in Psyche verliebt ist und nun liebeskrank im Bett liegt. Frau Mutter ist natürlich außer sich. Das Kind liebt eine andere Frau! Na, das geht gar nicht! Nachdem sie den Bengel zur Schnecke gemacht hat, sucht sie die Übeltäterin, die ihr den Sohn wegnehmen will.

Psyche stellt sich freiwillig. Sie weiß, dass sie ohne Einwilligung der Mutter den Liebsten nicht bekommen wird. Das waren damals noch strenge Sitten.

Venus empfängt sie griesgrämig, lässt sie verprügeln und schlägt selbst feste mit drauf. Dann bekommt Psyche

Aufgaben, die zeigen sollen, ob sie, gesetzt den Fall, dem geliebten Sohn überhaupt eine gute Frau sein könnte.

Zunächst muss sie bis zum Abend einen Berg gemischter Hülsenfrüchte nach der jeweiligen Art sortieren. Es kommen hilfreiche Ameisen und erledigen die eigentlich nicht zu bewältigende Arbeit. Venus erkennt natürlich die Leistung nicht an.

Am nächsten Tag soll sie goldene Wollflocken von der Schafherde des Zeus bringen. Die Tiere sind bösartig und gefährlich. Psyche will lieber in den Tod gehen, als von den Schafen zerrissen und zertreten zu werden, doch das Schilfrohr hält sie von ihrem Plan ab und rät, die Wolle am Abend, wenn die Schafe müde sind, von den Zweigen der Sträucher zu sammeln. Venus lehnt auch diese Leistung ab.

Dann soll sie Wasser vom Wasserfall des Unterweltflusses Styx holen. Zeus schickt ihr seinen Adler, der hilft. Auch das findet vor Venus' Augen keine Gnade.

Als letzte Aufgabe hat sie sich etwas ganz Besonderes ausgedacht: Psyche soll aus dem Hades etwas von Persephones Schönheit holen. Als Psyche das hört, ist sie verzweifelt. Diese Aufgabe ist unlösbar, denn von dort ist noch keiner zurückgekehrt. Sie will dem grausamen Spiel ein Ende setzen und sich von einem Turm stürzen. Doch der Turm sagt ihr, was sie alles tun muss, um diese Aufgabe zu lösen. Er weist ausdrücklich darauf hin, dass sie die Dose mit der Schönheit auf keinen Fall öffnen darf.

Alles verläuft nach Plan. Psyche ist schon auf dem Rückweg, da erliegt sie der Versuchung. Gern hätte sie etwas von der göttlichen Schönheit und öffnet das Behältnis. Erinnert so ein bisschen an das Öllämpchen und den Bruch des gegebenen Versprechens. Das endete mit einer Katastrophe. Offensichtlich hatte Psyche nichts daraus gelernt, oder sind

Neugier und Schönheitswahn klassische weibliche Eigenschaften?

Sie öffnet die Büchse. Da ist aber keine Schönheitscreme drin, sondern ein Todesschlaf, der Psyche sofort befällt. Sie wäre auch des Todes gewesen, hätte Amor nicht all ihre Schritte liebevoll überwacht. Er eilt hinzu, nimmt den Schlaf von der geliebten Frau, erweckt sie durch eine Berührung mit seinem Liebespfeil und sperrt den Todeshauch wieder in die Dose, die Psyche dann brav bei Venus abliefert.

Währenddessen fliegt Amor zum Olymp und bittet Zeus um Hilfe. Der schlaue Fuchs ruft die Versammlung der Götter ein und teilt mit, er wolle den jugendlichen Übermut des Amor bändigen, indem er ihm die Fesseln der Ehe mit der schwangeren Psyche anlege. Damit Venus, wegen der nicht standesgemäßen Verbindung, kein Veto einlegen könne, wolle er Psyche mit einem Schluck Ambrosia aus dem himmlischen Kelch unsterblich machen. Alle stimmen begeistert zu, und der Hochzeit steht nichts mehr im Weg. Es war auch höchste Zeit, denn bald darauf gebiert Psyche eine Tochter, Voluptas, die Wollust.

Es ist erstaunlich, dachte Braaderup, was der alte Apuleius alles wusste oder vielleicht auch nur erahnte, denn nicht ohne Grund wählte er für seine Überlegungen die Märchenform. Frei erfunden, mit wahrem, erzieherischem Hintergrund.

Eins war für ihn sicher: Es gibt eine Seele, die Psyche heißt. Damit steht er im Gegensatz zu vielen heutigen Denkern, für die allein schon das Wort »Seele« ein überholter Mythos, also schon im Kern falsch ist. Die meinen, dass der Mensch nicht beseelt, also seelenlos ist. Wenn diese Hypothese zuträfe, so sagte sich Braaderup, könnten, ja müssten wir, allein aus wirtschaftlichen Überlegungen, Psychiater und Psychologen abschaffen, denn sie hätten dann keine Existenzberechtigung. Andererseits fragt man sich, woran die vielen Menschen leiden, die sich in ihre Therapie begeben?

Es macht also Sinn, anzunehmen, dass der Mensch grundsätzlich beseelt ist, auch, wenn es immer mehr Menschen zu geben scheint, bei denen diese Annahme fraglich ist.

Für Apuleius' Märchen gibt es eine Seele, schließlich spielt sie ja die weibliche Hauptrolle und heißt »Psyche«; im Altgriechischen auch als »das Wertvollste« zu verstehen. Diese Psyche gibt sich einem wunderbaren, göttlichen Liebhaber hin, der nur im Dunklen zu ihr kommt und geht, bevor es hell wird. Sie kennt ihn nicht, hat ihn nie gesehen. Sie akzeptiert ihn, weil sie sich geliebt fühlt, erlebt mit ihm den schönsten Sex, ohne dass sie ihn liebt. Damit die Seele Liebe erwidern kann, muss sie aus dem Unterbewussten ins Bewusstsein aufsteigen. Ihr reicht die glückliche Erfahrung nicht, sie will sich eine Vorstellung, ein Bild von dem machen, was ist, will sich in der Beziehung gleichwertig fühlen. Um das zu können, setzt sie alles aufs Spiel und bricht ihr Versprechen.

Amor möchte unerkannt bleiben, die Sexualität genießen und der Verantwortung aus dem Weg gehen; ein Phänomen, das dem männlichen Charakter entspricht. Das hartnäckige Drängen der Seele verschreckt ihn und er ergreift, wie so mancher Liebhaber, die Flucht. Er kehrt zur Mama zurück und verkriecht sich liebeskrank ins Bett.

Psyche reagiert völlig anders. Sie hat nicht nur ihre Liebe erkannt, sondern auch das wahre Wesen ihres Liebhabers. Sie macht sich auf die Suche nach ihm und reift zur Frau.

Zwischenzeitlich erkennt Amor seinerseits die Tiefe und Innigkeit seiner Liebe, erkennt, dass ihn nicht Sexbesessenheit treibt, bereut sein Verhalten und beschließt, Psyche beizustehen und die Wege für die Gemeinsamkeit zu ebnen. Aus berauschendem Verliebtsein, gegenseitigem Erkennen und Verstehen wird schließlich zuverlässige, vertrauensvolle, innige Liebe.

Damit ergibt sich als Rezept für beständiges Glück: Gegenseitige aufrichtige Liebe, aufeinander zugehen, sich zu erkennen geben und einander akzeptieren; eins werden, seelisch und körperlich. Wie weise der alte Apuleius doch war.

Ach, dachte Braaderup, jetzt hätte ich über Amor und Psyche fast Leonie vergessen. Nun aber schnell wieder zurück zu den Nymphen.

Leonie, die Rosennymphe

Eine Nymphe ist so etwas, wie eine Fee. Sie ist göttlich und besitzt, solange sie lebt, und sie lebt sehr lange, ewige Jugend und Schönheit.

Nymphen gibt es überall. Wir sehen sie nur nicht, weil uns der rechte Blick abhandengekommen ist und sie sich sehr gerne verstecken. Weil sie so unsagbar schön sind, entziehen sie sich den Augen der Menschen, um keine Begehrlichkeiten zu wecken, denn sie haben schlechte Erfahrungen gemacht.

Selbst Götter konnten ihnen nicht widerstehen. Göttervater Zeus verlustierte sich mit den schönen Bergnymphen. Apoll, die Lichtgestalt, der griechischste aller Götter, stellte der schönen Daphne nach. Eine schöne Geschichte, die

Ovid in seinen Metamorphosen verewigt hat: Die Nymphe Daphne, Tochter des Flussgottes Peneios, gehörte zu jenen weiblichen Wesen, die, wunderschön und begehrenswert, der körperlichen Liebe abhold waren. Sie streifte lieber alleine, wie Artemis, durch Wälder und Einöden, liebte die Stille der Natur und fand Gefallen daran, Wild zu jagen. Man weiß nicht, was Sigmund Freud zu solchen Frauen gesagt hätte, sicher irgendwas mit Penisneid oder präödipaler Phase. Sei es, wie es sei, die schöne Daphne wollte nichts von Männern wissen. Da war sie mit ihren Kolleginnen Callisto und Syrinx einer Meinung. Sie verabscheuten jegliche Form der Liebe, besonders aber die körperliche. Sie wollten ungebunden bleiben und widersetzten sich der Rollenerwartung der Gesellschaft.

Mit dieser Grundeinstellung passierte ihr etwas ganz Verrücktes: Der noch jugendliche Gott Apoll, der sie einmal gesehen hatte und sich für sie interessierte, machte sich über Amor lustig, als er sah, wie das kleine Kerlchen seinen Bogen spannte. »*Was soll, mutwilliger Knab', ein so tapferes Gerät dir?*«, fragt er ihn höhnisch. »*Das zu tragen geziemt nur unseren Schultern, die wir scharf das Gewild und scharf die Feinde verwunden.*« Kurz gesagt: Apoll stellte arrogant und herablassend fest, dass es nur ihm geziemt, den Bogen zu tragen. Er, Amor, solle lieber Liebschaften stiften, als mit kriegerischem Gerät zu hantieren.

Amor war stocksauer über den jugendlichen Angeber und dachte sich: »Dem werde ich es zeigen.« Geschickt und hinterhältig demonstrierte er, dass er, wenn auch klein, ein nicht zu unterschätzender Gegner war. »*Mag Apolls Bogen auch alles andere auf der Welt treffen, so trifft Amor mit seinem Pfeil doch niemanden Geringeren als Apoll selbst*«, sagte er und schoss zwei Pfeile ab. Der eine vertrieb Liebe, der andere erregte Liebe. Mit dem Ersten traf er Daphne, die wohl zufällig des Weges kam, mit dem zweiten Apoll. Nun zeigte sich, dass die Römer, nicht zu Unrecht, den Amor lieber Cupido, Gott der Begierde, nannten, denn Apoll drehte durch.

Während der Gott vor Geilheit schäumte, scheute die Nymphe schon allein die Bezeichnung »Geliebte«. Doch das war dem Gott völlig egal. Ihn trieben, wie alle jugendlichen Liebhaber, heiße Leidenschaft und erotisches Begehren. Er folgte der panisch Fliehenden mit lustvollen Phantasien; stellte sich ihre Augen, den Mund, ihre Finger, Hände und Arme vor. Fand alles, was er sah, wunderschön und war sich sicher, dass das, was sie versteckte, noch viel schöner und begehrenswerter war. Er wiegte sich in einer wahren Liebeselegie.

Ovid, ein Meister der Beschreibung, lenkt den Leser geschickt in die Richtung des verbotenen Blicks, bricht raffiniert unterhalb der Arme ab, kehrt zu den Oberarmen zurück, verweilt in den Achselhöhlen, wodurch das Verborgene, das, wonach Apoll strebt, noch reizvoller erscheint. Er ruft ihr nach, dass er kein Wolf sei, der dem Lamm folgt, doch Daphne sieht nur seinen lüsternen Blick und rennt weiter, panikartig, schneller, als der Lufthauch. Je heftiger er sie begehrt, desto schneller läuft sie. Sie flieht, bis zum Rand der Erschöpfung. Als sie den heißen Atem des Liebestollen schon im Nacken spürt, bittet sie den Vater, sie zu verwandeln: »*Vater, komm mir zur Hilfe, wenn ihr Flüsse ein göttliches Wesen habt! Vernichtet durch Verwandlung die Gestalt, durch die ich allzu großen Gefallen erregt habe!*«

Der liebevolle Vater sieht die Not der Tochter und verwandelt sie in einen Lorbeerbaum: »*Um die zarte Brust legt sich dünner Bast. Das Haar wächst sich zu Laub aus, die Arme zu Ästen; den eben noch flinken Fuß halten kräftige Wurzeln, das*

Gesicht hat der Wipfel verschlungen: Allein der Glanz bleibt ihr.«

Der Gott der Weissagung steht nun schmachtend vor dem Lorbeer. »*Er legt die rechte Hand an den Stamm und fühlt noch, wie die Brust unter der frischen Rinde bebt, umschlingt mit den Armen die Äste, als wären es Glieder, küsst das Holz – doch das Holz weicht den Küssen aus.«*

Um die begehrte Frau immer bei sich zu haben, trägt er von da an immer einen Lorbeerkranz.

Den Mythos hat der Maler Ernst Fuchs sehr schön in der Farbradierung »Daphne in Eva mystica« dargestellt.

Wer in der flirrenden Mittagssonne genau hinsieht, erkennt noch heute, wie sich die Gestalt der schönen Nymphe verwandelt.

Braaderup fragte sich, ob der Baum für die Vergänglichkeit oder für die Unvergänglichkeit des Körpers steht.

So, dachte Braaderup, nach diesem kleinen Intermezzo in die griechische Mythologie will ich endlich mal zur Sache kommen. Andererseits war er ja beim Thema. Es ging um Leonie, die Rosennymphe. Zum Verständnis dieser Geschichte ist es unerlässlich, in die allgemeine Welt der Nymphen einzutauchen, spielen sie doch in unserem Leben eine viel größere Rolle, als es zunächst den Anschein hat.

Leonie war so schön, dass selbst die gute, alte Sonne neidisch wurde, wenn sie die Nymphe sah. Ihre kleine, schlanke Gestalt, die nicht das kleinste Stückchen Tuch verhüllte, war nur von drei herrlichen Rosenblüten bedeckt. Zwei große, dicht gefüllte rosa Rosen lagen auf ihren runden, vollen Brüsten und eine dunkelrote ruhte im weichen Moos ihres Schoßes.

Im Haar trug sie einen bunten, locker geflochtenen Rosenkranz. Besonders auffallend war ihr Geruch. Manchmal fruchtig, nach Pfirsich, Aprikose, Himbeere und Zitrone, dann wieder würzig, mehr nach Gewürznelke, Myrrhe und Sandelholz oder der klassische, starke Duft nach Moschus mit einem zarten Hauch von Blutorange und Vanille.

Auch wer sie nicht sah, erkannte sie an ihrem herrlichen Duft, der so geheimnisvoll war, als hätten alle Geruchsarchitekten der Welt daran gearbeitet, hätten aus ihren geheimen Vorräten die edelsten Duftmoleküle hervorgeholt und harmonisch portioniert.

Je nach Wetterlage und Tageszeit wechselte Leonie ihren Duft, der dennoch immer ihr eigen war: edel, geheimnisvoll, lieblich und wunderbar.

Der Duft ist die Seele der Rose. Man meint, er müsse immer da gewesen sein, denn Rose und Duft wird als Einheit assoziiert, gehören zusammen, wie Leib und Seele. Das war aber nicht immer so. Damals, es liegt sehr weit zurück, als die Rosen geschaffen wurden, waren sie nur schön und dufteten gar nicht.

Die Nymphe Chloris und Aphrodite, die Blumenspendende, gingen zusammen über das kahle Land. Chloris redete unentwegt, und mit jedem Wort hauchte sie Frühlingsrosen aus ihrem schönen Mund. Aphrodite sah das und gab ihnen Leben und Schönheit, denn sie hatte eine dankbare Schwäche für Rosen. Sie verdeckten ihre Nacktheit, als sie, aus Meeresschaum geboren, an Land stieg.

Später, als ihr Geliebter, Adonis, von einem Eber tödlich verwundet wurde, mischten sich ihre Tränen mit seinem Blut zu blutroten Rosen. Alle waren von unbeschreiblicher Pracht und Schönheit, doch es fehlte ihnen der Duft.

Sie standen stolz und erhaben, einzeln oder in Gruppen, lehnten sich an Mauern und Säulen oder kletterten an Zäunen und Bäumen empor, immer der Sonne entgegen, mit der sie eine besondere Verwandtschaft verbindet. Als Eos, die rosenfingrige Morgenröte, sich das erste Mal zurückzog, ließ sie Reste von sich als rote Rosen auf der Erde zurück. Deshalb sind alle Rosen Sonnenkinder. Sie brauchen es hell, um ihre ganze Schönheit zu entfalten.

Doch so schön sie auch waren, keine Biene, kein Schmetterling, kein geschäftiges, weichpelziges Hummelchen flog sie an. Sogar die dicken schwarzen Käfer machten einen großen Bogen um sie, denn es fehlten ihnen die lockenden Duftstoffe. Das machte die Rosen traurig. Sie ließen die Köpfe hängen; besonders bei Regen.

Zeus sah ihre Trauer. Weil er sie so schön fand, sollten sie auch fröhlich sein. Er rief die Götter zusammen, um sich mit ihnen zu beratschlagen, wie da Abhilfe zu schaffen wäre.

An der Schönheit lag es nicht, waren sie doch nicht ohne Grund die Königinnen der Pflanzenwelt. Keine andere übertraf sie. Warum waren sie nicht fröhlich?

Keiner der Götter hatte eine Idee. Sie zechten und redeten tagelang, bis Pallas Athene, die Göttin der Weisheit, plötzlich sagte: »Kinners, dass wir da nicht gleich drauf gekommen sind, ihnen fehlt der Duft. Sie locken keine Insekten an, sondern verängstigen sie nur mit ihrer Schönheit. Wir müssen ihnen einen Lockstoff, einen Duft geben. Die Nymphe Leonie experimentiert doch so gerne mit Düften. Es wäre eine schöne Aufgabe für sie, den Rosen eine Seele zu geben. Ich werde mal mit ihr reden. Einverstanden?«, und sie sah ihren Vater an. Zeus nickte huldvoll. Er konnte seiner Kopfgeburt nichts ausschlagen.

Athene schnallte sich den Brustpanzer um, nahm Aegis und Speer und besuchte Leonie. Die mischte gerade Essenzen aus Myrrhe, Moschus und Jasmin und verbreitete um sich einen betörenden Geruch. »Hallo, Leonie«, sagte Athene, »gib noch etwas Sandelholz dazu und einen Hauch Vanille, dann wird der Duft noch voller. – Unterbrich mal für einen Moment deine Arbeit. Ich habe einen Auftrag, der dich begeistern wird. Zeus, mein Vater, möchte, dass die Rosen duften, und hat dich bestimmt, dafür zu sorgen. Du weißt ja, wie sehr er diese Blumen liebt. Nun möchte er, dass sie auch noch herrlich duften. Weil sein Wunsch uns Befehl ist, säume nicht und mach dich sogleich ans Werk.«

Leonie nickte und der silberne Schein, der sie umstrahlte, färbte sich in rosiges Rot, als sie sagte: »Du weißt aber, Göttin der Weisheit und des Verstandes, dass ich jedem Duft, der bleiben soll, einen Hauch meiner Seele beifügen muss. Bei den vielen Rosen und den unterschiedlichen Düften werde ich meine Seele verlieren.«

Das hörte Aphrodite, die gerade vorbeiging. »Das macht doch nichts, Kindchen. Gewinne die Liebe eines Mannes und du wirst mit ihm die Seele teilen. Eine gemeinsame Seele zu haben, ist das größte Glück, meine Süße. So schön, wie du bist, wird es dir nicht schwerfallen, einen Herzensliebsten zu finden. – Keine Angst. – Ich werde dir schon helfen. Nun mache dich mal hurtig ans Werk, mein Kind. Du weißt ja, der Chef wartet nicht gern. Und nimm' dich in acht, wenn er vorbeikommt, um zu sehen, wie weit du bist. Er will in Wirklichkeit nur das Eine. Heras Eifersucht ist schrecklich. Also, – sei vorsichtig.« Für die letzte Bemerkung zog sie sich die zürnenden Blicke Pallas Athenes zu, die es hasste, wenn über den viel zitierten amourösen Abenteuern ihres Vaters all seine anderen großen Werke vergessen wurden. Verärgert drehte sie sich um und ging. Aphrodite verschwand auch und Leonie hörte sie noch lange in der Ferne fröhlich singen.

Ja, dachte Braaderup, so ist das. Weisheit ist eine ernste Sache, Liebe meistens heiter und fröhlich.

Leonie blieb nachdenklich zurück. Sie hatte ein Problem. Den Auftrag konnte sie nicht ablehnen, das war klar, kam er doch vom Höchsten. Es machte ihr auch Spaß, Düfte zu mischen. Doch was waren die richtigen Essenzen für ein Duft-Bouquet, das Insekten anlockt? Natürlich könnte sie die Bienen fragen, aber die waren immer so geschäftig unterwegs. Die dicken, pelzigen Hummeln waren zwar gemütlicher, aber furchtbar sprachfaul und Schmetterlinge, ja, die Schmetterlinge, die schwebten immer in anderen Sphären. Es würde das Beste sein, wenn sie sich selbst ein Geruchsbild machte, selbst an den Blumen riechen würde, die besonders viel angeflogen wurden, so, wie der Thymian, der Klee, die Orangenblüten oder die Magnolien. Wenn sie erst einmal hinter das Geheimnis dieses Duftes gekommen war, würde es recht einfach sein, ein entsprechendes Bouquet zu mischen und zu variieren.

Aber da war noch etwas, das sie beschäftigte. Die Sache mit der Seele. Würde Aphrodite Wort halten und ihr eine neue besorgen, wenn ihre eigene aufgebraucht war? Die Göttin war ein flatterhafter Vogel, immer lustig, doch fehlte ihr der nötige Ernst. Es ging ihr in erster Linie um die Rosen, deren Schutzpatronin sie war. Würde sie sich an die kleine Nymphe erinnern, die ihre Seele für den Duft der Rosen gab? Leonie war sich unsicher. Tausend Gedanken gingen ihr durch den Kopf.

Als die Nacht hereinbrach und sich ein silberheller Sternenhimmel über ihr wölbte, seufzte sie tief: »Natürlich werde ich es machen. Das Schicksal hat es doch schon längst beschlossen«, und dabei sah sie hinauf zum Olymp.

Am nächsten Morgen verabschiedete sie sich von ihren

Schützlingen: »Macht's gut, Kinder, ich bin unterwegs und bringe euch was Schönes mit. Ihr werdet Augen machen. Und nun mal Kopf hoch, nicht traurig sein. Ich bin ja bald wieder da.«

Sie eilte von Blume zu Blume, um ihren Duft zu erhaschen. Sie schnüffelte hier, schnüffelte dort und fand schnell heraus, dass der Duft am kräftigsten bei Windstille, Sonnenschein und feuchtem Boden war.

Nun suchte sie Pflanzen, die von Bienen und Hummeln besonders gerne angeflogen wurden, und beobachtete, was da alles vor sich ging:

Insekten, so fand sie heraus, werden von den Düften der Blütenblätter angelockt. Sitzen sie erst auf der Blüte, berauscht diese sie mit Phenyl-Ethanol, betört krabbeln sie nun in die Tiefe, wo vertraute, würzig-nelkenähnliche Gerüche und warmer Zitrusduft auf sie warten, den sie von ihrem Zuhause, den Bienenstöcken, kennen. Vor Freude wedeln die kleinen Gesellen mit ihren Körpern und bestäuben so die Blüte.

Leonie staunte. Der Duft war also nur dazu da, die Pflanzen zu befruchten, damit sie Früchte zur Vermehrung bilden können. Jetzt verstand sie, warum die Rosen immer so traurig die Köpfe hängen ließen. Sie konnten sich nicht fortpflanzen, obwohl sie so schön waren.

Auch wenn sie selbst noch nie den Wunsch nach Befruchtung und Vermehrung gehabt hatte, so konnte sie die Rosen verstehen. Die Schönen taten ihr leid. Sie wollte ihnen einen Duft mischen, der ihnen Tiefe und Anziehungskraft gab.

Guter Geruch ist wichtig. Das Riechzentrum zählt zu den ältesten Hirnstrukturen. Geruchsorgan, Riechhirn und das Geruchserinnerungszentrum liegen dicht beieinander und haben eine große Wirkung auf das Wohlbefinden. Düfte in der Nacht bestimmen die Träume. Der Geruch der Hetäre Phryne führt zu erotischen Träumen, der von faulen Eiern zu Albträumen.

Viele hatten ihr erzählt, dass es wichtig ist, wie der Mensch riecht, neben dem man liegt. Kann man ihn »gut riechen«, rückt man dicht an ihn und hat eine herrliche Zeit. Geht ein schlechter Geruch von ihm aus, rückt man ab und trennt sich bald wieder. Alles geschieht im Unterbewusstsein, denn der Geruchssinn ist viel älter, als das Bewusstsein.

Der Duft, den sie den Rosen geben wollte, sollte schöne Träume bringen und Menschen zusammenführen, liebliche Emotionen wecken, Herzen öffnen und die Seele wärmen.

Besonders schön duftende Blüten und Pflanzen waren nötig, um die Grundstoffe zu gewinnen. Sie sammelte Geranien und Zitronengras, Orangenblüten und Zitronen, Magnolien, Klee und Maiglöckchen, auch sollten Veilchen, Vanille, Minze und Iris nicht fehlen, sowie Apfel, Moos und Myrrhe. Ebenso brauchte sie Sandelholz und Himbeeren, Tee aus China und Amber vom Meeresstrand. Riesige Haufen lagen bald vor ihrem Laboratorium.

Nun begann sie, ätherische Öle und Essenzen von betörendem Duft zu gewinnen. Sie presste Zitronen- und Orangenschalen, destillierte ein Meer von Blüten, nahm feines, geruchloses Fett, breitete es aus und legte Berge von duftenden Blütenblättern darauf, die ihren Duft an das Fett abgaben, den sie dann mit Alkohol entzog.

Sie füllte mit den Essenzen viele Fläschchen, Tiegel und Phiolen und verkorkte sie sorgfältig, damit nichts vom Duft verloren ging. Nach wochenlanger Arbeit hatte sie es geschafft. Alle Gefäße waren mit Duftölen gefüllt.

Leonie holte einen großen Mischbecher vom Regal. Sie

wollte für die Rosen etwas ganz Besonderes machen. Nur keinen Einheitsduft. Weil Rosen so unterschiedlich sind, sollten sie auch ganz verschiedene Düfte bekommen. Zunächst einen für Rosen charakteristischen Grundduft, also einen Geruch, der die Rose verriet, auch wenn man mit verbundenen Augen schnüffelte. Über diesen Duft wollte sie dann eine zweite Note legen, die für die Sorte typisch sein sollte. So sollte das überlagernde Bouquet für die Damaszenerrosen besonders schwer und nachhaltig sein. Auch innerhalb einer Sorte sollten manche ganz besonders duften. Etwas vom herrlichen, ernsten Geruch der Pallas Athene, vom lieblichen, süßen Duft der Aphrodite, auch den Liebesduft der Hetäre Phryne wollte sie nehmen. Dabei musste sie natürlich vorsichtig sein, damit sie nicht selbst auf »dumme« Gedanken kam, denn Phrynes Geruch war sehr erregend. Ach ja, dachte Leonie, mit dem Duft ist es wie mit der Liebe. Man kann ihn nicht beschreiben. Es gibt kein Maß, er ist individuell verschieden. Ihm fehlt ein Bezugssystem. Selbst der Umfang, in dem Gerüche wahrgenommen werden, ist bei jedem anders. Deshalb haben Düfte so einen starken emotionalen Einfluss. Sie sprechen das Unterbewusstsein an.

Den Chinarosen wollte sie einen ganz leichten Teegeruch beimengen, der würde überraschen. Wer vermutet schon Tee bei Rosen? Auch die frischen Düfte von Apfel, Himbeere, Zitrone und Orangenblüten sind fürs Erstaunen gut, ebenso Pfeffer und Myrrhe. Die gefüllten Rosen mit den vielen Blütenblättern sollten einen intensiven, schweren Duft bekommen.

Leonie fing an zu mischen. Bald umgaben sie die schönsten Duftwolken. Irritiert flogen Schmetterlinge, Bienen, Hummeln, ja sogar die Hornissen um sie herum und suchten die Blumen, die so verheißungsvolle Gerüche von sich gaben. Was für ein gutes Zeichen, dachte Leonie, mir scheint, ich bin auf dem richtigen Weg. Die Düfte werden die gewünschte Wirkung zeigen.

Als ihre Mischgefäße gefüllt und gut verschlossen waren, packte sie alle vorsichtig in einen Korb und besuchte die Sorgenkinder. Mit einem weichen Pinsel verteilte sie ihre Duftbouquets bis zum letzten Hauch und mit jedem Duft gab sie ein kleines bisschen von ihrer Seele dazu.

Nun begann es, in allen Ecken und Winkeln der Erde herrlich zu duften. Die Rosen hoben ihre schönen Köpfe und strahlten um die Wette. Sie boten ihre Blüten den Insekten an und die nahmen sie gerne, denn kein anderer Duft war so verlockend, wie der der Rosen. Sicher, zuerst waren sie ein wenig verwirrt, schien doch der neue Duft eine Mischung aus vielen zu sein. Manche Duftnoten schienen sie zu kennen, doch die neuen Nuancen waren faszinierend. Sie fühlten sich von den Blüten angezogen, wie von einem Magneten.

Als in der milden Abendsonne abertausend Blüten dufteten und wie die Diamanten-Ampeln am Thronsessel des Zeus strahlten, ging Leonie erschöpft nach Hause. Sie wollte keine Essenzen mehr oder Räucherpfännchen, sie wollte nur schlafen, schlafen, schlafen. Ihre Aufgabe war erfüllt. Alles hatte sie gegeben. Nun war sie ausgelaugt und knickte in sich zusammen. Sie legte sich unter einen großen Rosenstrauch, der schützend seine Äste über sie ausbreitete. Wie die Essenzen in den Flaschen, so war auch ihr Seelchen aufgebraucht. Alle Kraft war dahin. Sie führte ein Schattendasein, magerte ab und schlich nur noch umher. Was war mit Aphrodites Versprechen? »Das macht doch nichts, Leonie«, hatte sie gesagt. »Gewinne die Liebe eines

Mannes ...« – Ja, wie denn? Sie hatte von früh bis spät gearbeitet, hatte Blüten und Pflanzen gesammelt, destilliert, gepresst, enfleuragiert, extrahiert, Düfte verteilt und ihre Seele gegeben. Wie hätte sie einen Mann treffen sollen, und dann noch einen, der ihr Herz hätte entflammen können? Den gab es doch sowieso nicht. Lieber wollte sie sterben, als einen faulen Kompromiss eingehen. Auf so was lag nie Glück. Liebe ist ein Funke, der entweder überspringt oder nicht, der entwickelt sich nicht mit der Zeit.

Sie hatte lange auf das Wunder gewartet. Jetzt, wo sie alt und schrumpelig war, nur noch Haut und Knochen, jetzt wollte sie keiner mehr. Es war vorbei, sie würde ungeküsst in den Hades steigen. Doch wie war das überhaupt ohne Seele möglich? Leonie wurde immer trauriger, wenn sie an ihr Schicksal dachte und mit der Trauer wuchs die Verzweiflung.

Eines Tages, im Hain ihrer Damaszenerrosen, Versicolor, Alba Maxima und Chloris versuchten ihr Mut zuzusprechen, zuckte sie zusammen. Ganz unerwartet stand ein Mann vor ihr. Er war schon älter, seine Schläfen begannen grau zu werden. »Hallo, schöne Frau«, begrüßte er Leonie. Die dachte: »Was will dieser arrogante Schnösel hier. Redet dummes Zeug und stört meine Ruhe.«

»Sagen Sie mal, mein schönes Kind, sind das Ihre Rosen? Wunderschön. Viele kenne ich gar nicht und was das Tollste ist, ich dachte, ich rieche nicht richtig, sie duften. Rosen, die duften! Und wie die duften! Ach, könnten Sie mich wohl mal durch die Beete führen und mir etwas über die einzelnen Sorten erzählen? Vor allem interessiert mich, wo Sie diese unglaublich schönen Duftrosen her haben?«

Während er das sagte, musterte er sie von oben bis unten und Leonie spürte, wie ihr unter seinen Blicken wärmer wurde. »Kleines«, stellte er fest, »Sie sollten wirklich mehr essen und trinken, viel trinken, damit Ihr Hautturgor wieder zunimmt. Sie sind so eine schöne Frau und magern sich zum alten Mütterchen herunter. Das geht doch nicht.«

Leonie schwieg und dachte: »So eine Frechheit, da kommt so ein Typ und mischt sich in mein Leben. Das geht den doch gar nichts an. Aufdringlicher Kerl!« Sie sah ihn an und sagte nur: »Kommen Sie.«

Die Mittagssonne stand senkrecht am Himmel. Es war heiß, so heiß, dass die Luft flirrte und sie lieber im kühlen Schatten gelegen hätte, doch der Fremde ging von Rose zu Rose, roch an den Blüten, war begeistert von ihrem Duft und freute sich, wie ein kleiner Junge, wenn er etwas Neues entdeckte. Wissbegierig fragte er ihr tausend Löcher in den Bauch. Alles wollte er wissen, besonders, woher sie diese unsagbar schönen Duftrosen hätte. Leonie folgte ihm und merkte, wie ihr langsam die Kräfte schwanden. »Nur keine Schwäche zeigen«, dachte sie, »schließlich bin ich eine Nymphe.«

Wer war er? Je länger sie ihn ansah, desto unsicherer wurde sie. Er hatte so was Feines, Liebenswertes, schien besorgt um sie zu sein und behandelte sie ausgesprochen höflich. Unwillkürlich musste sie an Aphrodite denken: »Was er auch immer sagt, sei vorsichtig, du weißt ja, er will immer nur das Eine.« Sollte er etwa Zeus in Menschengestalt sein? Es wäre nicht das erste Mal, dass er sich dieser Verkleidung bediente. Erschrocken über ihre eigenen Gedanken drehte sie sich nach ihm um. Doch der kniete selig vor einer Zentifolie, ließ ihren Duft durch die Nase ziehen und schien ihr nicht die geringste Aufmerksamkeit zu schenken. Mehr sah Leonie nicht, denn plötzlich drehte sich alles vor ihren Augen und sie verlor die Besinnung.

Als sie zu sich kam, lag sie im Schatten eines Olivenbaumes, sorgsam auf weiches Moos gebettet. Der Fremde hatte ihr ein feuchtes, kaltes Leinentuch auf die erhitzte Stirne gelegt. »Sie haben mir aber einen Schrecken eingejagt, meine Liebe, fallen einfach um. Na, ist ja kein Wunder, – bei dieser Hitze, – und so ausgemergelt und ausgedörrt, wie Sie sind. So, jetzt wird erst mal was getrunken. Vorsichtig. Ganz kleine Schlückchen. So ist es brav«, und er legte ihren Kopf in seinen Arm. Sie sah in seine Augen. Die waren klar und rein. In ihrem warmen Lächeln lag so viel Herz, so viel Liebreiz, dass es Leonie ganz wundersam wurde. Warm klang seine Stimme, als er sagte: »Und nun essen Sie mal von dem Obst und den Beeren. Ich habe sie extra für Sie gesammelt. Das ist Nymphen-Nahrung, damit Sie wieder zu Kräften kommen und in der Schönheit erblühen, die in Ihnen ist.«

Er fühlte ihren Puls. »Was für weiche, schöne Hände er hat«, dachte sie. »Der Herzschlag ist wieder kräftig, vielleicht ein kleines bisschen zu schnell, doch das ist nicht schlimm. Ich kann Sie beruhigt alleine lassen. Hier in der Amphore ist frisches Quellwasser und in dem Körbchen sind süße Beeren. Morgen sehe ich wieder nach Ihnen. Gute Besserung. Schonen Sie sich. Bis morgen dann, so gegen Mittag.«

Sie sah ihm lange nach. Was war das für ein Mann? Wie unsympathisch fand sie ihn anfangs, doch wie wunderbar war er in Wirklichkeit. Ein Rosenliebhaber, wie sie. Es sind besondere Menschen, die Rosen lieben. So einem war sie noch nie begegnet. Er war voller Fürsorge und Sensibilität. Wie schön, dass er wiederkommen wollte. Leonie aß und trank, wie er es ihr aufgetragen hatte, schließlich wollte sie für ihn schön sein. So schön, wie früher.

Der Fremde kam nicht nur am nächsten Tag, sondern von nun an jeden Tag. Sie gingen spazieren und plauderten über viele Dinge. Leonie wurde schöner und schöner, und sie fanden immer mehr zueinander.

Eines Tages, Leonie war sehr beschäftigt gewesen und kam verspätet zum Treffpunkt, fand sie ihn schlafend im Schatten des Olivenbaums. Sie betrachtete ihn in aller Ruhe. »Was für ein schöner Mann er doch ist«, dachte sie und kuschelte sich dicht an ihn. Er hatte eine herrliche Ausstrahlung und seine Wärme durchzog ihren ganzen Körper. Es war so angenehm in seiner Nähe.

»Ach, Leonie, Liebes, da bin ich doch wirklich eingeschlafen. Entschuldige, mein Schatz. Komm, wir wollen uns gleich auf den Weg machen.« Da sagte Leonie: »Kannst du mich einmal in die Arme nehmen und ganz, ganz festhalten, Liebster?« Er tat es und sie drückte sich schluchzend an ihn. »Ja, Kleines, was ist denn?«, fragte er besorgt. »Ach, mein Herzensliebster, ich liebe dich so«, antwortete sie, und ihre Lippen fanden sich. Sie küssten sich lange und innig, hielten sich immer fester, und er flüsterte atemlos: »Ich liebe dich auch, Leonie, meine geliebte Rosennymphe«, und sie hauchte: »Ach, duuuuh, ach, duuuh ...«, und sie ließen sich fallen und wussten, was geschieht, ist gut.

Die Tage in jenem Spätsommer waren glücklich, und als der Herbst kam und sich die Blätter bunt färbten, hatte sie die Liebe so fest verbunden, als wären sie eine Person.

Eines Tages nahm er behutsam ihre drei Rosenblüten ab. Ein seliges Prickeln überzog ihren Körper, als er ihr ins Ohr flüsterte: »Ach Leonie, meine geliebte Frau, du bist so schön, so wunderschön.« Als seine Hände liebevoll über ihren Körper fuhren, zuckte sie zusammen und presste sich fest an ihn: »Komm, Geliebter, komm! Wir wollen über die sieben Himmel fliegen. Dorthin, wo wir glücklich sind.« Und sie flogen und flogen …

Aphrodite stieß Athene mit dem Ellenbogen in die Seite: »Siehst du, liebe Schwester, so glücklich kann ich machen. Rosen und Liebe, das passt immer.«

***

Neulich hatte ihn ein Bekannter gefragt, warum er Märchen schreibe, das würde heute doch keinen mehr interessieren. Im ersten Moment war er über die Frage entsetzt gewesen. Märchen sind doch die schönste Sache der Welt! Wie sollte sich jemand nicht dafür interessieren? Doch jetzt, wo er auf der Terrasse stand, während die Welt um ihn herum schlief, wollte er der Frage nachgehen. Warum schrieb er eigentlich Märchen? – Nun, es ist eine wunderbare Möglichkeit, das Äußere mit dem Inneren und dem Übersinnlichen zu verbinden. Alle drei Ebenen zusammen bilden einen warmen, bunten Kokon, in dem sich gut leben lässt. Im Zusammenspiel dieser Welten lösen sich alle Probleme und Kümmernisse wie von selbst.

Das Äußere ist voller Probleme, das Innere ist ein Problem, das Überirdische kann sie alle lösen, wenn wir seine Hilfe annehmen. Auch wenn ich nicht immer den rechten Weg finde, sind doch die Gedanken und die Schönheit der Sprache etwas Wunderschönes, das über vieles hinweghilft.

So, wie die Nacht unser Fühlen bereichert, so tun es auch die Märchen. Sie eröffnen eine dritte Dimension und erweitern unser Denken um das Wunder. Wir können Ängste, Sehnsüchte und geheime Wünsche, unser inneres Erleben, auf eine besondere Weise darstellen, die der Phantasie keine Grenzen setzt.

Das Wunderbare darf rationale und naturwissenschaftliche Ordnungen außer Kraft setzen, denn unter dem Vorzeichen des Wunderbaren ist alles möglich. Welten lassen sich miteinander verbinden, Raum und Zeit werden außer Kraft gesetzt und unlösbare Konflikte lösen sich durch Zauberei. Märchen erweitern den Raum ins Unendliche. Man entzieht sich dem äußeren Geschehen, wenn alle Vernunfttätigkeit durch Phantasie ersetzt wird.

Im Nebel des Phantastischen verwischen scharfe Kontraste und verwunschene Nebenpfade öffnen sich dem suchenden Herzen. Nie geht die Orientierung verloren, nie sinkt die Hoffnung, denn das Leitgestirn auf allen Wegen ist die Liebe. Sie leuchtet in uns, auch wenn es dunkel ist, denn sie braucht kein Licht, weil sie das Licht ist.

Im Märchen bestimmen Herz und Seele. Sie schaffen bunteste Bilder, ohne jeden Zweck. Bilder, die keiner Erklärung bedürfen, weil sie nichts anderes als schön sein wollen. Das Märchen ist ein Schutzwall für die Seele gegen die Regelmäßigkeit und Gewöhnlichkeit des Lebens. So lange Menschen Herz und Seele haben, werden sie Märchen brauchen.

Nachts, wenn alle schlafen und Braaderup allein mit seinen Gedanken ist, hat er oft das Gefühl, auf einem ungestümen Meer zu sein. Wilde Wellen treiben ihn in die Irre, weil er das Steuer der Vernunft verloren hat. Die Göttin der Nacht breitet ihren dunklen, schweren Mantel über die schlummernde Erde und schickt ihm Stille und Finsternis, ihre beiden ernsten Schwestern.

»Oh Nacht«, denkt er, »du wunderbare, geheimnisvolle Nacht, entzünde Weisheit in meiner Seele. Sende mir einen

Strahl des göttlichen Lichts, damit ich erleuchtet und ermutigt werde. Leite meinen Geist, der sich so gerne aus der unglückseligen Hülle dieses alternden Körpers lösen möchte. Führe ihn zur Erkenntnis, lehre mich Vernunft, zeige mir den richtigen Weg. Du hast deine schwarze Schale über mich gegossen. Meine Gedanken sind dunkel, wie dein Gewand. Schicke einen winzigen Lichtblick, der mir den Weg erhellt.«

Braaderup sieht in die Nacht, fühlt Leere und Hoffnungslosigkeit, versucht zu halten, was er längst verloren hat, merkt, wie sich seine Hände langsam öffnen, um alles fahren zu lassen. – Oh Nacht, Zauberwelt und Schmerz zugleich.

Wie arm, wie reich, wie gering, wie herrlich, wie kunstvoll zusammengewebt der Mensch doch ist. Ein Gemisch verschiedener Naturen, ein winziges Glied in der unendlichen Kette der Dinge. Ein Etwas auf dem halben Weg vom Nichts zur Gottheit. Ein himmlischer Strahl, verunreinigt, verschlungen, widersprüchlich in sich selbst, aber doch göttlich. Das kleine dunkle Abbild strahlender, vollkommener Größe und doch nur ein schwaches Kind des Staubes, ein hilfloser Sterblicher, – ein Wurm.

Ich erschauere vor mir selbst und fühle mich verloren. Fremd kam ich auf die Welt, und als Fremder werde ich sie verlassen.

Wunderwerk Mensch: Fremd im eigenen Haus, voller Angst, Freude und Trauer zugleich. Ein plumper, träger Erdenkloß, doch voller Seele und Phantasie, die ihn auf Zauberwegen führt oder durch die Dunkelheit unwegsamer Wälder, die ihn von schroffen, steilen Felsen stürzt und durch tückische Sümpfe wandern lässt. Mit Traumgestalten, Geburten seines Hirns, tanzt er auf den Silberfäden des Mondes. Verzweifelt am Boden, wühlt er im Staub. Warum? – Glaubt er, dort Engel zu finden oder lindernde, ätherische Wasser?

Ach, alles ist vergänglich. Die Seele will sich aus dem erbärmlichen Körper lösen, will die melancholische Gruft mit ihrer traurigen Zypressendunkelheit und den nichtigen Schatten verlassen. Empor will sie steigen, in das Licht des wahren Lebens, in die Welt, wo Zeit und Schmerz, Zufall und Tod sterben.

Wie sehr war sein Herz mit der knorrigen, launischen Rinde des Zufalls überzogen, wie sehr war er in weiche Gedanken gehüllt, umwoben von falschen Vorstellungen vom Glück auf Erden.

Er möchte seine Schwingen ausbreiten und in die Ewigkeit fliegen, die alles Leid vergessen lässt. Zu lange hatte er in den Unwettern des Lebens vom ewigen Sonnenschein geträumt, sich in bunte Trugbilder eingesponnen. Die prächtigen Verzerrungen seiner Phantasien sind eingestürzt. Er steht vor zerfallenen Mauern. Seligkeit! Irdische Seligkeit! – Was für stolze, eitle Worte. Er umarmte Schattenbilder, glaubte Trugbildern. Was für ein Irrtum. Nichts bleibt.

So fliege, meine Seele, fliege in die Ewigkeit. Suche dort, was du hier nicht finden konntest.

»Hey, Braaderup, mein lieber, guter Braaderup«, Josephines Stimme klang ängstlich und beschwörend, »bleibe hier, lass dich nicht von Schmerz und Verzweiflung verführen. Bleib hier, ich bin doch bei dir.«

»Ach, Josephine, wie schön, dass du da bist. Weißt du, ich möchte meine Seele fliegen lassen, hoch empor, über alle Höhen und Weiten. Das Leben ist so schwer. Ich schaffe es nicht mehr. All mein Herzblut brachte ich ein, ohne einen Seufzer. Ich klagte nicht, auch wenn mich die Last manchmal erdrückte. Jetzt bin ich ausgebrannt. Die Kraft schwindet. Mich treibt nur noch die Angst um, zu verlieren, was ich längst verloren habe. Weißt du, mein Schatz, Wandervögel fliegen weiter, immer weiter. Ich lasse die alte Hülle zurück. Herz und Seele drängen hinauf, hoch hinaus in eine schöne, bunte Märchenwelt, dorthin, wo die Zeit in die Unendlichkeit stürzt, wo aller Dinge Ende ist. Von der Stille der Nacht geleitet, gehe ich durch die dunkle Hintertür der längst verstrichenen Zeit; meiner Zeit. Ich habe sie nicht genutzt. Anstatt die Zeichen zu erkennen, habe ich gelebt, geliebt und Hoffnungen nicht erfüllt. Ich bin schuldig geworden, habe mich versündigt gegen das Liebste, was ich hatte. Möge mir ein Gott verzeihen, ich selbst kann es nicht. Zu schwer drückt mich die Schuld.«

»Ach komm, mein Lieber, bevor du auf Reisen gehst, erzähle ich dir noch ein schönes Märchen. Ich habe eins dabei, das dir bestimmt gefallen wird. Komm, wir gehen in die Laube. Du darfst deinen Kopf in meinen Schoß legen, lieber, müder Geselle. Es ist eine Liebesgeschichte. Du magst Liebesgeschichten, das weiß ich. Diese wird deinen Geschmack treffen, da bin ich mir ganz sicher:

Die zwei Königskinder

Weit weg, dort, wohin die Schwalben im Herbst fliegen, lebte vor Zeiten ein König. Sein Reich war so groß, dass immer irgendwo die Sonne schien. Ging sie an einer Grenze unter, stieg sie an der anderen auf.

Dieser König war sehr reich, denn er hatte etwas ganz

Besonderes, etwas, was Regenten gewöhnlich nicht haben: Er konnte ohne Begleitung und ohne jede Verkleidung an jedem Ort sein Haupt zur Nacht betten, ohne befürchten zu müssen, es würde ihm etwas passieren, denn seine Untertanen liebten ihn von ganzem Herzen. Er war gerecht und freundlich zu jedermann, gab lieber, als dass er nahm, und war im höchsten Maße weise, indem er jeden Krieg vermied.

Er sorgte dafür, dass jeder täglich satt wurde, gut gekleidet war und ein Dach über dem Kopf hatte. Weil es allen gut ging, und sie wussten, dass sie alles nur ihrem König verdankten, wachten sie treulich über sein Leben, auf dass er ihnen lange erhalten bliebe.

Dieser freundliche, weise König hatte einen Sohn. Er war seine ganze Freude. Ein schöner, anmutiger Jüngling, heldenhaft und gutherzig. Alle jubelten ihm zu, wenn er durch die verschiedenen Provinzen des Reiches reiste. Man veranstaltete für ihn Feste und jeder Verein wünschte ihn sich als Ehrenpräsident.

Obwohl solch ein wunderbarer Mensch, oder gerade deshalb, war der Prinz bescheiden und in sich gekehrt. Er liebte die beschauliche Stille, streifte gerne durch Wälder und mochte die Nacht mehr als den Tag.

Ganz besonders liebte er einen einsamen See inmitten riesiger Blumenwiesen, die sich so dicht an die bläulich klaren Fluten drängten, als wollten sie hineinwachsen. Wenn der Wind durch das ufernahe Schilfrohr strich, war es, als spiele Syrinx auf Pans Flöte; dann ging ein mystisch-melancholisches Wehen über die Wasser.

See und Wiesen umgab ein dichter Wald und legte sich schützend um die Idylle. Man sagte, dass es in dem Wald spuken würde, was zur Folge hatte, dass die Gegend nur selten von einem menschlichen Fuß betreten wurde.

Eines Nachts saß der Prinz im weichen Moos am Ufer des Sees. Mond und Sterne leuchteten am Himmelszelt, ihre Silberstrahlen tanzten auf dem Wasser, als aus dem weißlichen Dunst Schwäne ans Ufer kamen. Sie stiegen heraus, legten ihre Federgewänder ab und verwandelten sich in herrliche Jungfrauen, die nach einer wunderschönen Melodie über die Wiese tanzten. Ach, es war ein so munteres Reigenspiel, dass dem Prinzen das Herz überlief. Er konnte sich gar nicht sattsehen an der Schönheit dieser herrlichen Wesen, die sich vor seinen Augen mit so viel Anmut und Grazie bewegten. Mucksmäuschenstill lag er im Gras, um diese Idylle nicht zu stören.

Unbewusst oder aus Übermut, er wusste es später selbst nicht mehr, nahm er ein Federkleid mit einer kleinen goldenen Krone und versteckte es hinter einem dichten Haselstrauch.

Als die Dunkelheit langsam dem anbrechenden Morgen wich, kamen die jungen Frauen ans Ufer, zogen ihre Federgewänder wieder an und schwammen in den See hinaus. Eine jedoch blieb zurück. Fieberhaft suchte sie nach ihrem Kleid. Als sie es nirgends fand, hockte sie sich traurig ans Ufer, sah ihren Schwestern nach und weinte bitterlich. Da trat der Prinz, wehen Herzens und verstört über sein böses Tun, hinter dem Strauch hervor und sagte leise: ›Du Wunderschöne, hier ist dein Federkleid. Ich habe es genommen. Es tut mir von ganzem Herzen leid. Verzeih mir bitte mein unrechtes Tun.‹

Die Jungfrau erschrak, als plötzlich ein Mensch vor ihr stand – dazu noch ein Mann! Sie wich zurück und wollte sich eilig ins Wasser stürzen, doch er sagte flehend: ›Ich bitte dich, schöne Jungfer, lauf nicht weg. Ich tue dir doch nichts. Nimm bitte das Kleid wieder.‹ Er streckte es ihr entgegen.

›Da, nimm es. Es gehört doch dir; und bitte verzeih mir meinen Frevel.‹ Er sprach mit leisen, bittenden Worten, die so voller Zärtlichkeit waren, dass sie erstaunt aufsah. Da stand dieser schöne Jüngling und sein sanfter Blick, der voller Wehmut und Traurigkeit war, ging ihr bis ins Herz. Eigentlich hätte sie ihre Blöße mit den Armen bedecken müssen, doch sie tat es nicht, denn der Blick dieses Mannes war weder fordernd noch begehrend, sondern sanft und rein, voller Unschuld. Sie ging auf ihn zu, nahm ihr Federkleid, küsste ihn ganz sacht auf die Lippen und flüsterte: ›Danke.‹

Verwirrt stammelte er: ›Ich möchte dich wiedersehen.‹

›Ich dich auch. – Morgen. – Morgen, um Mitternacht.‹ Er flüsterte: ›Ja, also dann, bis morgen, um Mitternacht‹, und sah noch lange einem herrlichen, weißen Schwan nach, der im Zwielicht des anbrechenden Morgens verschwand.

Oft hatte er von Nymphen geträumt, hatte griechische und römische Mythen gelesen, um alles über sie zu erfahren. Nun war er ihnen in einer Vollmondnacht selbst begegnet und hatte sogar mit einer gesprochen. Sie hatte ihn geküsst, wollte ihn wiedersehen. Kann Glück größer sein? – Er sehnte die kommende Nacht herbei und hoffte, sie werde ihr Versprechen einhalten.

Wieder spiegelte sich der Mond silbern auf den Wellen, als er im weichen Gras am Seeufer saß, genau an der Stelle, an der die Nymphen gestern aus dem Wasser gekommen waren. Feiner, weißer Nebel lag auf dem Wasser. Klare Konturen verschwammen, alles schien sich im Dunst aufzulösen. Da rauschte das Schilf, bog sich auseinander, und heraus kamen die Schwäne, weiß und schön, wie gestern. Sie stiegen an Land, legten ihre Federkleider ab und schwebten bald in der Ferne über die Wiesen.

Eine war am Ufer zurückgeblieben und sah sich um. Er

stand langsam auf. ›Da bist du ja‹, sagte sie. Er hauchte: ›Ach, du, meine schöne Fee.‹ Sie lächelte, und es war dieses Lächeln, das letzte Nacht all seine Sinne bewegt hatte, das ihn mit zarten Banden gefangen hielt und alles Sehnen, alles Wünschen in ihm weckte.

›Ich bin keine Fee, ich bin eine Nymphe, mein schöner Königssohn, eine Schwanennymphe, und heiße Gabrielle. Tagsüber trage ich das Schwanenkleid; nachts darf ich es ablegen, wie du siehst‹, und sie drehte sich vor ihm im Kreis. Ach, wie schön sie war, wie wunderschön. Nie sah er so viel Anmut und Liebreiz. Was für eine unbeschreiblich schöne Frau. Kein Poet hätte je die Worte finden können, derer es bedurfte, sie zu beschreiben.

Vorsichtig löste er den Knopf seines Umhangs. ›Komm, leg dir den Mantel um die Schultern. Du wirst frieren, ohne dein Federkleid.‹ Er hüllte sie in den samtweichen Königsmantel und sie spürte die Seide des Futters wohlig auf ihrer Haut.

Der Prinz legte seinen Arm um sie und sie gingen, herzlich miteinander verbunden, am See entlang. ›Er ist ein schöner Mann‹, dachte sie und lehnte sich fest an ihn, ›so feinfühlig und gesittet, und wie er mich ansah, als hätte ich etwas Besonderes an mir. Ach, der Gute, Liebevolle.‹ Sie blieb stehen, legte ihre Arme um seinen Hals und küsste ihn. Er erwiderte ihren Kuss zärtlich und innig. Dabei glitt ihr der Mantel von den Schultern. Als er ihn aufhob, um sie wieder einzuhüllen, flüsterte sie: ›Wir wollen uns auf die Wiese legen, Liebster, breite ihn dort aus.‹ Er tat, wie sie ihn geheißen hatte, sie legten sich hin, deckten sich zu und liebten einander fest umschlungen. Noch nie hatte er so viel Schönheit in den Armen gehalten. ›Ich liebe dich, Gabrielle‹, hauchte er traumverloren, und sie flüsterte: ›Ach, du,

Liebster, ich dich auch.‹ Da vergaßen sie die Welt und erlagen der süßesten aller Versuchungen. Fest und innig hielten sie einander. Nie hatten sie etwas tiefer gespürt, als diesen Augenblick des seligen Zusammenkommens.

Die Stunden vergingen im Zauberrausch der Liebe. Nur die rosige Dämmerung des anbrechenden Morgens konnte sie trennen. Gabrielle schlüpfte in ihr Federkleid und entschwand rasch seinen Blicken.

Tage des Glücks vergehen schnell. Sie hatten einander gefunden und lebten den Rausch einer großen Liebe. Als er sie eines Morgens zu ihrem Schwanengewand brachte und sie sich schweren Herzens trennten, sagte er: ›Gabrielle, ich möchte dich heiraten.‹

›Das geht nicht, Liebster, Nymphe und Mensch, so sagt man, passen nicht zueinander.‹

›Ach, Schatz, das ist doch Unsinn. Wir sehen jede Nacht, wie gut wir zusammenpassen. Das würde am Tag genauso sein.‹

›Nein, mein Liebster‹, sagte sie mit leiser, sanfter Stimme, ›tagsüber bin ich ein Schwan, du aber bist ein Mensch. Ich würde neben dir herwatscheln und alle würden über uns lachen. Das trennt auf Dauer.‹ Sie verschwand und er hörte sie noch in der Ferne rufen: ›Denk an Undine und Melusine. Vergiss mich nicht. Bis morgen.‹

Als sie in der nächsten Nacht beisammen saßen, war Gabrielle betrübt. Kein Lachen. Sie schien den Tränen nah. ›Was bedrückt dich, Liebes?‹, fragte er besorgt. Da legte sie ihre Arme um ihn und weinte bitterlich. ›Du musst wissen, dass ich die Tochter der Nymphenkönigin bin. Die Nymphenkönigin vermag alles. Deshalb habe ich meine Mutter gebeten, das Schwansein von mir zu nehmen, damit ich dich heiraten kann. Sie war erstaunt und fragte, wer denn der Auserwählte sei. Als ich sagte: Des Königs Sohn, traten Zornesblitze aus ihren Augen. Sie verbot mir strengstens, dich jemals wiederzusehen. Nie wieder! Sie befahl es zornbebend! Ich weiß nicht, warum sie so zornig war, das kenne ich von ihr gar nicht. Ohne Zweifel meint sie es ernst. Sie lässt nicht mit sich reden. Wir müssen auf der Hut sein, mein Schatz. Sie wird dir gewiss nichts tun, doch mich kann sie bestrafen. Es ist durchaus möglich, dass wir uns nie wieder sehen können, mein Herz. – Nie wieder‹, und sie weinte und weinte bis zum Morgen.

Als die Schwäne in der folgenden Nacht wieder kamen, schienen sie nicht so fröhlich und ausgelassen, wie sonst. Sie legten, wie immer, ihre Federkleider ab und tanzten über die Wiesen, doch ohne ihr gewohntes fröhliches Lachen. Der Prinz ging zum Ufer, wo seine Gabrielle stand. Sie hatte ihm den Rücken zugewandt und sah hinaus auf den See. Zärtlich legte er die Arme um sie. ›Da bist du ja, meine Herzensliebste.‹ Da stieß sie seine Arme weg, drehte sich mit einem Ruck um, – er bekam einen Riesenschreck, es war nicht seine Gabrielle, sondern eine fast ebenso schöne fremde Frau. In ihren Augen flammten Zornesblitze, als sie sagte: ›Ich bin nicht Ihre Herzensliebste, mein Herr, ich bin die Nymphenkönigin. Sie werden Gabrielle nie wiedersehen. Ich dulde keine Verbindung mit Menschen. Die bringen nur Leid über ein Nymphenherz.‹

Mit diesen Worten zog sie ihr Federkleid über. Bevor sie ins Wasser glitt, sah sie ihn lange an, streifte mit einer Schwinge leicht seine Wange und verschwand in der Nacht.

Einsam blieb er in einer Welt zurück, die plötzlich für ihn keinen Sinn mehr hatte. ›Gabrielle, meine geliebte Gabrielle‹, dachte er, ›ich muss dich wiedersehen, sonst bin ich verloren.‹ Er zog sich in den entlegensten Winkel des Schlosses zurück, vergrub sich in Büchern und dachte voller Sehnsucht an die Frau, die er liebte.

Jeden Abend bei Einbruch der Dunkelheit ging er zum See, blickte über das Wasser und sehnte sie herbei. Doch vergebens. Gabrielle kam nicht mehr.

Eines Nachts hörte er in weiter Ferne ein Singen. Der Gesang war nun jede Nacht. Es war das Lied von den Königskindern. Das konnte nur Gabrielle sein, die ihm ein Zeichen geben wollte.

Er beschloss, dem Gesang entgegen zu rudern, egal, wie weit, er musste zu ihr, musste sie sehen, musste sie an sein Herz drücken. Was war das nur für eine Mutter, die Liebe trennen wollte? War ein Nymphenherz doch anders? Ach, das schien alles so egal. Er fühlte neue Hoffnung. Es gab ein Lebenszeichen von der geliebten Frau, und dem wollte er nachgehen.

Als am folgenden Abend das Singen wieder anhob, stieß er sein Boot vom Ufer ab und ruderte mit allen Kräften dem Gesang entgegen. Nicht lange, und er war sich sicher, dass es von einer kleinen Insel herkam, die er auch bald erreichte. Vorsichtig stieg er an Land. Und wirklich: Es kam aus einer kleinen Schilfhütte unweit des Ufers. Er blickte durch einen Spalt in der Mauer: Da saß sie, seine Gabrielle, und sang, sang voller Traurigkeit das Lied von den Königskindern und ihre Tränen flossen unaufhaltsam. Tiefes Leid hatte sie gezeichnet. Ihre Wangen waren eingefallen, tief lagen die Augen in den Höhlen, Kummerfalten durchzogen ihr liebes Gesichtchen. Ach, wie schmerzte sein Herz, als er seine unglückliche Liebste sah.

Er schlich um die Hütte, trat leise ein und flüsterte: ›Hallo, mein geliebter Engel, da bin ich.‹ Gabrielle zuckte erschrocken zusammen, dann drehte sie sich langsam um. ›Bist du es wirklich, Liebster? Ach, du, die Not ist groß. Ich glaube, ich muss sterben.‹ Sie legte ihre Arme um ihn und sank kraftlos zu Boden.

Vorsichtig trug er sie auf das ärmliche Lager aus Schilfgras und Moos und holte frisches Wasser und ein paar Beeren. ›Komm, Liebes, iss und trinke ein wenig, du darfst mir doch nicht sterben. Ich bin gekommen, um dich zu holen. Du wirst meine Frau, Herzensliebste. Ich finde es schön, wenn du, mein geliebter, schöner Schwan, neben mir her watschelst. Weißt du, Kleines, alle werden rufen: Seht, da kommt unser Prinz mit seiner Gemahlin. Habt ihr jemals einen so schönen Schwan gesehen? Was sind sie doch für ein hübsches Paar.‹

Gabrielle lächelte traurig, streichelte ihm die Wange und flüsterte: ›Ach, mein Liebster, was du erzählst. Was für ein hübsches Märchen.‹ Ehe sie weiter reden konnte, hatte er sie schon unterbrochen: ›Kein Märchen, Liebes, kein Märchen. Sieh doch, ich bin bei dir und werde dich nie wieder loslassen.‹

›Du wirst es aber müssen, Liebster, denn sie kommt jeden Morgen und fragt mich, ob ich auf dich verzichten will. Wenn sie dich sieht, fürchte ich das Schlimmste. Du darfst auch nie wieder mit dem Boot kommen, denn sie sieht alles, was über dem Wasser ist.‹

›Du, da mach' dir keine Sorgen, ich werde schwimmen. Es ist gar nicht weit. Für dich, mein Schatz, schwimme ich um die ganze Welt. Du musst nur, wenn es dunkel ist, ein Licht anzünden, nach dem ich mich richten kann.‹

›Der Morgen graut, Liebster, du musst zurück. Bis morgen. Ich werde ein Licht anzünden.‹ Er umarmte sie, stieg schweren Herzens in das Boot und ruderte zurück.

Die Sonne senkte sich in den Horizont und der Abend bereitete sich für die Nacht vor. Stille und Tiefe aus tausend hellen Sternen und majestätischen Sternbildern legte sich über den See. Der volle Mond erhellte die Einsamkeit. Er legte seine Kleider ab, machte ein kleines Bündel daraus, um es mit zur Insel zu nehmen. Er war gerade damit fertig, als in weiter Ferne ein Lichtlein aufleuchtete. Sofort stieg er ins Wasser und schwamm mit kräftigen Zügen auf den hellen Schein zu. Es mochten fast zwei Stunden gewesen sein, als er erschöpft und überglücklich an Land stieg. Gabrielle erwartete ihn am Ufer. Er schloss sie in die Arme, und als er sich ankleidete, dachte sie: ›Ach, er ist ein so schöner Mann.‹

Sie gingen in die Hütte und vergaßen schnell die Ärmlichkeit der Bettstatt. Als die Morgendämmerung aufkam, schwamm er zurück, und sie winkte ihm noch lange nach.

Sie verlebten glückliche Nächte. Gabrielle blühte unter seiner Fürsorge wieder auf, auch wenn sie ständig in Sorge war, die Mutter könnte durch einen dummen Zufall hinter ihr süßes Geheimnis kommen.

Ihre Sorge war berechtigt. Die Nymphenkönigin freute sich, dass Gabrielle sich von ihrem Trennungsschmerz zu erholen schien, denn sie liebte ihr Kind, das ihr so ähnlich war. Deshalb wollte sie auch alles versuchen, ihr Herzeleid zu ersparen. Nymphen, so dachte sie, sollen unter Nymphen bleiben und sich nicht mit Menschen einlassen, auch, wenn es noch so verlockend ist. Gabrielle hatte sich einen wirklich schönen, zärtlichen Mann erwählt. Wie gut sie ihre Tochter doch verstehen konnte. Er war genauso, wie damals ihr ... Sie schloss die Augen und schüttelte energisch den Kopf. Nein! Keine Gedanken zurück. Was gewesen ist, ist gewesen und darf nie wieder zurückkehren. Zu tief war der Schmerz, zu weh ihr Herz. Das sollte dem Kind erspart bleiben. Sie wollte Gabrielle ihr Schicksal erzählen, ihr erklären, warum sie so streng mit ihr war.

Als sie zur Hütte kam, fiel spärliches Licht durch einen Spalt. Sie sah hinein und ihr Herz wollte vor Schreck zerspringen. Das war doch die Höhe! Ihre ›arme, unschuldige Kleine‹ lag glückselig in den Armen dieses Mannes und gab sich ihm mit größter Lust hin. Ach, wie spürte sie es rucken und zucken, sah sich selbst anstelle der Tochter, glaubte den Vater zu sehen und nicht den Sohn. Zärtlich drückte sie sich an die Hüttenwand und schloss die Augen. Ach, wie warm und weich die Erinnerungen in ihr aufstiegen. Doch sie gab sich einen Ruck, riss sich los vom schönen Traum und wurde wieder ganz die gestrenge Königin. ›Das sollen sie mir büßen. Ich habe sie gewarnt. Jetzt trenne ich sie auf ewig.‹ Sie rief die Irrlichter zu sich und entwickelte mit ihnen einen teuflischen Plan.

Dunkelheit hüllte die Erde ein. Der Prinz legte seine Kleider ab und stieg ins Wasser. Mit gewaltigen Armen teilte er die Wellen. Die Liebe verlieh ihm ungeahnte Kräfte. Wie ein Pfeil schwamm er, wie jede Nacht, auf das schummrige Licht zu. Es zog ihn magisch an, stillte die schmerzende Glut der Sehnsucht in ihm. Was war dieses kleine Licht doch für ein beseelendes Leitgestirn für sein Liebesbrennen.

Er merkte nicht, dass es nicht das Lämpchen der Liebsten war, das hatte die Mutter längst ausgelöscht, sondern Irrlichter, die ihn an der Insel vorbei in die tiefe Mitte des Sees lockten. Immer weiter folgte er dem vermeintlichen Hoffnungsstern. ›Oh‹, dachte er, ›es ist ja heute gar so weit! Wie ist das nur möglich?‹ Mit letzter Kraft rief er Gabrielles Namen und versank in der schwarzen Flut. Da löschten die

Irrlichter ihre Laternen und die Nacht legte ihren schwarzen Mantel über die Stätte.

Der schöne Königssohn versank immer tiefer und wäre nie wieder gesehen worden, hätten die vielen Schwanennymphen ihre Königstochter nicht so lieb gehabt. Sie fingen den Ertrinkenden mit einem großen Netz aus Seerosenblättern auf, brachten ihn sicher an Land und legten ihn auf die Wiese, wo sie des Nachts immer tanzten.

Als die Sonne hoch am Firmament stand, erwachte er und wusste sogleich, was geschehen war. Die Nymphenkönigin hatte ihn in den Tod locken wollen. Nun war alles verloren. Wir armen, armen Königskinder! Tieftraurig ging er nach Hause.

Im Schlosspark kam ihm der Vater entgegen. ›Ach, mein Junge‹, sagte er, ›wie gut, dass ich dich treffe. Ich sehe schon lange, dass du zum See der Schwanennymphen gehst. Auch heute warst du wieder dort und kommst nun traurig und ratlos zurück. Was ist passiert? Ich mache mir Sorgen um dich. Vielleicht kann ich dir helfen, denn auch ich ging in jungen Jahren zum See und kam eines Tages todtraurig zurück, so wie du.‹

Da erzählte der Prinz dem Vater alles, was er erlebt hatte, von Gabrielle und von der Nymphenkönigin. Der König hörte ihm schweigend zu, dann seufzte er tief: ›Ach, die Herrliche, die Wunderschöne, wie sehr habe ich sie geliebt und liebe sie noch heute. All mein Glück habe ich unbedacht verspielt. Ich war ein dummer Tor und nicht halb so weise, wie du, mein Sohn. Hätte ich damals so wie du gesagt … Doch höre die Geschichte: Ich war in der Jugend ein Heißsporn, ein richtiger Hitzkopf, unüberlegt, schnell mit dem Wort, hochmütig und voller Ironie. Bei einem Ausritt kam ich zufällig durch den Wald, bis an den See. Es war eine herrliche Vollmondnacht. Da sah ich im Mondlicht Schwanenkleider liegen. Um sie näher zu betrachten, beugte ich mich vom Pferd und griff eines. Plötzlich stand eine wunderschöne Frau vor mir. Ich starrte sie an. Sie errötete unter meinem Blick, wich verstört zurück und bat mich, ihr das Gewand zu geben. Was bekomme ich dafür, schönes Kind, fragte ich, und sie sagte: Freundschaft. Da gab ich es ihr. Wir trafen uns jede Nacht, und aus Freundschaft wurde glühend heiße Liebe. In ihren Armen wurde ich ein zahmes, ruhiges Schmusehündchen, voller Liebe und Zärtlichkeit. Wir liebten uns, wie sich wohl nie ein Paar geliebt hat. Eines Tages sagte sie: Schatz, lass uns heiraten, dann können wir immer zusammen sein. Ich weiß nicht, warum ich nicht begeistert Ja gesagt habe. Glaube mir, mein Junge, ich weiß es nicht. Stattdessen kam mein alter Hitzkopf wieder durch. Ich lachte: Wie stellst du dir das denn vor? Das Volk will keinen Schwan als Königin, ganz abgesehen davon, dass alle lachen würden, wenn du neben mir her watschelst. Es geht nicht. Das ist unmöglich! Sie stand wortlos auf, schlüpfte in ihr Schwanenkleidchen, sah mich mit Tränen in den Augen an und schluchzte: So viel ist dir unsere Liebe wert. Dann glitt sie in den See und verschwand in der Dunkelheit. Nie wieder habe ich sie gesehen. Kaum war sie meinen Blicken entschwunden, spürte mein Herz den unerträglichen Verlust. Ich erkannte, was passiert war. Bittend rief ich in die dunkle Nacht: Komm zurück, Liebste, bitte, komm zurück. Ich habe einen fürchterlichen Fehler gemacht. Verzeih mir. Bitte, verzeih mir. Komm wieder, Herzensliebste. Ich verzichte auf den Thron. Was ist schon alles Gut der Welt gegen unsere Liebe. Jede Nacht rief ich nach ihr, Jahr für Jahr, doch sie kam nie wieder. Ich hatte das Schönste verloren, was man nur haben kann. Deshalb beschloss ich, meinem Volk zu geben, was ich nie wieder gefunden habe: Liebe. Mein armer Junge, sie hat mich in dir wiedererkannt. Nun lässt sie dich spüren, was ich ihr angetan habe. Lass uns heute Nacht gemeinsam zur Insel fahren. Ich muss mit ihr reden. Ich muss sie wiedersehen. Wenn sie unbedingt ein Opfer will, dann soll sie mich nehmen, den Schuldigen. Ich werde mich im Boot verstecken, damit sie glaubt, du kämst alleine. Sie wird zornig sein, weil du, trotz aller Warnungen, nicht von Gabrielle lassen willst. In diesem Moment trete ich ein. Sie wird verwirrt sein, wird nicht wissen, was sie tun soll, erschüttert vor Überraschung, Zweifel und Schmerz. Eine alte Wunde wird aufbrechen. Ich weiß, dass wir ihr sehr viel zumuten, und wünschte, wir könnten es ihr ersparen. Sie ist so wunderbar, zärtlich und sanft, aber sie hat auch viel innere Stärke. Es ist ihr zumutbar. Schließlich ging sie mit dir auch nicht gerade liebevoll um. Ich bin mir übrigens sicher, dass sie die Schwäne mit dem Rettungsnetz geschickt hat. Bei allem Unwillen, den sie gegen mich hegt, hätte sie dich nie ertrinken lassen. Lass uns alles versuchen, geht es doch um das Glück von vier Liebenden.‹

Als die Sonne im Westen verschwand und der Abend begann, seinen dunklen Mantel auszubreiten, fuhren der König und sein Sohn los. ›Wir haben kein Leitlicht, an das wir uns halten können‹, sagte der Prinz. ›Ich fahre den Schwänen nach, sie schwimmen in unserer Richtung, als wollten sie uns den Weg weisen.‹

Als es ganz dunkel war und der Mond Silberfäden auf das Wasser warf, schwammen die Schwäne in seinem Licht, und sie konnten ihnen gut folgen. Als sie am Ufer anlegten, kam ein dämmrig-spärlicher Lichtschein aus der Hütte. Der Prinz trat ein und fand seine geliebte Gabrielle zusammengekauert auf ihrem Lager. Er eilte zu ihr. Da vertrat ihm die Nymphenkönigin den Weg. ›Hast du es doch gewagt, übermütiger, triebhafter Tor. Du bist ein unbedachter Hitzkopf, gerade so, wie dein Vater. In deiner Zügellosigkeit zerstörst du alles und jeden.‹

›Oh nein, Liebste‹, tönte da die Stimme des Königs, der leise eingetreten war. ›Er ist ein guter Junge, besonnen und weise, ganz anders, als ich es war, aber er liebt, mein Schatz, er liebt so sehr, dass er all deine Bedenken und Vorurteile nicht akzeptiert. Er liebt dein Kind und sie liebt ihn. Siehst du nicht, wie sie füreinander leiden, wie sie für ihre Liebe alles riskieren? Sie sind anders, als wir beide, – damals. Du hast mir nie verziehen, zu tief fühltest du den Stachel der Verletzung. Du hattest kein Ohr mehr für den bittenden Ruf der Liebe. Jahrelang habe ich nach dir gerufen, doch deine Ohren blieben taub. Irgendwann habe ich dann die Liebe tief in meinem Herzen verschlossen. Ach, es ist so voll, so übervoll. Ich weiß, dass es dir genauso geht, doch dein Stolz verbietet es dir, dies einzugestehen. Nimm dir ein Beispiel an unseren Kindern, Liebste. Sie zeigen uns, wie man Liebe lebt. Ist das der Grund, weshalb du sie deiner Tochter verbieten willst? Nur, weil sie stärker ist, als du?‹

Mit diesen Worten nahm er sie fest in die Arme und zog sie an sich. Nach einer Weile merkte er, wie sich ihr starrer Körper langsam entspannte, wie das Blut wieder kräftiger durch die Adern floss. Ganz vorsichtig, als wolle sie jede Regung prüfen, schmiegte sie sich an ihn, legte ihr goldiges Köpfchen an seine Schulter und umfasste ihn schließlich mit beiden Armen. Ihm war, als sei die verlorene Liebe zurückgekehrt. ›Ach, du! – Ach, du, mein innig geliebter Märchenkönig. Du bist da und ich bin verloren in dir. – Wie ehedem. – Alles hat sich verändert, und doch ist alles wie früher.‹

›Liebes‹, flüsterte er, ›wir wollen uns ganz festhalten und nie wieder loslassen.‹

›Wenn es dir wirklich ernst ist, Liebster, dann tausche mit Gabrielle ihr Schwanenleben gegen dein Menschenleben und komme mit mir. Wir watscheln dann durch unsere Welt und die Kinder leben in ihrer. Wir zwei wachen aus der Ferne über ihr Wohlergehen. Damit sie uns nicht ganz vergessen, sollen künftig zwei Schwäne das königliche Wappen zieren. Du brauchst nur Ja zu sagen und ich lasse es geschehen.‹

Da nahm er die Königin seines Herzens fest in die Arme und flüsterte ihr ins Ohr: ›Ich will es, Liebste, so sei es. Ach, wie lange habe ich auf diesen Augenblick gewartet.‹

In diesem Moment fuhr ein Windstoß durch die Hütte, die Kerze erlosch und es war stockfinster. Als Gabrielle den Docht wieder angezündet hatte, sahen sie zwei Schwäne zum Ufer watscheln. Sie hatten ihre Hälse fest ineinander verschlungen und vergnüglich schnatternd verschwanden sie im Dunst des aufkommenden Morgens.

Gabrielle legte ihre weichen, warmen Arme um den Liebsten. ›Nun bist du König, mein Herz. Lass uns übersetzen in die Wirklichkeit. Du musst dich um die Staatsgeschäfte kümmern. Hab keine Sorge, ich helfe dir. Meistens sind die Regenten sehr allein, doch du hast mich. Ich werde immer bei dir sein.‹

›Ach, lass uns hier bleiben, mein Engel. Ich möchte nur mit dir sein, – immer und alle Zeit.‹

›Nein, mein Liebster, das geht nicht. Du bist ein Königssohn, vergiss das nicht. Du musst dich um dein Volk kümmern, es hat ein Recht darauf. Dein Vater war ein guter König. Eifere ihm nach und versuche noch besser zu sein. Wenn der nächste Thronfolger einmal groß ist und die

Geschäfte übernehmen kann, werden wir wieder auf unsere Insel kommen. Bis dahin müssen wir von ihr Abschied nehmen. – Du, weißt du was? Lass uns gleich das mit dem Thronfolger versuchen. Komm, noch einmal hier auf dem schönen, weichen Moos.‹ Sie zog ihn zärtlich zu sich.

Wir lassen die Königskinder jetzt alleine, denn sie wollen nicht gestört werden. Verstehen wir doch? Oder?«

»Ach Josephine, was für ein schönes Märchen und so wahr. Die Liebe gibt dem Leben Sinn. Sie ist ein Lebenselixier, Trost in der Finsternis, denn sie trägt uns auf weichen Flügeln dem Licht entgegen. So lange die Liebe brennt, ist nichts verloren, ist Hoffnung, Vertrauen und Glück.«

»Siehst du, Braaderup, deshalb habe ich dir dieses Märchen erzählt. Du schienst mir so verzweifelt, meintest von allen verlassen zu sein und hast dabei die Liebe vergessen: meine Liebe zu dir, deine Liebe zu mir, unsere Liebe. Jetzt hast du sie wieder und kannst all deine düsteren Gedanken getrost fallen lassen. Anstatt an das Jenseits zu denken, lebe die Liebe und erzähle mir lieber eine schöne Liebesgeschichte anstatt dir Himmelfahrtsgedanken zu machen. Die Nacht ist noch lang. Wir haben viel Zeit.«

Braaderup kuschelte sich ganz fest an sie. Ja, die Liebe ist ganz bestimmt das schönste, was es auf Erden gibt. Dafür nehmen wir bereitwillig alles Leid auf uns. »Einmal liebt ich, wie Götter, mehr bedarf's nicht.« Braaderup lächelte. Ob sie merkte, dass er Hölderlin verändert hatte?

»Du, wo wir so schön beisammen sind, erzähle ich dir die Geschichte von Penelope, der Frau des Odysseus. Das war eine ganz besondere Frau. Zwanzig Jahre wartete sie treu und geduldig auf den Liebsten. Sie wird deshalb stets als Sinnbild der Treue bezeichnet. In der Mythologie sagt sie kein Wort und steht geduldig im Schatten ihres Übermannes Odysseus. Sie strickt und wartet. Für mich war dieses Bild stets zu oberflächlich und ungerecht und ich machte mir Gedanken, was sie empfunden haben mag, als sie zwanzig Jahre auf die Rückkehr ihres Mannes aus einem unsinnigen Krieg wartete. So, mein Schatz, jetzt darfst du deinen Kopf in meinen Schoß legen. Aber nicht spielen, das irritiert mich immer so.«

»Meinst du mit dem Zauberstab? Du, der irritiert mich auch, mein Herz. – In deinem Alter! – Alle Achtung! So fest, dass ich bei langen Geschichten Angst habe, Druckstellen zu bekommen.«

»Das liegt nur an dir, Kleines. Nur an dir. Also höre:

Penelope

Sie steht auf der Felsenklippe, eine weiße Gestalt, in wehendes Leinen gehüllt, den Blick sehnsüchtig gegen Abend gewendet. Donner rollen, Blitze zucken über den Himmel, ein mächtiger Sturm peitscht die Wogen und treibt die Brandung gegen den Felsen. Schaumige Gischt spritzt hoch und netzt ihre nackten Füße.

Regungslos steht sie an den Felsen gelehnt und wartet auf den Morgen, die Hoffnung im Herzen, ein neuer Tag möge den geliebten Mann nach Hause bringen. Ihre tränenfeuchten Augen suchen im letzten Licht der untergehenden Abendsonne den Horizont ab, ob sich nicht ein winziges Segel gegen die unendliche Weite des Meeres erkennen lässt.

Ach, wie oft stand sie schon hier, voller Sorgen und Bangen. Immer in der Hoffnung, er werde zurückkommen.

Er war ein so tapferer, kluger und listenreicher Mann, ihr Odysseus. Sicher musste er große Gefahren überstehen, um sein Leben und das der treuen Gefährten kämpfen, doch ein Mann wie er würde bestehen, würde nichts unnötig riskieren und zurückkommen.

Seit seiner Abfahrt führte sie ein Leben hart an der Grenze des Möglichen. Nicht nur, dass sie die Königin der Insel war und für Recht und Ordnung sorgen musste, was nicht leicht war, denn nicht jeder der Männer, die zurückgeblieben waren, wollte sich von einer Frau regieren lassen, zu tief war das Vorurteil, dass das nur Männer können. Sie musste lernen, mit eisernem Besen zu fegen, um sich Respekt zu verschaffen, obwohl sie ein Kind der sanften, liebevollen Töne war, mit denen sie ihren Sohn Telemachos aufzog, der nicht einmal ein Jahr alt war, als der Vater sie verließ.

Penelope kümmerte sich um Haus und Hof und pflegte ihren greisen Schwiegervater, Laertes, der sie schon nach wenigen Jahren nicht mehr unterstützen konnte.

Nun hatte sie noch die große Schar der Freier am Hals, die glaubten, Odysseus sei tot und daher um ihre Hand anhielten. Früher oder später würde sie sich für einen entscheiden müssen, weil es so der Brauch war. Wie lange würde sie das noch hinauszögern können? Sie wollte keinen von ihnen, sie wollte überhaupt keinen anderen Mann als Odysseus. Dem hatte sie ihr Herz geschenkt und er würde es für immer behalten.

Penelope merkte, wie die nächtliche Kälte langsam an ihr hochkroch und ihren Körper durchzog. Alles an ihr begann zu frösteln. Eine Gänsehaut überzog sie und richtete ihre Mamillen auf, die so fest wurden, wie nur damals unter seinen Händen. Ach, ihr Odysseus, was für ein beglückender Liebhaber er war; so zärtlich. In seinen Armen war sie weich und anschmiegsam, fühlte sich auf die schönste Weise ganz als Frau. Ach, er war der wunderbarste Mann. Er nahm sie mit unendlicher Zärtlichkeit; meistens vorsichtig und behutsam, manchmal auch mit wilder Lust und Leidenschaft. Da gab es für sie kein Halten. Beide bebten sie vor purer Leidenschaft, gaben sich einander hin, hemmungslos und wild. Es war ein großes, gegenseitiges Vertrauen, das sie so tief und bedingungslos ineinander fallen ließ. In ihrer grenzenlosen Übereinstimmung wurden sie magnetisch voneinander angezogen und folgten einem Willen, einem Wollen, einem Tun.

Ach Odysseus, nie wieder würde sie einen anderen Mann lieben können, immer würde sie den an ihm messen. Eines Tages kreuzte er bei ihnen auf und bat Ikarios, ihren Vater, um ihre Hand. Der war vom Ansinnen des Ithakers gar nicht begeistert und wollte seine Tochter nicht hergeben. Doch ihr Herz schlug höher, als sie ihn sah. Dabei war er nicht gerade das, was man unter einem schönen Mann versteht. Eher klein, nur wenig muskulös, keine überwältigende Erscheinung. Kaum glaubte man ihm die Heldentaten, die er vollbracht haben sollte. Doch als er zu reden begann und die Worte wie Musik aus seinem Munde flossen, spürte sie, wie er mehr und mehr ihr Herz gewann, sie in seinen Bann zog. Gleichsam magnetisch angezogen fanden sie zueinander in herzlicher Harmonie.

Als sie Hand in Hand durch den Garten gingen, gewann er sie durch die Klugheit seiner Gespräche, durch die herzliche Wärme, die er ausstrahlte. Er hatte nicht einmal versucht, sie zu küssen, sondern von Ithaka erzählt, seiner schönen Insel, auf der er so gerne mit ihr leben wollte. ›Penelope‹, sagte er, ›über Reichtümer verfüge ich nicht, aber ich schenke dir mein Herz, meine Seele und alles Sinnen und

Trachten. Ich will dich immer lieben, achten und ehren, bis der Tod uns trennt. Komm mit mir, Liebste, ich bitte dich.‹

Die Bescheidenheit dieses innerlich so großen Mannes überwand letzte Zweifel, wenn sie überhaupt je welche gehabt hatte. Sie bat den Vater unter Tränen, mit ihm ziehen zu dürfen. Schließlich ließ er sich erweichen und seufzte: ›So geh' denn mit ihm, mein Kind. Du hättest allerdings ein besseres Los verdient.‹

Im Nachhinein glaubte sie, Ikarios hätte schon damals geahnt, was für ein hartes Schicksal sie treffen würde. Fast zwanzig Jahre stand sie jeden Abend auf der steilen Klippe über dem Meer und blickte nach Südwesten, denn von dort müsste er kommen; und er würde zurückkommen, dessen war sie sich sicher.

Der Ärmste, was er wohl alles erleiden musste. Warum müssen Männer nur immer Krieg führen? Dieser fürchterliche Kampf um Troja war doch wirklich nicht nötig gewesen. Kein Krieg ist nötig. Wenn die Menschen nur einmal begreifen würden, dass keiner besser ist, als der andere, dass alle im gleichen Boot sitzen, dass es überall Frauen und Kinder gibt, die das Leid ausbaden müssen, das entsteht, wenn sich die Männer die Köpfe einschlagen. Die vielen Frauen und Kinder, die wehrlos getötet oder in die Sklaverei verschleppt werden. Was für eine Schande, was für ein Elend. Wir Frauen werden doch nur gebraucht, wenn die glorreichen Helden ihre Waffen wegwerfen und Trost bei ihren Frauen und Müttern suchen. Da wird der Schoß zur ersehnten Zuflucht.

Penelope weinte in sich hinein. Schluchzen erschütterte ihren Körper und heiße Tränen flossen um den geliebten Mann. Er soll sehr tapfer vor Troja gewesen sein. Seiner List war es zu verdanken, dass die mächtige Stadt fiel. Doch was nützte das alles? Die überlebt hatten, waren doch schon fast zehn Jahre zu Hause. Ihr Liebster aber blieb verschollen.

Das ist doch alles nur fürchterlich, dachte sie. Die Männer zogen in der Blüte ihres Lebens los, um Helena, die mit dem schönen Paris durchgebrannt war, zurückzuholen. Wegen der gekränkten Ehre. So ein Unsinn. Was heißt hier Ehre? Amüsieren wollten sie sich, eine Auszeit von zu Hause nehmen. Alle hatten es später mit Stolz erzählt, dass sie nicht nur gekämpft, sondern vor allem Frauen aller Schichten so gründlich ausprobiert hätten, wie Alkoholiker Getränke aller Preislagen. Die meisten Kämpfe zielten darauf ab, wer welche Frau auf sein Lager schleppen durfte.

Dieser Agamemnon, der sogenannte mächtige Heerführer, soll einer der Schlimmsten gewesen sein. Na ja, dafür hat ihm dann ja auch Klytämnestra den Garaus gemacht.

Ach, diese Männer! So viele haben ihr Leben gelassen. Und wofür? Für die Ehre? Sie hatten, ohne nachzudenken, ihre Familien, Haus und Hof im Stich gelassen. Ist das etwa ehrenwert? Für Männer anscheinend schon.

Ihr Odysseus wollte ja nicht in den Krieg ziehen, wäre lieber zu Hause geblieben. Telemachos, ihr Sohn, war gerade geboren und er ging ganz in seinen Vaterfreuden auf. Als sie kamen, um ihn zu holen, stellte er sich blind und wahnsinnig. Doch dieser Palamedes hatte ihn, den sonst so Klugen, überlistet, und er musste mit, denn auch er hatte bei Helena diesen fatalen Eid geleistet. Schlimmer noch, er hatte Tyndareos sogar auf die Idee gebracht.

Man muss sich allerdings fragen, warum der gute Odysseus zehn Jahre für den Rückweg brauchte.

›Nun ist der Krieg zu Ende‹, dachte Odysseus, ›zehn Jahre verlorene Zeit. Was hat es gebracht? Mir die Rüstung des guten Achilles, der den Krieg ebenso wenig gewollt hat, wie ich. Eine schöne Stadt liegt in Schutt und Asche, Hunderte wurden umgebracht, blieben auf dem Feld der Ehre, wie es so schön heißt. Was für ein Quatsch. Die Blüte zweier Völker ließ ihr Leben für nichts und wieder nichts. Wir, die wir das Glück haben zu überleben, segeln jetzt gen Heimat. Hoffentlich kennt uns da überhaupt noch jemand.‹

Er rief die Gefährten zusammen. Immerhin verfügte er noch über zwölf Schiffe mit Besatzung. ›Jungs‹, sagte er, ›lasst uns die Klamotten zusammenpacken und nach Hause schippern. In maximal vier Wochen sind wir daheim, und das alte Leben nimmt wieder seinen Lauf. Wir könnten natürlich auch vorher Urlaub machen und uns von den Strapazen des Krieges erholen. Manch schöne Insel liegt auf dem Weg. Ein paar Tage entspannen, die Seele baumeln lassen, – wäre doch nicht verkehrt. Einsame Frauen stehen nicht nur an Ithakas Gestaden und warten auf uns. Ich kenne da zwei, drei Anlaufstellen, die wir nicht links liegen lassen sollten. Also packt die Sachen in die Boote. Wir setzen so schnell wie möglich Segel. Zuerst fahren wir zu den Kikonen und plündern sie aus. Die haben es verdient. Es waren Verbündete Trojas.‹

Versteht sich, dass alle begeistert waren. Die Fahrt nach Troja war reine Männersache gewesen (Hellas expects every man to do his duty!). Der Zweck war erfüllt, jeder hatte sich und dem Umfeld Potenz und Fähigkeit bewiesen. Wäre doch schön, wenn es auf dem Rückweg so weiterging. Zu Hause würden sie noch lange genug sein und mit gebeugtem Rücken hinter dem Pflug gehen.

Wenn wir die Götter aus dem Spiel lassen, die so gerne für alles beschuldigt werden, ist doch die sogenannte Irrfahrt in Wirklichkeit eine irre Fahrt von einer Frau zur nächsten.

Der Held Odysseus wird nicht von Ufer zu Ufer geworfen, sondern von einem Schoß in den anderen. Kirke, die Sirenen, Leikothea, Kalypso, Nausikaa, und Athene stand ihm immer getreulich zur Seite.

Wenn der Wind die Wellen peitschte, der Himmel voller Wolken war, wenn eine schöne Göttin, Nymphe oder Frau unruhig auf einer Insel saß und voller Sehnsucht über das Meer sah, war Odysseus zur Stelle, holte die Segel ein, warf den Anker aus und folgte Eros.

Wenn er sich später an seine ›Irrfahrten‹ erinnert, wird er nicht an Inseln denken, sondern an die schönen Frauen, die sie bewohnen. So unterschiedlich sie auch waren, immer waren es herrliche, verführerische Frauen, die wunderbar sangen und über hausfrauliche Fähigkeiten verfügten; also alles hatten, was dem hellenistischen Frauenideal der Antike entsprach. Sortiert nach der puren Lust, führen die Göttin Kirke und Kalypso, eine hochrangige Nymphe, die Bestloverliste an, wobei die sieben Jahre mit Kalypso einer zweiten Ehe gleichkommen.

Das Jahr mit Kirke war für ihn eine Erholung nach mühevoller, entbehrungsreicher Fahrt. Man kann sich die Insel Aiaia, das hat eine gewisse Klangverwandtschaft mit Bunga Bunga, leicht als Freudenhaus vorstellen, in dem die Schöne nicht als Puffmutter, sondern als Edelnutte fungierte, die ihre Freier hinterher in Tiere verwandelte, damit sie ihre Abenteuer nicht überall erzählen konnten und so die Insel ein Geheimtipp für Insider blieb.

Wer sich noch an das schöne Chanson von Hanne Wieder erinnert, weiß, dass es dort heißt: ›Ich bin Odysseus, ich habe mich verirrt. Ist hier die Villa, wo gestripteased wird?‹ Na, warum wohl?

Zuerst verzauberte Kirke die Gefährten des Odysseus in

Schweine, weil die nach dem zehnjährigen Krieg sicher entsprechend rochen. Ihm, unserem Helden, wäre sicher das gleiche Schicksal zuteilgeworden, hätte ihm Hermes nicht ein Mittel gegen Kirkes Zaubertrank gegeben und den Rat: ›Wirf dich mit gezogenem Schwert auf sie, als wolltest du sie töten. Sie wird dir anbieten, mit ihr zu schlafen. Lasse dich nicht darauf ein, lasse sie erst schwören, dass sie ihre Künste niemals gegen dich anwendet und nie etwas tut, was dich schwächt.‹

Mit diesem Rat nahm Hermes ihm jene Naivität, mit der Männer gewöhnlich den Frauen begegnen. Alles geschah, wie der Götterbote es vorausgesagt hatte. Kirke gab ihm von ihrem Zaubertrank. Als der nicht wirkte und sie ihn ungläubig anstarrte, stürzte er sich mit gezücktem Schwert auf sie und holte zum Schlag aus, als wolle er sie töten. Kirke umschlang seine Knie und bot ihm ihr Lager an. Er ließ sie schwören und stieg dann *›gemeinsam mit ihr auf das herrliche Lager der Göttin‹*.

Der ›Listenreiche‹ hatte etwas ganz Wesentliches bewirkt: Kirke, die es gewöhnt war, Männer zu ›vernaschen‹, weil die sich nur des einen Triebes bewusst waren, beginnt sich für ihn zu interessieren. Sie will wissen, was er für ein Mann ist, weil er nicht so ist, weil er so ganz anders als andere ist. Sie bietet ihm Verbundenheit an, doch er will sie erobern, was er ja auch tut. Die Folge ist ein rauschendes Liebesfest, das ein Jahr anhält und niemals langweilig wird, weil sich die Liebenden auf Augenhöhe begegnen und Achtung voreinander haben. Es gibt keinen Sieger und kein Opfer. Das hat zur Folge, dass sie ihn ziehen lässt, auch wenn sie ihn gerne auf immer zum Mann gehabt hätte. Sie hilft ihm sogar, seinen Heimweg zu finden.

Im Gegensatz hierzu steht das Verhältnis mit Kalypso.

Sie pflegt den schiffbrüchigen, halb ertrunkenen Odysseus und betrachtet ihn deshalb als ihr Eigentum. Ihr verdankt er sein Leben. Sie hat ihn für sich gerettet und will ihn für immer besitzen. Unsterblichkeit bietet sie, doch Odysseus fühlt sich bei ihr nicht wohl; er will weg. Der legendäre Friesenspruch: *Lever dood as slav* zeigt hier seine ganze Bedeutung. Kalypso beherrscht ihn. Sie fordert Sex, ohne dass er sie liebt. Drei Kinder muss er ihr machen und denkt dabei nur an Kirkes weiches Lager.

Tag für Tag sitzt er weinend am Stand und wünscht sich weg, auch wenn sie wunderschön ist: Alles an ihr hat Idealmaß. Als er anfangs ihren Körper betrachtete, lächelte sie und meinte, sie sei die Phantasie für die Maßstäbe, die an Frauen gelegt würden. Klingt gut, betrifft aber nur das Körperliche.

Für Kirke ist Odysseus der Mann, der sie erobert hat, für Kalypso der Mann, den sie gerettet hat. Das sagt sie auch Hermes und versucht damit dem Willen Zeus zu widersprechen. Weil das, bei der Kräfteverteilung in der bestehenden Hierarchie, nicht funktionieren kann, lässt sie Odysseus schließlich schweren Herzens ziehen.

Der kommt nicht weit und landet in den Armen von Nausikaa, der schönen Königstochter. Die betrachtet ihn und will ihn sofort für sich. Da fragt man sich doch langsam: Was hat er, was ich nicht habe? Beneidenswert, dieser Mann, nach dem alle Frauen verrückt sind.

Nausikaa, *›einer Unsterblichen an Wuchs und reizender Bildung gleich‹*, kommt, wenn es um Odysseus und die Frauen geht, immer zu kurz. Liegt es daran, dass sie noch ein junges Mädchen ist? – Doch wer sorgfältig liest, stellt schnell fest, dass auch junge Mädchen weiblichen Geschlechts sind.

Als der schiffbrüchige Odysseus aus dem Unterholz tritt, flüchten ihre Begleiterinnen erschrocken in alle Richtungen. Nur sie ›*stand also vor ihm und betrachtete ihn lange, denn solch ein Stamm war nie dem Boden entwachsen*‹.

Odysseus, gefangen vom Reiz der jungen Frau, stammelt: ›*Nichts ist besser und wünschenswerter auf Erden, als wenn Mann und Weib in herzlicher Liebe vereint Wonnen der Freude und mehr noch genießen.*‹

Der schönen Worte hätte es nicht bedurft, um bei Nausikaa die Tür einzurennen. Sie stand schon weit offen, denn Athene hatte ihr im Traum geweissagt: ›*Mädchen, du bleibst nicht lange mehr Jungfrau.*‹

Sie muss sich nur überlegen, wie das Erwünschte über die Bühne gehen kann, ohne dass jemand etwas davon erfährt. Immerhin ist sie eine Königstochter und muss auf die Etikette achten. Sie schafft sich im gewissen Sinne Mitwisser und ruft ihre Anstandswauwaus: ›*Kommt denn, ihr Dirnen, und gebt dem Manne zu essen und trinken* (damit er zu Kräften kommt!), *und badet ihn unten im Fluss, wo Schutz vor dem Wind ist.*‹ Er roch natürlich streng und seine Haut war salzig, was der Liebe nicht unbedingt zuträglich ist.

Und ein Neues ersann die lilienarmige Jungfrau. ›*Nun pass mal auf, mein Schöner, nah am Weg ist ein Pappelgehölz, Athene geheiligt. Ihm entsprudelt ein Quell und tränkt die grünende Wiese, wo mein Vater ein Haus mit fruchtbaren Gärten gebaut hat. Allda setze dich nieder im Schatten des Haines und warte* (auf mich).‹ Bedarf es der Worte noch mehr? Allein die Symbolik spricht für sich (von reizender Bildung den Göttinnen gleich!). Hat sie sich das nicht schön überlegt? – Ach, diese antiken Griechinnen …

Bei dem trauten Tête-à-Tête in Vaters Lustschlösschen hat Odysseus sicher nicht von seinen Abenteuern erzählt, was er ja sehr gerne tat, sondern ihnen ein weiteres hinzugefügt. Später, sicher sehr viel später, geht Nausikaa rasch nach Hause und Odysseus folgt in gebührendem Abstand, von der ›*schöngelockten, blauäugigen*‹ Athene in finstere Nacht gehüllt, ›*aus Sorge für den Geliebten*‹.

Ist es ein Wunder, dass Alkinoos, der besorgte Vater, sich wünscht, ›*dass ein Mann wie du, so ähnlich mir an Gesinnung, meine Tochter begehrte, sich mir erböte zum Eidam und hier bliebe.*‹

Doch Odysseus lehnt ab. Er möchte lieber nach Ithaka. Alkinoos denkt sich: ›Wenn es so ist, dann muss er schleunigst weg, bevor noch Schlimmeres passiert‹, und organisiert die Fahrt für den nächsten Tag.

Unerkannt, Athene hatte dafür gesorgt, kommt Odysseus nach Hause. Alles hat sich verändert, auch er. Der Sohn, Telemachos, ist erwachsen geworden. Unzählige Freier balzen um seine Frau. Geht es ihnen wirklich um sie oder um die Macht auf Ithaka? Sicher, sie ist noch wunderschön. Das Alter hat sie schöner und reifer gemacht. Sie ist eine begehrenswerte Dame geworden, kein junges, unerfahrenes Mädchen mehr. Bei ihrem Anblick spürt er sein Alter, wenn auch sein Allgemeinzustand überdurchschnittlich gut ist. Er ist topfit. Wen wundert's: bei dem Training? Und doch fühlt er sich unwohl, wenn er an sie denkt. Er wird ihr vieles beichten müssen, ohne dass er weiß, wie sie es aufnehmen wird. Sie kannten sich noch nicht lange, als er in den Krieg ziehen musste. Nun kehrt er nach zwanzig Jahren zurück. Würde sie ihn wiedererkennen? Er war sich unsicher. Würde sie ihn noch wollen, wenn sie alle amourösen Abenteuer erfahren würde? Er musste ihr die Wahrheit zumuten, so viel war klar. Das ging gar nicht anders. – Ach, was für ein schwerer Gang.

Er wollte sich lieber zunächst um die Zurückgewinnung der Macht auf Ithaka kümmern, das schien ihm leichter. Als einziger erfüllt er geforderte Kunststückchen und legt dann alle Nebenbuhler um. Archaisch männlich: der Kampf um die Frau. Als er den für sich entschieden hatte, gibt er sich Penelope zu erkennen, d. h., er will sich ihr zu erkennen geben, doch sie erkennt ihn nicht. Sie ist sich nicht sicher, ob er wirklich der ist, den sie so viele Jahre sehnsuchtsvoll zurückerwartet hat.

Erkennt sie ihn wirklich nicht, oder will sie ihn nicht erkennen? Hat sie von den Gründen seines Säumens gehört? Griechische Götter sind oft sehr geschwätzig. Hat ihr ein Orakel verkündet, wo der mit so viel Sehnsucht Erwartete weilte? Als Odysseus ihr sagt, warum das Ehebett nicht verschoben werden kann, scheint Penelope ihm zu glauben, doch gibt es weder in diesem Augenblick noch später eindeutige Hinweise, dass sie ihn tatsächlich erkannt hat. Er, der, um sie wiederzufinden, Göttinnen und Nymphen, ja, sogar die Unsterblichkeit zurückgewiesen hat, bleibt für sie ein Fremder.

Homer beschreibt in hundertzwanzig Versen Penelopes verzweifeltes Bemühen zu glauben, dass er der Mann ist, auf den sie so lange gewartet hat, doch sie bringt nicht die Kraft auf, *dem ›Fremden‹ ins Gesicht zu schauen*, wie sie sagt.

Und wieder steht Penelope auf der Klippe. Regungslos lehnt sie am Felsen und blickt in die Ferne. Wie oft hatte sie hier gestanden und gewartet? Jahr für Jahr, jeden Abend, bei Wind und Wetter. Sie war sich immer sicher gewesen, dass er eines Tages wiederkommen würde, hatte sich ihre Freude ausgemalt, ihren Jubel. – Jetzt war er da, – alt, gezeichnet von den Schrecken eines zehnjährigen Krieges und einer langen Fahrt durch die Hölle, auf der er all seine Gefährten verloren hat.

Es war für ihn schmerzhaft gewesen, darüber zu reden. Er, der immer fröhlich und verschmitzt gewesen war, weinte bittere Tränen, als würden die Erzählungen alle alten Wunden wieder aufreißen. Penelope blickte über das weite, unendliche Meer, das so still und friedlich vor ihr im Mondenschein lag. Sie wusste, dass dieser Schein trügt, und stellte sich vor, wie die Männer in ihren kleinen Booten gegen die Urgewalten der Wasser und die Schrecken aus der Tiefe gekämpft hatten; immer den Tod vor Augen, der sie alle geholt hatte, bis auf Odysseus.

Wenn sie Glück hatten, strandeten sie an sandigen Ufern und wurden von schönen Frauen wieder hochgepäppelt. Hatten sie Pech, zerschellten die Schiffe an felsigen Küsten und sie fielen menschenfressenden Riesen in die Hände.

Er hatte ihr von Kirke erzählt. Sie musste eine ganz besondere Frau sein, denn es war das einzige Mal, dass seine Augen während des Erzählens leuchteten. Sie hatten sich wohl sehr geliebt und doch hatte er sie verlassen, um zu ihr, Penelope, zurückzukehren. Sie hatte ihm sogar dabei geholfen. – Was für eine große Liebe! Wie gerne würde sie diese Frau kennenlernen, die Odysseus so begeistert hatte.

Kalypso war ein Biest. Die hielt ihn gegen seinen Willen fest. Darunter litt er so, dass sogar die Götter Mitleid mit ihm hatten.

Nausikaa war ein junges Mädchen, die bei seinem Anblick ein lustvolles Kribbeln im Unterleib verspürte, was sie, Penelope, durchaus verstehen konnte. Er war schön gebaut, ihr Odysseus, das konnte sie bestätigen, und er war ein wunderbarer Liebhaber. Kein Wunder, dass Kalypso ihn nicht ziehen lassen wollte. Wer ihn einmal gespürt hatte, war süchtig nach ihm. Sie konnte alle Frauen verstehen, die seinen Weg gekreuzt hatten, und hegte keinerlei Groll gegen sie. Und gegen ihn? Hätte sie sich nicht mehr Treue gewünscht? – Penelope schluckte, als wollte sie einen bitteren Geschmack loswerden. – Ja!!! Sie hätte sich Treue gewünscht!!! – Natürlich, denn sonst würde sie ihn ja nicht lieben. Liebe will Treue. Großzügig sind nur die, die nicht lieben. Die mimen den über alles Erhabenen, weil sie keine Gefühle haben.

Doch nun war es mal geschehen. Er hatte ihr alles erzählt, hatte Reue gezeigt, die sie ihm bei Kirke jedoch nicht ganz abnahm; bei den anderen schon. Außerdem war er in den vitalsten Männerjahren unterwegs gewesen. Irgendwo musste die Kraft hin; da macht Gelegenheit Diebe. Sie konnte ihm nicht verdenken, dass er den Verlockungen erlag, doch akzeptieren konnte sie es deshalb noch lange nicht. Wenn sie sich vorstellte, dass er sich vergnügte, während sie sich vor Sorgen verzehrte. – Doch das wollte sie jetzt verdrängen. Solche Gedanken sollten nicht zwischen ihnen stehen. Es gab ein viel größeres Problem: Sie war sich nicht sicher, ob dieser Mann, der vorgab, Odysseus zu sein, wirklich Odysseus war. Sicher, er kannte sich gut aus und fiel auf keine ihrer Fangfragen rein. Er wusste sogar, warum das Ehebett nicht zu verschieben war. Dennoch, er war so anders als der, dem sie damals Lebewohl gesagt hatte. Der entscheidende Liebesfunke, das herzlich einander zugewandt sein, sprang nicht über. Er war ihr fremd. Auch wenn sie sich die größte Mühe gab, zu glauben, dass er ihr Gatte war, es gelang ihr nicht.

Sie stand wieder hier oben auf den Klippen, wie immer mit schwerem, sorgenvollem Herzen. Was sollte sie tun? Sie liebte Odysseus, den Mann, dem sie Lebewohl gesagt und auf den sie zwanzig Jahre gewartet hatte, doch nicht den ›Fremden‹, der zurückgekommen war.«

»Ach, Braaderup, wie gut wir es doch haben. Wir müssen nicht zwanzig Jahre warten, um uns zu sehen. Wir treffen uns schon morgen Abend wieder, wenn du möchtest. Zur gewohnten Zeit, hier in der Laube. Ich würde mich sehr über ein hübsches Gedicht von dir freuen. Ich liebe deine Gedichte, also suche mir ein ganz schönes raus. Bis morgen dann. Ich freue mich schon jetzt auf dich und deinen Schoß. Schlaf gut, mein Lieber.«

Josephine küsste ihn flüchtig und sagte: »Und nun keine so trüben Gedanken mehr, hörst du. Du hast doch mich.«

Braaderup stand noch lange auf der Terrasse und blickte in das Dunkel. Sie war immer gleich, die Nacht, zeigte nie eine Gemütsregung. Was verbarg sie unter ihrem schwarzen Schleier? So sehr er sich auch bemühte, es war unmöglich, hinter dieses geheimnisvolles Gesicht zu sehen.

Verhüllte sie nur das Nichts? – Zu einfach und gewiss nicht richtig. Wenn sie dem Licht wich, schien sie zwar zögerlich freizugeben, was sie sorgsam versteckte, doch war das alles? Nahm die Nacht nicht das Geheimnisvolle, Unergründliche, von dem wir nichts wissen, mit?

Braaderup hatte noch nie in der hellen Klarheit des Tages Märchen und Mythen gesehen, fand sie aber nachts in der Dunkelheit. Wo waren sie geblieben? Sie musste sie wohl mitnehmen. Es gab keine andere Erklärung.

Nachdenklich zog er an seiner Zigarette, als er einen Schatten in der Wiese sah; einen großen, schwarzen Schatten. Er zuckte zusammen und hatte den Eindruck, dass der Schatten, ebenso erschrocken über seine Gegenwart, wie er über ihn, auch zuckte. Braaderup hob die Hand mit der Zigarette, er tat es auch.

»Ach, was bin ich doch für ein Knallkopp«, sagte er sich, »da erschrecke ich vor meinem eigenen Schatten.«

Er war nicht groß, denn Braaderup stand dicht am Fenster, durch das das Licht seiner Schreibtischlampe nach draußen fiel. Wenn er weiter wegging, wuchs der Schatten, wurde unschärfer. Alles so, wie sie es im Physikunterricht gelernt hatten.

Schön, einen Schatten zu haben. – Nein, nicht so einen, – eine Silhouette, ein Schattenbild. Bedeutet er doch, dass man ein Mensch ist und kein Wesen aus der Geisterwelt; die haben keinen Schatten, weil sie keine Seele haben. So wird es wenigstens behauptet. Braaderups Geister hatten allerdings viel Seele, weil es gute Geister waren.

So ein Schattenbild ist nützlich. Immer ist ein Wegbegleiter da, der entweder treulich die Nachhut bildet oder, wie ein Spähtrupp, vorausgeht und die Lage peilt. Manchmal steht er zur Seite, mal rechts, dann wieder links, je nachdem. Für alles hat er ein offenes Ohr und man kann absolut sicher sein, dass er nichts weiterträgt. Ist er lästig oder stört gar, entzieht man sich ihm, indem man in einen fremden Schatten oder einen dunklen Hauseingang tritt: Schon ist er weg.

»Wer bin ich eigentlich?«, dachte Braaderup, »bin ich der, der hier auf der Terrasse steht, oder bin ich der schwarze Geselle dort im Rasen? Wer von uns beiden denkt, schreibt, lacht? Weint der Schatten ebenso, wie ich, wo er doch ganz anders ist? Werde ich eines Tages in die Unterwelt gehen oder wird es mein Schatten sein? Eigentlich müsste er das machen, schließlich ist es das Schattenreich. Ich bliebe, ohne Schatten hier, was bedeuten würde, dass nur noch mein Geist auf Erden weilt, was erklären würde, warum Geister keinen Schatten werfen. Schön, wenn ich alles Positive wäre und der Schatten das Negative, was mich natürlich nicht exkulpierte, gehört doch der Schatten zu mir, doch wäre mir wohler, wenn ich sagen könnte: Er war's. Er könnte nicht bestraft werden, denn wer wollte ihn fassen, dingfest machen? Alle Beschimpfungen und Beleidigungen würden ihm nicht das Geringste ausmachen, hat er doch keine Seele. Ihn quälen weder Schmerzen noch Skrupel. Doch, doch, so ein Schatten ist nützlicher, als man denkt. Nur eines ist schwierig: Über den eigenen Schatten zu springen. Das geht nur mithilfe einer neuen, der alten gegenüberliegenden Lichtquelle. Doch dann springe ich nicht über den Schatten, sondern der Schatten über mich.«

***

Laue Sommertage sind voller Zauber, dachte Braaderup und trat in den Garten. Morgentau benetzte seine Füße. Schon beim ersten Schritt durch die Wiese spürte er ein wohliges, munter machendes Kribbeln.

Morgens duften die Rosen besonders intensiv. Wach geküsst von der zarten Morgenröte, entfalten sie all ihre Pracht. Wenn der Phlox noch dazu kommt, liegen wahre Duftwolken über dem Garten. Keine Parfümerie kann damit konkurrieren, selbst wenn alle Flacons aus den Regalen fallen würden: die schönen Duftsymphonien der Natur sind nicht zu übertreffen.

Dazu die bunte Farbpalette. Ein Traum. Der Gartenliebhaber malt nicht nur mit Pflanzen, er mischt mit ihnen auch die schönsten Duftbouquets. Was für Geschenke des frühen Morgens. Augen und Nase genügen, um diese flüchtige Zauberwelt zu erleben.

In der Ferne hörte er das leise Plätschern des Brunnens. Ein Rascheln im Schilfgras verriet ihm, dass Josephine, seine schöne Nymphe, ein Bad nahm.

Ach, Josephine, sie hatte seinen Garten so traumhaft schön gemacht. Auch wenn er, Braaderup, sich noch so viel Mühe gegeben hätte, ohne ihre segenspendende Hand wäre alles nicht so stimmig geworden. Was würde er nur ohne seine Nymphe machen? Sie gab seinem Leben Fülle, erzählte die schönsten Geschichten, – und er glaubte sie alle.

Letztens, er konnte die Zeit nicht abwarten und saß schon in der Laube, kam sie lachend auf ihn zu, legte die Arme um seinen Hals und küsste ihn tief und innig. Dann sagte sie strahlend: »Weißt du, mein Lieber, wenn ich an gestern denke, bist du doch noch ein junger, sehr vitaler Mann. Ich muss gut auf mich aufpassen. – Sag mal, hast du nicht ein Liebesgedicht parat?«

»Ja, meine Süße, habe ich, doch ich wollte dir eigentlich das hübsche Märchen vom heiligen Schein erzählen. Wenn dir aber mehr nach Liebesgedicht ist, dann bekommst du natürlich eins. Du weißt ja, ich kann dir nichts abschlagen.«

»Du, sei nicht so großzügig mit deinen Versprechungen, ich könnte darauf zurückkommen«, rief sie augenzwinkernd.

»Das darfst du, Josephine, du darfst immer, doch zuerst das Gedicht:

Traum der Nacht

Lass' uns von schönen Dingen träumen,
so eine Nacht vergeht so schnell.
Wir wollen uns in Träumen überschäumen,
tief ineinander eingeschlungen,
ein jeder fühlt sich eingedrungen.
Wer ist Wasser? Wer der Quell?

Komm! Lass' dich überfließen;
wir wollen uns ergießen
in den Traum der Nacht.

Wir wollen blicken, tief und innig blicken,
zärtlich sanft in unsre Seelen
Blicke schicken;
Blicke, heiß, wie Feuersglut,
dürsten, brennen nach Lust und Flut.

Auf schäumenden wilden Wasserwogen
werden wir durch den Rausch gezogen
und unsere glühenden Seelen zerfließen,
bis sie tosend sich ergießen
in den Traum der Nacht.«

»Ach, du, das war schön, – wunderschön. – Komm«, flüsterte sie leise, »wir wollen uns ergießen in den Traum dieser Nacht. Sie ist für uns, nur für uns zwei.«

Die Nacht war lau und sternenklar. Der Mond hatte sich artig hinter der großen Hainbuche versteckt und auf der kräuterduftenden Wiese hielten sich eine Nymphe und ein Mensch ganz fest, so fest, als wollten sie sich nie mehr loslassen.

Sie flogen und flogen, hoch hinauf, bis weit über die sieben Himmel. Ein Flug, der sie alles vergessen ließ, der sie über alle Grenzen hinweg trug in das Land, wo sich die Endlichkeit wie ein schäumender Strom in die Ewigkeit stürzt, wo sich Anfang und Ende die Hand reichen, wo der Verstand draußen vor der Tür bleibt.

Josephine blieb tagelang verschwunden und Braaderup schickte seine Sehnsuchtsvögel aus, sie zu suchen. Doch sie kamen erfolglos, mit schweren, hängenden Flügeln zurück.

Tage später saß er traurig in der Laube, da stand sie vor ihm: »Du, ich habe es mir überlegt: Es ist zu spät. – Was ich auch tue, der Kopf mag vielleicht noch Nein sagen können, aber Herz und Körper verlangen nach dem, der Lust schenkt. Ach, Braaderup, mein lieber, guter Braaderup, du wunderbarer, schöner, zärtlicher Zaubermann, – ich liebe dich.«

Ohne ein Wort nahm er sie in die Arme und küsste sie. Tränen des Glücks rollten ihm über die Wangen. Sie hatten sich gefunden und würden sich nie wieder loslassen.

Seine Hände fuhren zärtlich über ihre Konturen und sie zuckte zweimal, bevor sich ihre Hand schloss. – ? – ? – !!! – »Ooooooh – duuuh! Wir erzählen heute keine Geschichten, wir machen sie selbst. Weißt du, mein Braaderup, wir Nymphen ›flechten und weben himmlische Rosen ins menschliche Leben‹. Die Kunstfertigkeit des Webens haben wir von Arachne gelernt. Du kennst sie nur als Spinne, doch wir haben Arachne noch vor ihrer Metamorphose gekannt, damals, als sie die Göttin Pallas Athene zum Wettkampf aufforderte. Sie war eine schöne, junge Frau. Ich werde dir ihre Geschichte mal erzählen:

Arachne, die die Nymphen das Weben lehrte

Der Mythos von Arachne, der kunstfertigen Weberin, wurde, wie so viele griechische Mythen, vom Römer Publius Ovidius Naso (Ovid) in seinen Metamorphosen‹ verewigt und von Heinrich Voß ins Deutsche übersetzt.

Es ist die Verwandlung einer jungen Frau in eine Spinne. Wie in den meisten seiner Metamorphosen drückt Ovid das charakterisierende Wesen der Ursprungsform in den Eigenschaften der Mutante aus. Fleiß und Kunstfertigkeit galt es zu verewigen. Da liegt die Spinne nah, ist sie doch nicht nur die Kraft, die den Faden spinnt, sondern auch die Kreative, die Fäden knüpft, verknotet, verlängert, verbindet und kunstvolle Werke schafft, deren Größe kaum zu begreifen ist.

Verwandlung ist Strafe. Die Gründe hierfür sind selten vordergründig und nicht gleich auf den ersten Blick zu erkennen. Der in der Hierarchie Höhergestellte bestraft einen Nachgeordneten. Damit werden Machtverhältnisse klargestellt.

Du könntest dich fragen, Liebster, warum ich dir so altes Zeug erzähle. Die Antwort ist einfach: Die Inhalte der Ovid'schen Metamorphosen sind über Jahrhunderte aktuell und interessant geblieben. Die Zeiten mögen sich geändert haben, doch die Probleme sind heute noch die Gleichen. Sie tragen nur ein anderes Gewand. Ovid selbst gibt die Antwort: *›Alles verändert sich nur, nichts stirbt. Wie das geschmeidige Wachs, zu neuer Gestalt sich bequemend, weder verbleibt, wie es war, noch hält an den selbigen Formen, aber dasselbe doch ist; so bleibt auch, lehr' ich, die Seele immer sich gleich und begibt sich nur in verschiedene Formen.‹*

Spinnen, stricken, weben, nähen: was für wichtige und kreative Tätigkeiten. Nicht ohne Grund sind sie fast ausschließlich den Frauen vorbehalten. Ganze Industrien leben davon. Der Reichtum und damit die Macht der Völker beruht auf ihnen. Wir Menschen wären nackt, gäbe es diese göttlichen Gaben nicht. Das würde im Sommer vielleicht noch gehen und hätte durchaus etwas Reizvolles, aber im Winter? Bei einer Kälte von zwei bis drei Zentimetern ...

Wenn es in der griechischen Mythologie um das Weben, Spinnen oder Stricken geht, wird es ernst. Die Moiren, die Schicksalsgöttinnen, die Geburt und Tod bestimmen, heißen auch Spinnerinnen, weil sie die Lebensfäden spinnen. Selbst Zeus, der Mächtige, kann das Schicksal nicht abwenden. Die ›Spinnerinnen‹ stehen über ihm in der himmlischen Hierarchie.

Mit der Macht des Strickens bewahrte Penelope ihre eheliche Treue, während sich ihr Mann in der Welt herumtrieb und sich mit schönen Frauen amüsierte.

Im Brennpunkt stehen Arachne, eine Jungfrau aus Lydien in Kleinasien, und Pallas Athene, göttliche Schutzpatronin des Handwerks, der Kunst, der Weisheit und der Philosophie.

Arachne ist für ihre Webkunst berühmt. Sogar Nymphen kommen aus verschiedenen Provinzen, um ihre Werke zu bewundern und ihr beim Arbeiten zuzusehen, denn sie arbeitet ästhetisch vollkommen.

›*Anzuschaun der Arachne bewunderungswürdige Arbeit,*
Kamen die Nymphen daher von den Weinhöhen ihres Tymolos,
Kamen aus ihrem Gewässer daher paktolische Nymphen.
Nicht nur gewordene Zeuge vergnügt sich dort zu betrachten,
Sondern die Werdenden auch: so paarte sich Kunst mit der Anmut!‹

Alle bewundern ihre Fingerfertigkeit und fragen sie, ob Pallas Athene selbst sie unterrichtet habe. Das lehnt sie brüsk ab. Ja, sie fühlt sich der Göttin sogar künstlerisch überlegen und sagt: ›*Streite die Göttin mit mir! Nichts ist, was besiegt ich verweigre!*‹

Spricht Dummheit aus ihr oder das einfache Elternhaus? Schließlich ist sie armer Leute Kind. Die Mutter ist früh gestorben, der Vater Wollfärber. Schon früh auf sich gestellt, bringt sie sich alles selbst bei. Keiner steht ihr zur Seite. Alles kommt aus ihr. Kreativität, Fleiß und Entbehrung sind die Grundlagen ihres Erfolges. Sie weiß, dass der Mensch vieles vermag, wenn er nur will. Dazu braucht er keine Götter. Arachne empfindet die Frage nach der Lehrmeisterin als Beleidigung. Trotz und Widerstand regen sich in ihr und so verstößt sie gegen bestehende Regeln.

Pallas Athene, Braaderup muss gestehen, dass er bei ihr nicht objektiv sein kann, denn sie ist seine Lieblingsgöttin, gehört, trotz Rüstung, Helm und Schild, nicht zu den rächenden Göttinnen, sondern zu den segensreichen, friedlichen Gestalten des Olymps. So zeigt sie sich Arachne gegenüber auch zunächst versöhnlich: ›*Du suchst den Ruhm dir, dass von den Sterblichen du am geschicktesten Wolle bereitest. Doch der Unsterblichen weich', und in Demut bitte Verzeihung deinem entfahrenen Worte; der Bittenden wird sie verzeihen.*‹

Doch Arachne schlägt die angebotene Hand aus: ›Pah, soll Athene doch kommen und zeigen, dass sie besser ist. Wenn ich verliere, kann sie mit mir tun, was sie will.‹

Da wird Athene sauer. Diese kleine, respektlose Göre. Was bildet die sich denn ein? Sie nimmt ihre göttliche Gestalt an und sagt: ›Na, dann lass uns mal loslegen.‹

Sogleich beginnt ein munteres Wettweben, dem Ovid viele Seiten widmet. Die Konkurrentinnen stehen sich in nichts nach, schenken sich nichts. Die Webschiffchen sausen hin und her und erschaffen, von kreativen Händen geleitet, zwei einzigartige, unvergleichlich schöne Kunstwerke, wie sie das menschliche Auge noch nie vorher gesehen hat.

Die Nymphen, nunmehr zu Juroren aufgestiegen, schauen beiden über die Schultern und staunen nicht schlecht, was die alles draufhaben. Sie weben Geschichten in große Wandteppiche. Beide haben das gleiche Thema gewählt. Nur ihre Sichtweise unterscheidet sich.

Athene nimmt das nach ihr benannte Athen als Hintergrund und legt somit ein Zeugnis ihres Ruhmes ab. Zeus, ihr Vater, aus dessen Kopf sie in voller Rüstung und in Waffen geboren wurde, ist das Zentrum. Um ihn herum alle anderen Götter. Natürlich auch sie, als sie die Lanze in die Erde stößt und den Ölbaum wachsen lässt. Im Gegensatz zu den Göttern sind alle Menschen, die gegen Götter gefrevelt haben und dafür mit Verwandlungen bestraft wurden, klein und kaum zu erkennen, in die Ecken gedrängt. Ihre Botschaft ist eindeutig: Die Götter haben die Macht! Sie tun Gutes für die Menschen, die sich ihnen unterwerfen. Wer aber an diesem Gefüge rührt, wird bestraft.

Arachnes Gewebe steht dem der Athene in nichts nach. Auch bei ihr geht es um die Götter, doch der Blickwinkel ist ein anderer. Bei ihr steht ein Mensch im Zentrum: Europa, die durch einen Gott, nämlich Zeus in Stiergestalt, irregeleitet und entführt wird. Alle weiteren Szenen handeln von Vergewaltigungen menschlicher Frauen durch sich verstellende Götter.

Zeus, von Athene als allmächtiger Herrscher dargestellt, führt bei Arachne die Liste der Übeltäter an.

›Auch Asteria schuf sie, gefasst vom ringenden Adler;
Leda dem Schwan, und Antiope hold dem geheuchelten Satyr;
Wie in Amphitryons Bild einst Jupiter warb um Alkmene;
Wie er, ein Hirt, Mnemosyne täuscht', und im Feuer Ägina,

Wie um Danaë Gold, und ein Drach' um Proserpina spielte.‹

Arachnes Werk enthält, wie das der Göttin, eine politische Aussage: Die Menschen sind Opfer der Willkür lüsterner, betrügerischer Götter, die ihre Macht missbrauchen.

Die Jury entscheidet, dass Arachnes Werk, künstlerisch höchst gelungen, mit dem der Athene absolut gleichzusetzen ist. Weil die Nymphen aber erkennen, dass zur Kritik an bestehenden Systemen mehr Mut gehört, als deren Loblied zu singen, erklären sie Arachne zur Siegerin.

›*Selbst nicht Pallas vermag, noch die Missgunst*‹, sagten die Nymphen, ›*Dir zu tadeln das Werk. An belebender Kunst und Gestaltung gleichst der Unsterblichen du; doch mit edlerer Seele belebt sie.*‹

Die Göttin verliert die Contenance und ist keineswegs souverän, als sie das Bild der Arachne, die ›Schandgeschichte des Himmels‹, zerfetzt und mit dem Weberschiffchen der Siegerin dreimal ins Gesicht schlägt.

Arachne erträgt die Züchtigung durch die Göttin nicht: ›*Das Seil knüpfend, umschlingt sie mutig die Kehl'. Es enthebt die Hangende Pallas voll Mitleid, und: So lebe demnach, doch hange du, Frevlerin! ruft sie. Und nach gleichem Gesetz (nicht schmeichele dir mit der Zukunft) werde bestraft dein ganzes Geschlecht, und die spätesten Enkel.*

Hierauf geht sie hinweg und den Saft hekateïschen Krautes sprenget sie ihr; und sofort, da der traurige Seim sie berührte, floss herunter das Haar und die Nase zugleich und die Ohren. Winzig verschrumpft ihre Haut, am kleinlichen Körper das Kleinste; schmächtige Fingerchen haften wie Bein' an jeglicher Seit' ihr.

Übrigens waltet der Bauch. Aus ihm auch sendet Arachne Faden, und fleißiget noch als Spinn' ihr altes Gewerbe.‹

Damit ist der Mythos zu Ende. Ist es nur eine Entstehungsgeschichte der Spinnen? Nein, natürlich nicht. Das hätte Ovid nicht genügt. Es ist ein doppelter Wettkampf. Je eine Vertreterin der göttlichen und der menschlichen Sphäre kämpfen gegeneinander. Es kämpfen aber auch zwei Vertreterinnen derselben Kunst gegeneinander.

Im Wettkampf zwischen Gott und Mensch hat der Mensch keine Chance, weil es im eigentlichen Sinne kein Wettkampf ist, sondern eine Demonstration der Übermacht. Der Mensch ist Opfer. Götter mögen Opfer, besonders, wenn es schöne Jungfrauen sind. So wundert es nicht, dass die, aus hierarchischer Sicht vermessene, selbstbewusste Weberin von der Göttin bestraft wird. Sie zerstört ihr Bild und verwandelt sie in eine Spinne.

Arachne, von der Reaktion der Göttin bestürzt, fühlt sich zutiefst gedemütigt, ist verzweifelt und will sich das Leben nehmen, um weiteren Strafen der Göttin zu entgehen. Sie greift zum Strick, zum selbst gesponnenen Faden, um sich zu erhängen.

Da zeigt die Göttin ihre wahre Größe. ›Halt, Arachne‹, ruft sie, ›den Tod hast du nicht verdient. Du bist eine Künstlerin und stehst in deiner Kunst über allen. Du willst hängen? Gut, dann tue es. Hänge fortan in deinen Werken.‹ Das ist die Verwandlung. Die Göttin straft, aber will nicht erniedrigen. Sie macht die Gegnerin und ihre Kunst für jedermann sichtbar.

Im Webewettstreit, im Kampf zweier Repräsentantinnen derselben Kunst, hat der Mensch gute Chancen, denn hier geht es ja nicht um Macht. Die Perfektion von Arachnes Werk ist unstrittig. Pallas Athene zeigt Größe. Auch wenn sie enttäuscht ist, erkennt sie die Makellosigkeit an. Sie nimmt hin, dass sie im Kunsthandwerk besiegt wurde, doch lässt sie an den bestehenden Machtverhältnissen keinen Zweifel aufkommen. Die Zerstörung des Bildes bezieht sich nicht auf das Kunstwerk selbst, sondern ausschließlich auf die Darstellung. Die darf nicht erhalten bleiben. Wie menschlich die Götter Griechenlands doch waren.«

»Josephine, Liebste, was für eine schöne Geschichte. Das liebe ich an Ovid. Er schreibt allgemeingültige Dinge, Grundlegendes, und vor allem zeitlos. Ja, ob Menschen- oder Götterwelt, die Kunst darf keiner hierarchischen Ordnung unterworfen werden. Sie muss, frei von jedem Zwang, ihren eigenen Maßstäben folgen.

›*Seine Welt zeige der Künstler, die niemals war noch jemals sein wird.*‹

Neulich stand ich auf der Terrasse. Es war kein guter Tag gewesen. Böse Geister hatten von mir Besitz ergriffen und trieben mich um. Ich fühlte mich leer und verlassen, war so wund, so fürchterlich wund. Vielleicht lag es am Wetterumschwung, der sich schon am Vorabend mit einer Migräne angekündigt hatte. Ich wollte mich verkriechen oder irgendwo hinterm Deich sein. Nur Möwen und Brandung. Alleine, vergraben im Nichts.

An solchen Tagen erfreut mich nur ein Gang durch den Garten. Da sah ich, zwischen zwei Rosen ausgespannt, ein kunstvolles Gewebe. Mitten im Netz saß sie, die Künstlerin: eine wunderschöne Kreuzspinne. Ich betrachtete sie lange und meine Gedanken verfingen sich mehr und mehr im Wundernetz der Künstlerin, die es gewebt hatte, und wie im Traum keimte in mir eine Geschichte. Sie passt gut zu Arachne, mein Schatz. Wenn du noch ein paar Minuten Zeit hast, erzähle ich sie dir. Ich bin mir sicher, dass sie dir gefällt:

Als die Spinne das Kreuz des Herrn trug

Steinig war der Weg und staubig. Die Sonne brannte erbarmungslos auf seine Stirn und verschorfte die blutenden Wunden, die ihm die Dornen der Krone rissen. Er sah die grinsenden Gesichter der römischen Soldaten, die ihm mit den Worten: ›Da hast du deine Krone, König der Juden!‹, den dornenreichen Rosenkranz auf das Haupt gedrückt hatten.

In ihrem Grinsen lagen Hass, Bösartigkeit, Erbarmungslosigkeit und die Dummheit dieser Spezies Mensch, für die er sein Leben lassen sollte.

Er hatte versucht, ihnen zu erklären, dass er die Liebe ist, dass er sie erlösen wolle. Doch sie lachten, weil sie gar nicht wussten, wovon er sprach. Sie wollten seine Liebe nicht. Vergnügungen waren ihnen lieber. Wie tief waren sie gesunken. Nichts war vom Göttlichen übriggeblieben, das sie einmal mitbekommen hatten.

Der schmale, traurige Mann mit den dunklen Augen, dem Bart und den lockigen schwarzen Haaren seufzte tief. Jeder versteht nur, was er verstehen kann. Was verstanden die, die hier Spalier standen und ihn verhöhnten?

Seine Landsleute steinigten die, die sich nicht anpassten, die störten. Er dachte an Moses, der sie in die Freiheit geführt hatte. Er wurde umgebracht, weil er ihnen Gesetze gab, Verhaltensregeln für ein gutes Miteinander. Was für ein göttliches Geschenk. – Sie traten es mit Füßen.

Die Römer kreuzigten die Aufsässigen. Dabei war er gar nicht aufsässig gewesen. Er wollte ihnen nur Liebe bringen und schleppte nun ein Kreuz durch die Hitze, an das sie ihn nageln würden.

Schwer war es. Schweiß rann ihm in Strömen über den

Körper. Er merkte, wie ihn die Kräfte verließen. Keiner half ihm. Sie lachten nur, freuten sich auf das Spektakel, wenn ihm Nägel durch Hände und Füße geschlagen würden. Sicher würden sie jubeln und Beifall klatschen, wenn das Kreuz mit ihm aufgerichtet werden würde. Ach, wie armselig das alles, wie furchtbar armselig.

Er war froh, dass sein Leben am Abend ein Ende haben würde. Er war müde und wollte wieder nach Hause. Nichts hielt ihn mehr. Lange genug hatte er mit Anstand und Würde die Last seiner Aufgabe getragen. Nun war es fast vollbracht und er spürte Enttäuschung und Erleichterung.

Er würde sein Geschenk wieder mitnehmen und warm in seinem Herzen verwahren, damit es nicht zu Schaden käme. Als ihn die Kräfte verließen, fiel er zu Boden. Tief drückte ihn die Last des Kreuzes in den Staub.

Ich werde liegen bleiben, dachte er, als sein Bewusstsein zurückkehrte. Sollen sie mich totschlagen. Das verkürzt das Leiden, und er spürte schon die erbarmungslosen Fußtritte und ihre harten Lanzenschäfte.

Doch nichts geschah. Er fühlte nur ein leichtes Krabbeln am Hals hinauf, bis zum rechten Ohr, und durch das Gejohle der Menge hörte er, wie eine kleine Spinne ihm ins Ohr flüsterte: ›Herr, der du die reine Liebe bist, verzweifle nicht. Raffe dich auf. Du wirst denen doch nicht diesen Triumph gönnen. Ich helfe dir beim Tragen. Zu zweit schaffen wir es. Sieh mal, ich habe sechs Beine und du zwei, macht zusammen acht. Es wäre doch gelacht, wenn acht Beine dieses Kreuz nicht tragen könnten. Ich will dir all meine Kraft geben, und wenn ich dabei zugrunde gehe. Herr, du mein Gott, ich verlasse dich nicht.‹

Christus lächelte. Da war ein kleines Wesen, das ihn verstanden hatte, das für ihn da sein wollte. Was für ein wunderbarer Anfang!

›Du‹, flüsterte er, ›wir zwei werden es schaffen, könnten wir doch die ganze Welt aus den Angeln heben. Bestimmt schaffen wir es‹, und er ließ auf dem Rücken der Spinne ein weißes Kreuz erscheinen. ›Dieses Kreuz soll allen zeigen, dass du mir geholfen hast, das meine zu tragen. So, nun lass uns weitergehen.‹

Er erhob sich aus dem Staub, mit der Würde eines Königs, nahm das Kreuz und schritt aufrecht seinem Schicksal entgegen, und eine kleine Spinne mit einem weißen Kreuz auf dem Rücken krabbelte voller Stolz neben ihm den Berg hinauf.

Die Wenigen, die das Wunder gesehen hatten, aber schämten sich und weinten bitterlich.«

»Ach, Braaderup, wo nimmst du nur all diese Geschichten her? Die war so schön traurig«, schluchzte Josephine.

Er küsste ihr die Tränen von den Wangen. »Oh Schatz, es sind nur Geschichten, da musst du doch nicht weinen. Die Hauptsache ist, dass wir die Liebe haben. Alles andere ist doch unwichtig.«

»Nein, Lieber, das kannst du nicht sagen, es gibt noch andere Dinge, die wichtig sind. Meine tägliche Arbeit zum Beispiel. Die habe ich heute vernachlässigt, weil ich so viel an dich gedacht habe. Ich muss rasch los. Bis morgen, mein Schatz. Pass gut auf dich auf.«

Braaderup blieb allein in der Laube zurück. Seine Gedanken zogen mit ihr durch die Nacht. Melancholie, seine gute, treue Freundin, hatte ihre Arme zärtlich um ihn gelegt. Wie oft wärmte sie ihn schon im kalten, seelenlosen Dasein, und immer, wenn er sich dem inneren Schmerz beugte, fiel ihm ein, dass er mal vom Glück geträumt hatte. Oft wünschte er sich, dass bei der Sintflut nur die Taube gerettet worden wäre. Das gäbe ihm die beruhigende Sicherheit, in den Fluten umgekommen zu sein.

Innere Zerrissenheit und emotionale Verwirrung beginnen sich in Skepsis und Resignation zu wandeln. Wo sind seine großen Ideale geblieben? Sind sie Opfer einer unverständlichen Realität geworden? Er weiß es nicht. Was weiß er überhaupt noch? Nur eins: er liebt, und diese Liebe hilft ihm über alles hinweg, gibt seinem Leben die nötige Kraft, um weiterzugehen.

Braaderup träumt von der Liebsten, die fern ist und doch so tief in seinem Herzen.

Herbstgedanken! Es ist doch jedes Jahr das gleiche Elend. Wenn das große Feuerwerk der Natur zu Ende geht, beginnt die Melancholie des Abschieds:

Herbstimpression

Im bunten Wirbel herbstlicher Gedanken
verwelkt der späte Sommer in den Traum,
und Blatt für Blatt des wilden Weines Ranken,
ein Flammenmeer, das schwebt und brennt,
verweht der Wind, durch Zeit und Raum.

Doch selbst der schönste Zauber der Idylle
kann nicht verbergen, dass dies große Spiel
nur Abschied nehmen ist, dass bald die Stille
der Wegbegleiter wird zum letzten Ziel.

Die Rose auf dem Schreibtisch schien ihm zuzulächeln. Es war die letzte in diesem Jahr. Er beugte sich zu ihr, drückte einen zärtlichen Kuss in ihre Blütenblätter und seufzte tief. Ach, diese düsteren, grauen Novembertage, er fürchtete sie immer wieder. Verwesung, Vergänglichkeit: kein Wunder, dass einer dieser Tage Totensonntag ist. Alles ist tot und die, die es nicht sind, werden daran erinnert, wie flüchtig das Leben ist. Es wird lange dunkel bleiben, so lange, bis die Weihnachtsbeleuchtung in den Innenstädten angeht.

Braaderup saß am Schreibtisch. Er spürte einen Druck auf dem Brustkorb, als würden all die schweren, grauschwarzen Wolken auf ihm liegen. Er keuchte, rang nach Luft, musste sich mit beiden Armen am Schreibtisch abstützen, um richtig durchatmen zu können. Kein Wunder, dass der November der Monat ist, in dem, prozentual gesehen, die meisten Menschen sterben.

Manchmal, wenn die Wolkendecke auflockert, blitzt für einen kurzen Moment die Silbersichel des Mondes durch das Grau; ein kleiner Lichtstrahl in der Finsternis. Aber es ist eine Sichel: die kleine Schnittersense. Es ist schon fast ein Zwang, dass er bei allem an den Tod denkt. Zum Glück ist dieser schlimme Monat bald vorbei, und alles wird sich ändern.

Dezember ist dann wieder eine gute Zeit. Man freut sich auf Weihnachten, das Fest der Liebe, ist auf Shoppingtour, das Geld sitzt locker. Alle Gedanken drehen sich ums Schenken und beschenkt werden. Keiner soll zu kurz kommen, das hoffen auch die obdachlosen Bettler, die am Rande des Bürgersteigs sitzen und einen leeren Coffee to go-Becher vor sich stehen haben. Sie sind arm wie das Kind in der Krippe, nur dass dieses auf Stroh lag und sie auf einem Stück Pappe sitzen oder auf einer Frankfurter Allgemeinen Zeitung, dahinter steckt entweder immer ein kluger Kopf oder es sitzt darauf ein armer Hund, damit die Kälte nicht so wehtut.

Dick eingepackt in einen alten Mantel, die Mütze tief ins Gesicht gezogen, offenbaren sie sich, geben sich preis. Wie viel gehört wohl dazu, sich zu den Füßen anderer zu setzen und zu zeigen, dass man nichts hat, als den Inhalt zweier Plastiktüten von Lidl oder Aldi?

Sie bitten um Geschenke. Das Kind hatte auch welche bekommen. »Was ihr für den geringsten meiner Brüder getan habt, das habt ihr mir getan«, wird es später einmal sagen, und so sitzen sie am Rand des Bürgersteigs und hoffen, dass die Vorübergehenden Gutes tun, denn es ist ja bald Weihnachten.

Auf dem Weihnachtsmarkt dudelt bis in die Nacht »Oh du fröhliche, oh du selige Weihnachtszeit«. Sie hören die Botschaft und können sie nicht so recht glauben. Der Wind trägt den Duft von Glühwein, Bratwurst und gebrannten Mandeln herüber. Schwer sind die Gerüche, so schwer, dass sie direkt in die Nasen der Sitzenden ziehen, und sie träumen von einer warmen Unterkunft und einer Flasche Fusel, die ihnen keine selige Weihnachtszeit, aber selige Träume bescheren würde. Kostet nicht einmal zwei Becher Glühwein.

Ein paar Schritte weiter, in der Fußgängerzone, steht einer vom Zirkus mit einem Lama und bittet um Futter für die Tiere. Man sieht ihm an, dass er selbst Hunger hat, aber er bittet für die Tiere. – Haben wir mehr Mitleid mit Tieren?

Braaderup mochte ganz besonders die, die etwas darbieten: die Pantomimen, Musiker, Maler, Sänger, kurz die Künstler. Jeder zeigt was, bietet im Rahmen seiner Möglichkeiten etwas an, mit dem er erfreuen möchte, so, wie der junge Blockflötenspieler, der Kinderlieder spielt: »Hänschen klein«, »Fuchs, du hast die Gans gestohlen« und viele andere. Er spielt falsch, furchtbar falsch, aber er bemüht sich. Mehr geht nicht, er hat nicht mehr. Und doch bietet er etwas an, das die Herzen der vorübergehenden Menschen erreicht. Auch wenn er schrecklich spielt, werden Kindheitserinnerungen geweckt. Nur wenige gehen vorüber, ohne etwas zu geben. Leistung – Gegenleistung. Ein faires Geschäft.

Jedes Mal hofft er, dass das Musikgenie da ist. Er scheint aus Instrumenten zu bestehen. Manchmal spielt er sie alle auf einmal. Was für ein Spektakel! Braaderup mischt sich gerne unter die vielen Zuhörer, die sich um ihn scharen. Der Virtuose ist etwa so alt wie er und spielt Hits der 60-er und 70-er. Meistens ruft er ihm zu: »Spiel ›Green, green grass of home‹ für mich.« Da geht ein Lächeln über sein Gesicht und er fragt unter dem Spielen: »Die Version von Tom Jones oder meine?« – »Deine natürlich, die ist besser.« – »Okay!« Dann legt er los. Traumhaft, einfach traumhaft! Niemals hörte er es schöner, als von diesem genialen Musiker. Sein Gras ist einfach grüner, als das vom »Tiger«. Sein Einkommen liegt bestimmt über dem Mindestlohn. Allein, was er von ihm bekommt …

In der Vorweihnachtszeit ist sein letztes Lied des Tages John Lennons »Happy Christmas« (War is over). Ein Song, der wohl immer seine Gültigkeit haben wird, obwohl uns Friede auf Erden versprochen wurde. An der Stelle, wo es heißt: »Happy christmas for rich and the poor ones«, vibriert seine Stimme.

Ach, diese düsteren Novembertage! Sie bringen trübselige Gedanken. Ich sollte zu den Menschen gehen, die abseits stehen und ihnen meine Geschichten vorlesen, –

abends, am Lagerfeuer. Aber wahrscheinlich ist ihnen eine warme Mahlzeit oder eine Flasche Schnaps lieber. Also werfe ich weiterhin Münzen in ihre leeren Coffee to go-Becher.

***

Josephine kam spät und wirkte abgehetzt. »Schön, dass du da bist, Braaderup. Ich kuschele mich gleich in deinen Schoß und du erzählst mir, wie versprochen, die Geschichte vom heiligen Schein. Den ganzen Tag habe ich mich darauf gefreut. Lass uns gleich anfangen, sonst ist die Nacht wieder zu kurz. Die Nächte mit dir vergehen immer so schnell. Ehe man sich versieht, graut der Morgen und vieles, woran man den ganzen Tag gedacht hat, bleibt ungeschehen.«

»Mach es dir bequem, mein Herz, und ruhe dich aus. ›Der heilige Schein‹ ist eine lange Geschichte, die in Unterkapitel aufgeteilt ist. Wir können nach jedem Unterkapitel unterbrechen und später weitererzählen. Das ist ganz unproblematisch. – Also, das war so:

Der heilige Schein

Er saß im tiefen Gras und betrachtete sich im Wasser des Sees. Es war so klar, dass die Sonne bis auf den Grund schien und die Kieselsteine wie kostbare, bunte Edelsteine leuchteten.

Traumverloren sah er in die Tiefe und betrachtete sein Spiegelbild. Plötzlich lächelte ihm ein holdes Gesicht aus dem Wasser entgegen. Er lächelte zurück. Die Blicke trafen sich und es war, als sprächen sie wie in einem Spiegel miteinander.

›Oh‹, dachte er, ›wie schön, wie wunderschön dieses Gesicht ist. Ach, käme es doch aus dem feuchten Wasser zu mir heraus. Wie gerne würde ich die in die Arme nehmen, zu der dieses Gesicht gehört.‹

Das Gesicht im Wasser schien zu erröten, als habe es seine Gedanken erraten, denn die Oberfläche sah plötzlich aus, als habe sich ein Stern darin entzündet und die Augen der Erscheinung bekamen einen hellen Glanz.

Nun sah er auch ihre Gestalt. Sie war wunderschön. Das dünne, transparente Schleiertuch, das sie umhüllte, gestattete Einblicke, die ihm das Herz überlaufen ließen.

Als er sich ein wenig vorbeugte und seine Fingerspitzen zögernd und behutsam auf die Wasseroberfläche setzte, durchzog ihn eine wohlige Wärme, denn er hatte das Gefühl, als würden sie aus der Tiefe berührt. Eine Berührung, die ihn mit Glückseligkeit erfüllte. Das Lächeln der Unbekannten wurde noch heller und lieblicher. Als er, auf dem Bauch liegend, sich mit seinem Mund dem Gesicht näherte, die Kühle des Wassers schon an den Lippen spürte, drückte sich ein feuchtes, warmes Lippenpaar gegen seines. Er schloss die Augen und gab sich diesem wohligen Gefühl hin. Verlangend griff er ins Wasser, wollte das Traumgebilde halten, aus der Kühle herausholen, doch da verschwand es in der Tiefe und entzog sich den sehnsuchtsvollen Armen.

Er blieb regungslos liegen und hörte eine liebliche Stimme aus dem Wasser emporsteigen. Sie sang so schön, dass sogar die Sonne noch einmal neugierig ihr funkelndes Spätrot zeigte, bevor sie in den Horizont eintauchte und verglühte.

Warm und weich klang das Lied. Ihm wurde weh ums Herz. Er starrte ins Wasser, dorthin, wo er die schöne Sängerin wähnte. Als die Dunkelheit ihren Mantel über das Wasser legte, schlief er ein.

Unruhige Träume erschütterten seinen Schlaf und er war froh, als ihn die Kälte der Nacht weckte. Benommen vom Erlebten stand er auf. Da fiel ein Seerosenblatt von seiner Brust. Er hob es auf und sah, dass es beschrieben war: ›Ach du, dem mein Herz so zugewandt ist, dessen zarter Kuss mich so tief bewegt hat, ich bin Gabrielle, die Nymphe dieses Sees. Wenn du mich wiedersehen möchtest, dann komme beim nächsten Vollmond, um Mitternacht, zu dieser Stelle. Ich werde hier auf dich warten.‹

Er fuhr sich mit der Hand über die Augen. Es war alles ein Traum gewesen. Ein wunderschöner. – Doch da war das Seerosenblatt. Er hielt es in den Händen, und die Schrift war deutlich zu lesen. Also doch kein Trugbild. Diese märchenhafte Frau war Wirklichkeit. Er beschloss, in der nächsten Vollmondnacht auf sie zu warten.

Das waren keine normalen Augen, die ihm aus dem Wasser zugelächelt hatten, und die Glut der Lippen, die seine berührt hatten, war das Schönste, das er je spürte. Er hatte schon oft von Elfen, Nymphen und Feen gehört, aber dass er einem solchen Zauberwesen auf diese Art begegnen würde ... Er fand nicht die Worte, das Erlebte in seiner ganzen Größe zu beschreiben, und so schloss er die Augen, um das Tiefgefühlte in seinem Herzen festzuhalten.

Die Zeit wollte und wollte nicht vergehen. Zwei-, dreimal täglich ging er zum See, suchte nach kleinen Zeichen von ihr, doch so sehr er auch suchte, sie blieb seinen Augen verborgen.

Langsam wurde der Mond voller, und dann war es

soweit: – Vollmond! – Diese Nacht würde zeigen, ob ihm seine Phantasie einen Streich gespielt hatte, oder ob es Wirklichkeit war.

Je näher die Stunde rückte, desto größer wurden seine Zweifel. Das Gewünschte, so lange Ersehnte, war wohl nur eine Halluzination in der Mittagssonne gewesen. Was glaubt man nicht alles zu sehen, wenn die Sonne senkrecht steht und die Luft flirrt. Alle Traum- und Wundergestalten erscheinen. Am Abend hat man dann fürchterliche Kopfschmerzen: einen Sonnenstich. Nymphen und Feen werden schnell vergessen, weil man nur noch an kühle Tücher für die Stirn und Schmerztabletten denkt.

Er wusste, dass seine Gedanken Zweckpessimismus waren, denn in Wirklichkeit wünschte er sich nichts mehr, als dass alles, alles Wahrheit war.

Er ging zeitig los. Die Sehnsucht drängte ihn zum See. Der Weg zog sich am alten Friedhof vorbei, mit dem mystischen Dunkel der Eiben und Lebensbäume und den schönen Grabmalen im rankenden Efeu. Hier saß er gerne, wenn er nachdenken wollte. Was bleibt übrig vom Menschen, wenn seine Seele in die Unendlichkeit gegangen ist? Ein Stein mit einem Namen. Alles andere wird Staub, den der Wind verweht. Der Stein bleibt. Steine scheinen ewig zu leben. Er liebte diese starken, schönen, unbeugsamen Gesellen.

Heute hatte er aber keine Zeit für einen Besuch. Er folgte der Chaussee mit den hohen, schattenspendenden Bäumen und dachte: ›Klotz, Klotz, Klotz am Bein, Klavier vorm Bauch, wie lang ist die Chaussee, links sind Bäume, rechts sind Bäume und dazwischen Zwischenräume und daneben fließt ein Bach, aber schwach, aber schwach. Klotz ...‹

Der Weg führte über die Wiesen, durch die sich ein kleiner Bach schlängelte. Im Frühjahr blühten hier Wiesenschaumkraut und Schlüsselblumen. Jetzt leuchtete im satten Gelb der unermüdliche Löwenzahn aus dem Grün und überschüttete alles mit seinem Samen; hier und da auch wilde Akelei. Der kleine Mischwald vor ihm hat im Frühjahr einen weißen Teppich von Buschwindröschen. Ein herrliches Bild. Jetzt lag schon das Dunkel der aufkommenden Dämmerung auf seinen Wegen. Endlich stand er am See. Milder Sommerwind ging durch das Uferschilf und er meinte, die leisen Töne der Syrinx zu hören.

Bis Mitternacht war noch Zeit. Er setzte sich ins Gras und sah über das Wasser. Die Silberfäden des Mondes tanzten auf der gekräuselten Oberfläche und tauchten die Seerosen in fahles mystisches Licht. Ihre geschlossenen Blüten ragten aus dem Wasser, wie Stängel mit ganz dicken Eicheln. Langsam breitete die Nacht ihr dunkles Gewand aus und legte es auf die Erde.

Ein sanftes Rauschen, – das Wasser tat sich auf, und aus der Tiefe stieg eine Gestalt, wie er sie schöner noch nie gesehen hatte. Sie schien unwirklich, denn die Oberfläche des Sees blieb ruhig und still. Kein Plätschern, keine Welle, nichts regte sich; nur das leise Rauschen.

Sie war klein und zierlich, von wundersamer, magischer Anziehung. Geblendet von ihrem Liebreiz schloss er für einen kurzen Moment die Augen, um sie sofort wieder zu öffnen, sich vergewissernd, dass das Gesehene auch wirklich war. – Es war kein Trugbild, denn er sah ihr Lächeln, dieses sanfte, warme Lächeln, das er im Wasser geküsst hatte.

Warm lag ihre Hand in seiner, ihre Blicke trafen sich und sie spürten, wie willkommen jeder dem Herzen des anderen war. Er nahm sie in die Arme und sie legte errötend ihren Kopf an seine Brust. Nah waren sie sich, innig nah, so als würden sie sich schon viele Jahre kennen.

Er spürte die Schönheit ihres Körpers dicht an seinem und wäre vor Glückseligkeit vor ihr in die Knie gesunken, hätte sie ihn nicht festgehalten. Sie waren sich zum ersten Mal Stütze und Halt und wussten noch nicht, dass sie es noch so oft sein würden.

Er fühlte ihre herrlichen, weichen Lippen, und es war nichts mehr zwischen ihnen, das sie hätte trennen können. Die Deiche waren gebrochen und wie Flutströme floss ihre Liebe schäumend und brausend ineinander.

Als der Morgennebel aus der Wiese stieg, sagte Gabrielle leise: ›Nun heißt es Abschied nehmen, Liebster. Ich muss zurück in mein Element. Nicht traurig sein, in sieben Tagen sehen wir uns wieder. Am selben Ort, zur gleichen Zeit. Bis dahin lebe wohl‹, und sie verschwand im Dunst des neuen Tages.

Voll heißer, süßer Wonne blieb er zurück. In den ersten Tagen träumte er schöne Träume, die aber bald einer zehrenden Sehnsucht Platz machten, der wenig später eine unbeschreibliche Vorfreude folgte.

Ach, wie schön war das gelebte Glück der gemeinsamen Stunden und wie schwer die Zeit, bis sie wieder kamen. Kaum zu beschreibende Sorgen plagten ihn und sehnsüchtige Verlustängste zwangen den sonst so Gefassten immer wieder in die Knie. Er erzählte Gabrielle davon. Sie hörte zu, lächelte, als er geendet hatte, streichelte zärtlich seine Wange und sagte: ›Ach, Liebster, was denkst du, warum ich immer wieder aus dem Wasser komme, warum ich mich dir überhaupt gezeigt habe? Ich liebe dich, dich und keinen anderen. Du bist der Mann, bei dem ich lieber Frau, als Nymphe bin, an den ich mich anlehne, mich aufgehoben und geborgen fühle, weil es bei dir weich und sicher ist. Wir fügen uns als Mann und Frau auf wundersame Weise zu einem Ganzen und halten uns in zärtlicher Liebe, innig, nah und warm. Du bist der wahr gewordene Traum des Mannes, den ich mir immer ersehnt habe. Ich gebe dir alles, was du willst, alles, weil du mir alles bist.‹

›Ach, Gabrielle‹, seufzte er, ›mein lieber Herzensschatz, verzeih mir meine Ängste. Sie werden immer bleiben, denn ich liebe dich. Man hat nur um den Angst, den man von ganzem Herzen liebt. Wer nicht liebt, macht sich auch keine Sorgen.‹

Das Jahr verging schnell und der Herbst stand vor der Tür. Als die wilden, schneidenden Stürme heulend durch fast laublose Bäume fuhren und welke Blätter durch die Luft wirbelten, sagte Gabrielle eines Tages: ›Liebster, nun wird es bald Zeit Abschied zu nehmen. Ich kann über den Winter nicht hier bleiben. Wenn der See zugefroren ist, muss ich nach Hause. Mache dir keine Sorgen, mein Herz. Im Frühjahr bin ich wieder da.‹

Ihm verschlug es die Stimme, so groß war der Kloß in seinem Hals. Verstört stand er vor der geliebten Frau. Tränen liefen ihm über die Wangen. ›Da habe ich dich endlich gefunden und muss dich schon wieder lassen, Herzliebste. Warum, mein Schatz? Bitte sag mir, – warum?‹

›Ach, das ist eine lange Geschichte. Ich rede nicht gerne darüber, doch dir will ich sie erzählen, denn du hast ein Recht darauf: Damals war ich noch eine junge Quellnymphe und wohnte tief versteckt im Wald. Widerliche Wesen mit borstigen, knorrigen, langen Gliedern beobachteten mich beim Baden. Diese schrecklichen Gestalten buhlten um mich. Sie wollten, dass ich ihnen zu Diensten sei. Sie bedrängten mich, lauerten mir auf, stellten mir nach; kaum konnte ich mich ihrer erwehren. Zum Glück rettete mich der heilige Schein, den wir Nymphen haben. Man erkennt ihn am Blitzen in unseren Augen. Ja, sieh mich nur an. Ich habe keinen mehr. Nun bin ich nur noch im See vor ihnen sicher. Sie werden alles versuchen, dich zu vernichten, denn sie wissen, wie nah du meinem Herzen bist, und dass mir nur der heilige Zauberschein fehlt, um dein zu sein. Das wollen sie nicht, weil sie mich keinem anderen gönnen. Sie haben mir den hellen Schein gestohlen und verwahren ihn in einem blauen Stein an sicherer Stelle. Keiner kennt den Ort; nicht einmal meine Schwestern oder die Elfen. Sie haben ihn außer Landes gebracht. Es ist sinnlos, nach ihm zu suchen. Sie werden ihr Geheimnis nie verraten. Weil ich den hellen Schein nicht mehr habe, muss ich nach Hause, wenn der See zugefroren ist. Bliebe ich hier, müsste ich hin und wieder über ein Atemloch herauskommen. Da könnten sie mich packen und mir Gewalt antun. Dann hätte ich nicht nur den heiligen Schein, sondern auch meine Ehre verloren. Deshalb überwintere ich, geschützt vor allem Bösen, in Nymphenheim.‹

›Aber Gabrielle, du könntest doch auch bei mir bleiben. Ich passe gut auf dich auf, mein Schatz.‹

›Nein, Liebster, mit dir werden sie leicht fertig. Gegen das Böse bist du reine Seele kein Schutz. Ich muss fort, damit wir uns im Frühjahr wiedersehen können. Spätestens, wenn das erste dünne Eis den See bedeckt, gehe ich. Wundere dich nicht, wenn ich plötzlich nicht mehr da bin. Und mache dir bitte keine Sorgen. Im Frühjahr komme ich wieder. Es sind nur drei oder vier Monate. Du, bleibe mir nur treu. Versprochen?‹

›Ach Gabrielle, wer dich liebt, ist für anderer Frauen Liebreiz unempfindlich. Da mache dir keine Gedanken, mein Schatz.‹

Die Tage bis zum ersten Frost vergingen schnell, viel zu

schnell. Je näher die Stunde des Abschieds kam, desto schwerer legten sich dunkle Schatten auf seine Seele. Ach, wie schwer würde die trostlose Einsamkeit sein.

An einem späten Novembertag ging er im dichten Nebel die eintönige Landstraße zum See und sah, dass er von einer dünnen Eisschicht bedeckt war. Gabrielle war weg.

Traurig setzte er sich auf einen dicken Weidenast, auf dem sie immer so gerne saßen. Unstillbar rannen ihm Tränen über die Wangen. Verstört ging er nach Hause. Alles erschien ihm wie ein böser Traum und er hoffte, bald zu erwachen.

Von der Krähe, die sprechen konnte

Er ging die Chaussee hinunter. Die Bäume waren entlaubt. Ihre schwarzen Äste verloren sich im Dunst des späten Herbstes. Vereinzelte Straßenlaternen wehrten sich hoffnungslos mit mattem Licht gegen die Dunkelheit.

Vor ihm flatterte etwas hilflos auf der Straße. Als er näherkam, sah er eine Krähe, die mit gebrochenem Flügel versuchte, im Unterholz Schutz zu finden. Das arme Tier würde eine willkommene Beute des Fuchses werden. Sie tat ihm leid. Einsam würde sie sterben, so einsam, wie er war. Vorsichtig, mit beruhigenden Worten, folgte er der Fliehenden und hatte sie bald gepackt. Er stülpte ihr einen Handschuh über den Kopf, um vor den Schnabelhieben sicher zu sein. Dann streichelte er ihr Gefieder und redete beruhigend auf sie ein. Zu Hause stellte er fest, dass nicht nur ein Flügel, sondern auch ein Bein gebrochen war. Das arme Tier war wohl von einem Auto erfasst worden.

›Ja, meine Liebe, da werden wir wohl den Winter zusammen bleiben, denn bis so ein Bruch geheilt ist, dauert es gut zwei bis drei Monate. Dann kommt die Reha. Es läppert sich zusammen, bis du wieder fliegen kannst. Füge dich in dein Schicksal und lasse vor allem dieses alberne Herumgeflattere. Es bringt nichts und schadet dir nur. Sieh mal, diese leidige Geschichte hat auch ihr Gutes: Du kommst sicher und warm über den Winter und ich habe einen Gefährten, dem ich meine ganze Traurigkeit erzählen kann.‹

Während er so mit ihr redete, war es, als würde der Vogel ihm zuhören, und zum Schluss schien er sogar zustimmend zu nicken. Er wurde ruhiger, verlor alle Furcht und setzte sich auf die Fensterbank über der Heizung, wo nun für viele Wochen sein Platz war.

Als es draußen zu schneien begann und die Temperaturen unter den Gefrierpunkt fielen, saßen die beiden Kranken im warmen Zimmer und er erzählte der Krähe immer wieder die Geschichte von seiner Liebsten, die so weit weg war. Der Vogel nickte oft zustimmend oder machte ein trauriges Gesicht, so, als würde er jedes Wort verstehen.

Irgendwann nahm er die Schienen und Verbände ab und meinte, dass sie nun versuchen müsse, auf beiden Beinen zu gehen; doch mit aller Vorsicht und nicht überbelasten. Der Flügel sollte erst trainiert werden, wenn das Bein in Ordnung war; wegen der Landung, denn dabei werden die Beine einer großen Belastung ausgesetzt.

Krähen sind intelligente Vögel, dachte er, und diese ist besonders schlau, denn sie macht alles, was ich ihr sage. Erstaunlich, wirklich erstaunlich. Die ersten Flugversuche waren kläglich. Die Muskulatur hatte sich durch die lange Ruhigstellung zu sehr zurückgebildet. Doch sie übte fleißig und Ende Februar war es dann so weit. An einem herrlichen Sonnentag sagte er: ›So, meine Liebe, nun wollen wir mal sehen, wie weit du bist. Ich mache jetzt das Fenster auf und du fliegst rüber auf die Eiche. Dort setzt du dich auf einen Ast, ruhst dich aus und fliegst wieder zurück.‹

Als der Vogel ängstlich auf der Fensterbank hin und her hüpfte, sagte er: ›Nur Mut! Du bist doch stark, du kannst es. Hab keine Angst, ich bin bei dir.‹

Da gab sich die Krähe einen Ruck, stieß sich vom Fenstersims ab und flog mit kräftigen Flügelschlägen zur Eiche. Dort setzte sie sich mit einer eleganten Landung auf einen Ast, ruhte kurz aus und flog wieder zurück.

›Bravo, bravo, bravissimo! Das hast du gut gemacht‹, rief er voller Freude, als sie wieder im Zimmer war. ›Ich bin richtig stolz auf dich. Das üben wir die nächsten Tage noch, und dann darfst du wieder in die Freiheit fliegen. Ich würde mich natürlich riesig freuen, wenn du gelegentlich mal vorbei kämst. Weißt du, so ein gemeinsamer Winter verbindet.‹

Er streichelte die Krähe und sah, wie zwei kleine Tränen aus ihren Augen flossen. ›Na, na, wer wird denn weinen‹, sagte er und streichelte sie weiter, ›wir bleiben doch auf unserer lieben Erde zusammen. Alles wird gut. Glaub's mir.‹

Er meinte seinen Ohren nicht zu trauen, als die Krähe sagte: ›Mein lieber Freund, ich danke dir für alles, was du für mich getan hast. Nur ein Mensch mit einer unschuldigen, reinen Seele tut so etwas. Du hast mich betreut, gepflegt, geheilt. Du gabst mir Kost und Logis. Ich durfte einen Winter lang Gast unter deinem Dach sein. Ich, eine Krähe. Hab Dank, hab vielen, vielen Dank. Ich werde immer in deiner Schuld sein. Wenn ich irgendwann mal etwas für dich tun kann, lasse es mich wissen. Ich tue es gerne für dich.‹

›Hey, was ist das denn, du kannst ja sprechen!‹

›Ja, weißt du, du hast mir die ganzen Monate so viel erzählt, da musste ich es doch lernen. Wir Krähenvögel können das.‹

›Toll! Ich bewundere dich. Ach, übrigens, du brauchst dich nicht zu bedanken. Ich habe es gerne getan. Dass du wieder ganz gesund bist, ist mir der schönste Dank. Ich hätte da aber mal eine Frage. Ihr Vögel kommt doch viel herum und hört so mancherlei. Könntest du dich mal umhören, wo ein blauer Stein geblieben ist, der den hellen Schein einer Nymphe enthält?‹

Die Krähe wurde unruhig. Sie hüpfte von einem Bein auf das andere. Schließlich steckte sie den Kopf unter den Flügel. Als sie ihn langsam wieder hervornahm, sah sie ihn lange und traurig an.

›Ich weiß, wo der Stein ist, ich weiß auch, was du vorhast, aber ich weiß auch, dass es dich dein Leben kosten kann. Ich hörte zufällig, wie sich unser Chef, ein riesiger Kolkrabe, der im Himalaya wohnt, beschwerte, dass er einen schweren blauen Stein auf die Spitze des Mont Bleu bringen musste, einen Berg, dessen Spitze noch nie ein menschliches Auge gesehen hat, weil sie immer über den Wolken ist. Nur er und das fliegende Pferd können dort hinaufkommen. Der Chef war verärgert über den Auftrag und meinte, diese Widerlinge sollten nur nicht meinen, dass er den wieder herunterhole. Der bliebe jetzt für alle Ewigkeit dort oben. Ich glaube, das ist der Stein, nach dem du gefragt hast. Er liegt auf der Spitze des Mont Bleu, der so heißt, weil er in den blauen Himmel eintaucht. Er ist auf keiner Karte verzeichnet. Das fliegende Pferd findest du in der silbernen Stadt. Sie liegt in einer Wüste, wo die Sonne immer senkrecht steht. Das Silber blendet so, dass jeder, der es haben will, erblindet und das begehrte Ziel nicht erreicht. Sollte es aber dennoch jemandem gelingen, in die Stadt zu kommen, sieht er sich drei Riesen gegenüber, die unsterblich sind. Sie versperren ihm den Weg und erschlagen ihn auf der Stelle. Nur das alte Schwert Gram kann sie besiegen. Doch Gram ist verschwunden. Man vermutet es im Netz einer Riesenspinne, die es bewacht und jeden tötet, der es zu erlangen trachtet. Diese Spinne lebt in Arachnoidistan. Das ist dort, wo die Mongolei zu Ende ist. Noch nie ist ein Mensch von dort zurückgekehrt. Du siehst, mein Freund, es ist unmöglich, diesen Stein zu bekommen. Unüberwindbare Hindernisse versperren den Weg. Du brauchst das sagenumwobene Schwert Gram, das von der Arachnoide bewacht wird, musst die silberne Stadt finden, drei Riesen besiegen und aus einer großen Herde das fliegende Pferd herausfinden. Dabei hast du nur einen Versuch. Wählst du das Falsche, wird es dich aus der Wüste, nicht aber auf den Berg bringen und alles war umsonst. Für das Pferd gebe ich dir einen Tipp: Es ist die einzige Schimmelstute mit einem bläulichen Hauch. Meine Verwandten haben sie schon fliegen sehen. Sie soll von einmaliger Schönheit sein. Das ist alles, was ich weiß. Vielleicht hilft es dir. Du, ich habe große Angst um dich. Du wirst die Welt, in der du dich auskennst, in der du zu Hause bist, verlassen müssen und in eine andere Ebene steigen, in eine Gegenwelt, eine Phantasiewelt, die ihre eigenen Regeln und Gesetze hat. Die beiden Welten berühren sich an vielen Stellen. Das sind die Schlupflöcher, wo der Phantasiereisende die Welten wechseln kann. Überlege dir dein Vorhaben gut, damit du nichts bereuen musst. Vergiss nicht: Nur wenn dir dein Ziel lieber ist, als dein Leben, kannst du es unter Umständen schaffen. Viele sind schon an jeder einzelnen Aufgabe gescheitert, und du willst sie alle drei auf dich nehmen. Viel Glück, mein Freund. Du wirst es brauchen. Ich hoffe, wir sehen uns wieder.‹

Mit diesen Worten erhob sich die Krähe in die Lüfte und war bald seinen Blicken entschwunden.

Langsam schmolz der Schnee an den Hängen und mit den Frühlingswinden, die wie das Wecklied einer sanften Harfe sind, kam die Erlösung. Wie von Zauberhand öffneten sich abertausend frühlingsgrüne Blättchen und drängten belebt dem Licht entgegen. Überall keimte Frühlingshoffen und neues Werden zog hoffnungsfroh über das Land. Das Eis auf dem See wurde von Tag zu Tag dünner und brüchiger, und dort, wo die Sonne besonders lange hinschien, begannen erste zarte Sprossen des ufernahen Schilfrohrs aus dem Schlick zu sprießen.

Wie schlug sein Herz, als er die kleinen grünen Triebe sah. Jetzt würde die Liebste bald zurückkommen. Ach, wie er sich freute. Er konnte es kaum erwarten, sie in die Arme zu schließen. Sie war so lange fortgewesen. Was würde sie wohl zu seinen Plänen sagen?

Der Tag war recht frisch, als er sich, von der Sehnsucht getrieben, schon mittags auf den Weg machte. Er ließ den Friedhof links liegen und hatte bald die Chaussee erreicht. Das blasse Gelbgrün der Wiese war durchwirkt vom Gold der Sonnenstrahlen, und wenn er genau hinsah, zeigten sich schon die ersten zarten Köpfchen der Winterlinge und in den Vorgärten steckten die Schneeglöckchen ihr Grün durch die Erde. Der Frühling stand vor der Tür. Es war möglich, dass Gabrielle, von ähnlicher Sehnsucht getrieben wie er, schon da war.

Er bog in die Wiese ein und ging am Bachlauf entlang.

An Schattenstellen waren noch zarte, hauchdünne Eisplättchen; die letzten Zeichen des weichenden Winters.

Auch wenn die Strahlen des Mondes nicht so silberhell waren, wie im Sommer, so spiegelten sie sich doch auf der Oberfläche des Wassers und leuchteten in ihr Lächeln, als sie aus dem See kam.

Glühend schön, wie eine Lenzrose stand sie vor ihm. Einen winzigen Augenblick, als müssten sie erst begreifen, dass sie wieder beisammen waren, standen sie ganz still. Dann ließen sie sich in die Arme fallen, wie zwei Suchende, die sich nach langer Irrfahrt endlich gefunden hatten. Sie hielten sich lange fest und die Wärme ihrer Liebe hüllte sie in einen Mantel der Glückseligkeit.

Sie verbrachten herrliche Wochen miteinander. Längst waren die Wunden der langen Trennung geheilt, als er sie eines Nachts lange und ernst ansah. ›Gabrielle, Liebes, ich muss mit dir reden.‹

›Du machst so ein ernstes Gesicht, mein Schatz, es wird doch nichts Schlimmes sein?‹, sagte sie erschrocken.

›Na ja, das kann man so und so sehen. Lass uns erst darüber reden, bevor wir entscheiden, was es ist. Weißt du, mein Herz, ich möchte, dass wir unser ganzes Leben zusammenbleiben, dass du nicht mehr fortgehen musst. Dazu brauchst du deinen hellen Schein. Ich möchte ihn dir zurückholen, denn ich weiß, wo er ist.‹

Gabrielle erschrak: ›Das glaube ich nicht. Keiner weiß das. Selbst wenn du es wüsstest, ist es viel zu gefährlich, Liebster. Niemals lasse ich das zu. Lieber gebe ich mich den Widerlingen hin und sterbe, als dass du dich der Gefahr aussetzt und um meinetwillen umkommst.‹

›Nein, mein Engel, nicht um deinetwillen. Ich tue es für uns, vielleicht sogar nur für mich. Gabrielle, ich muss es versuchen, und wenn es mein Leben kostet. Ich liebe dich so sehr. Noch so eine lange Trennung werde ich nicht durchstehen. Ich sterbe vor Gram und Sehnsucht. Damit sind wir auch schon beim Thema. Im nächsten Winter hole ich das alte, sagenumwobene Schwert Gram. Es wird von einer Arachnoide bewacht. Ich muss versuchen, es ihr zu entwenden, bevor sie mich tötet. Das Schwert macht unbesiegbar. Halte ich es in den Händen, kann mir keiner etwas antun, auch die Arachnoide nicht. Du siehst, es ist alles ganz einfach. Bevor der Schnee schmilzt, bin ich wieder zurück. Wirst es sehen.‹

Auch wenn Gabrielle von allem nichts wissen wollte, stand sein Plan fest. Nichts würde ihn davon abbringen können.

Sie verlebten eine herrliche Zeit miteinander, und als sich die Nymphe auf den Weg nach Nymphenheim ins Winterquartier machte, reiste er in die Mongolei und weiter nach Arachnoidistan.

Im Land der Arachnoide

Mit mongolischen Nomaden zog er bis zur Grenze von Arachnoidistan. Dann kehrten seine freundlichen Begleiter mit ihren Herden um, denn sie meinten, dass es jenseits des Gebirges, das sich wie eine hohe Grenzschranke in den Weg legte, nicht mit rechten Dingen zugehe. Viele seien über die Berge gestiegen, doch keiner von ihnen war je zurückgekehrt. Es bestand die Möglichkeit, dass es hinter den Bergen so schön ist, dass sie geblieben sind, doch wollte keiner so recht daran glauben. Hinter dem Gebirge musste etwas Ungeheuerliches sein; ein Teufel oder sonst ein böser Geist. Sie rieten ihm, seine Reise abzubrechen und lieber mit ihnen weiter durch die Steppe zu ziehen, denn sie hatten ihn sehr lieb gewonnen. Er schlug alle gut gemeinten Ratschläge in den Wind, bedankte sich für den Proviant und marschierte los. Der Himmel war dicht verhangen. Durch die dunstige Luft drang nur wenig Licht. Je höher er kam, desto kälter wurde es. Nur da und dort noch etwas Grün. Er überquerte Geröllfelder, musste Felsen umgehen und kam schließlich an die Vegetationsgrenze. Der Weg wurde immer steiler und erschwerte sein Vorwärtskommen. Im verharschten Schnee, der von riesigen Eisplatten durchsetzt war, wurde er fast unbegehbar. Nur langsam gewann er Höhe. Als er den Gebirgsgrat erreicht hatte, bekam er kaum noch Luft.

War es die Benommenheit oder ein Schwindel? Plötzlich kam er ins Rutschen, verlor den Halt und fiel in die Tiefe. Es wurde dunkel um ihn. Er stürzte, – stürzte, – schneller und immer tiefer, bis er das Bewusstsein verlor.

Als er zu sich kam, war er auf weiches Moos gebettet. Ein gütiges Schicksal hatte ihn den Sturz in die bodenlose Tiefe überleben lassen. Er fand Beeren, die er nicht kannte, die aber köstlich schmeckten. Sie waren so saftig, dass sie nicht nur seinen Hunger, sondern gleichzeitig den Durst stillten. Frisch gestärkt ging er weiter. Weil er die Richtung nicht kannte, ging er immer geradeaus. Vielleicht würde er Menschen treffen, die er nach dem Weg zu der Arachnoide fragen könnte. Schließlich mussten die, die vor ihm über das Gebirge gekommen waren, irgendwo stecken.

Die Landschaft war öde, eine richtige Wüstenei. So weit er auch blickte, es bewegte sich nichts Lebendiges. Nach einer Weile hörte er ein donnerndes Rauschen und stand bald am Ufer eines reißenden Flusses. Strudel, Wirbel und Stromschnellen machten eine Überquerung unmöglich.

Die Strömung war so gewaltig, dass sie riesige Bäume mit sich riss, als wären es Streichhölzer. Verzweifelt ging er am Ufer flussabwärts. Vielleicht gab es irgendwo eine Furt oder Felsen im Wasser, über die er springend das andere Ufer erreichen konnte. Doch so weit er auch ging, es gab nur den immer breiter werdenden, unüberwindbaren Strom. Voller Verzweiflung fiel er auf die Knie: ›Ach, mein Gott, wenn es dich gibt, so schicke mir ein Zeichen deiner Allmacht. Lass mich einen Weg finden, diesen Fluss zu überqueren.‹

Er stand auf und ging weiter, – Stunde um Stunde. Als der Strom eine Biegung machte, sah er ein Gebilde, wie eine Liane, das sich über das Wasser zog. Es ging von einem mächtigen Uferbaum aus, war straff gespannt und schien, zumindest sah es so aus, bis zum gegenüberliegenden Ufer zu reichen. Was für ein Wunder, dachte er. Das ist das Zeichen. Gott sei Dank.

Schnell stieg er auf den Baum, packte das strangartige Gebilde, fest wie eine dicke Stahltrosse, und fing an, sich über den Fluss zu hangeln. Nach wenigen Metern zweigte sich die Liane auf. Welchen Weg sollte er nehmen? Er entschloss sich für den, der nach oben führte, denn der andere würde ihn zu dicht an das schäumende Wasser bringen. Er kletterte weiter und weiter; immer dem gegenüberliegenden Ufer entgegen. An jeder Verzweigung nahm er die, die nach oben führte.

Die Liane sonderte etwas Klebriges ab, kaum konnte er seine Hände lösen. Als er das gegenüberliegende Ufer schon sah, klebte er fest und kam nicht mehr vom Fleck. Er stand wie auf einer Strickleiter über dem Fluss, hatte das Ziel vor Augen und kam nicht weiter. Er hing fest, wie eine Fliege im Spinnennetz.

Jetzt hieß es Ruhe bewahren, Kräfte sammeln und dann versuchen, sich von der klebrigen Unterlage zu lösen. Da begann sich das Gewebe mit einem Mal zu bewegen, als wolle es ihn abschütteln, ihn in die reißenden Fluten stürzen. Er wurde hin und her geschleudert und fürchtete um sein Leben.

Die Angst war berechtigt. Er hatte sein Ziel erreicht und hing im Netz der Arachnoide, die langsam auf ihn zu kroch. Ihr mächtiges Gewicht brachte das Netz zum Schwingen. Schon sah er ihre borstigen, schwarzen Beine, hörte sie keuchen, spürte ihren heißen, widerlichen Atem. Er wagte nicht aufzusehen. In seiner Not rief er, so laut er konnte: ›Hey, Arachnoide, ich brauche deine Hilfe, ohne sie ist all mein Glück, all mein Hoffen dahin. Ich komme von weit her, habe gehungert und gedurstet, habe ein hohes Gebirge überquert, um dich um Hilfe zu bitten, denn ich weiß, wenn es einer kann, dann du, du allein. Du bist doch kein herzloses Ungeheuer. Auch du weißt, wie Liebe brennt. Ich brauche Gram, das alte Schwert. Nur für eine Tat. – Ich bringe es dir wieder. Mein Wort darauf!‹

Er hörte ein schreckliches Geräusch, das wohl das höhnische Lachen der Arachnoide war. Dann sagte sie, und ihre Stimme war nicht mehr als ein fauchendes Knurren: ›So, so, das Menschlein hat Liebeskummer.‹

›Nein, große Arachnoide, ich liebe und vergehe vor Sehnsucht. Ich will sie, doch sie kann nicht zu mir kommen. Ihr wurde der heilige Schein gestohlen. Ich möchte ihn zurückholen und brauche dafür das Schwert Gram.‹

›Ich weiß, Menschlein, ich weiß. Du brauchst das fliegende Pferd und musst deshalb drei Riesen erschlagen. Ich weiß das schon, weiß aber nicht, ob ich dir helfen will. Du musst dir meine Hilfe verdienen. Ich stelle dir eine Frage.

Wenn du die richtige Antwort weißt, bekommst du das Schwert, wenn nicht, lasse ich dich in den Fluss fallen und du ertrinkst. Du hast drei Antworten. – Einverstanden, Menschlein?‹

›Ja‹, sagte er mit fester Stimme, ›denn mein Ziel bedeutet mir mehr, als mein Leben.‹

›Ich dachte es mir. Ich dachte es mir‹, knurrte die Arachnoide. ›Ich gebe dir einen guten Rat: bedenke deine Antworten wohl. – Doch kommen wir zur Sache. Meine Frage lautet: Was ist das Schönste, was es gibt?‹

Ohne zu zögern, sagte er: ›Gabrielle.‹

›Falsch! – Du hast nur noch zwei Möglichkeiten bis zur Ewigkeit.‹

Er wurde unruhig. Für ihn war seine Gabrielle das Schönste, was es gab. Sie war ihm alles. Vielleicht wollte die Arachnoide eine allgemeiner formulierte Antwort. Damit konnte er dienen: ›Das Schönste ist die Liebe‹, rief er. ›Wieder falsch geraten, Menschlein. Nun hast du nur noch eine Antwort! – Bedenke sie gut, denn es geht um dein Leben!‹

Danke für den Hinweis, Arachnoide, dachte er. Was nützen mir Gabrielle und alle Liebe, wenn ich tot bin. ›Arachnoide, das Schönste, – das Schönste ist das Leben!‹

Es war, als würde die Riesenspinne erleichtert durchatmen, bevor sie sagte: ›Richtig geraten, Menschlein. – Sehr richtig! Hier hast du das Schwert Gram. Wie versprochen.‹

Als er hochsah, hing vor ihm ein altes Wehrgehänge mit dem Schwert. ›Danke‹, sagte er, ›ich bringe es wieder, wenn ich alles erledigt habe.‹

›Das brauchst du nicht, Menschlein, ich hole es mir selbst. Es ist unwahrscheinlich, dass du den Weg zu mir ein zweites Mal findest. Versprichst du mir etwas? Ich bin die Wächterin des Schwertes und verantwortlich, dass von ihm kein Unheil mehr ausgeht, dass keiner mehr durch seine harte, scharfe Klinge den Tod findet. Schone das Leben der Riesen. Es genügt, wenn du sie dir gefügig machst. Auch für sie ist das Schönste das Leben. Vergiss es nicht. Ich lasse dich jetzt in den Strom fallen. Habe keine Angst. Er wird dich tragen und sicher in deine Welt zurückbringen. Lebe wohl, Menschlein. Gutes Gelingen.‹

›Halt, Arachnoide, eine Frage noch: Wo sind die vielen Menschen geblieben, die über das Gebirge gekommen sind?‹

›Das ist eine lange Geschichte. Dazu fehlt uns die Zeit, denn du musst mit der richtigen Strömung schwimmen. Die kommt gleich. Nur so viel: Die meisten von ihnen sind in der Steinwüste verhungert und verdurstet. Die, die wie du über die Eisplatte in die Gegenwelt gefallen sind, haben ihr Ende im Strom gefunden. Nun aber rasch. Halte das Schwert gut fest. Schließe die Augen und lass dich einfach von der Strömung tragen. Es wird dir nichts geschehen.‹

Die letzten Worte hörte er schon im Fallen. Dann spürte er das Platschen, merkte, wie ihn sanfte Wellen trugen, hörte das Rauschen des Wassers und schlief ein.

Die Sonne ging gerade auf, als er frierend erwachte. Er lag neben dem Bach, der zu Gabrielles See floss. Benommen und bibbernd vor Kälte stand er auf. War es ein Traum gewesen? Wie kam er hierher? Da war doch der riesige Fluss, der ihn mit sich trug. Die Arachnoide hatte was von Gegenwelt gesagt. Hatte der Strom ihn wieder in seine Welt zurückgetragen? So musste es wohl gewesen sein, denn neben ihm lag das Wehrgehänge mit dem Schwert.

Gedankenvoll ging er nach Hause. Als er am Zeitungslädchen vorbeikam und das Datum auf der BILD-Zeitung las, glaubte er seinen Augen nicht zu trauen. Es war schon der 15. März. Er war über drei Monate unterwegs gewesen. Wie doch die Zeit vergeht. Nur noch zwei oder drei Wochen und Gabrielle würde zurückkommen. Ach, wie er sich freute, dass die schlimme Zeit der Trennung so schnell vorbeigegangen war.

Stolz trug er das Wehrgehänge unter seinem Mantel, als er zum See ging. Dort hängte er es, wie weiland Siegfried, der Mann aus Xanten, an den Ast einer Weide. Was wohl Gabrielle sagen würde, wenn er ihr von seiner wundersamen Reise erzählte?

Sie kam mit weit ausgebreiteten Armen fast aus dem Wasser geflogen und schlang sie um seinen Hals. Freudentränen liefen ihr über die Wangen. ›Liebster, ach, mein Liebster, habe ich dich endlich wieder‹, schluchzte sie. Sie küssten sich innig und sanken in das taufrische Gras. Keiner sprach, sie hielten einander nur fest. Ihre Liebe vermischte sich mit der Wärme der Körper und sie verschmolzen zu einem Ganzen.

Als Gabrielle von Nymphenheim erzählt hatte, zeigte er auf die Weide und sagte: ›Sieh mal, Liebes, was dort hängt.‹ Sie erschrak. Alles Blut wich aus ihrem Gesicht. ›Um Himmels willen, Liebster, hast du etwa diese schreckliche Reise gemacht?‹

›Ach, Liebes, das Glück fällt manchmal vom Himmel, man muss nur zur Stelle sein. Ich hatte immer meinen Schutzengel zur Seite. – Dich, mein Herz. So wird es immer sein. Solange wir uns lieben, kann uns nichts trennen. Wenn wir uns nur recht festhalten.‹

Gabrielle umarmte ihn, legte ihr Köpfchen an seine Schulter und weinte. ›Ach, du mein geliebter Held‹, schluchzte sie, ›so viele Leiden und Gefahren hast du um meinetwillen auf dich genommen, du Tapferer. Ich wollte es nicht. Wie schnell hätte es dein Ende sein können und ich wäre jetzt ganz allein. Die Augen würde ich mir ausweinen und den Tod herbeisehnen. Ach, ihr Männer, – ihr schlimmen, schlimmen Männer. Ich liebe dich dafür und schenke dir mein Herz. Zeig mir mal dein Schwert. Ich möchte es so gerne in den Händen halten.‹

Er gab es ihr, und sie hielt es lange und vorsichtig, wie ein zerbrechliches, frisch geschlüpftes, zartes Vögelchen und küsste es, als wolle sie ihm ihren Segen geben. ›Es ist schon alt. Ich poliere es dir, dann bekommt es wieder seinen Glanz und ist scharf und funktionstüchtig, Liebster.‹

›Oh ja, mein Schatz, poliere es nur tüchtig. Das ist schön, so schön, wie du das machst. Ich liebe blanke, glänzende Waffen. Mit ihnen lässt sich's gut hantieren. Sie gleiten leicht in die Tiefe.‹

›Zum Schluss ölen wir es noch gut ein. Je mehr, umso besser. Du wirst mit mir zufrieden sein. Ich kann das sehr gut. Wir Nymphen haben da eine besondere Begabung. Pass mal auf‹, und sie machte sich mit zarten, weichen Händen ans Werk.

Es folgte eine unbeschwerte Zeit in ihrem kleinen Paradies. Kein Mensch störte sie in ihrer Unbekümmertheit. Sie tanzten eng umschlungen im Mondenschein, liebten sich auf der duftenden, weichen Blumenwiese, verloren sich ineinander, wieder und wieder, erzählten sich schöne Geschichten oder lagen schweigend, mit geschlossenen Augen im Gras. Wie zwei Hälften, die sich lange gesucht hatten, fügten sie sich aneinander, tief und innig, vergaßen Zeit und Welt und lebten sich und ihre Liebe, als ob es sonst nichts anderes gäbe.

Ach, wie oft flogen sie über die sieben Himmel. Dort war

es so schön, dass sie gar nicht mehr zurück wollten. Doch dann dämmerte der Morgen. Sie musste zurück in den See, und er ging, noch in Träume versunken, die Chaussee entlang nach Hause.

So verging die Zeit, es hieß wieder Abschied nehmen, und er wusste, dass es das letzte Mal war, ganz egal, wie alles ausgehen würde.

Die silberne Stadt

Er flog nach Marrakech, besuchte hier die schönen Menaragärten und wollte dann über das Atlasgebirge bis zum Äquator vordringen. Diesem gedachte er zu folgen, bis er die silberne Stadt fand. Irgendwo dort musste sie ja sein, denn nach der Beschreibung war sie in einer Wüste, in der die Sonne senkrecht stand.

In Gedanken versunken stieß er mit einem Mann zusammen. ›Salâm alejkum! Verzeihen Sie bitte meine Unachtsamkeit. Ich war so in Gedanken vertieft, dass ich nicht auf den Weg achtete. Entschuldigen Sie.‹

Der Angesprochene war seiner Kleidung nach ein einheimischer Beduine. ›Asalama‹, sagte der Fremde und lächelte. ›Worüber dachtet Ihr denn nach? Es muss etwas Wichtiges gewesen sein, weil Ihr keine Augen für die Schönheit der Umgebung habt.‹

›Ach, lieber Herr‹, antwortete er, ›ich dachte an die Liebste zu Hause und an die silberne Stadt, die ich so gerne für sie finden möchte. Es wäre so viel Glück für uns beide. So ein unendliches Glück.‹

›Herr, Euer Glück fängt jetzt schon an, denn, welch glücklicher Zufall, mein Weg führt mich in die gleiche

Richtung. Morgen, in aller Frühe, breche ich mit meiner Karawane in Richtung Süden auf. Ich nehme Euch gerne mit. Aber vorher müssen wir Sie für die Reise einkleiden, denn mit den Touristenklamotten kommen Sie nicht bis zur ersten Wasserstelle. Am besten gehen wir zu meinem Schwager, der hat gewiss das Richtige für Sie. Einverstanden?‹

›Oh, ja, sehr gerne.‹

›Dann gestatten Sie mir, dass ich mich vorstelle: Id Ocal. Ich habe in Deutschland studiert. Deshalb spreche ich Ihre Sprache.‹

›Ach, was für ein schöner Zufall. Wo haben Sie denn studiert?‹

›In Frankfurt am Main.‹

›Wirklich? Ich komme aus dem Vogelsbergkreis. Osthessen.‹

Während sie sich unterhielten, waren sie bei Id Ocals Schwager angekommen. Bei einem Glas würzigen Minztees wurde er landestypisch eingekleidet. Zuerst eine weite, weiße Hose, darüber einen weiten Kaftan und wiederum darüber einen weiten, weißen Burnus mit Kapuze. Für den Kopf eine Smagh, so ein großes Leinentuch, das mit einem schwarzen Stoffring auf dem Kopf gehalten wurde. Zum Schluss bestand Id darauf, dass er noch zwei Tücher aus festem Gewebe mitnahm. ›Die sind wichtig, wenn wir in Sandstürme kommen‹, sagte er lächelnd.

Er fand, dass er nun wie ein richtiger Beduine aussah, und war sehr stolz darauf.

›So‹, sagte Id, ›nun sind Sie zur Reise gerüstet. Morgen, bei Sonnenaufgang, so gegen drei Uhr, brechen wir auf. Seien Sie pünktlich. Die Karawane wartet nicht. Und nehmen Sie bloß nicht so viel Gepäck mit. Sie werden es nicht brauchen und die Kamele müssen es schleppen. Also dann, bis morgen.‹

Der Weg zum Hotel führte ihn über den Basar. Was war das für ein Erlebnis! Wie in Tausendundeiner Nacht. Der herrliche Geruch von Gewürzen lag über allem. Er bewunderte die schönen Farben der Tücher. Alle hätte er Gabrielle mitbringen wollen. Er ging weiter durch ein Labyrinth vollgestopfter Läden und Stände mit feinsten Metallarbeiten und Keramik, wie er sie schöner noch nie gesehen hatte.

Die Menschen drängten sich durch die schmalen Gassen, blieben stehen, feilschten um den Preis, Stimmengewirr, Mopeds, Eselkarren, bunte Stoffe, bunte Kissen, bunte, kunstvoll aufgeschichtete Gewürzpyramiden, Färber-Werkstätten und immer wieder die schnellen Stimmen der Feilscher: hingeworfene Zahlen, Wortfetzen. Auf einem orientalischen Basar wird das Feilschen erwartet, es ist Pflicht. Ein schönes Spiel, das so gut zu dem bunten Treiben passt.

Plötzlich blieb er wie angewurzelt stehen, drehte auf dem Absatz um und folgte wie willenlos einer wildfremden Frau. Flüchtig hatte er einen Blick aus ihren graugrünen Augen erhascht und ihren Duft in die Nase bekommen, der ihn berauschte. Sie war nicht besonders groß, eher klein, etwa einssechzig, was es schwierig machte, sie nicht im Gedränge zu verlieren. Sie hatte eine wunderbare, frauliche Figur und halblanges, leicht gewelltes, dunkelbraunes Haar. Zwei Meter vor sich sah er ihren Kopf im gleichmäßigen Rhythmus ihrer Schritte. Sie bewegte sich ohne Eile, schien kein Ziel zu haben, dafür aber alle Zeit der Welt.

Es war heiß und stickig in den engen Gassen und Gängen. Aus den offenen Türen der Barbiere zogen Schwaden von Haarspray, vermischt mit den Ausdünstungen vieler Menschen und diesem schweren Duft von Jasmin und vollreifen Früchten aus verborgenen Gärten. Er würde ihn niemals vergessen, diesen bewegenden, betörenden Geruch, dem er wie ein Traumwandler folgte.

Einen winzigen Augenblick war er abgelenkt. Jemand hatte ihn angerempelt, unabsichtlich, sich wortreich entschuldigt. Ein kräftiger Knoblauchgeruch begleitete seine Worte und beleidigte die Nase, – da war es passiert. Ihr Kopf war aus der wogenden Menge vor ihm verschwunden, ihr Duft war fort, er hatte sie verloren, und mit ihr diesen unaussprechlich sanften, verlockenden Hauch, diese Aura, die sie umgab und die ihm seinen Willen genommen hatte. Er ließ sich durch den Souk treiben, verlief sich hoffnungslos und kam zum Schluss wieder auf dem großen Platz, dem Jemaa El Fna heraus, wo er seine Märchenreise angetreten hatte. Vor dem Schlafengehen trank er noch ein Glas des köstlichen Minztees. Ein herrliches Getränk, besonders bei dieser Hitze.

Pünktlich war er am vereinbarten Platz. Die Kamele wurden gerade beladen. Es herrschte Aufbruchsstimmung. Id Ocal kam freudig auf ihn zu: ›Guten Morgen‹, sagte er, ›nehmen Sie dieses graue Hedschîn, es ist ausdauernd und hat einen weichen Gang. Da werden Sie nicht seekrank. Nicht umsonst heißen Kamele Wüstenschiffe.‹

Alle stiegen auf und die Karawane setzte sich langsam in Bewegung. Eile war nicht geboten, denn lang und entbehrungsreich war der Weg, der vor ihnen lag. Man hatte Zeit, sehr viel Zeit.

Sie waren Wochen unterwegs, von einer Wasserstelle zur nächsten. Jeden Tag der gleiche Trott, – die gleiche Wüste. Oft meinte er, sie würden immer denselben Weg gehen, hin und zurück und wieder hin und zurück. Nie gab es etwas Neues. Tagsüber brannte die Sonne erbarmungslos und nachts rückten sie dicht ans Feuer, um etwas von der spärlichen Wärme abzubekommen.

Id erzählte von seiner Zeit in Deutschland und er von Gabrielle und seinem Vorhaben. Ocal schüttelte oft lachend den Kopf und meinte, dass ihm das alles wie ein Märchen vorkomme. ›Wir Araber lieben gute Märchen. Das, was du erzählst, ist ein gutes. Erzähle es auf dem Basar und du wirst viele Zuhörer haben. Da bin ich mir ganz sicher.‹

Sie zogen weiter, jeden Tag, weiter durch den unendlichen Sand, der ihnen mit seinen harmonisch geschwungenen Dünen weiche Landschaften vorgaukelte, die aber zur Hölle wurden, wenn ein Sandsturm aufkam, der die Sonne verdunkelte.

Ach, diese Wüste: sandig, ausgedörrt und ewig, wie das Elend. Trügerische, lichterfüllte Stille, oft stiller, als der Tod. Unübersehbar. Soweit das Auge reicht: Wüste – Wüste – Wüste. Er wunderte sich, wie die Karawane ihren Weg fand. Woher wussten diese Männer, dass der schmale Pfad, den sie sich durch den Sand bahnten und der schon nach kürzester Zeit verweht war, wie alles einmal vom Wind verweht sein wird, der richtige war, der war, der zum Wasserloch führte?

Tagsüber schwiegen alle, schienen in den Sätteln ihrer Kamele zu schlafen. Nachts, am Lagerfeuer murmelten sie untereinander in einer Sprache, die er nicht verstand. Oft war das leise Knistern des Feuers das einzige Geräusch neben dem ewigen Kauen der Kamele.

Auch wenn die Nächte kalt waren, er liebte sie, zauberten sie doch die schönsten Sternenhimmel ans Firmament. Wie unzählige, glitzernde Diamanten, von einer großzügigen Hand freigiebig verteilt, funkelten die Sterne auf nachtblauer Samtdecke. Wenn er, abseits der Karawane, die

Pracht bestaunte, spürte er mit Ehrfurcht im Herzen die unendliche Größe des Universums und seine eigene Bedeutungslosigkeit, und er freute sich, dass er da war und das alles erleben durfte. Die Erde ist so wunderschön. Er liebte sie, mit all ihren Wundern, fast so sehr, wie Gabrielle. – Ach, Gabrielle, meine geliebte Gabrielle, du bist so weit weg und doch so nah meinem Herzen.

Eines Morgens sagte Id Ocal: ›Nun ist es so weit, wir müssen uns trennen. Du wirfst keinen Schatten mehr, die Sonne steht senkrecht. So weit wolltest du ja gehen. Wo die silberne Stadt ist, die du suchst, weiß keiner genau zu sagen. Noch nie hat sie einer gesehen, aber an nächtlichen Lagerfeuern wird viel gemunkelt, vermutet, erzählt; Wahres, Falsches, Erträumtes und Gewünschtes. Wenn ich alles zusammennehme, was geredet wird, solltest du dich links halten. Hier, nimm den Wasserschlauch. Sei sparsam. Wer weiß, wann du wieder Wasser findest. Ich wünsche dir viele Wasserlöcher auf deinem Weg und alles Glück der Welt, mein Freund. Allah wird mit dir sein. Er liebt seine Kinder, besonders die, die schöne Geschichten erzählen können. Lebe wohl.‹

›Id, habe Dank für alles. Du bist mir ein so lieber Freund geworden. Wenn du mal in Deutschland bist, musst du mich besuchen. Ich möchte dich Gabrielle, der Blume meines Herzens vorstellen. Wenn du sie siehst, wirst du alles verstehen.‹

Sie umarmten sich, hielten sich lange fest, wollten nicht voneinandergehen, waren Freunde geworden, hatten sich noch so viel zu erzählen. So standen sie im heißen Wüstensand, und er sah eine kleine Träne über Ids Wange rollen. Dann zog die Karawane weiter und war bald seinen Blicken entschwunden. Auch er ritt weiter, in der Hoffnung, die Liebe würde ihm den rechten Weg weisen.

Der Wasservorrat ging zur Neige. Den Rest bekam das Kamel, damit es möglichst lange durchhielt. Mit schwindender Kraft stieg er auf eine Sanddüne, um zu sehen, ob sich irgendwo in der Ferne ein Hinweis auf die silberne Stadt zeigte. Außer Atem stand er auf dem Dünenkamm und sah sich um. Da gab der Sand unter seinen Füßen nach. Er begann zu versinken, sank immer schneller, wollte sich halten, aber wo? Es gab nichts Festes, keinen Griff, keinen Halt. Der Sand rieselte schneller und schneller in die Tiefe und zog ihn mit sich. Es wurde dunkel um ihn, und er stürzte in eine endlose, schwarze Tiefe, mit einer Geschwindigkeit, die ihm das Bewusstsein nahm. Das letzte, was er dachte, war: ›Ach, Gabrielle, meine liebe Gabrielle, wenn das das Ende ist, so leb denn wohl, meine über alles geliebte Frau. Du hast mich so glücklich gemacht. Ich danke dir für all deine Liebe.‹

Als er zu sich kam, lag er auf einer Sanddüne. Er stand auf und staunte. Am Fuße der Düne, mitten in der Wüste, ein Palmenhain, malerisch um einen kleinen Teich gruppiert. Eine Oase! Warum hatte er die eigentlich vorhin nicht gesehen? – Da stand ja auch sein Kamel, sog Wasser in sich auf und zupfte ein bisschen an dem Gras, das ihm aber nicht zu schmecken schien.

Rettung in höchster Not! Wie ein Betrunkener taumelte er zum Wasser, fiel erschöpft ins Gras und trank, trank, trank, bis das Leben wieder durch seine Adern pulsierte. Dann setzte er sich in den Schatten einer Dattelpalme und aß von den Früchten, die ihm freigiebig in den Schoß fielen. Wenn jetzt Gabrielle bei ihm wäre, würde ihm nichts zum Glück fehlen.

Mit gestilltem Durst und gesättigt schlief er ein. Er träumte von der geliebten Frau, bis ihn ein lautes Stimmengewirr weckte. Um ihn herum standen viele Menschen, gestikulierten, redeten durcheinander, sahen ihn an, sahen sich an, zuckten mit den Schultern, zerrten an seinen Kleidern. Als er die Augen aufschlug, war schlagartig erschrockenes Schweigen. Er stand auf, verbeugte sich vor ihnen und sagte: ›Guten Abend, meine Herren, ich komme aus Deutschland, Germany, Allemagne, spricht zufällig jemand von Ihnen Deutsch? – English? – Francais? – Offensichtlich nicht. Na, gut. Ich suche die silberne Stadt, Silvertown, la ville d'argent.‹

Zum Zeichen, dass sie ihn nicht verstanden, zuckten sie mit den Schultern, schüttelten die Köpfe, lachten und luden ihn mit Handbewegungen ein, ihr Gast zu sein. Er setzte sich zu ihnen. Sie erzählten untereinander, er machte ein interessiertes Gesicht, schlug sich auf die Oberschenkel, wenn sie es taten, und lachte, wenn sie lachten. Irgendwie verstand man sich, auch wenn keiner ein Wort des anderen verstand. Konversation geht auch nichtverbal. Liebende tun das oft und verstehen ihre Gefühle so gut.

Am nächsten Morgen, als die Karawane weiter ziehen wollte, malte er mit dem Finger eine Stadt mit Mauern in den Sand. Sie sahen ihm zu und nickten verstehend. Dann schlug er den Burnus zurück und zeigte auf einen Silberbeschlag an dem Wehrgehänge, dann auf die Stadt, dann auf sich und machte mit zwei Fingern Gehbewegungen, deutete dann wieder auf die Stadt und zuckte mit den Schultern. Die Männer bekamen einen Schreck und starrten ihn mit weit aufgerissenen Augen an. Einer zeigte mit der Hand in eine Richtung. Dann sprangen sie in aller Eile auf ihre Kamele und jagten, als seien alle Teufel der Dschahannam hinter ihnen her, davon. Da wusste er, dass sie die silberne Stadt kannten. Er setzte sich auf das Kamel und ritt in die gewiesene Richtung.

Ein grelles Licht, das ihm brennend in die Augen stach, erschien am Horizont. – Die silberne Stadt! – So hatte er sie sich vorgestellt. Eine Stadt, ganz aus Silber, musste sich vor gierigen Zugriffen schützen. Was war da besser, als die habsüchtigen Blicke so zu blenden, dass sie das, wonach sie trachten, nicht mehr sehen können. Die Lage war ideal gewählt. Mitten in der Wüste, wo die Sonne senkrecht steht. Da ist viel Energie, und die Geblendeten kommen in der Weite der Wüste um. Keiner kann erzählen, wo er die sagenumwobene Stadt gefunden hat. Sicher waren nur die Außenmauern aus Silber. Wie sonst könnte jemand in der Stadt leben. Immerhin gab es drei Riesen und eine Menge Pferde hinter den Mauern, die nicht blind waren.

Während der ganzen Reise hatte er darüber nachgedacht, wie er in die Stadt kommen könnte. Er durfte sie nicht direkt ansehen. Da fielen ihm Perseus und die Medusa ein. Wer das Medusenhaupt sah, wurde zu Stein. Perseus näherte sich ihr über ein Spiegelbild. So wollte er es auch machen. Zwar hatte er keinen Spiegel dabei, aber das Schwert. Wie gut, dass Gabrielle es so schön auf Hochglanz poliert hatte, als hätte sie geahnt, wofür er es brauchen würde. Das Schwert war ein guter Spiegel. Doch zunächst wollte er möglichst nah an die Stadt kommen, ohne rückwärts gehen zu müssen. Deshalb merkte er sich die Richtung, in der die Stadt lag, zog die Kapuze des Burnus tief ins Gesicht, verband dem Kamel die Augen und ritt geradewegs auf die Stadt zu. Als er meinte, nah genug zu sein, hielt er an, zog das Schwert, hielt es in die Höhe, drehte sich mit dem Rücken zur Stadt und öffnete die Augen. Da lag sie vor ihm, die Perle der Wüste. Schön war sie, wunderschön. Solche Pracht hatte er noch nie gesehen, und alles aus purem Silber. Kein Wunder, dass sie sich schützen musste; und dann noch ein Wunderpferd in den Mauern!

Er stieg vom Kamel und ging, sich am Spiegelbild orientierend, rückwärts auf das Stadttor zu. Das war schwieriger, als er es sich vorgestellt hatte. Langsam setzte er Schritt um Schritt. Er durfte nicht ins Straucheln kommen, denn wenn er fiel, könnten ihm die sengenden Strahlen dabei zufällig in die Augen kommen. So kurz vorm Ziel! ›Ach, Gabrielle, führe mich sicher hinein. Ich weiß doch, wie gut du das kannst. Hilf mir, Liebste‹, dachte er und war leichter und schneller in der Stadt, als er gedacht hatte.

Im Inneren der Mauern war es schattig und kühl. Er steckte das Schwert in die Scheide und verwahrte es unter seinem Burnus. Dann blickte er sich um. Die Stadt war menschenleer. Keine Spur von Leben. In den Straßen häufte sich der Wüstensand. Er war sich sicher, dass die Wüste früher oder später dieses kostbare Kleinod verschluckt haben würde. Als er um eine Straßenecke bog, standen sie vor ihm. Drei riesige Kerle mit finsteren Gesichtern und schweren Keulen in den Händen.

›Was willst du hier, du Zwerg‹, brüllten sie. ›Diese Stadt ist für jedermann verboten. Du bist des Todes. Kommt, Jungs, rammen wir ihn gleich in die Erde, den Wicht!‹

›Ach, nööh, wir quälen ihn erst ein bisschen und jagen ihn durch die Straßen. Das bringt Abwechslung in unser langweiliges Leben. Wenn er dann nicht mehr kann, treten wir ihn kaputt.‹

Da rief er so laut er konnte: ›Hey, hört mich an, ihr großen, tapferen Helden, ich bitte um eure Hilfe. Borgt mir das fliegende Pferd. Ich brauche es nur für eine einzige Mission, danach bringe ich es wieder. Ist das machbar? Tut mir den Gefallen. Ich muss es haben. Nichts bringt mich davon ab, auch eure Keulen nicht. Man sagt, dass ihr unbesiegbar seid. Ich glaube das nicht, möchte es aber um euretwillen nicht ausprobieren. Nicht, dass mir der Mut fehlt, aber das Leben ist doch viel zu schön, um es für etwas aufs Spiel zu setzen, was auch ohne Blutvergießen gelöst werden kann.‹

Da lachten die Riesen laut, und ihr Lachen hallte durch die Straßen der leeren Stadt. Ein Dröhnen und Beben, das, wie ein vielfaches Echo, immer wieder nachhallte. ›Du kleiner Knirps, was hältst du hier für große Reden. Das Pferd bekommst du nur über unsere Leichen. Schon weil du in die silberne Stadt eingedrungen bist, musst du sterben. Solchen Übermut bestrafen wir ohne jede Ausnahme mit dem Tod, und zwar sofort‹, und sie hoben drohend ihre Keulen.

›Was nützt es, du Zwerg, wenn wir dir das Pferd leihen, und du tot bist, was du gleich sein wirst? Nichts. Also mach dich zum Sterben bereit. Du, es ist nicht schlimm. Wir sind echte Profis und erledigen das im Handumdrehen. Pass mal auf.‹ Mit diesen Worten hoben sie ihre gewaltigen Keulen, um ihn zu erschlagen.

›Haltet ein, ihr gewaltigen Helden, ich möchte euch noch einen Vorschlag machen. Hört! Ihr borgt mir das Pferd, ich erledige meine Aufgabe, bringe es zurück und ihr erschlagt mich dann. Damit wäre beiden Seiten gedient. Ist doch eine echte Win-win-Situation.‹

›Winzling, lass doch das unnütze Gebabbel, was wissen wir denn, was eine Win-win-Situation ist. Sicher wird da einer beschissen. Im Zweifelsfall sind wir das. Warum sollen wir uns darauf einlassen? Was hätten wir davon? Wir sind für klare Sachen, und das Klarste ist, das muss dir einleuchten, wenn du das Ganze aus unserer Sicht betrachtest, dass wir dich jetzt plattmachen, ohne Wenn und Aber. Bleib schön still stehen, dann tut es auch nicht weh.‹

›Na gut‹, sagte er, ›wenn mit euch kein Geschäft zu machen ist, muss ich das Pferd mit Gewalt holen.‹ Er schlug den Burnus zurück und zog Gram aus der Scheide.

Die Riesen erschraken und flüsterten: ›Er hat Gram, das sagenumwobene Schwert. Es wird Unglück bringen. Hauen wir ihn schnell um, bevor was passiert.‹ Sie holten mit ihren Keulen aus und schlugen zu. Die Erde erzitterte von der Gewalt ihrer Schläge. Wäre er nicht behände auf den ihm am nächsten stehenden Riesen zugelaufen, er wäre nur noch ein feuchter Fleck im Wüstensand gewesen.

›Was mache ich jetzt am besten? Er wird mich gleich zertreten.‹ Er überlegte kurz und ehe sich der Riese versah, hatte er ihm mit zwei kräftigen Hieben die Achillessehnen durchtrennt. Der Riese schrie auf und stürzte, wie eine gefällte Eiche, zu Boden.

›Er hat mich verletzt! – Der Winzling hat mich verletzt! Macht ihn fertig, Brüder!‹, schrie er so laut, dass die ganze Stadt bebte.

Erschrocken hielten die beiden anderen in ihren Schlägen inne, um nach dem Bruder zu sehen, der sich vor Schmerzen am Boden wälzte. Er nutzte den Moment ihrer Unachtsamkeit und zerschnitt auch den beiden anderen die Sehnen. Nun lagen die ›Unbesiegbaren‹ am Boden und jammerten kläglich.

Behände eilte er an den Hals des ersten Riesen, setzte ihm das Schwert an die Kehle und rief: ›Auch wenn ich versprochen habe, euch nicht zu töten, ich tue es, wenn ihr nicht vernünftig seid. Überlegt schnell, sonst hat er sein Leben aushaucht. Ihr wisst, vor diesem Schwert seid ihr machtlos. Es ist euer Schicksal. Ich lege es in eure Hände.

Ich will das Pferd und werde es euch so schnell wie möglich wieder bringen. Dafür schenke ich euch das Leben. Das ist ein faires Geschäft.‹

Kläglich riefen die Riesen: ›Ja, ja, wir machen alles, was du willst, nur bringe uns das Pferd wieder, wir haften mit dem Leben für das Wundertier.‹

Nachdem er die Keulen außer Reichweite geschleppt hatte, schiente und verband er ihre verletzten Unterschenkel und verordnete für die Heilungsphase absolute Ruhe. Weil sie so einfältige, simple Gemüter waren, schärfte er ihnen ein, dass jede Bewegung im oberen Sprunggelenk sie zu lebenslangen Krüppeln machen würde. Das war wieder so eine Win-win-Situation. Die Riesen würden wieder laufen können und er hatte seine Ruhe vor ihnen.

Er ging zur Pferdekoppel und staunte nicht schlecht: Alles herrliche, weiße Araberpferde, mindestens hundert, eins schöner, als das andere. Wie sollte er da die Stute mit dem bläulichen Glanz finden? Es ging ja nicht darum, unter lauter weißen ein blaues herauszusuchen, sondern ein weißes mit einem leichten bläulichen Touch.

Die Sonne stand hoch am Himmel und das weiße Fell reflektierte die Sonne sehr stark, zudem waren die Pferde ständig in Bewegung. Eine unmögliche Aufgabe. Er wollte die Nacht abwarten. Im Silberlicht des Mondes würde sich das bläuliche Fell vielleicht besser abheben.

Er ging zurück zu den Riesen und versorgte sie mit Speisen und Getränken. Sie nahmen die Liebesgaben dankbar an und wunderten sich, dass dieser Winzling, den sie eigentlich hatten um die Ecke bringen wollen, so freundlich zu ihnen war. Auf seine Frage, wie er das fliegende Pferd herausfinden könne, zuckten sie mit den Schultern. Wenn sie ganz ehrlich waren, sie hatten es noch nie gesehen, wussten nur, dass es in der Herde war. Als die Nacht ihren dunklen Sternenmantel ausbreitete, ging er wieder zur Koppel. Da sah er sie, die Geheimnisvolle im weißen Fell mit bläulichem Schimmer. Nicht, dass sie wirklich blau erschien. Sie war nur einen Hauch dunkler. Er ging langsam auf sie zu und legte ihr mit beruhigenden Worten ein Halfter an.

Alle Pferde, die so frei aufgewachsen sind, wie diese hier, wehren sich dabei, doch die edle Araberin ließ es geduldig geschehen. Sie hatte Vertrauen zu ihm und merkte, dass er nichts Böses im Sinn hatte. Seine sanfte Stimme schien sie zu beruhigen und sie mochte die Art, wie er sie streichelte. Als er ihr am nächsten Morgen den Sattel auflegte, ging ein Zucken durch ihren Körper, als freue sie sich auf den Ausritt.

Er gurtete sich das Wehrgehänge um, band einen Sack feinsten Hafers an den Gürtel, zog seinen Burnus an und saß auf. Das Pferd tänzelte unruhig auf der Stelle und wollte losjagen. Er zügelte es mit sanfter Hand. Dann beugte er sich vor und flüsterte ihr ins Ohr: ›Fliege mich auf die Spitze des Mont Bleu.‹ Als der Schimmel unwillig den Kopf schüttelte, fügte er hinzu: ›Ich bitte dich.‹ Da ging ein Ruck durch das edle Tier. Es jagte los, breitete die Flügel aus, hob vom Boden ab und schwang sich in die Lüfte.

Was für ein herrliches Bild: Ein schneeweißes Pferd mit mächtigen Flügeln und einem Reiter, dessen weiter, weißer Burnus im Wind wehte. Wie aus einem orientalischen Märchenbuch, was ja auch in gewissem Sinne stimmte.

Die Länder zogen schnell unter ihnen vorbei, wurden kleiner und kleiner, bis sie sich unter der Wolkendecke den Blicken entzogen. Sie flogen bald durch riesige, weiße Wolkenlandschaften, die schnell unter ihnen lagen, und sahen nun die mächtigen Gipfel riesiger Berge. Einer, der höchste, war ganz blau. Er hob sich kaum gegen die Farbe des Himmels ab. Das Pferd kannte die Richtung, schwang sich höher und höher und setzte schließlich auf einem kleinen Plateau des Gipfels auf. Erschöpft von der Anstrengung zitterte es am ganzen Körper.

Rasch sprang er ab und streichelte ihr den Hals: ›Das hast du großartig gemacht, du Schöne, Starke. Nun ruh dich aus und sammele Kräfte für die Rückreise. Hier, sieh mal, was ich dir mitgenommen habe. Einen ganzen Sack mit feinstem Hafer. Lass es dir schmecken. Ich suche in der Zwischenzeit den blauen Stein. Also, bis später.‹

Er sah sich um. Hier oben waren alle Steine blau. Welcher war der Richtige? In seiner Not rief er: ›Gabrielle, meine geliebte Gabrielle, ach, wärst du nur hier. Du würdest deinen heiligen Schein gewiss sofort erkennen.‹ Während er so rief, leuchtete in der Ferne, zwischen Geröll, ein Stein hell auf. War es nur eine Reflexion des Sonnenlichts? Er hob den Stein auf und spürte Wärme, während die anderen kalt waren. Es musste der Richtige sein. Als er ihn an die Lippen drückte, war er weich, so weich, wie Gabrielles feucht-rosige Lippen, die er so oft geküsst hatte. Sein Herz jubelte vor Freude. Es gab keinen Zweifel, er hatte den Stein gefunden, der Gabrielles heiligen Schein enthielt. Hoch oben, über der Welt, an einem Ort, den noch kein Mensch vor ihm betreten hatte, hielt er das Wunderbare in den Händen. Er dankte dem Schicksal und ging zu seinem Pferd zurück.

Das Tier sah ihn mit seinen großen, klugen Augen an. ›Du möchtest jetzt sicher wissen, wohin du mich bringen sollst, meine Schöne‹, sagte er und streichelte sie zärtlich. Dann legte er beide Arme um ihren Hals und flüsterte: ›Du, ich habe eine große Bitte: Weißt du, – ich bin des Reisens müde und möchte nach Hause. Sei so gut und wirf auf deinem Rückweg der Arachnoide das Wehrgehänge mit dem Schwert in ihr Netz und fliege dann zu den Riesen zurück. Ich habe es ihnen versprochen. Mir wäre es zwar lieber gewesen, du wärst zu Pegasus geflogen und hättest mit ihm ein neues Pferdegeschlecht gegründet, doch ich gab ihnen mein Wort, dich wieder zurückzubringen.‹

Er setzte sich in den Sattel. ›Dann wollen wir mal, meine Brave.‹

Sie flog los und setzte ihn sicher auf der schneebedeckten Wiese neben der Chaussee ab. Er hing ihr das Schwert an den Sattelknopf. ›Leb wohl, meine Schöne. Ich danke dir für alles, was du getan hast. Du hast geholfen, zwei Liebende glücklich zu machen.‹ Er streichelte sie ein letztes Mal. Sie stieg auf und war bald seinen Blicken entschwunden.

Bevor er sich ins Bett legte, trank er zwei Flaschen Mineralwasser. Die Wüste macht durstig.

***

Das Frühjahr ließ auf sich warten. Bis tief in den März war der Boden noch steinhart gefroren. Auch wenn Hamamelis, die Zaubernuss, schon lange blühte, trauten sich die Winterling nicht aus der Erde. Manchmal dachte er voller Sehnsucht an die brütende Hitze in der Wüste. Seine Spaziergänge zum See wurden zwar häufiger, er hatte schon einen richtigen Weg durch die Wiese gebahnt, doch das Eis war noch sehr dick. Er konnte darauf gehen, ohne dass es unter seinen Füßen knackte.

Der inneren Freude gelang es noch nicht, die Sehnsucht

zu verdrängen. Ganz im Gegenteil. Mit jedem Blick auf das Thermometer wurde sie größer. Dann, über Nacht, war er da, Zephyr, der laue Frühlingswind. Auch wenn noch Schneeluft über allem lag, zog doch der milde Wind den Frost aus dem Boden. Die ersten Winterlinge steckten ihre Köpfchen aus der Erde und auf dem Eis des Sees bildeten sich große Wasserlachen.

Er trug den blauen Stein immer bei sich. Ganz dicht über dem Herzen hatte er ihn den ganzen Winter über begleitet. Wenn Gabrielle käme, trüge er ihn bei sich. Ach, wie oft hatte er ihn voller Sehnsucht und Hoffen betrachtet. Dieser Stein enthielt all sein Glück. Wie würde Gabrielle ihren heiligen Schein daraus freisetzen? War das überhaupt möglich?

Anfang April ging er durch die helle Vollmondnacht zum See. Der Tag war warm und sonnig gewesen. Die letzten Reste schmutzigen Schnees waren getaut. Kurz vor Mitternacht tat sich das Wasser auf und Gabrielle eilte mit weit ausgebreiteten Armen auf ihn zu. Das Silberlicht des Mondes spiegelte sich in ihrem Lächeln. Ach, er liebte sie so sehr, die Wunderschöne. Sie legte ihre Arme um seinen Hals, drückte ihn stürmisch auf den dicken Ast der Weide. Dann setzte sie sich auf seinen Schoß und flüsterte: ›Komm, Liebster, komm, ich vergehe vor Sehnsucht!‹ Da leuchtete der Stein hell auf. Sein Licht umhüllte sie, und sie flogen in einer feinen, bläulichen Wolke in das Land über den sieben Himmeln. Keiner hat sie jemals wieder gesehen.

***

Jahre später kam ein gewisser Id Ocal nach Lauterbach und fragte nach ihm. Sie erzählten, dass er fort sei. ›Schade‹, sagte Ocal, ›er konnte so schöne Märchen erzählen.‹ Dann ging er die Straße hinunter zum Ortsausgang, vorbei am alten Friedhof, die Chaussee entlang, bog in die Wiesen ein, in denen die wilde Akelei blühte, folgte dem Bach, durchquerte das kleine Mischwäldchen und stand am See. Er blickte über das Wasser und meinte einen hellen Schein zu sehen. Da lächelte er, pflückte einen Strauß Vergissmeinnicht und warf ihn weit hinaus in den See.«

»Oh, Braaderup, das war eine schöne, spannende Geschichte. Ich habe darüber die Zeit ganz vergessen. Sieh nur, Eos streckt ihre Rosenfinger schon aus. Ich muss langsam los. Heute Abend oder morgen werde ich dir die Geschichte von der Nymphe mit dem Herz aus Stein erzählen. Du wirst sehen, dass auch bei uns Nymphen nicht alles perfekt ist, dass wir unsere Fehler haben und dafür bestraft werden. – So, wenn ich mich jetzt nicht schleunigst auf den Weg mache, werde ich wegen meiner Saumseligkeit auch bestraft und kann heute Abend nicht kommen. Deshalb, Liebster: mach's gut. Einen schönen Tag. Schaff nicht so viel. Spar deine Kräfte für den Abend. Meine Geschichte ist nicht so lang, wie deine. Da bleibt uns noch viel Zeit für andere schöne Dinge. Du, ich freue mich schon so. – Also, bis später.« Sprach's und verschwand im Dunst des aufkommenden Morgens.

Braaderup blieb gedankenschwer zurück. Gestern Abend erreichte ihn die traurige Nachricht vom Freitod eines ehemaligen Kollegen. Er dachte an den einst so lebensfrohen Menschen, an die gemeinsame Zeit mit ihm. Was für schlimme Dinge er seit damals erlebt haben musste, dass er sich zu diesem schweren, ja wohl schwersten Schritt entschlossen hatte.

Selbstmord, was für ein dummes, unüberlegtes Wort. Es

ist die Antwort auf die Frage, ob das Leben es wert ist, gelebt zu werden oder nicht. Keine allgemeingültige Antwort, sondern eine individuelle. Vielleicht ist es die Grundfrage der Philosophie, denn alle anderen Probleme scheinen dagegen unbedeutend. Der Tat geht die Beantwortung dieser Frage voraus. Sicher nicht bei jedem Freitod, wenn man überhaupt bei der Tat frei ist.

Wer seine Selbsttötung geplant vorbereitet, hat sich die Frage nach dem Wert des Lebens beantwortet, und sei es nur im Herzen. Die Beweggründe zu diesem Schritt sind für ihn zwingend. Deshalb interessiert keine Fremdbeurteilung. Braaderup wollte sogar so weit gehen, dass eine Bewertung dieses Schrittes von Außenstehenden verboten ist.

Hat das Herz entschieden oder die Seele? Im Grunde ist es egal. Es ist eine Entscheidung, die akzeptiert werden muss. Hier hat sich einer die Antwort gegeben, und die lautet »Nein«. Dieses »Nein« geht der Tat voraus. Es kommt aus der Gewissheit des Herzens, die vertieft an den Logos weitergegeben wurde. Es ist die schwerste Frage, die sich ein Mensch beantworten muss. Gewöhnlich sagt er »Ja«, doch dieses eine Mal »Nein« und dieses »Nein«, egal welche Gründe es dafür gibt, hat die Konsequenz einer Tat im Gefolge, die endgültig ist.

Normalerweise wird das Leben zurückgenommen. Es geht aus dem Körper heraus. Wenn jemand den ungewöhnlichen Weg geht und das Leben freiwillig zurückgibt, wird leichtfertig festgestellt, dass er den Problemen des Lebens nicht mehr gewachsen war, hoffnungslos und verzweifelt keinen anderen Ausweg wusste, dass man ihm hätte helfen müssen. – Hätte er doch nur was gesagt.

Das sind alles Gemeinplätze, die das Problem nicht treffen, denn er gab sein Leben zurück, weil er in ihm keinen

Sinn sah oder keinen Sinn mehr sah. Lange hat er von der Hoffnung gelebt, einen Sinn für sich zu finden. Er hat Luftschlösser gebaut, die wie Kartenhäuser zusammengefallen sind, hat sich in zauberhafte Wunderwelten geträumt, die sich auflösten. Sein Leben hat für ihn den Sinn verloren. Ihm wird das Absurde bewusst, dem der Schluss folgen muss, dass die Sinnlosigkeit nicht lebenswert ist, dass alles nur ein unmenschliches Spiel ist, das er nicht länger mitspielen will.

Wir, die Zurückgebliebenen, hätten ihm nicht helfen können, denn er würde uns gewiss nicht verstehen, so, wie wir seinen Schritt nicht verstehen können.

Waren es die traurigen Gedanken oder die Frische des jungen Morgens? Ihn fror und er ging ins Haus. Ein heißer Kaffee brachte nicht nur Wärme in seinen Körper, sondern bekämpfte ebenso erfolgreich die Müdigkeit. Keine halbe Stunde später saß er am Schreibtisch und versuchte, eine neue Geschichte zu schreiben. Für sich hätte er die Energie sicher nicht aufgebracht, aber er wusste, dass sich Josephine freuen würde. Die Vorstellung, ihr eine Freude zu machen, gab ihm die nötige Kraft.

Sie wollte ihm die Geschichte von der Nymphe erzählen, deren Herz aus Stein war. Ein interessantes Thema. Was sich alles dahinter verbergen kann. Zuerst denkt man natürlich an einen bösen Menschen und macht sich gar keine Gedanken darüber, wie arm Wesen mit einem steinernen Herzen sind. Sie haben kein Empfinden für das Schöne, für die Liebe. Wie er Josephine kannte, würde ihre Geschichte sicher diesen Aspekt beleuchten. Sie hatte ein Faible für Liebesgeschichten, die ein gutes Ende nehmen, das hatte er schnell herausgefunden. Mit einem steinernen Herzen dürfte das aber nicht ganz einfach sein. Er war neugierig, wie sie das hintricksen würde: das Böse, das in der Liebe endet. Oder die

Liebe, die das Böse besiegt? Das ist ihr sicher viel zu banal, würde ja auch dem Titel nicht gerecht werden. Die Nymphe ist das Böse, denn ihr Herz ist aus Stein, andererseits soll es aber ein Happy End geben. – Schwierig, weil man bei Nymphen auf eine Herztransplantation verzichten muss. Sicher lässt sie ein Wunder geschehen und gibt dem steinernen Herzen Leben, Wärme und Pulsation. Das ist ja das Schöne im Märchen: alles ist möglich, weil alles erlaubt ist.

In der nächsten Nacht erzählte sie es ihm:

Die Nymphe, deren Herz aus Stein war

Weit draußen im See, am Horizont, lag eine Insel, die, vom Ufer mit bloßem Auge betrachtet, nicht größer als ein Olivenkern war. Man hätte der Insel wenig Beachtung geschenkt, ginge nicht nachts von ihr ein mysteriöser heller Schein aus. Dieses seltsame, unerklärliche Feuer weckte Neugier. Es war wie ein Rufen, ein lockendes Rufen. Wer es erst einmal gesehen hatte, war ihm verfallen, es zog ihn magisch an.

Viele waren der Verlockung gefolgt, waren losgefahren und nie mehr zurückgekehrt. Das Verschwinden der Männer verstärkte die Neugier um das Geheimnisvolle nur noch mehr. Schließlich rankten sich Mythen um das Eiland. Man glaubte, es sei der irdische Schlund der Hölle. Wenn sie mit ihren Schiffen auf Fischfang waren, machten sie einen weiten Bogen. Manche meinten, Gesang gehört zu haben; liebliche Melodien, die wie Sirenen lockten und die Vorüberfahrenden in ihren Bann zogen. Doch woher kam der nächtliche Schein? Diese Frage war mit den Sirenen nicht beantwortet. Was war das für ein Feuer, das wie ein

Leuchtturm die Richtung wies? Wer zündete es an, wenn die Nacht aufkam?

Die vielen offenen Fragen ließen einen jungen Mann des kleinen Fischerdorfes nachts nicht mehr ruhig schlafen. Er hatte viele Märchen und Mythen gelesen. Natürlich auch alle über die geheimnisvolle Insel. Ihr Rufen hatte ihn gepackt. Längst wäre er losgefahren, doch er dachte an die Männer, die nicht zurückgekommen waren. Von der Insel ging nichts Gutes aus, so viel war klar. Jeder Schritt wollte überlegt sein. Nur nichts überstürzen. Er beschloss, die Insel zunächst einmal zu beobachten.

Nicht weit vom Ufer ragte ein steiler Felsen in die Höhe, auf dem eine uralte Eiche stand. Ein wunderbarer Beobachtungspunkt. Dort wollte er Tag und Nacht sitzen und die Veränderungen auf der Insel genau studieren. Vielleicht ergaben sich nützliche Hinweise.

Einsam saß er auf der Spitze des Berges und starrte über die Weite des Wassers. Bei klarer Sicht sah er die geheimnisvolle Insel deutlich. Natürlich war sie viel zu weit weg, als dass er Bewegungen hätte wahrnehmen können, doch schien ihm sicher, dass keine Schiffe anlegten. Er sah das Licht mit der Dämmerung erscheinen und im Morgengrauen wieder verschwinden.

Bei schlechtem Wetter ging er nach Hause und ruhte sich aus, um bei guter Sicht wieder vor Ort zu sein. Tagelang, wochenlang. Irgendwann fiel ihm auf, dass er nicht alleine war. Ein Wolf und ein Fuchs umschlichen ihn und legten sich in einiger Entfernung ins Gras. Sie ließen ihn nicht aus den Augen und verfolgten alle seine Bewegungen. Die beiden sahen nicht gut aus. Es schien, als hätten sie schon lange nichts mehr zwischen die Fänge bekommen. Er beschloss, ihnen etwas zu fressen mitzubringen.

Am nächsten Tag legte er Fleisch und Knochen in die Wiese und wartete, bis sie kamen. Sie sahen das Fressen sofort und beschnupperten es misstrauisch, ohne ihn dabei aus den Augen zu lassen. Nach einer Weile stürzten sie sich mit Heißhunger auf die Beute. Je kleiner das Häufchen wurde, desto gieriger fraßen sie und fielen wegen des letzten Brockens übereinander her.

»Hey«, rief er, »es war genug für euch beide da. Morgen bringe ich wieder was mit. Hier wird sich nicht gestritten. Schämt euch.« Als hätten sie seine Worte verstanden, legten sie sich friedlich nebeneinander ins Gras. Mit der Zeit wurden sie immer zutraulicher und wichen ihm schließlich nicht mehr von der Seite. Oft streichelte er sie und war mit den Gedanken bei der wundersamen, geheimnisvollen Insel.

Eines Tages, er kraulte den Wolf zwischen den Ohren, sagte der: »Du denkst an die Insel. Sie geht dir nicht aus dem Kopf, du möchtest gerne wissen, was das für ein Licht ist. Ich kann es dir sagen. Mein alter Onkel Lupus hat mir die Geschichte erzählt. Er fischte einst in einer stillen, einsamen Bucht. Petri Heil stand ihm zur Seite, denn er fing einen riesigen, uralten Hecht, den er erst für eine große, im Wasser treibende Moosplatte gehalten hatte. Als er ihn fressen wollte, sagte der Fisch: ›Lass mich am Leben, Lupus, ich bin uralt und schmecke modrig. Zum Dank verrate ich dir auch das Geheimnis der leuchtenden Insel. Das ist doch ein gutes Geschäft. Ich war damals Augenzeuge, als es geschah. Du hast es aus erster Quelle.‹ Lupus, der schon immer neugierig gewesen war, was es mit der geheimnisvollen Insel auf sich hatte, ließ ihn am Leben, und zum Dank erzählte ihm der Hecht die folgende Geschichte: Das Leuchten kommt von der schönsten Nymphe, die es je gab. Du weißt ja, dass alle Nymphen einen hellen Schein um sich haben. Ihrer ist besonders hell, weil sie so wunderschön ist. Sie heißt Mara und wurde von ihrem Vater, dem Nymphenkönig, auf dieser Insel ausgesetzt. Weil sie stolz, arrogant und hochmütig war, belegte er sie mit einem Fluch. Sie muss für immer auf dieser Insel bleiben, fernab jeglichen Lebens. Er nahm ihr das Schönste, indem er ihr Herz in Stein verwandelte. Sie wird niemals Liebe spüren. Jeden Mann, der sie begehrend ansieht, muss sie zu Stein verwandeln. Deshalb gibt es auf der Insel so viele Steine; alles Männer, die sie sahen und begehrten. Der Zauber wirkt in dem Augenblick, wo sie ihr in die Augen sehen. Ihr Blick ist so böse, dass jeder vor Schreck zu Stein erstarrt. Erlöst werden kann sie nur, wenn ihr böser Blick voller Verlangen auf einem Jüngling ruht, der sie nicht begehrt, was bei ihrer Schönheit unmöglich ist. Dann wird ihr Herz weich vor Verlangen und ihr Blick so lieblich, wie die ersten Sonnenstrahlen, wenn sie durch den morgendlichen Dunst fallen. Dann kann sie die Insel mit dem Geliebten verlassen, doch nach Hause darf sie nie mehr. Ja«, sagte der Wolf, »das ist das Mysterium der Insel. Sie, die Wunderschöne, sitzt dort alleine, lockt junge Männer an und muss sie versteinern. Schlag dir die Insel der schönen Nymphe aus dem Kopf, wenn dir dein Leben lieb ist.«

»Du, Wolf«, sprach darauf der Fuchs, »warum sollte er das? Ich hätte eine Idee, wie er sein Glück machen könnte. Er ist doch ein stattlicher, hübscher Kerl. Die Nymphe würde sicher Gefallen an ihm finden. Sieh ihn dir mal richtig an: Groß, schlank, Augen wie das Meer so blau, gute Figur, von allem genug am rechten Fleck, das wird sie begeistern, besonders, wo sie schon so lange alleine ist. Sie wird ihn wollen und er sie auch. Jeder, der sie sieht, will sie.

Du wahrscheinlich auch, mein Lieber, nur dass sie keinen Wolf will. Das ist dein Pech.«

»Lass' bitte diese dummen Andeutungen, mein Lieber, hier geht es um eine ernste Sache. Wie soll er denn dem Blick der Nymphe ausweichen? Das ist unmöglich. Er kann nicht nur auf ihren wunderschönen Körper starren, bis sich ihr Herz erweicht. Er muss ihr in die Augen sehen. Damit fängt doch alles an. Wenn sich die Blicke begegnen, werden die Weichen gestellt. Über die gemeinsame Blickachse fließt Liebe in die Herzen. Ohne sich in die Augen zu schauen geht das nicht. Da hat sich der Nymphenkönig was ganz Schlaues einfallen lassen.«

»Und wenn ich es dir doch sage! Es geht! Weißt du, wie wir es machen? Pass mal auf.« Der Fuchs rückte noch dichter an den Wolf, und während sie abwechselnd zu ihm sahen und sich dann wieder zunickten, flüsterte er ihm ins Ohr.

»Hey, ihr beiden, was tuschelt ihr denn da? Darf ich es vielleicht auch mal erfahren? Schließlich geht es um mich!«

»Du«, sagte der Wolf ernst, »sei doch bitte mal einen Moment still. Wir besprechen gerade schwerwiegende Dinge, die uns am Herzen liegen. Schließlich geht es um dich. Wir werden dir schon alles rechtzeitig sagen. Keine Angst.«

Sie gestikulierten und diskutierten noch eine Weile, bis sie sich ihm zuwandten. »Hör mal her, wir haben eine Idee, wie du die Nymphe gewinnen kannst. Der Plan ist genial, birgt aber die Gefahr, dass er nicht funktioniert. Das ist immer so. Nichts ist absolut sicher, besonders dann nicht, wenn ein Herz aus Stein im Spiel ist, von dem wir nur wissen, dass es unter bestimmten Umständen weich wird und dass dann der versteinernde Blick schwindet. Das gilt es zu erreichen. Dein Blick darf sich nicht mit dem ihren treffen, denn dann bist du verloren. Weil du der Zauberkraft ihres

Blickes nicht widerstehen wirst, hat sich der Fuchs etwas ausgedacht. Es ist eine List, wie könnte es bei einem Fuchs wohl anders sein. Tief versteckt im Wald, in dichtem Moos, wächst ein Zauberpilz. Wer von ihm isst, schläft tief und fest. Das ist für viele Pilze nichts Besonderes, doch dieser führt zusätzlich zu einer Photophobie. Wer von ihm gegessen hat, schläft nicht nur, sondern wendet sich auch vom Licht ab. Merkst du, worauf dieser Schlauberger hinaus will? Nein? Dann will ich es dir erklären: Wenn du schläfst, kannst du sie nicht sehen und ihren Blicken nicht begegnen, du wirst dich sogar von ihr abwenden, weil du ihren hellen Schein nicht ertragen kannst. Das wird sie verwirren. Sie wird versuchen, dich mit allen Mitteln zu bewegen, sie anzusehen. Glaube mir, das sind Mittel, denen keiner widerstehen kann, nur du, denn du wirst schlafen und ihr, egal was sie macht, den Rücken zukehren, weil du dich automatisch von ihrem Licht abwendest. Sie wird ungläubig stutzen, staunen, wütend werden, an sich selbst zweifeln, wird dich bewundern, dich verehren und schließlich lieben, nicht über das Herz, sondern über den Verstand. Ihr Herz musst du dir später verdienen, wenn es wieder warm und weich ist. Hast du das Prinzip verstanden? – Ja? Ist ja auch nicht schwer, denn du musst nur jeden Abend, bevor sie kommt, ein Stück vom Zauberpilz essen. Alles andere läuft dann von selbst. Wenn du den ganzen Pilz aufgegessen hast, wird sie hoffentlich in heißer Liebe zu dir entflammt sein und wieder ein richtiges Herz aus Fleisch und Blut haben. Dann ist der Bann gebrochen und sie ist erlöst. Was du dann weitermachst, liegt ganz bei dir. Da wollen wir nicht reinreden. Schlafe eine Nacht über den Plan und sage uns morgen Bescheid, damit wir den Pilz suchen oder das Unternehmen abbrechen.«

Die Nacht war unruhig. Ihn plagten Träume von schönen Frauen, von stechenden, bösen Augen, von vollen Brüsten, harten Steinen und weichen Armen. Zitternd vor Angst wachte er schweißgebadet auf. In aller Frühe, die Sonne streckte gerade ihre ersten Strahlen über den Horizont, stand er auf dem Felsen neben der großen Eiche und wartete auf seine beiden Freunde. Als sie ihr Futter gefressen hatten, sagte er: »Ihr wusstet es ja gestern schon, dass ich fahren werde, nehme ich an. Habt ihr den Pilz gefunden?«

»Ja, wenn du schon so direkt fragst: wir haben ihn.«

»Na, dann her damit. Morgen in aller Frühe breche ich auf. Wir wollen es nicht auf die lange Bank schieben. Je früher ich starte, desto eher ist die Ärmste erlöst. Ich packe noch ein paar Sachen, richte das Boot und segle morgen mit der aufgehenden Sonne los. Der Weg ist weit und ich muss vor Einbruch der Dunkelheit am Ziel sein. Hoffentlich habe ich guten Wind und muss nicht unterwegs übernachten. Macht's gut, ihr beiden. Man sieht sich. Drückt mir die Klauen. Wird schon schief gehen. Ach, was ich noch sagen wollte: Vielen Dank für eure Hilfe.«

Am nächsten Morgen war ein besonders starker Seegang. Der Wind wehte stürmisch landein, als wollte er verhindern, dass sein Boot in See stach. Lange musste er kreuzen, um aus der Brandung zu kommen, doch er ließ nicht locker und kämpfte sich durch die schwere See. Ihn trieb ein großer Gedanke: Er wollte die Nymphe von ihrem unmenschlichen Fluch befreien. Auch wenn er sie noch nie gesehen hatte, fühlte er sich eng mit ihr verbunden. Er wollte sie erlösen, wollte ihr die Freiheit bringen. Unmenschlich war der Fluch des Vaters. Was für Unrecht hatte sie denn schon begangen, dass eine so harte Strafe gerechtfertigt wäre? Das Schicksal meinte es gut mit ihr und hatte ein übergroßes Füllhorn guter Gaben über sie geschüttet. Damit konnte sie nicht umgehen, zeigte menschliches Verhalten und nicht die bescheidene Demut einer Nymphe. War das so verdammungswürdig? War das so schlecht?

Sicher, Schönheit und Anmut sind gute Gaben, aber sie allein reichen nicht zum Glück, wenn das Wichtigste fehlt, der Charakter, die Seele. Das waren ihre Mängel, da war sie zu kurz gekommen, hatte bei der Verteilung nicht »hier« gerufen, weil sie sich noch zu sehr über ihre Schönheit gefreut hatte.

Sie wird Unruhe unter den Nymphen geschaffen und viele mit Arroganz vor den Kopf gestoßen haben. Mag sein. Dass sie aber dafür mit Liebesverlust bestraft wurde, ist der Tat keineswegs angemessen. Schlimmer noch: Ihre Schönheit, auf die sie so stolz war, sollte anderen zum Verhängnis werden. Sie wusste es und konnte nichts dagegen tun. Hätte ihr Vater nicht besser mit ihr reden sollen, als auf so drastische Weise zu zeigen, wie wenig ihre guten Gaben wert sind, dass eine reine Seele das wichtigste und größte Geschenk ist?

Er fand, dass das der richtige Weg gewesen wäre, und weil er das so meinte, wollte er das Urteil korrigieren, in ihr Schicksal eingreifen. Er unternahm die gefährliche Fahrt, um Unrecht wieder gut zu machen, um eine gequälte, leidende Seele zu befreien. Er begehrte sie nicht, warum auch, er kannte sie ja gar nicht, hatte sie nie gesehen. Er wusste nur, dass sie einen sehr hellen Schein hatte. Kam der wirklich von ihrer Schönheit oder von den vielen, vielen Tränen des Leidens, die sie über die Jahrhunderte geweint hatte? Wir vergessen oft, dass auch Tränen strahlen, alles Leid, alle Schmerzen ausstrahlen, die wir in uns tragen. Sie sind die Sprache der Seele. Sie fließen, wenn sie sich freut und wenn sie traurig ist. Die Inselnymphe hatte keinen Grund Freudentränen zu vergießen. Alleine auf einer kargen, steinigen Insel, wo vielleicht nicht einmal Blumen wuchsen, wird die Seele krank. Auch die einer Nymphe.

Wenn dann mal einer kommt, der ihr Trost und Erlösung bringen könnte, muss sie ihn in Stein verwandeln, darf nicht in seinen Armen liegen, nicht seine Wärme spüren. Wie oft wird sie in ihrer Not schon die kalten Steine umarmt und geküsst haben, ohne jede Erwiderung. Seelenlose Gebilde, tote Materie statt warmer Lippen.

Ja, Mara, die Nymphe, hatte gelernt, sie hatte längst verstanden und alles in den kalten Stein ihres Herzens eingraviert. Wie gerne gäbe sie all ihre Schönheit für ein kleines bisschen Liebe, ein kleines bisschen Zärtlichkeit. Doch die Wege waren versperrt. Vielleicht, so hoffte sie, ohne daran zu glauben, kommt doch mal einer, der die harten Bedingungen des Vaters erfüllt. Einmal wollte sie lieben, ein einziges Mal Wärme in sich spüren. Keiner wird nur zum Leiden geboren, auch sie nicht.

Während er so sinnierte, hatte er die Brandung überwunden. Der Wind hatte gedreht und trug ihn rasch der Insel zu. Oben, hoch oben auf dem Steilfelsen, neben der alten Eiche, standen zwei Freunde und sahen ihm sorgenvoll nach. »Meinst du, er wird es schaffen?« – »Ich weiß nicht. – Vielleicht wäre es besser gewesen, wir hätten ihm nicht so viel erzählt. Er ist so ein guter Junge. Es wäre schade, wenn ihm etwas zustieße.«

Der »gute Junge« hatte indes die Insel erreicht und stellte fest, dass er relativ weit vom Ufer entfernt vor Anker gehen musste. Die Brandung war zu stark und überall ragten tückische Felsen aus dem Wasser. Er holte das Segel ein, faltete es zu einem Paket zusammen und watete an Land. Er zog die nassen Sachen aus und legte sie zum Trocknen auf die Steine. Dann suchte er sich ein schönes, sandiges Plätzchen, schlug das Segel auseinander, aß ein Stück vom Zauberpilz und schlief rasch ein.

Als die Sonne blutrot im See versunken war, breitete die Nacht ihren samtschwarzen Mantel aus und am Himmel begannen die Sterne zu leuchten. Die geheimnisvolle Inselnymphe erschien und ihr heller Schein ließ die Nacht taghell werden. Was war das? Sie trat näher. – Ein Mann, das war nicht zu übersehen. Sie musterte ihn mit stechend kalten Augen. Er hatte die Augen geschlossen, wohl um ihrem Blick nicht zu begegnen. Gewiss betrachtete er sie durch schmale Lidschlitze. Sie trat zögernd näher, als würde sie fürchten, auch diesen wieder in Stein verwandeln zu müssen, oder war es eher erhaben, wie eine Rachegöttin, die sich ihrem Opfer nähert, das schon besiegt am Boden liegt?

Als sie so dicht war, dass ihm ihr Licht auf die Augen fiel, drehte er ihr den Rücken zu. Was war denn das? So etwas hatte sie noch nie erlebt. Alle hatten sie mit begehrenden Blicken verschlungen, waren überwältigt von ihrer Schönheit gewesen, und der hier drehte ihr gelangweilt den Rücken zu, als würden ihre Reize gar nicht an ihn gehen. Sie war überrascht. Das war eine neue Erfahrung. Sie ging um ihn herum und streifte ihr Gewand ab. – Jetzt würde er gewiss die Augen aufreißen. Doch als ihr Licht auf seine Lider fiel, drehte er sich wieder um. Sie posierte aufreizend, mit dem gleichen Ergebnis. Bis auf die Drehung regte sich bei ihm nichts. Er tat, als wäre sie gar nicht da. Was ist das für ein Mann? Wie kann er ruhig bleiben, wenn ich mich ihm so anbiete? Vielleicht schläft er ja wirklich. Sie schüttelte ihn.

Keine Wirkung. Er rührte sich nicht. Ging das mit rechten Dingen zu? War das eine weitere Demütigung, eine weitere Strafe des Vaters? War es noch nicht genug? Sie nahm ihr Kleid und rannte, so schnell sie konnte, zum anderen Ende der Insel. Das war ungeheuerlich, unglaublich. Da kam endlich mal ein schöner Mann auf die Insel und war für ihre Reize nicht empfänglich. Sie schien ihn sogar zu langweilen. Ja, war denn so etwas möglich? Sie, die schönste aller Nymphen, konnte diesen Mann nicht erregen! Unfassbar. Sollte sie im Laufe der vielen Jahre auch noch ihre Schönheit verloren haben? Zögernd betrachtete sie sich im Wasser, doch die Silberstrahlen des Mondes spiegelten sie in all ihrer Schönheit wider.

Morgen wollte sie alle Register ziehen, wollte ihm zeigen, was sie alles drauf hatte. Der sollte sich wundern!

Der Tag zog sich hin. Es war langweilig auf der trostlosen Insel. Der Nymphenkönig hätte sich keine ödere und kargere Stelle für die Bestrafung aussuchen können. Nur Steine, wenig Sand und viel Wasser.

Er schwamm zum Boot, um von seinen Vorräten zu holen, ging dann den Strand entlang und suchte Treibgut. Vielleicht würde er ein paar feste Stangen finden, für ein Zelt, denn die Sonne war ihm unangenehm. Das phototoxische Gift des Zauberpilzes wirkte nach.

Die Suche war erfolglos und so schlüpfte er unter das Segel und döste vor sich hin. Gegen Abend, als die Sonne hinter dem Horizont verschwand, aß er sein Pilzgericht, legte sich auf das Segel und schlief schnell ein.

Die Sterne blinkten am Firmament, als sie kam. Vorsichtig, verunsichert näherte sie sich der Stelle ihrer gestrigen Niederlage und schien erleichtert, dass er noch da war. Langsam umkreiste sie ihn, so wie ein Löwe seine Beute umschleicht, zog die Kreise enger und streifte ihr Gewand ab. Ganz im Bewusstsein ihres Frauseins, setzte sie sich zu ihm. Prompt wendete er ihr den Rücken zu. »Nun rutsch doch mal ein Stückchen zur Seite, du Schöner, ich möchte mich zu dir legen.« Sie presste sich an ihn, doch statt sie in die Arme zu nehmen, wendete er sich brüsk von ihr ab. Als sie sich über ihn beugte, um ihn zu küssen, drehte er sich auf den Bauch und bedeckte seinen Kopf mit beiden Händen. Die Nymphe tobte. Wütend trommelte sie mit ihren kleinen Fäusten auf seinen Rücken. »Du unhöflicher, unverschämter, stoffeliger Mensch«, rief sie, »ich hasse dich! Ach, ich hasse dich!« Vor Zorn war ihre weiche, dunkle Stimme grell geworden und ging schließlich in ein hilfloses Schluchzen über. Wäre die Wirkung des Zauberpilzes nicht, er hätte sie voller Mitleid in die Arme geschlossen, um sie zu trösten, denn ihr tiefer Schmerz hätte sein Herz erschüttert.

Er wachte sehr früh auf. Der Schlafplatz war unbequem und hart. Alles tat ihm weh, besonders der Rücken. Nach einem erfrischenden Bad beschloss er, das Innere der Insel zu erforschen, doch zeigte sich bald, dass es nichts zu erforschen gab. Steine, Steine, Steine, nichts als Steine, wo das Auge auch hinsah: Steine. Er fragte sich, wo die Nymphe wohl wohnte. Irgendwo musste sie ja sein. Jede Nymphe ist irgendwo. Wo wohnte die Inselnymphe? Vielleicht in einer Höhle, deren Eingang mit einem schweren Stein verschlossen war. Könnte sein, war wohl auch so, doch wäre es ein sinnloses Unterfangen gewesen, den Zugang zu suchen. Dafür hätte er alle Steine umdrehen müssen.

Als endlich der Abend kam, tauschte er die Langeweile gegen den Schlaf ein. Er schlief tief und fest, als sie kam. Sie kniete sich neben den Schlafenden, der ihr wieder den Rücken zukehrte. »Bist du vielleicht genauso eine Missgeburt, wie ich? Schön, aber keine Seele, kein Herz? Gefalle ich dir gar nicht, du Herrlicher? Nicht ein kleines bisschen? Komm, wir wollen uns zusammentun, denn wir haben das gleiche Schicksal. Nimm mich wenigstens einmal in deine Arme.« Sie legte die Arme des Schlafenden um sich, doch er zog sie gleich zurück und kehrte ihr den Rücken.

»Ach, warum bist du nur so abweisend? Warum nur?« Sie kuschelte sich fest an seinen Rücken, halbmondförmig, und hielt ihn ganz fest. Da spürte sie, wie sein Herz schlug.

»Ach, du hast gar kein Herz aus Stein! Du bist warm und weich und schön. Was hast du für eine Augenfarbe? Komm, zeig mir mal deine schönen Augen. Bist du gekommen, um mich zu holen, Liebster? Wartet dein Boot dort draußen, um uns ins Glück zu tragen? Nimm mich mit. Bitte, nimm die kleine Nymphe mit. Du hast ein warmes Herz, erbarme dich meiner. Bis morgen, Herzliebster, bis morgen.« Sie stand auf und verschwand rasch hinter den Felsen. Dort lehnte sie sich an den kalten Stein, und alles Herzeleid lief ihr die Wangen hinunter.

Der Zauberpilz war aufgegessen. Wenn die Vermutung seiner beiden Freunde stimmte, müsste sich das Herz der Nymphe verwandelt haben. Dann würde er im Morgengrauen Segel setzen und mit ihr diesem seelenlosen Gefängnis entfliehen.

Als die Nacht anbrach, stellte er sich schlafend. Sein Herz klopfte schneller, je heller es um ihn wurde. Als der Sand neben ihm leise knirschte, schlug er die Augen auf und blickte in ein helles Licht. Sie kniete neben ihm. Ach, war sie schön! Nicht in seinen kühnsten Träumen hatte er so viel Anmut gesehen. Es gab keine Worte, sie zu beschreiben. Als sich ihre Blicke trafen, waren ihre sanft und warm. Sie sahen sich lange an und Liebe floss von einem zum anderen. Sie fielen einander in die Arme und hielten sich schweigend ganz fest. Ihre Wärme vermischte sich und er spürte ihr Herz schlagen. Es war nicht mehr aus Stein.

»Oh du«, flüsterte sie, »oooooh – duuuh!«, und dann war nichts mehr zwischen ihnen. Kein gestern, kein morgen, keine Fragen, nur ein großes, gemeinsames Gefühl, in dem nur jetzt, hier und sie beide waren.

Am nächsten Morgen segelte ein kleines Boot mit weißem Segel davon. Es schaukelte, trieb auf den Wellen auf und ab, – mal mehr, mal weniger, – mal langsam, mal schneller. Ein ewiges Hin und Her, das Spiel zweier Liebender in einer Wunderwelt. Sie ließen sich treiben und entschwanden den Blicken.

Wolf und Fuchs sahen sich lächelnd an, schlugen ihre rechten Vorderpfoten aneinander und schlenderten vergnügt dem Wald zu.

***

»Sag mal, Josephine, ist sie die einzige Nymphe, die einen Sterblichen liebt?«, fragte Braaderup und fuhr ihr zärtlich durch das Haar. »Ach Braaderup«, flüsterte sie leise, »du stellst Fragen. Was soll ich dazu sagen?«

»Was du fühlst, Liebes. Was du fühlst.« Da sagte sie so leise, dass er es kaum hörte: »Ich glaube nicht«, und schmiegte ihr süßes Köpfchen fester in seinen Schoß.

Nachdem sie lange geschwiegen hatten, fragte Braaderup: »Wie ist es eigentlich mit der Unsterblichkeit, wenn ihr einen Sterblichen heiratet?«

»Das ist ganz unterschiedlich, mein Lieber. Entweder verzichte ich auf die Unsterblichkeit, und wir werden gemeinsam alt, oder du bekommst die Unsterblichkeit und wir leben ewig zusammen.«

»Mit dem Sterben hat es noch Zeit, Josephine. Lass' uns erstmal unsere Liebe leben. – Sehen wir uns morgen?«

»Ja, aber selbstverständlich.«

»Nach dieser schönen Geschichte, mein Herz, wird es für mich sehr schwer werden, dir etwas ähnlich Gutes zu bieten. Ich habe mir gedacht, nachdem du eine Geschichte über die Tochter des Nymphenkönigs erzählt hast, könnte ich dir die Geschichte von der Tochter des Schlangenkönigs erzählen. Sie ist so schön gruselig. Wir werden uns in der dunklen Laube fürchten. Ich habe sie nicht ohne Grund ausgesucht, denn ich hoffe, dass du dich ganz, ganz dicht an mich kuscheln wirst. Ich habe das sooooo gerne, mein Schatz.« Josephine lächelte verschmitzt und zwinkerte mit dem Auge. »Du, ich errate deine Gedanken, denn es sind auch die meinen.« Sie erhob sich und verschwand. Noch lange behielt er ihre Wärme zurück.

Am nächsten Abend ging Braaderup schon zeitig in die Laube. Der ganze Tag war reinste Vorfreude gewesen. Ach, er liebte seine Nymphe. Sie war für ihn das Licht in der Finsternis des Lebens. Ein lang gehegter tiefer Traum erfüllte sich mit ihrem Erscheinen. Sie war nicht nur die schönste Frau, die er sich vorstellen konnte, sie war intelligent und so unglaublich zärtlich. Wo nahm sie nur all die Zärtlichkeit her?

Nachdem er zwei Zigaretten geraucht hatte, sah er sie kommen. Das silberne Licht verriet sie. Rasch kuschelte sie sich ganz dicht an ihn und sagte: »Jetzt fühle ich mich sicher vor allen bösen Geistern. Du kannst mit der Geschichte anfangen.«

Die Tochter des Schlangenkönigs

Die Silhouette von Burg Weißenfels zeichnete sich gegen den schwarzblauen Sternenhimmel ab. Hoch droben, eingebettet im schroffen Fels, lag die Feste, unerreichbar, wie ein Adlerhorst. Das fahle Licht des Mondes ließ nur erahnen, wie mächtig und trutzig sie über das weite Land ragte.

In vergangenen Jahrhunderten war sie der Mittelpunkt des Lebens ringsumher. Die von Weißenfels erwiesen sich als edle Ritter. Sie beschützten ihre Untertanen und bekämpften das Böse, wenn es versuchte, sich auszubreiten. Gegen die Sarazenen im Heiligen Land kämpften sie ebenso tapfer wie gegen die Türken an den Grenzen des Reiches. Ihr Ruhm folgte ihnen weithin im Land.

Wer nun meint, sie wären eine kampfgierige Schlägertruppe gewesen, irrt sich gewaltig. Sie besaßen die größte private Bibliothek und förderten Kunst und Wissenschaft. Aus dem gesellschaftlichen Leben ihrer Zeit waren sie nicht wegzudenken. Kein Minnesänger zog vorüber, ohne für ein paar Wochen Gast auf Weißenfels zu sein. Legendär waren die rauschenden Feste und Turniere. Ritter aus fernen Ländern kamen zum Wettkampf, denn es war eine Ehre, dabei gewesen zu sein. Für ein paar Tage war die Burg der Mittelpunkt der ritterlichen Welt. Man pries die Pracht, die Gastfreundschaft und vor allem die Schönheit der minniglichen Frauen. Die von Weißenfels hielten Hof und zeigten ihre Macht.

Eines Tages verstummte das gesellige Treiben. Der letzte

Herr auf Weißenfels hatte einen Traum, der ihn umtrieb. Rastlos ritt er tagaus tagein durch das Land, als wäre er von einem bösen Geist getrieben. Keiner wusste warum, denn er sprach mit niemandem darüber. Gernot, der Burgvogt, hatte längst die Geschäfte übernommen, damit der Herr seinen inneren Nöten nachgehen konnte.

Irgendwann kam er tief in der Nacht nach Weißenfels zurück, eilte in die Bibliothek und schloss sich ein. Sie hörten ihn tagelang ächzen und stöhnen. Schließlich wurde es still. Seine Gefolgsleute brachen die Tür auf und fanden ihn tot auf dem Boden. Der Unglückliche hatte sich in sein Schwert gestürzt.

Auf dem Tisch lagen Federkiele, Papier und ein umgestürztes Tintenfass. Anscheinend hatte er bis kurz vor seinem Tod geschrieben, doch fanden sich keine Aufzeichnungen. Die Verfügung seines letzten Wille wäre wichtig gewesen, denn der verstorbene Herr war kinderlos. Solange sie auch suchten, es gab kein Testament. Die Regale waren voller Bücher, aber es gab keine Dokumentenmappe.

Nachdem der von Weißenfels in der Familiengruft beigesetzt worden war, durchforstete Gernot, der Burgvogt, den Familienstammbaum und fand einen Neffen, den Sohn des jüngsten Bruders, als rechtmäßigen Erben. Der studierte in Prag und wurde durch einen reitenden Boten unterrichtet. Es war Winter geworden, bis der neue Herr auf Weißenfels einzog.

Als er sich von der weiten Reise erholt hatte, zeigte ihm Gernot die Besitztümer und erzählte von den mysteriösen Umständen, die den Tod des alten Weißenfels umrankten. Der junge Herr hörte sich alles interessiert an und ließ sich in die Bibliothek führen. Er sah sich um, schien sich über die vielen wertvollen Bücher zu freuen, zog die Schubladen auf, sah flüchtig deren Inhalt durch und sagte zu Gernot: »Lieber Burgvogt, tut weiter alles, was nötig ist, so, wie Ihr es für richtig befindet, vor allem aber, haltet mir den Rücken frei. Ich brauche Zeit und Ruhe, wenn ich das Geheimnis um den rätselhaften Tod des Onkels lüften will. Stellt mir täglich Essen und Trinken vor die Tür und stört mich nicht.«

Dankwart von Weißenfels verschloss die schwere Eichentür und zündete die Öllampen an. Eine düstere Helle durchzog den Raum. Gespenstisch glitt das Flackern der Flammen über die Regale. Dankwart lächelte. Wenn er ängstlich gewesen wäre, hätte er meinen können, von vielen dunklen Geistern umgeben zu sein. Schatten von Schreckgespenstern entstanden im diffusen Licht der Leuchten, fuhren zuckend über die Wände auf ihn zu, griffen nach ihm mit drohenden Gebärden. Es schien, als würden sie ihn würgen, zerreißen. Alle Zeichen standen auf Vernichtung. Alles Böse schien aus finsteren Höllenschlünden aufzusteigen, um ihn in die Knie zu zwingen, zu demütigen, seine Seele zu zerbrechen. Doch je bedrohlicher das Szenario wurde, desto mehr lächelte Dankwart über das groteske Spiel dieser bizarren Lichtschatten. Alles, was er sah, waren Bilder seiner Phantasie aus der Tiefe seiner Seele, die durch die mystischen Ereignisse aufgewirbelt worden waren. Er fürchtete sich nicht, wusste er doch, dass alles wieder zur Ruhe kommen würde, wie der Bodensatz eines alten Weines. Nichts konnte ihn auf der Suche nach den letzten Spuren des Onkels aus der Ruhe bringen oder gar hindern.

Es lag auf der Hand, dass die Erklärung für dessen Rastlosigkeit und den unerklärlichen Suizid in den letzten Aufzeichnungen zu finden sein würde, die er sorgfältig versteckt hatte, damit sie nicht in falsche Hände kommen sollten. Hier irgendwo, in dieser riesigen Bibliothek, waren sie verborgen. Es schien die Suche nach der Stecknadel im Heuhaufen zu sein, doch er würde sie finden, dessen war er sich sicher. Es galt die vielen Bücher durchzugehen, Schubladen zu durchsuchen, Geheimfächer zu finden, kleine, versteckte Haken und Riegel zu entdecken; überall zu suchen, Stück für Stück, Meter um Meter.

Mit den Bücherregalen wollte er anfangen, systematisch, Buch für Buch, von der obersten Reihe bis zur untersten. Jeden Folianten wollte er durchblättern. Vielleicht ließen sich die letzten Gedanken des Onkels zwischen den Seiten finden. Eine mühselige, frustrierende Arbeit. Gelegentlich stieg er von der Leiter, um Abschnitte eines Buches zu lesen, weil ihn der Text interessierte. Dabei aß und trank er ein wenig, setzte aber dann sogleich seine Arbeit fort.

Es war Musik in seinen Ohren, wenn er eine Pergamentseite umschlug. Dieses grobe Knistern, fast Knarren, hatte etwas Geheimnisvolles, Heiliges. Oft blätterte er nur um des Blätterns willen, wegen der Geräusche, die entstanden. Ein Buch ist ein herrliches Kunstwerk und birgt zwischen seinem Einband oft noch viel größere Wunder. Waren die Verfasser der Bücher auch oft unbekannt, mussten sie doch wahre Helden des Geistes gewesen sein.

Manche waren in feines, weiches Leder gebunden, und seine Hand streichelte oft versonnen darüber. Wie ein Fellchen, dachte er, wie das geliebte Fellchen, – ach, wie wunderschön. Oft bestaunte er die kunstvollen Prägungen, die Beschläge, die Stiche auf der ersten Seite, die schönen, verzierten Anfangsbuchstaben der einzelnen Kapitel. Jeder ein Kunstwerk für sich. Wie viel Mühe doch in solch einem Buch steckt, wie viel Liebe.

Nach acht oder zehn Tagen, er wusste es nicht genau, denn er hatte das Gefühl für die Zeit verloren, legte er eine Denkpause ein. Er war entkräftet und konnte sich kaum noch auf der Leiter halten. Manches Buch war ihm schon aus der Hand gefallen und hatte Schaden erlitten.

Die Leiche des Onkels hatte wenige Meter von den Bücherregalen entfernt gelegen, mit dem Kopf zum Fenster. Dankwart hielt es durchaus für möglich, dass er seine Handschriften versteckt und sich danach gleich in sein Schwert gestürzt hatte. Demnach musste er besonders sorgfältig in den Regalabschnitten zu Füßen des alten Weißenfels suchen. Das war dort, wo all seine Kindheitsträume standen. Vor allem das Buch von Chrétien de Troyes »Lancelot«. Der Edelritter Lancelot du Lac, berühmtester Ritter der Tafelrunde, war das Idol seiner Kindheit. Er hatte die geraubte Frau seines Königs gerettet und sich nicht nur in sie verliebt, sondern seine Liebe war auch erwidert worden. Diese schicksalhafte Verbindung machte ihn unwürdig, nach dem Heiligen Gral zu suchen. Aus Liebeskummer grämte er sich schließlich zu Tode.

Ach, wie oft hatte ihm der Onkel diese traurige Geschichte vorgelesen, wie oft schlug sein Herz für den edlen Helden. Sein wahres Vorbild aber war Parzival. Irgendwo muss doch diese wertvolle Handschrift von Chrétien de Troyes sein, dachte er. Der Onkel hatte den »Conte du Graal« immer sorgfältig gehütet, hatte ihn sogar kunstvoll in weiches, schwarzes Leder binden lassen, mit dem Familienwappen derer von Weißenfels auf dem Einbanddeckel. Es existierten nur wenige Exemplare; ein schmales, nicht besonders umfangreiches Buch. Chrétien de Troyes ließ es unvollendet. Es stand im Regal in einer Höhe, die der kleine Dankwart erreichen konnte. Wie oft hatte er es für den

Onkel geholt. – Ach ja, da war es, zwischen Büchern über Dämonen und Geister, verdeckt von einem großen Folianten über die Bekämpfung des Bösen. Die von Weißenfels hatten alles darüber gesammelt. Eine ganze Regalreihe, denn der Kampf gegen das Böse war immer ihr Leitmotiv gewesen. Vom achten und zehnten Buch Moses, über die Merseburger Zaubersprüche, bis hin zu den Coniurationes Demonum, alles war vorhanden.

Dankwart fiel auf, dass diese Bücher, im Gegensatz zu den übrigen, völlig unordentlich standen, so, als wären sie in aller Eile hineingestellt worden. Mittendrin, halb versteckt, »Lancelot du Lac« und daneben sein »Conte du Graal«. Behutsam, vorsichtig, wie man eine Hostie fasst, zog er das Buch heraus. Als er es aufschlug, fielen die Aufzeichnungen des Onkels heraus. Dankwart hob sie auf. Ja, sie mussten es sein. Sie waren mit zittriger Hand und in größter Eile geschrieben. Trotzdem erkannte er die Schrift des Onkels.

Er war aufgeregt, als er die Seiten sortierte. Diese Blätter enthielten die geheimnisvollen Begebenheiten, die den Verfasser so verändert hatten. Dankwart setzte sich in einen bequemen Stuhl und rückte die Lampe zurecht. Als er beginnen wollte zu lesen, blies ein Windstoß das Licht aus. Die Regale knarrten, der Boden bebte, ein Rütteln erschütterte die Burg in ihren Grundfesten. Als der Spuk vorüber war, brannte das Lämpchen wieder.

Dankwart sah mit Erstaunen, dass das Manuskript des Onkels ein Brief an ihn war:

Lieber Neffe,
wenn Du diese Aufzeichnungen findest, und ich weiß, Du wirst sie finden, bist Du der Herr auf Weißenfels. Ein herrlicher Besitz. Ich bin immer sehr stolz darauf gewesen. Doch die Macht, die Du

nun hast, verpflichtet. Wir von Weißenfels haben stets für Recht und Ordnung und vor allem für das Gute gekämpft. Für das Gute eintreten, bedeutet, das Böse bekämpfen.

Zieh' aus, mein Junge und bekämpfe es, versuche es zu vernichten. Sei klüger und besonnener, als ich es war.

Ich habe den Kampf verloren, bin untergegangen, weil das Böse meinen Blick getrübt hatte. Du hast Mystik studiert und Metaphysik, kennst Dich mit transzendenten Dingen aus und wirst Dich nicht überlisten lassen. Brich bei Tagesanbruch auf, lieber Neffe. Suche die Frau, die ich geliebt habe und der ich nur Unglück brachte. Sage ihr, dass ich es nicht war. Nimm die unerträgliche Schuld von mir, damit meine Seele in Ruhe und Frieden ins Jenseits gehen kann. Ich fühle mich so schuldig, obwohl ich unschuldig bin. Das mag für Dich wenig plausibel klingen, doch höre meine Geschichte:

Eines Nachts stand ich im Traum ganz allein in einem großen, hell erleuchteten Spiegelsaal. Plötzlich erschien in einem der Spiegel, mir direkt gegenüber, eine wunderschöne Frau. Sie saß auf einem dicht bemoosten Stein am Ufer eines Sees. Ihr langes, dunkles Haar schimmerte im Mondlicht. Eine Hand spielte mit den Wellen, die andere stützte ihr Kinn. Voller Sehnsucht sah sie auf das Wasser hinaus. – Solche Bilder, lieber Neffe, gibt es nur in schönen Träumen.

Ich starrte sie an, konnte den Blick nicht von der Schönen lassen, und in meinem Herzen wuchs ein tiefes Sehnen. Einmal wollte ich diese Göttliche in den Armen halten, einmal ihren Duft einatmen, ihre Wärme spüren. Mehr begehrte ich vom Leben nicht und wusste doch, dass es sehr viel war. Zu viel?

Sie schien meine Blicke zu bemerken, denn sie stand auf und kam auf mich zu, kam näher und näher. Ich sah all ihre Schönheit, ihr verzauberndes Lächeln. Voller Verlangen streckte ich meine Hand aus, um ihr zu helfen, aus dem Spiegel in meine Welt einzutreten. Da prallte meine Hand gegen das Glas. Der Spiegel zerbrach in tausend Scherben und zugleich verschwand das Bild.

Von der nackten Wand grinste mich eine teuflische Maske an. Oh, wie schrecklich war der Anblick. Ich konnte ihn kaum ertragen. – Das Böse!, durchzuckte es mich. Das ist die Fratze des Bösen! Meine Hand fuhr zum Schwert. Ich musste das Ungeheuer vernichten. Mit beiden Händen hob ich die Waffe hoch empor und ließ sie niedersausen. Das Schreckliche hätte in der Mitte gespalten werden müssen, so gewaltig war der Hieb. Doch das Schwert zerbrach in der Luft und fiel klirrend zu Boden.

Die Missgestalt lachte hässlich und höhnisch: »Lass es bleiben, du kleiner, dummer Wicht. Willst dich doch nicht mit mir messen wollen. Mit einem Wink könnte ich dich vernichten, du lächerlicher Popanz. Doch warum sollte ich das? Du wirst es selbst tun, Weißenfels, edler Ritter gegen das Böse. Ihr werdet den Tag verfluchen, an dem Ihr mir begegnet seid, Herr von Weißenfels! Nicht ohne Grund habe ich dir die Herrliche gezeigt. Sie wird dir von nun an ständig vor den Augen sein. Vor Sehnsucht nach Liebeslust wirst du dich aufmachen, sie zu suchen. Soll ich dir was verraten? – Du wirst sie auch finden. – Es wird ganz an dir liegen, ob du mit ihr der glücklichste Mensch wirst oder jämmerlich zugrunde gehst. Du wirst zugrunde gehen, das ist sicher, du arroganter, selbstherrlicher Schnösel, der meint, das Böse besiegen zu können. Nichts kannst du, Weißenfels, kannst nicht einmal unser Spiel gewinnen. Glaube mir, du wirst die Seelenpein nicht ertragen können und dich in deiner Verzweiflung selbst entleiben. Garantiert! Jedem wird es so ergehen, der mich verfolgt, denn ich bin der Herr aller Dinge. Ihr werdet immer machen, was ich will. Nur wer diesen Teufelskreis durchbrechen kann, hat mich besiegt. So, ich will dich nicht länger aufhalten, mein Lieber, du wirst ja die schöne Nymphe suchen wollen, nach der sich dein Herz so sehnt. Nur zu. Wir sehen uns.«

Ich erwachte und rief nach den Bediensteten. »Sattelt mir den

Rappen mit den feurigen Augen und legt mir die schwarze Rüstung an, die mit den Rabenflügeln am Helm. Ich muss fort, muss sie suchen, bevor ein Unglück geschieht. Eilt euch, ihr Männer. Ich habe keine Zeit. Vorwärts! Vorwärts!«

Ich saß auf und sprengte hinaus in den aufkommenden Morgen. Wie besessen ritt ich immer geradeaus, bis ich mich besann und das Pferd anhielt.

Ich setzte mich auf einen Stein und sortierte meine Gedanken, die, vom nächtlichen Traum verschreckt, noch wirr durcheinanderliefen.

Was war eigentlich geschehen? Im Traum sah ich eine wunderschöne Frau, die an einem See auf einen Stein saß und mir dann über eine Blumenwiese entgegen kam. Soviel zur Ortsbeschreibung. Es galt einen See zu finden, der von einer Blumenwiese umgeben war. Irgendwo am Ufer dieses Sees musste ein Felsbrocken liegen, auf dem manchmal eine wunderschöne Nymphe sitzt. Sie musste eine Nymphe sein, denn ich hatte das zarte Blitzen in ihren Augen gesehen, als sich unsere Blicke trafen, und es war nicht das Mondlicht, das sie in einen leichten, weichen Lichtkranz hüllte. Es gab keinen Zweifel, dass ich mich in eine Nymphe verliebt hatte.

Dankwart, mein lieber Junge, ich schreibe meine Überlegungen deshalb so sorgfältig auf, weil sie Dich, wie auch mich, ans Ziel führen werden.

Belastend, aber auch eine Herausforderung, war das Spiel mit dem Bösen. Überall haben wir Weißenfels es zu bekämpfen versucht, nun hatte es mich zum Wettkampf gefordert. Junge, glaube mir, einem kampferprobten Manne, es ist mächtig, übermächtig. Ich konnte es nicht bezwingen. Gegen Unehrlichkeit und Hinterhalt sind wir mit unserer weißen Lilie machtlos. Wir gehen unter, aber mit Würde und Anstand. Denke immer daran: wehrlos, aber nicht ehrlos.

Du bist ein schlauer Kopf, Dankwart. Mit Deiner Klugheit und Besonnenheit bist Du ihm gewachsen, da bin ich mir sicher. Mache reichlich Gebrauch von Deinen Tugenden.

So, nach diesen Hinweisen und Warnungen fahre ich in meiner Geschichte fort.

Ich ritt Monat für Monat durch die Lande, immer auf der Suche nach dem See mit der Nymphe. Nie kam mir der Gedanke, die mühevolle Suche aufzugeben, denn je länger ich suchte, desto mehr brannte mein Herz, desto größer wurde die Sehnsucht nach dieser Engelsgestalt. Ich musste sie finden, und wenn ich bis ans Ende meiner Zeit unterwegs war.

Eines Nachts, das fahle Licht des vollen Mondes erhellte den Weg, ritt ich durch einen dichten Laubwald. Das Pferd war unruhig, tänzelte ängstlich, schnaubte bebend durch die Nüstern, als wittere es Gefahr. Kaum konnte meine starke Hand es zügeln. Als sich der Wald öffnete, lag vor mir ein See. Das Licht des Mondes wiegte sich auf dem Wasser. Und dort auf einem Stein saß sie, die lang Ersehnte. Sie musste es sein, denn die vor mir liegende Szene entsprach ganz dem Bild im Spiegel. Wie ich geradewegs auf sie zureiten will, höre ich sie singen. Es war eine so schöne, melancholische Weise. Ich zügelte das Pferd und saß leise ab. Gebannt stand ich hinter schützendem Laub und lauschte der zarten, wehmütigen Melodie. Dabei betrachtete ich die Sängerin. Sie hatte mir den Rücken zugewandt und sah hinaus auf den See, als würde sie nach etwas Ausschau halten.

Als ihr Lied verstummte, trat ich aus dem Schatten der Bäume und ging langsam über die Wiese auf sie zu. Ach, wie bebte mein Herz, als sie mich ansah. Mir fehlen die Worte, mein Junge, um Dir ihre Schönheit und Anmut zu beschreiben. Noch nie sah ich ein Wesen, so unwirklich schön, so rein und tugendhaft, wie sie.

»Edle Herrin«, sprach ich sie an, »erlaubt mir, ein wenig in Eurer Gesellschaft auszuruhen, bevor ich weiterziehe. Des Tages

Mühen waren groß. Das Pferd und ich sind am Ende unserer Kraft. Gestattet uns eine kurze Rast.«

»Ihr seid willkommen, edler Ritter. Ihr tragt die Lilie der Reinheit auf Eurem Gewand, deshalb fürchte ich mich nicht vor Euch. Setzt Euch nieder, edler Herr«, sagte sie und wies mir den Platz an ihrer Seite. Als sich unsere Blicke trafen, sah ich feine Blitze aus ihren Augen funkeln. Es gab keinen Zweifel. Sie war es, die ich suchte.

Ich setzte mich im gebührenden Anstand zu ihr und wollte ein Gespräch anfangen, als ich bemerkte, dass sie unentwegt, wie abwesend, über das Wasser blickte.

»Ich möchte Euch in der Betrachtung des Wassers nicht stören, Verehrteste. Es ist ein gar herrliches Bild, die Silberfäden des Mondes auf der Oberfläche tanzen zu sehen.«

»Ach, edler Herr, ich halte nach meinem Gatten Ausschau. Er kommt oft um diese Zeit. Es wäre nicht gut, wenn er Euch hier sehen würde. Er ist ein liebevoller, zärtlicher Gemahl, doch duldet er keine Nebenbuhler. Es könnte Euch schlecht ergehen. Er achtet sehr auf mich, besonders jetzt, wo ich sein Kind unter dem Herzen trage. Er kommt immer zur selben Zeit, doch die ist jetzt vorüber. Nun können wir ohne Sorge plaudern. Was führt Euch des Weges?«

Da erzählte ich ihr alles, vom Spiegel angefangen, über das Böse hinter dem Spiegel, von meiner Sehnsucht, bis hin zu dem schändlichen Spiel, das das Böse mit mir trieb. Sie hörte aufmerksam zu, lächelte und sagte: »Ihr meint nicht, Herr Ritter, dass es ein Traum war, dem Ihr aufgesessen seid? Einem einfachen Traum, und alles ist gar nicht wahr?«

»Ach, meine Schöne, es war kein Traum, das sehe ich allein daran, dass es Euch gibt und ich Euch liebe, vom ersten Augenblick an. Natürlich hat sich alles verändert. Das Bild im Spiegel sagte mir nichts von einem Ehemann. Jetzt, da ich es weiß, kann

ich Euch nur noch, als Euer Ritter, meine Minnedienste anbieten, und Euch bitten, sie anzunehmen. Ich will für Euch Taten vollbringen, nur für ein beseligendes Lächeln, als Zeichen Eurer Huld. Ich bin der von Weißenfels, Ihr dürft über mich verfügen.«

»Ich bin die Wassernymphe Mara, Behüterin der Seen und danke Euch für die Ehrerbietung. Die Zeit der Minnedienste ist vorüber, mein teurer Held, das war gestern, wir leben im Heute, da muss ich mich, als tugendhafte Frau fragen, was geziemt sich für mich, was darf ich von Euch verlangen, ohne dass es meinem Ruf schadet. Leistet mir Gesellschaft, unterhaltet mich, solange Ihr mögt. Ich bin jede Nacht hier und erwarte Euch. Kommt eine Stunde nach Mitternacht, da droht Euch keine Gefahr.«

Ich verlebte mit ihr Wochen größter Glückseligkeit, bis eines Tages eine Stimme in mir fragte: Was ist das für eine seltsame Geschichte mit diesem Ehemann, der nur gelegentlich und zur mitternächtlichen Stunde erscheint? Gibt es den überhaupt, und wenn, was ist das für einer, der das Herz dieser wunderbaren Frau erobert hat? Fragen, die mich quälten, die mich nicht mehr losließen. Ich musste ihnen nachgehen, musste Antworten finden. Gepackt vom bösen Drang beschloss ich, jeden Tag, kurz vor Mitternacht, im Wald versteckt, auf der Lauer zu liegen, bis der Unbekannte sich zeigte.

Am Tag nach diesem verhängnisvollen Entschluss lag ich am Waldrand, gut versteckt unter den Zweigen eines großen Haselstrauches. Als es auf Mitternacht ging, wallte das Wasser auf und überschäumte sich. Riesige Wellen klatschten an das Ufer und aus der tosenden Flut schlängelte sich eine riesige Schlange mit einer goldenen Krone auf dem Haupt. Sie kroch auf die schöne Nymphe zu und wand sich um sie. Mara hielt sie mit beiden Armen, wie man einen Geliebten hält. Oder wehrte sie das Untier ab? Ich sprang auf und eilte mit vorgestreckter Lanze auf das Ungeheuer zu. Da wurde mir die Lanze aus den Händen gerissen und mit ungeheurer Wucht auf die Schlange geworfen, die, im Kopf durchbohrt, sich von der Nymphe löste und mit jammervollem Stöhnen verendete. Die Krone fiel ihr vom Haupt und der Körper löste sich auf.

Mara drehte sich ganz langsam um. Sie schien vor Schrecken erstarrt zu sein. Sie sah mich an. Ach, diese Augen, – diese qualvollen, weit aufgerissenen Augen. Ich werde sie nie vergessen. In ihnen lag nicht nur Verzweiflung, sondern so viel Verachtung. Da war kein fröhliches Nymphenblitzen mehr, nur noch Leid, Schmerz und Verachtung.

»Was hast du getan, gewalttätiges Scheusal, was hast du nur getan, du verfluchter Hund. Scher dich in die tiefste, finsterste Hölle, wo du hingehörst.« Sie sprang ins Wasser und verschwand in der Tiefe.

Ich stand wie gelähmt. Mir stockte der Atem. Das alles ist nicht wirklich, dachte ich. Alles ist nur ein böser Traum. Doch in diesem Augenblick hörte ich das grässliche Lachen des Bösen. Hörte, wie er sagte: »Siehst du, Weißenfels, jetzt ist dein weißer Fels besudelt, deine Lilie voller Blut. Jetzt bist du schuldig. Nicht vor der Welt, die weiß nichts, aber vor dir. Das ist bitter, gell? Ja, ja, wenn ich etwas mache, dann ordentlich. Warum hast du alter Narr dich nicht gefragt, wer dir die Zweifel ins Ohr geflüstert hat? Dummkopf! Hast du so wenig Verstand? War doch klar, dass ich es war. Dieses Geturtel mit der Nymphe ging mir langsam auf die Nerven. Es war zu schön. Ich liebe das Schöne nicht und musste die Sache beenden. War ganz leicht. Du bist sofort darauf reingefallen. Mensch, Junge, gehst gleich hirnlos mit der Lanze auf den Schlangenkönig los. Wenn ich dir nicht geholfen hätte, hätte er dich fertiggemacht. Das konnte ich natürlich nicht zulassen, denn du gehörst mir, mir ganz allein. Es geht um unser Spiel! Nun komm, lass nicht gleich den Kopf hängen. Ich möchte doch nur, dass du es einsiehst, dass du erkennst, wie klein und un-

bedeutend du bist. Erkenne es, und alles ist gut. Ich lasse dich für diesmal laufen. Suche nach ihr, bitte sie um Vergebung. Sie soll den Fluch von dir nehmen. Dann ist deine Seele wieder frei und unser Spielchen beginnt von neuem. Komm, sei ein Mann, spiel wieder mit, großer Kämpfer gegen das Böse. Verdirb mir den Spaß nicht. Ich freue mich doch so, wenn ich Menschen quälen kann, besonders die Guten, Edlen.«

Dankwart, lieber Neffe, glaube mir, ich war wie gelähmt. Etwas in mir sagte, ich solle nach Weißenfels zurück reiten und nachdenken. Ich tat es. Hier in der Bibliothek habe ich alle Bücher über das Böse und seine Bekämpfung gelesen. Es scheint kaum möglich, aus diesem Kampf als Sieger hervorzugehen. Der Kampf war bereits verloren, bevor er begann.

Weil ich mich von dem Ungeheuer nicht zu Tode quälen lassen will, mache ich ihm einen Strich durch die Rechnung und setze meinem Leben selbst ein Ende. Er weiß es. Er weiß auch, dass ich an Dich schreibe, dass Du auf ihn Jagd machen wirst, denn er grinst mich mit seiner scheußlichen Fratze aus dem Papier, das ich beschreibe, ständig an. Plötzlich war er da und sagte: »Na, Herr von Weißenfels, mein tugendhafter Ritter, gebt Ihr jetzt schon das Spiel verloren, wollt das Handtuch werfen? – Rafft Euch auf, sucht die Traumgestalt, mit der Ihr Euch doch so gut verstanden habt. – Ach, was war er doch verliebt, der von Weißenfels, war mit ihr ein Herz und eine Seele. – Sagt ihr, dass nicht Ihr die Lanze warft. Sie wird es glauben und den Fluch von Euch nehmen. Das könnte Eure Seele retten. – Wie die Dinge zurzeit stehen, gehört sie mir. Überlegt es gut. Hier geht's um was.«

Ich ließ mich von dem Monster nicht beirren und schrieb weiter. Nach einer Weile erschien die Fratze wieder und sagte höhnisch: »Aha, da wird schon das nächste Opfer auf mich angesetzt. Der tugendhafte, gelehrte Herr Neffe. Wie herzlos, lieber Weißenfels, mir dieses junge Blut zum Fraß vorzuwerfen. Es wird ihm so ergehen, wie Euch. Versprochen! Opfert ihn nur, das steigert noch mehr Eure Schuld. Übrigens, schreibt ihm, dass ich aufs Ganze gehe. Wird er glücklich aus der Sache hervorgehen, gebe ich mich geschlagen und ziehe mich zurück. Das ist doch ein faires Angebot. Ach, was ich dir noch sagen wollte, in wenigen Minuten wirst du dich in dein Schwert stürzen. – Also dann, bis später.«

Dankwart, lieber Neffe, nun weißt Du alles. Ich lege den Brief in den »Conte du Graal« und stelle den »Lancelot« daneben. Ich glaube, Du musst beide Helden sein, wenn Du das Böse besiegen willst.

Leb wohl, Neffe und halte die Fahne derer von Weißenfels in Ehren.

Dein verzweifelter Onkel

Als Dankwart die beschriebenen Blätter des Onkels zusammengelegt und das kleine Bündelchen in den »Conte du Graal« gesteckt hatte, schallte durch den dämmrigen Raum ein höhnisches Lachen. »Na, bist du bereit, Letzter derer von Weißenfels? Hoffentlich wird es mit dir lustiger, als mit dem Onkel, diesem Dummkopf. Sicher, er war ein Held, ging als Sterblicher gegen den Schlangenkönig vor. Hut ab! Das war tapfer. Fast wäre er ums Leben gekommen, hätte ich nicht geholfen. Doch, ganz ehrlich, er spielte zu oberflächlich, wie Helden nun einmal sind, durchschaute die tieferen Verknüpfungen nicht, fiel auf jeden Trick rein. Mit ihm machte das Spiel keinen Spaß. Er war leicht zu durchschauen. Der alte Weißenfels war eine ehrliche Haut, mit reiner Seele, ohne jede Hinterfotzigkeit, keine Tücke, keine List, keine Finte. Er war eine zu leichte Beute. Für mich wenig reizvoll. Hoffentlich bist du schlauer und ausgebuffter, dann werden wir viel Freude aneinander haben, bis du schließlich auch am Ende bist, denn, glaube mir, dieses

Spiel hat nur einen einzigen Sieger: mich!!! Das Böse triumphiert immer, weil ich überall bin, sogar in dir und dem lieben Verblichenen. Ich kenne die Schwächen, Hoffnungen und Wünsche, kenne das Gemeine, Gier und Habsucht. Alles weiß ich zu meinem Vorteil zu nutzen. Ihr Menschen liefert mir doch das Werkzeug, mit dem ich euch zerlege. Ich habe mich noch nie plagen müssen. Ihr macht es ganz alleine. Auch du, gelehrter Herr von Weißenfels, Ritter der weißen Lilie, wirst dir selbst den Strick drehen, an dem du dich erhängst. Ich werde dich durch alle Tiefen und Niedrigkeiten des Lebens schleifen, du wirst so viel Schande und Schuld auf dich laden, dass dich vor dir selbst ekelt und du mich, vor Schande und Reue, anflehen wirst, dich zu holen. Doch dein Winseln wird vergebens sein. Du musst es selbst tun. Ich mache mir doch nicht die Hände schmutzig, da kannst du sicher sein. Also dann, herzlich willkommen im Spiel. Du darfst anfangen, hast sozusagen den ersten Zug. Wenn ich dir noch einen Rat geben darf: ich würde die Nymphe suchen. Der liebe Onkel hat dir ja den Weg beschrieben. Reite gleich morgen los, damit dein Schicksal endlich seinen Lauf nehmen kann. Viel Glück.«

»Hey«, sagte Dankwart mit ernster, bestimmender Stimme, »du kannst dich doch nicht einfach mir nichts, dir nichts verpissen. Was ist denn das für eine Art. So etwas kommt bei mir nicht an! Du bietest mir ein Spiel an und fragst nicht mal, ob ich Lust habe mitzuspielen, erklärst mir die Regeln nicht, nach denen gespielt wird, sagst nicht, wer wann gewonnen hat. Hätte ich nicht so große Lust, mit dir zu spielen, würde ich dir den ganzen Unsinn gerade vor die Füße werfen. So funktioniert das nicht, mein Lieber. – So nicht und mit mir nicht! Blähst dich auf, wie ein Frosch, gibst an, wie eine Tüte Mücken und sagst nichts zu dem

Spiel, außer dass du glaubst zu gewinnen. Glauben ist nicht wissen! Also, bilde dir nicht so viel ein. Bis jetzt konntest du mich nur davon überzeugen, dass du ein aufgeblasener Schwätzer bist. Ich habe keine Angst vorm ›schwarzen Mann‹. Wenn es in dem Spiel keine Regeln geben sollte, stelle ich jetzt eine auf, an die wir uns beide halten müssen, wenn dir an meiner Teilnahme etwas liegt. Wer sie bricht, bekommt für jedes Mal zehn Minuspunkte. Wer hundert voll hat, ist der Verlierer. Okay?«

»Was bildest du Nichts dir eigentlich ein? Willst mir Regeln auferlegen?«

»Ja, gewiss will ich das, denn ein Spiel ohne Regeln ist Kampf, und kämpfen würde ich nie mit dem ehrlosen Mörder des Schlangenkönigs. Stimm' der Regel zu, und das Spiel beginnt. Es liegt ganz bei dir, Herr Großkotz.« Dankwart vernahm ein zorniges Husten, dann ein Schnauben, fast einem Zornessprühen gleich und nach einer Weile sagte die Stimme gepresst: »Na gut, nur damit es endlich losgeht: Ich stimme zu. – Halt! Du hast ja gar nicht gesagt, was diese Regel beinhaltet!«

»Ganz einfach, Graf Protz, dein dummes Gequatsche ist für keinen gewinnbringend, es stört doch sehr den Ablauf des Spiels. Deshalb besagt Regel 1: Das Spiel ist lautlos zu spielen. Worte oder gar Kommentare zwischen den Spielern sind verboten.«

»Du miese, hinterhältige Ratte«, fauchte da das Böse, »du weißt ganz genau, wie viel Spaß mir das Reden macht, was man damit für eine tolle Wirkung erzielen, und wie man den Gegner verunsichern kann. – Aber gut, ich habe ›Ja‹ gesagt. Es bleibt dabei. Bei dir muss ja selbst das Böse auf der Hut sein.« Dankwart lächelte: »Wenn du meinst. Ach ja, für deine Ausführungen eben bekommst du schon die ersten zehn Minuspunkte. Ich hoffe, du hast so viel Verstand, das zu registrieren. Ich werde es nicht vergessen. Wenn ich dir noch einen Rat geben darf: Ich an deiner Stelle würde jetzt die Klappe halten, sonst ist dein Minuskonto voll, bevor ich die Burg verlassen habe.«

Dankwart hörte noch ein geräuschvolles Würgen und Schlucken, dann war Ruhe.

Ihm war bewusst, was für ein riskantes Spiel er mit dem Bösen trieb und fand sich mutig und tapfer, wie Lancelot du Lac.

Am nächsten Morgen rief der junge Weißenfels die Gefolgsleute im Burghof zusammen.

»Männer«, sagte er, »ich habe die Rätsel um den Tod meines Onkels gelöst und ziehe nun in einen Kampf, den ich ganz alleine ausfechten muss. Sattelt den Schimmel und bringt mir die Kreuzritterrüstung derer von Weißenfels, die mit dem weißen Umhang und dem großen Kreuz auf Brust und Rücken. Dazu den Helm mit dem weißen Straußenfederbusch und den Taubenschwingen. Lasst die Waffen in der Kammer, sie bringen nur Unheil. Mir genügen die Heilige Schrift, ein Kruzifix, Knoblauch und Alraunewurzel. Alles andere trage ich in mir. Ich nehme auch die Laute mit. Sie wiegt nicht viel und ist ein fröhlicher Begleiter. Räumt schön auf, wenn ich weg bin. Sorgt dafür, dass Burg Weißenfels wieder im alten Glanz erstrahlt, denn wenn ich zurück bin, feiern wir ein großes Fest.«

Er ließ sich die Rüstung anlegen, bestieg den Schimmel und ritt davon. Der Weg führte ihn von Burg zu Burg, von Schloss zu Schloss. Überall öffneten sich die Tore für den jungen, schönen Kreuzritter und beim Anblick der weißen Lilie derer von Weißenfels flogen ihm alle Herzen zu.

Viele fragten besorgt, ob es denn schon wieder so einen fürchterlichen Kreuzzug gäbe, doch Dankwart beruhigte sie: Ja, er wäre auf einem Kreuzzug, aber einem ganz persönlichen, gegen das Böse, wie es schon immer Weißenfelser Art gewesen sei, und er, der Letzte seines Geschlechts, wolle nun zum entscheidenden Vernichtungsschlag ausholen. Er sähe die Zeit als gekommen, das Übel mit Stumpf und Stiel auszurotten. Er erzählte das alles bewusst in epischer Breite, um das Böse zu verärgern, es aus der Reserve zu locken.

Als er eines Abends in sein Zimmer kam, hörte er ein unheimliches, böses Knurren. »Du kleiner, mieser Wicht willst also zum endgültigen Vernichtungsschlag gegen mich ausholen? Habe ich recht gehört? Bist du dir sicher, dass du dazu kommst, du Wurm? Du zappelst doch schon fest und sicher in meinen Fängen. Vor mir musst du dich nicht verstellen, Herr Neunmalklug. Ich weiß doch genau, wie sehr du dich nach der Nymphe sehnst. Verstelle dich nicht, und vor allem, lege dich nicht auf die faule Haut. Ich werde dafür sorgen, dass du sie bald findest, damit endlich Bewegung in unser Spiel kommt. Was glaubst du, warum ich dich durch die hübschen Burgfräuleins anschärfe? Mit jeder mehr. Hast doch schon oft davon geträumt, dir eine ins Bett zu holen, du Lüstling. Doch spare deine Kräfte für sie, die Eine, die Einzigartige. Sie ist die Erfüllung aller Lust. Wer sie einmal gesehen hat, begehrt nur sie und kommt nicht mehr von ihr los. Hast es ja bei deinem Onkel gesehen, dem alten Bock.«

»Oh«, rief Dankwart, »da ist er ja wieder, der Herr Wichtigtuer. Du hast dir schon wieder zehn Minuspunkte verdient, mein Lieber. Herzlichen Glückwunsch! Nun stört mich nicht länger, ich möchte noch musizieren.« Er nahm die Laute zur Hand und sang ein hübsches Liebeslied. Es hatte viele Strophen, warm und weich und entflammte die Herzen. Da klopfte es leise an der Tür und die Burgherrin schlüpfte herein. An der Tafel hatte Dankwart sie schon bewundert. Sie war eine edle Erscheinung. Wunderschön und voller Grandezza. Er hatte ihr schmachtende Blicke zugeworfen, die sie ihm mit der nötigen Distanz erwidert hatte. Der selige Taumel, der ihn ergriff, war der Grund, weshalb er sich zeitig zurückzog, um zu musizieren, denn nur die Musik vermag alle Freude und Lust auszudrücken.

»Ach, Herr Dankwart, im Vorübergehen hörte ich Euch spielen. Wie schön Ihr zur Laute singt; so melancholisch erregend. Wie damals, als noch die Minnesänger von Burg zu Burg zogen. Lasst mich ein wenig zu Euch setzen und Euren Liedern lauschen. Ich zupfe auch gern das Instrument.«

»Ganz nach Eurem Belieben, edle Frau. Macht es Euch nur bequem. Nehmt meine Laute. Nicht jeder spielt das Instrument mit zarten Händen, doch die Euren scheinen mir virtuos.«

Sie spielten eine ganz besondere Weise, die leise begann, häufig im Tempo wechselte, um voller Hingabe, über ein Allegro in Presto überzugehen, dem, wie eine Atempause, ein Adagio folgte und in einem lebhaften Prestissimo endete. Nach einer Weile wurden die Instrumente gewechselt und bald klangen Flöte und Harfe in schönster Harmonie. Es war ein berauschendes Spiel, und sie hatten ihre Freude daran.

Einer freute sich nicht. Das Böse. Es sah gelangweilt zu und ärgerte sich, weil es keinen entrüsteten Ehemann hervorzaubern konnte, der zum tödlichen Zweikampf den Fehdehandschuh warf. Es war ärgerlich, dass er das Herz dieses einfältigen Toren nicht mit Sehnsucht nach der Nymphe erfüllen konnte. Diesem Kerl war nicht beizukommen. Der kam nicht auf seine Spur, machte einfach, was er wollte, genoss das höfische Leben, war galant zu jedermann und gut gelitten. Wenn er weiterzog, winkten ihm alle nach und manch schönes Burgfräulein wischte sich heimlich Tränen aus den Augen.

Mit höhnisch-gemeinen Reden würde er ihn ganz sicher aus der Reserve locken, doch das war gegen die Regel. Da hatte ihn der Lauser so richtig reingelegt. Er erinnerte sich nur ungern daran. Dieser Weißenfels hatte einen schwachen Moment von ihm genutzt. Der war gar nicht so einfältig, wie er dachte. Schon glaubte er ihn am Boden, fühlte sich als Sieger, als dieser Mensch mit seinem simplen Trick all seine Freude zunichtemachte. Sicher, er brauchte sich ja nicht daran zu halten, doch auch das Böse hat eine Ehre. Was er versprochen hatte, hielt er auch.

Ihm war nun leider eine bewährte, scharfe Waffe genommen worden. Reden kann nerven, zornig, ja rasend machen. Mit reden lassen sich Massen bewegen, Gedanken manipulieren, Meinungen machen. Eine Rede kann schärfer und tödlicher sein, als ein Schwert. Mit einem billigen Trick war er um diese seine Lieblingswaffe gebracht worden, um das wirklich Böse. Ach, wie böse konnte man mit Worten sein, wie ungerecht, wie aufreizend.

Zwanzig Strafpunkte hatte er schon hinnehmen müssen, weil er nicht schweigen konnte. Der Weißenfels aber amüsierte sich, ließ nichts, außer schöne Frauen an sich rankommen. Die waren geradezu verrückt nach ihm. Wie sie ihn umgurrten und betaten. Und er ließ nichts anbrennen. Ekelhaft, dieser Bursche. Jetzt wusste er auch, warum der Weißenfels eine Laute und kein Schwert mitgenommen hatte. So eine Laute öffnet Tür und Tor, ohne Anstrengung, ohne jedes Risiko. Ein gerissener Kerl, dieser Dankwart. Hat wohl in Prag Musik und Minne studiert. Na ja, soll er ruhig seine kleinen Vergnügen haben. Die Zeiten werden sich bald ändern. Wenn er erst winselnd am Boden läge, würde er ihm schon seine Krallen in den Nacken schlagen. Genau in dem Moment, wenn er besonders glücklich wäre. Elendig wird er Staub fressen und ins Gras beißen, dieser unangenehme Mensch. Ja, ja, die Zeiten werden immer schlechter. Nichts ist mehr so wie früher, da kann der Weißenfels noch so sehr einen auf Minnesänger machen. Man sieht es doch deutlich, nur die Älteren liegen ihm zu Füßen, die Jungen kichern nur verlegen. Gut, zugegeben, auch sie gieren ihm heimlich in den Schritt, aber ohne auf ihn Lust zu haben; meinte er wenigstens. Für ihn machen sie nichts Verbotenes. Damit macht er es auch nicht. Eigentlich schade. Wenn sich eine seinetwegen vom Burgturm stürzen würde, wäre er mit Schuld besudelt. Das unbekümmerte, fröhliche Lachen würde ihm vergehen. Schwarze Schatten würden seine kindliche Seele verdunkeln. Das wäre ein guter Anfang, so ganz nach seinem Geschmack. Na ja, wird alles noch kommen.

Noch lange hatte ihm die Burgherrin nachgewunken, und nun ritt er schon Wochen durch das Land, auf der Suche nach einem See mit einer Nymphe, die für ihn zum Schicksal werden sollte. Wenigstens meinte das das Böse. Was passieren würde, war ungewiss. Er machte sich darüber auch gar keine Gedanken. Alles würde so kommen, wie es kommen sollte und Dankwart war sich sicher, dass er bestehen würde.

Er ritt durch Gebirge und Wälder, überquerte Flüsse

und Wüsteneien, begann langsam müde zu werden, denn es schlief sich schlecht auf der nackten Erde oder im Sattel. Er suchte eine Burg, wo er mal wieder in weichen Betten schlafen konnte, doch in dieser öden, einsamen Gegend fand sich weit und breit keine Herberge. Kein Licht schimmerte in der Dunkelheit. Nur der Vollmond, sein treuer Begleiter in so vielen durchrittenen Nächten, erhellte den Weg. Manchmal, wenn er im Sattel schlief, träumte er von den schönen Burgfräuleins, von ihren weichen, warmen Armen, träumte von dem Lächeln, das sie ihm zuwarfen, flüchtig, doch so, dass es tief ins Herz ging. Er träumte von Nähe und Wärme und zog den Kreuzritterumhang fester um sich. Wie gerne würde er den unbequemen Sattel gegen einen Schoß eintauschen. Doch er hatte eine Pflicht zu erfüllen. Dann erst war Zeit für die schönen Dinge.

Spät nachts, er suchte nach einem Rastplatz, tat sich der Wald auf, und vor ihm, im Mondenschein, lag ein großer See; ein See, wie ihn der Onkel beschrieben hatte. Es schien ihm, als wäre der alte Weißenfels damals an der gleichen Stelle aus dem Wald gekommen.

Die Nacht war sternenklar und die Silberfäden des Mondes tanzten zwischen den Wasserrosen auf der gekräuselten Oberfläche. Der Wind lief raschelnd durch das Schilfrohr. Rechts vor ihm, unmittelbar am Ufer saß sie, genauso, wie sie der Onkel beschrieben hatte. Die rechte Hand streifte das Wasser, in der linken ruhte ihr Kinn. Sie sah ihn kommen und blickte wortlos zu ihm hoch. Er zügelte sein Pferd und saß ab. »Ich grüße Euch, edler Ritter. Seid Ihr gekommen, um mir Gesellschaft zu leisten? Nehmt Platz an meiner Seite. Ihr seid sicher lange geritten, denn Euer Pferd ist müde.«

»Habt Dank für die freundliche Einladung, schöne Frau.

In der Tat, Ihr seht zwei müde Gefährten vor Euch. Wir sind seit Monaten unterwegs, um Euch zu suchen. Nach einem langen, entbehrungsreichen Ritt haben wir Euch gefunden und dürfen ausruhen. Ach, wie weich doch das Moos ist und wie wärmend Eure Nähe.«

Sie blickte ihn an, ihre Blicke trafen sich, und Dankwart spürte zum ersten Mal in seinem Leben ein Sehnen im Herzen. Sie war wunderschön, wie er schöner noch nie eine Frau gesehen hatte. Auch wenn das lange, weiße Gewand ihren Körper bedeckte, so schien sie ihm zierlich, zart und doch wohlproportioniert. Sie strahlte Sanftheit und Güte aus, was das Überirdische ihrer Erscheinung betonte. Ein unglaubliches, wundervolles Wesen, dachte Dankwart und konnte die Not des Onkels gut verstehen.

»Seid Ihr Mara, die Nymphe, die Gattin des Schlangenkönigs?«, fragte er sie. »Nein, Herr, der Schlangenkönig und Mara sind tot. Ich bin Gabrielle, ihre Tochter. In warmen Vollmondnächten zieht es mich an diesen Ort, wo meine Eltern so glücklich miteinander waren, bis das Böse meinen Vater tötete und meine Mutter vor Trauer und Gram bald darauf starb. Sie wollte ohne den Vater nicht sein. Es wird Euch vielleicht wundern, Herr, aber auch die Ehe zwischen einer Schlange und einer Nymphe kann glücklich und erfüllt sein; überglücklich sogar.«

»Ach, Gabrielle, ich darf Euch doch Gabrielle nennen? Was Ihr mir da erzählt, ist entsetzlich und erfüllt mich doch mit großer Freude, weiß ich nun, dass die Seele des Onkels gerettet ist.« Er stand auf, legte beide Hände wie einen Trichter vor den Mund und rief, so laut er konnte: »Du elender Wicht hast den Onkel nicht besiegt. Du hast ihn hinterhältig, wie es für Herren deiner Art üblich ist, in den Tod getrieben!« Da dröhnte ein lauter Donner durch die

Nacht, ein Blitz zerriss die Dunkelheit und über den See wälzte sich eine riesige Flutwelle auf das Ufer zu. Dankwart packte Gabrielle und lief mit ihr, so schnell er konnte, dem Wald zu. Mit dem linken Arm hielt er sie fest, mit dem rechten umklammerte er einen Baum, als die Welle sie erreichte. Die zerrte und rüttelte mit aller Macht an ihnen und hätte sie gewiss in den See gerissen, wenn Dankwart nicht mit aller Kraft festgehalten hätte, was ihm lieb und teuer war: Gabrielle und das eigene Leben. Im Brausen der Wasser hörte er das grimmige Knurren des Bösen: »Das sind zehn Minuspunkte für dich, du verdammter Wurm. Wer erlaubt dir, so über mich zu reden? Konnte ich denn ahnen, dass die Schlange und sein Weib so edle, reine Seelen waren? Für mich war es Sodomie! Da darf ich wirken. Das ist mein Metier. – Aber auch das Böse erlebt Überraschungen. Doch glaube mir, Menschlein, du entgehst mir nicht! – Ganz gewiss nicht!«

Dankwart, Gabrielle noch fest im Arm haltend, sagte ruhig: »Herr Untergeher, das waren auch für Euch zehn Minuspunkte.«

»Was sagten Sie, edler Herr?«, fragte die Nymphe irritiert. »Ach, Gabrielle, das ist eine lange Geschichte. Die erzähle ich dir später. Wir wollen uns erst einmal abtrocknen.«

Dankwart holte aus der Satteltasche trockene Tücher. »Nimm das, es ist schön weich«, sagte er. Dann ging er ein paar Schritte weiter und entledigte sich der Rüstung. Im flauen Licht des Mondes sah sie ihn stehen und ihr Herz bebte. Er war so ein schöner Mann. Schlank und groß, stattlich, überall. Verlangen überkam sie. Wenn er sie gewollt hätte, er würde nicht umsonst an die Tür klopfen, ganz bestimmt nicht.

Sie senkte den Blick, der schon zu lange dort ruhte, wo er nicht verweilen durfte. Es fiel ihr schwer, denn schön war das, was ihren Blick gefangen hielt, und sie träumte von seiner Nähe.

Er sah vorsichtig zu ihr hinüber. Sie hatte ihr Gewand zum Trocknen über einen Ast gelegt. Im Licht des Mondes stand sie da, – klein und zierlich. Ihre Schönheit überwältigte ihn. Er hatte schon viele Frauen gesehen, doch das, was er da sah, würde immer voller Sehnsucht in seinem Herzen bleiben. Gabrielle setzte Maßstäbe, die nie übertroffen werden würden. Sie war überirdisch schön. Alle Träume verblassten vor dem Bild auf der Wiese, und er wünschte sich, das Schlagen ihres Herzens an seinem zu spüren. Rasch trocknete er sich ab, wickelte sich das Tuch um die Lenden und ging zu ihr.

»Hier, Gabrielle«, sagte er, »hülle dich in die Decke, damit du nicht frierst. Die Nacht ist kühl.« Er legte sie ihr um die Schultern und seine Hände glitten wie zufällig ihren Körper entlang. Ein wohliges Prickeln durchzog ihn. Ihre Haut schien elektrisiert, ja geradezu magnetisch zu sein. Nur schwer konnte er sich von ihr lösen.

»Wenn er doch seine Hände dort lassen würde, wo sie sind«, dachte Gabrielle und wünschte die Decke weit weg.

Sie legten sich unter einen Haselstrauch, ohne jedoch Ruhe zu finden. War es die nächtliche Kälte oder war es Sehnsucht? Vorsichtig rückten sie immer näher zusammen. Als sich ihre Rücken berührten, schlüpfte Dankwart rasch unter Gabrielles Decke. Sie legte ihre Arme um ihn und zog ihn sanft an sich. Ihre Liebesglut vermischte sich und bald wiegten sie sich in einen tiefen, süßen Traum, einen Traum, wie sie ihn noch nie geträumt hatten. Er führte sie weit weg, in ein Wunderland. Süßes Glück lief über ihre Herzen und erfüllte alles Sehnen. Sie flogen weit über die sieben Himmel, in Sphären, die sie nicht kannten, wo alles in einer wunderbaren Reinheit erstrahlte. Gabrielle flüsterte: »Ach, Liebster, Liebster, Liebster«, und Dankwart antwortete: »Oh du, meine wunderbare Frau, halte mich ganz fest.« Sie flogen und flogen, durch die Nacht, durch den Tag und versprachen sich, miteinander durch das Leben zu fliegen, fest und treu, verbunden durch das Band der Liebe.

In dieser kühlen Herbstnacht fanden sich zwei Herzen unter einer Decke, um den Weg gemeinsam zu gehen. Auf Burg Weißenfels läuteten die Hochzeitsglocken und Erinnerungen aus längst vergangenen Tagen wurden wach.

Gabrielle und Dankwart verlebten glückliche Zeiten. Bald vergrößerte sich die Familie um eine Schar gesunder, fröhlicher Kinder.

Eines Tages nahm Dankwart Gabrielle zur Seite und sagte: »Schatz, ich mache mir Sorgen um dich. Irgendetwas stimmt nicht. Es ist, als treibe dich etwas um. Mir ist aufgefallen, dass du in gewissen Abständen weg bist, unauffindbar. Bist du wieder da, ist es, als wäre nichts gewesen. Ich merke das sehr wohl, denn du fehlst mir. Ich möchte, dass du immer bei mir bist, mein Schatz.«

Gabrielle sah ihn traurig an, dann senkte sie ihr süßes Köpfchen und seufzte tief. »Ich ahnte«, sagte sie leise, »dass es einmal so weit sein würde, und dennoch ist mir ganz weh ums Herz. Wenn du dich an den Tag zurückerinnerst, Liebster, an dem du mich fragtest, ob ich deine Frau werden wolle, zögerte ich mit der Antwort, obwohl sie mir auf den Lippen lag. Ich sagte: Sehr gerne, Dankwart, aber es gibt ein Problem, das du wissen sollst. Ich bin die Tochter einer Nymphe und des Schlangenkönigs. Das darfst du nie vergessen. Mit der Nymphe kannst du leben, mit der Schlange wohl kaum. Ich trage von beiden Elternteilen etwas in mir. Nun ist dir aufgefallen, dass ich an einem Tag im Monat nicht da bin. Schon lange sehe ich deine fragenden Blicke. Weißt du, Liebster, das ist der Tag, an dem ich mich in die Schlange verwandeln muss. Du liebst die Nymphe, mit der Schlange willst du nichts zu tun haben. Deshalb verstecke ich mich vor allen Blicken und warte, bis der Tag vorüber ist.«

»Schatz, wie verhältst du dich als Schlange mir gegenüber? Würdest du mich umbringen, wenn du nicht meine Gabrielle bist? Muss ich dich fürchten? Wirst du wissen, dass wir uns lieben, dass wir miteinander in Liebe verbunden sind?«

»Aber natürlich, Lieber«, sagte Gabrielle und strich ihm lächelnd über das Haar, »es ist ja das gleiche Herz und die gleiche Seele, die in der Schlange sind. Doch du wirst das nicht erkennen, wirst erschrecken, in Panik geraten und die Schlange töten. Du bist das Problem, nicht ich. Aus Furcht und Entsetzen wirst du versuchen, mir den Kopf einzuschlagen. Zu spät würdest du wissen, dass ich deine geliebte Frau bin. Stell dir nur vor, was für eine fürchterliche Schuld du auf dich laden würdest, denn du hättest nicht nur die Schlange, sondern auch die Nymphe erschlagen. Es ist doch viel besser, ich verkrieche mich für diesen einen Tag und warte, bis er vorbei ist.«

»Nein, Liebes, das möchte ich nicht. Du musst dich doch nicht vor mir und den Kindern verstecken. Außerdem ist es viel zu gefährlich. Stell dir nur vor, es findet dich zufällig ein Fremder und bringt dich um. Wir würden dich durch so einen dummen Zufall verlieren. Nein, nein, das geht nicht. Weißt du was, für diesen einen Tag bleibst du in deinem Zimmer. Wir lassen es hübsch und schlangengerecht umrüsten, und ich verschließe die Tür von außen, damit niemand das Zimmer betreten kann. Am nächsten Morgen schließe ich dann wieder auf. So brauchst du dich nicht mehr zu verstecken und ich muss mir keine Sorgen machen, denn ich weiß, wo du bist, und dass es dir gut geht.«

»Ja, Liebster, das können wir so machen. Doch wirst du stark genug sein, deiner Neugier zu widerstehen? Ich bin mir da nicht sicher. Jetzt, wo du um meine zweite Natur weißt, ist ein Samenkorn in deine Seele gegeben, und ich habe Angst, es könnte aufgehen und unser Glück zerstören. Du weißt ja, das Böse ist immer gegenwärtig. Keiner weiß, was es vorhat, wohin es dich treibt. Bring dich meinetwegen nicht in Gefahr. Ich möchte dich nicht verlieren.«

»Ach Schatz, mache dir meinetwegen keine Sorgen. Das Böse ist eingeschlafen. Es hat sich so lange nicht mehr gerührt. Wahrscheinlich hat es längst gemerkt, dass es das Spiel verloren hat.«

Als Dankwart alleine am Kamin in der großen Halle saß, flackerte das Feuer wild auf und in den Flammen erschien die wutverzerrte Fratze des Bösen. »Jetzt reicht es aber, du überheblicher Geselle. Keiner ist eingeschlafen und gibt das Spiel verloren. Was glaubst du, Herr von Weißenfels, wer dir das Misstrauen deiner Nymphe gegenüber ins Gemüt gegeben hat, wer dich fragen ließ, was sie heimlich treibt, wenn sie verschwunden ist? Du bist doch wunderbar auf die von mir gesäten Zweifel reingefallen. Ich sage dir was, Herr von Großkotz, wir sind auf der Zielgeraden und ich liege in Front. Du einfältiger Narr merkst gar nicht, wie sich die Schlinge mehr und mehr um deinen Hals zuzieht. Für dich gibt es kein Entrinnen mehr. Es ist aus! Nein, nein, ich bin nicht eingeschlafen. Ich wirke im Verborgenen, beobachte dich und suche jede Gelegenheit, dich schmerzhaft zu treffen. Ich kenne sie nun und werde dich bald niederstrecken. Nichts wird dich retten. Glaub unsereinem, du bist am Ende, Weißenfels.«

Dankwart lächelte: »Ach, mein treuer Wegbegleiter, ich habe dich schon richtig vermisst. Stets ahnte ich deine Anwesenheit, habe dich aber nie bemerkt. Du, mit der Zeit ist mir bewusst geworden, dass du ein ganz armer Teufel bist. Du wirst immer verlieren, weil du dich verbissen auf dein Ziel fixierst. Dadurch siehst du all das Gute und Schöne nicht, das überall am Wegesrand steht. Dein böser Wille macht dich blind. Das ist deine Schwachstelle, mein Bester. Du solltest begreifen lernen, dass Gut und Böse immer Hand in Hand gehen. Mal hat das eine die Nase vorne, mal das andere. Zählen tut nur das Ergebnis, und das bestimmst nicht du, sondern jeder Mensch für sich. Er ist seines Glückes Schmied, wie es so schön heißt. Daran kannst du nichts ändern. Ich weiß, du wirst es nie verstehen, drum wollen wir dein lausiges Spiel auch weiterspielen. Es macht dir doch so viel Vergnügen. Auf die Minuspunkte, die du dir verdient hast, will ich für dieses Mal verzichten. Hast dich ja schon sehr gebessert.«

»Ich sage dazu gar nichts, doch wenn du schon mit Sprüchen kommst, ich habe auch einen für dich: Wer zuletzt lacht, lacht am besten. Merk' ihn dir gut. Du kannst den Teufel nicht an die Wand malen, denn er steckt im Detail.«

Dankwart sah sinnend in die Flammen. Schön waren sie und warm, ein ewig zuckendes Spiel, das ständig ein anderes Gesicht zeigte. Jedes Bild ein Unikat. Ein unentwegtes auf und ab, hin und her, atemberaubend, faszinierend, fast wie das Leben.

Feuer, dachte er, heiliges Symbol, und doch auch das Element des Bösen. Scheinbar widersprüchlich und doch eins. Es kommt auf den Standpunkt an, wie bei allem im Leben.

Er dachte an die vielen Nächte mit Gabrielle zurück. Damals am See, als sie so glücklich und unbeschwert waren. Unschuldig und lachend tanzten sie über die taubedeckte Wiese, liebten sich unter freiem Himmel, gaben sich einander hin, ohne Scheu, ohne Denken, ganz Gefühl. Was für ein unbeschreibliches Glück.

Dankwart hatte ihr in einer mondhellen Nacht die Geschichte des Onkels erzählt, die ja, so schien es wenigstens, ihre Lebenswege zusammengeführt hatte. Gabrielle sah ihn erschrocken an, als er ihr von dem Bösen erzählte und von dem Spiel, das ihm aufgezwungen worden war, ein Spiel, von dem er nur wusste, dass es einen einzigen Sieger geben würde. Und dabei kannte er nicht einmal den Preis, um den gespielt wurde.

Sie fuhr ihm lächelnd mit der Hand übers Haar: »Liebster, es geht um deine Seele. Verlierst du, gehört sie dem Bösen, gewinnst du, darfst du sie behalten. Das ist kein besonderes Spiel, das ist das Leben an sich. Sicher, dein Einsatz ist hoch, denn es geht um das einzig Unsterbliche, was du besitzt. Du wirst deine Seele in dem Moment verlieren, wo du Böses tust, weil du damit selbst ein Teil des Bösen wirst. Er lockt dich, will dich verführen. Das ist seine Art. Das macht er mit jedem. Ich will immer gut auf dich aufpassen, mein Schatz, und für dich da sein, so lange ich lebe, damit dir nichts passiert. Sei ohne Sorgen.«

Nach diesem Gespräch hatte er sie gefragt, ob sie ihn heiraten wolle. Gabrielle hatte lange geschwiegen und nachdenklich über das Wasser gesehen. Dann setzte sie sich auf ihn, beugte sich herunter und er sah zwei volle, reife Paradiesfrüchte zum Greifen nah vor sich. »Ich will, Liebster, ich will.« Ihre Haare fielen nach unten und als sie lächelte, dachte er: »Ach du, meine Löwenfrau, ich liebe dich.« Seine Hände glitten über ihren schönen, runden Po und er zog sie fest an sich. Laue Sommerwinde trugen sie hoch hinauf, in ein Land, wo Zufall, Zeit, Schmerz und Tod ohne Bedeutung sind, dorthin, wo das Glück zuhause ist. Sie feierten Hochzeit und Weißenfels erstrahlte im alten Glanz.

Bald kam junges Leben in die alten Mauern. Fröhliches Kinderlachen hallte durch die Gänge. Sie lebten unbeschwert in den Tag, bis ihm auffiel, dass Gabrielle manchmal verschwunden war. Er bekam jedes Mal fürchterliche Angst, meinte, sie verlieren zu müssen, suchte überall nach ihr, schickte Späher aus, doch sie war nirgends zu finden. Wenn seine Verzweiflung am größten war, stand sie plötzlich lächelnd vor ihm, küsste ihn und fragte ganz unschuldig: »Hast du mich etwa vermisst, Liebster?« Dann schämte er sich seiner Angst und sagte: »Wieso, mein Herz, bist du weggewesen?«

Mit der Zeit aber kamen ihm Zweifel ob ihres mysteriösen Verschwindens und sein Vertrauen begann zu wanken. Er schalt sich dafür, doch es half nichts. Er musste Klarheit haben und mit ihr darüber reden. Sicher gab es eine ganz einfache Erklärung für alles.

Nun war er erleichtert. Reden ist doch immer die beste Lösung. Ihm lief ein Schauer über den Rücken, wenn er sich vorstellte, dass seine geliebte Frau sich als Schlange vor ihm versteckte. Die Lösung, die sie gefunden hatten, war gut und würde ihm alle Sorgen nehmen. Er legte ein paar Scheite Holz nach und versank wieder in Gedanken: Er war ausgezogen, um zu lernen, was das Leben ist. Die Universität hatte ihm wenig gegeben, sie lehrte nur, wie es sein sollte. Als der Onkel starb, er hing sehr an ihm, lernte er, dass das Leben Verlust bedeutet, Schmerz und Leid, und erkannte, dass es das Böse gibt.

Er ritt durch die Welt, vergnügte sich, ohne Gefallen daran zu finden, zog rastlos von Ort zu Ort, bis er Gabrielle traf. Mit ihr kamen Licht und Wärme in sein Leben. Er lernte das Gute und Schöne kennen und dass Liebe vielleicht nicht alles, aber ohne Liebe alles nichts ist. Egal, wo sie hinfällt, ob zwischen Menschen oder zwischen Schlange und Nymphe oder Nymphenschlange und Mensch, sie ist das Lebenselixier, für das es lohnt, all die Unwägbarkeiten und Mühen auf sich zu nehmen.

Er hatte gelernt, dass das Böse mächtig und stark ist und nur besiegt werden kann, indem man das Gute tut. Das ist schwer und doch so einfach. Die vielen kleinen bösen Geister geben niemals Ruhe. Ständig flüstern sie uns Zweifel ein, versuchen uns zu beeinflussen, zu betrügen, wollen uns aus der Bahn werfen und locken wie Irrlichter auf falsche Wege.

So lange wir auf unser Herz hören, haben sie keine Macht über uns, doch wenn das Herz müde wird und seine Stimme uns nicht mehr erreicht, setzen sich die bösen Zweifler durch, säen Misstrauen und aus Harmonie wird Streit und Zorn.

Dankwart war froh und glücklich, dass die Stimme seines Herzens so lebendig und kraftvoll war. Die Familie von Weißenfels lebte ruhig und glücklich. Die Kinder wurden größer, der Älteste diente schon als Knappe bei einem Comte im fernen Frankreich. Dankwart musste lächeln, wenn er an den Knappen dachte, den Seidenhäutigen, der ihnen so viel Freude bereitete. Besonders Gabrielle liebte ihn und wusste so schöne Spiele. Ob es am Schlangenblut lag?

In der Burg hatte man sich schnell daran gewöhnt, dass das Wappen derer von Weißenfels um eine Schlange erweitert wurde, die sich um die Lilie windet. Keiner fragte »Warum«, es war eben so. Auch die einmal im Monat verschlossene Tür vom Zimmer der Burgherrin wurde bald zur Normalität. Warum aber Dankwart von Weißenfels an diesen Tagen stets unfroh war und zu leiden schien, traute sich keiner zu fragen

Dankwart war sicher, dass er sich daran gewöhnen würde, einmal im Monat auf seine geliebte Frau zu verzichten. Doch bald merkte er, dass ihn große Sehnsucht plagte, die schon morgens begann, wenn er die Tür verschloss. Gabrielle fehlte ihm. Ohne ihre Nähe, ihre Wärme, ihr Lächeln fühlte er sich wie von einer Krankheit gepackt, die erst nachließ, wenn er sie wieder in den Armen hielt.

Er begann mit dem Schicksal zu hadern und besonders mit sich selbst, war er es doch gewesen, der auf diese dumme Idee gekommen war. Er begann unruhig vor der verschlossenen Tür auf und ab zu gehen, horchte, ob er nicht ein Lebenszeichen von ihr erhaschen könne: ein Rascheln oder wenigstens ein Zischeln, doch nichts war zu hören. Die Eichentüren waren dick und ließen keinen Laut nach außen dringen. Er sah durch das Schlüsselloch. War sie überhaupt noch da? Nichts zu sehen. Ging es ihr gut? War sie vielleicht krank? Er machte sich Sorgen, wollte schon so oft die Türe öffnen. Warum musste das alles nur sein? Diese unerträglichen Zweifel, diese Sehnsucht!

Eines Tages ging er entschlossen auf die Tür zu, schloss sie auf und trat ein. Vor ihm lag aufgeringelt eine große Schlange. Wie schön sie im Licht schillert, meine geliebte Frau, dachte er. »Hallo, Liebste, da bin ich. Ich halte es ohne dich nicht aus. Lass uns auch an deinem Schlangentag zusammen sein. Ich liebe dich, als Nymphe und als Schlange, denn ich liebe alles an dir. Komm, meine Süße, ich habe dir was mitgebracht. Die kleine Krone von deinem Vater. Der Onkel hat sie in der Bibliothek aufbewahrt. Ich möchte sie dir aufsetzen, und dann umarme mich und halte mich ganz, ganz fest.« Mit diesen Worten setzte er ihr die Krone auf den Kopf, küsste sie, legte seine Arme um ihren Hals, und sie schlang sich zärtlich und voller Liebe um ihn.

Da raschelte es und an der Wand erschien das Gesicht des Bösen. Es sprach leise, ganz leise: »Dankwart, das Spiel ist aus. – Du hast gewonnen, denn wo Liebe, Güte und Eintracht zuhause sind, habe ich keine Rechte. Ich nehme meine Hände von euch, wünsche Glück und ein langes Leben.«

»Josephine«, Braaderup berührte vorsichtig ihrer Schulter, »aufwachen! Die Geschichte ist zu Ende.«

Sie hob ihr Köpfchen, legte es ungläubig wieder in seinen Schoß zurück, hob es wieder lächelnd, sah ihn schelmisch an und flüsterte: »Braaderup, – Braaderup, was ist das denn? –Ach, du … Eine hübsche Geschichte hast du dir da einfallen lassen. Ich frage mich immer, wo du das alles hernimmst.« Sie stand auf und zupfte ihr Kleid zurecht. »Ich gehe schlafen. Es war ein anstrengender Tag. Auf bald.« Sie verschwand in der Dunkelheit und Braaderup ging an den Schreibtisch zurück.

Sein Kopf dröhnte. Eine Migräne kündigte sich an. Zum Glück war die Geschichte vom Schlangenkönig fertig. Mit pochenden Kopfschmerzen hätte er das nicht geschafft. Es wurde schon so eine schwere Geburt.

Ursprünglich gab es nur die Überschrift: »Die Tochter des Schlangenkönigs«. Sie war ihm einfach zugeflogen und hatte ihn begeistert. Was einem dazu alles einfallen kann!

Narkissos und die Quelle

»Weißt du, Josephine«, sagte Braaderup und zog seine kleine Nymphe ganz fest an sich, »es gibt so viele Märchen und Mythen, die am Schluss viele Fragen offen lassen. Denke nur mal an Narkissos, der die Liebe deiner Schwester Echo verschmähte und deshalb von Artemis mit unstillbarer Liebe zu sich selbst bestraft wurde. Er verliebt sich in sein Spiegelbild, das er in einer klaren Quelle sieht. Das Bild kann seine Liebe natürlich nicht erwidern, und wie es so ist, wenn Liebe nicht erfüllt wird: Er verzweifelt und bringt sich um. Aus seinem Blut wachsen die schönen Narzissen. Sie erinnern uns heute noch an ihn und an unerfüllte Liebe. Weißt du, das sind diese schönen, weißen Sternblumen mit dem roten Herzen. Im Frühjahr haben wir doch so viele hier im Garten. Die meisten sind Züchtungen, doch dort drüben, vor den Eiben, sind noch ein paar Ursprüngliche. Das Weiß steht für die Reinheit der Liebe und das Rot für das Blut, das Narkissos gegeben hat. Die Geschichte geht mir immer wieder durch den Sinn, weil ich finde, dass sie unvollständig ist. Meinst du nicht auch, dass die Frage offen bleibt, was mit der Quelle passiert? – Nun sieh mich nicht so fragend an. Sie muss doch den schönen Jüngling heiß und innig geliebt haben, der ihr so nah war und sich in ihr voller Sehnsucht betrachtet hat. Das kann sie nicht kalt gelassen haben. Könntest du nicht mal deine Schwestern, die Quellnymphen, fragen? Die müssten es wissen. Sieh mal, mein Schatz, Echo verliebt sich unsterblich in ihn, obwohl sie ihn nur aus der Ferne sieht. Wie viel mehr muss ihn die Quelle geliebt haben, die ihm so nah war.«

»Ach, du mein geliebter Träumer, worüber du dir Gedanken machst. Du unterstellst der Quelle menschliches

Empfinden. Unterliegst du da nicht einem Denkfehler? Hat Wasser eine Seele und ein Herz?«

»Na, weißt du, Josephine, wenn Steine weinen, wenn Orpheus singt, kann Wasser auch lieben, wenn es Narkissos sieht. Vielleicht hat sich ja auch die Quellnymphe in ihn verliebt.«

»Willst du wirklich wissen, was aus der Quelle wurde, oder möchtest du dir deine Illusionen bewahren?«, fragte Josephine leise.

»Ich möchte es wissen. Erzähle es mir bitte.«

»Also gut: Als Narkissos tot war, veränderte sich die Quelle. Ihr süßes Wasser wurde bald zum salzigen Tränensee. Als die Waldnymphen kamen, um an der Quelle zu singen und zu tanzen, bemerkten sie ihre Veränderung und versuchten sie zu trösten. Sie lösten die Blüten aus ihren Haaren und warfen sie ins Wasser.

›Ach, du Arme‹, sangen sie, ›wir können verstehen, dass du um ihn trauerst. Er war ja so schön.‹

›War er schön?‹, fragte die Quelle erstaunt. ›War er wirklich so schön?‹

›Warum fragst du uns das, wo du ihm doch so lange nah warst. Immer wieder kam er zu dir, lag an deinem Ufer, ganz dicht bei dir. Er beugte sich tief über dich, um sein Spiegelbild zu sehen. Keinem war er so nah wie dir.‹

›Ach‹, entgegnete die Quelle, ›ich liebte es, wenn er da war und auf mich niederblickte, denn dann sah ich im Spiegel seiner Augen meine eigene Schönheit. Jetzt ist er tot, und ich weine, weil ich mich nicht mehr betrachten kann.‹

Fällt dir was Besseres ein?«, fragte Josephine lächelnd, und es war dieses sanfte, ernsthafte Lächeln, das ihm immer direkt ins Herz ging.

»Ach, Josephine«, sagte Braaderup, »die Stunden, in

denen der Abendstern über der Dämmerung steht und die aufkommende Nacht ihre schattigen Flügel auszubreiten beginnt, sind so wunderschön. Da befreit sich die Seele von allen Fesseln und fliegt hinaus in die Nacht. Es ist die Zeit, in der verwunschene Prinzessinnen als Nixen, mit Wasserrosen im Haar, aus dem See steigen, in dessen Tiefe sie wohnen und über Wiesen tanzen. Wer sie einmal in ihrer wunderschönen Nacktheit sah, ist ihnen auf ewig verfallen. Immer wieder wird er zur nächtlichen Stunde an den See kommen und sie sehen wollen, bis sie ihn mit sich in die Tiefe nehmen. Wie viele sind schon abends fortgegangen und nie wieder zurückgekehrt. Nymphen sind ganz anders. Sie sind ebenso schön, aber dem Menschen wohlgesonnen, weil sie nicht verzaubert sind. Sie sind wahre, reine Seelen, wie du; ein Teil der Natur. Auch ihr kommt als Quellnymphe oder Brunnennymphe aus dem Wasser, aber nicht, um zu locken, sondern um mit den Menschen freundlich und friedlich zu leben.«

»Ach, Braaderup, das stimmt nicht so ganz. Eine Nymphe ist die Quelle und nimmt nur gelegentlich menschliche Gestalt an. Kennst du nicht die Geschichte meiner Urahnin, der Nymphe Amina? Sie war eine der schönen Wassernymphen, die den Jüngling Hylas zu sich in die Tiefe zogen. Das war damals, als die Argonauten auszogen, um das goldene Vlies zu holen. John William Waterhouse hat davon ein wunderschönes Bild gemalt. Du kennst es bestimmt. Die Nymphen lebten mit Hylas vergnüglich in der Tiefe der Quelle. Jede wollte ihn und er wollte jede. Die Folge ihres unermüdlichen, unersättlichen Treibens war, dass Hylas immer schwächer wurde, bis er so erschöpft war, dass ihn nur wenige Schritte vom Totenreich trennten. Da nahm ihn Amina eines Nachts in die Arme und entführte ihn. Weit weg von ihren Schwestern pflegte sie ihn gesund. Sie gingen im Sonnenschein über blühende Bergwiesen oder lagen voller Wonne und Hingabe im weichen Gras. Sie waren glücklich, denn sie hatten sich gefunden und genossen nun das gemeinsame Leben. Eines Tages ging Hylas fort und kam nicht mehr zurück. Voller Verzweiflung und Herzeleid suchte ihn Amina in der ganzen Welt, doch sie konnte ihn nicht finden. Vom Suchen erschöpft, fiel sie zu Boden und weinte bittere Tränen. Sechsmal sah die Nacht sie weinen, dann war der Boden unter ihr von Tränen so durchtränkt, dass es wie eine Quelle wieder aus ihm herausbrach und Amina in ihr versank. Niemals aber ist die Quelle versiegt, weil sie immer noch Tränen um den schönen Geliebten vergießt.«

»Das ist eine traurige Geschichte, Josephine, erklärt aber, dass Nymphen immer irgendwie in der Nähe eines Gewässers sind. Schließlich habe ich dich ja auch, wenn du so willst, im Brunnen kennengelernt, fast wie Hylas.«

Braaderup bei Frau Luna

Nach einem milden Sommertag legte sich die Abenddämmerung über den Garten. Die Vögel waren verstummt. Nur noch selten klang das Singen des Windspiels. Braaderup saß auf der Terrasse, und als er gerade überlegte, ob er sich eine Zigarette anzünden sollte, zogen Duftwolken in seine Nase.

Er konnte sie nicht zuordnen, wusste nur, dass sie nicht von Josephine kamen. Kompakte Bouquets aus zahllosen Blüten strömten in seine Nase, und dazu der kernig holzige Geruch vom langsam verglühenden Grill. Lagerfeuerromantik in französischen Salons.

Düfte aus Nerzmänteln der 60-er Jahre mischten sich mit Wellen arabischer Rosen- und Weihrauchöle, manchmal auch mit opulenten, bittersüßen Balsamen gesitteter Tanten, sogar Lavendel war dabei, vom uralten Lavendelstrauch. Alles strömte auf ihn ein. Die Fülle erlaubte nicht, einen bestimmten Duft zu analysieren. Ständig überlagerten sich die Schwaden. Sicher war, dass Phlox und die verschiedenen Nuancen der Rosen darunter waren.

Ihm fielen Namen ein: Guerlain, Shalimar, Chloé, Chanel, Samsara, Champs-Élysées, Namen, die wie tausendundeine Nacht in Paris klingen.

Braaderup sah in die Dunkelheit. Die Welt schlief. Stille ringsumher, und über ihm wölbte sich ein glitzernder, verschwenderischer Sternenhimmel; abertausend Diamanten von einer großzügigen Hand wahllos auf eine dunkle Samtdecke verstreut.

Ergriffen von der unendlichen Größe stand er ganz still. Das war es, was ihn an der Nacht faszinierte: dieser Blick in die Unendlichkeit, das Bewusstsein, angesichts der Weite, wie klein und unbedeutend der Mensch ist.

Der Tag schützt uns mit seiner Helligkeit vor dieser Erkenntnis, weil der Blick nur bis zur Wolkendecke oder bis zu einem endlichen Punkt der Atmosphäre reicht.

Die Nacht, diese verdammt ehrliche Nacht, zeigt, wenn wir offene Augen haben, unsere kleine Erde innerhalb des Universums und die Bedeutungslosigkeit des Menschen in diesem unfassbaren Sein. In ihrem milden Licht sehen wir eine geheimnisvolle Welt, die nicht nur in ihrer Dimension, sondern auch in ihrer Einzigartigkeit unbegreiflich ist.

Manchmal, wenn Josephine unterwegs ist, packt er seine Phantasieflügel aus, setzt sich auf den Rücken des Pegasus und durcheilt ferne Galaxien. Die Reise führt ihn weit über die sieben Himmel, dorthin, wo sich die Endlichkeit brodelnd in die schäumende Gischt der Unendlichkeit ergießt, wo alle Zeit stillsteht und immer Frühling ist.

Auf dem feurigen Ross fliegt er in die Höhe. Hinter ihm wird die Erde immer kleiner und am Mond vorbei dringt er durch die blaue Decke des Himmels in die Sphären der Sonne. Unaufhaltsam steigt er empor, schneller, als Gedanken fliegen.

Wie ein großes Gemälde liegt das Universum vor ihm, und er fliegt auf eilendem Ross mitten hinein, taucht ein in eine Welt, die er gar nicht verstehen will, weil er sie nicht verstehen kann. Eine Unendlichkeit, in der Engel wohnen, öffnet sich seiner Seele, und er staunt. Hält beim Ring des Saturns und ist überwältigt von seiner Größe. Wie viele Erden könnten sich in ihm verlieren, denkt er und ist voller Ehrfurcht vor dem gewaltigen Himmelskörper. Was für Dimensionen! – Wie weit über unserem Denken.

Vorbei ziehen Luftschlösser aus funkelnden Sternen, Traumgebilde, aus sich heraus schön, und er denkt: Ob hier die Götter wohnen?

Doch weiter geht es, immer weiter. Er blickt zurück, sieht tausend Firmamente und viele tausend Weltsysteme wie Sandkörner hinter sich verblassen. Eins davon ist die Erde. Er kann nicht sagen, welches.

Pegasus wird müde. Schaumflocken fliegen ihm aus den Nüstern, sein Fell ist nass. Braaderup will ihm Ruhe gönnen und hält an einem dieser herrlichen Himmelsschlösser. Kaum gelandet, fällt lautlos die Zugbrücke, das Tor tut sich auf und weiche, warme Arme öffnen sich dem Unbekannten, der aus einer fernen, fremden Galaxie kommt.

Er staunt über die Gastfreundschaft und über die Arme.

Schön sind sie, mit herrlichen Händen, und er denkt an Josephine. Ja, es sind Nymphenarme, nur dass sie aus einer kleinen, hellen Nebelwolke kommen. Sie bewegen sich elegant und harmonisch hin und her, gerade so, wie sich Seeanemonen sanft in der Strömung wiegen.

»Ach, ihr wunderschönen Arme«, sagt Braaderup, »was für einen herzlichen Empfang bereitet ihr uns. Wir kommen von weit her, aus einer Galaxie, die euch unbekannt ist. Wir sind müde und möchten ein wenig ausruhen. Ihr, die ihr von meiner Heimat weit entfernt seid, weiter, als die Strahlen der Sonne in Jahrhunderten fliegen, sagt mir, wo ich gelandet bin. Leben hier Sterbliche, Engel oder gar Götter? Ihr wohnt so dicht an den Grenzen der Seligkeit, sagt mir, was ihr seid. Ihr lebt ein anderes Leben, redet eine andere Sprache, vielleicht denkt ihr auch andere Gedanken. Wie denkt ihr? Lebt hier Vernunft? Herrscht sie uneingeschränkt? Muss sie mit der Sinnlichkeit kämpfen? Lebt ihr ewig oder nimmt euch der Tod mit sich? Kennt ihr Krankheiten und Kriege oder habt ihr sinnloses Blutvergießen längst überwunden? Ich merke es schon, euch reinen Seelen ist das alles fremd. Fast frei von Materie ist euer Geist in einen Hauch feinsten Äthers gehüllt, von keinem Gift verunreinigt, von keiner Last beschwert. Wie ungleich doch euer Los dem Schicksal der Menschen ist. Wie wenige sind unter uns, die nicht von ihrem eigenen Moder erstickt werden. Was für einen ewigen Krieg müssen wir mit uns selbst führen. Ich beneide euch, die ihr noch nie von den Menschen oder der Erde, dem Tollhaus des Weltengefüges, gehört habt. Dort ist Vernunft Unsinn. Wir leben in einer Zeit, die sich mehr bemüht, die Hölle zu erforschen, als sie zu meiden. Es wird noch lange dauern, bis wir verstehen, dass Liebe und nicht Vernunft die Himmelspforte öffnet, dass Liebe überall dort Zutritt findet, wo die Wissenschaft abgewiesen wird. Und doch, ihr gastfreundlichen, wunderbaren Arme, sehne ich mich zurück. Die Erde ist mein Zuhause; dort ist meine Liebe, meine Josephine. Habt Dank für die Zeit, die ihr meinen Klagen geschenkt habt. Ich fliege zurück und tauche wieder in meine vertraute Welt ein. Sie ist schöner als alle Unendlichkeit. Sie wärmt und trägt und hilft über alles hinweg. Komm, Pegasus, wir wollen nach Hause, dorthin, wo wir hingehören. Lass uns auf dem Rückweg für Josephine eine Sternschnuppe fangen. Sie wird sich sicher freuen. Lebt wohl, ihr unbekannten schönen Wesen. Ihr seid uns so fremd, wie wir euch. Lass uns auf dem Rückweg noch einen Halt auf dem Mond einlegen, auf der dunklen Seite. Mir ist nicht nach heller Fröhlichkeit zumute. Ich möchte in die Finsternis, um jemanden zu finden, der gewiss nicht auf der Vorderseite des Mondes wohnt.«

Pegasus fliegt los. Und es dauert lange, bis er im metertiefen Staub der Mondrückseite landet. »Dark side of the moon.« Er denkt an Pink Floyd.

Staubwolken wirbeln auf. Es wird noch dunkler, bis warme Sonnenwinde sie weiter treiben und sich ihnen einladend ein schmaler Weg öffnet. Während Braaderup geradezu triumphierend denkt: »Habe ich es doch gewusst«, öffnet sich eine Kraterwand und im hellen Licht eines unterirdischen Palastes steht eine dunkle, verschleierte Frauengestalt.

Braaderup steigt ab und verneigt sich tief in einer Staubwolke. »Frau Luna«, sagt er und wartet, dass sie ihn bittet, näherzutreten.

»Komm rein, Braaderup, alter Junge. Mach das Tor hinter dir zu, damit nicht so viel Schmutz in die gute Stube kommt.«

Er tritt ein und ist nicht nur vom hellen Licht geblendet, sondern vor allem von ihrer Schönheit. In ihren grau-grünen Augen, die wie Smaragde glänzen und kleine Blitze sprühen, wie es nur bei Nymphen vorkommt, liegt ein zauberhaftes Lächeln. Es ist wie ein warmer Hauch, der direkt ins Herz geht. Braaderup sieht an ihr herunter und ist bestürzt, dass sein Blick länger als gebührlich auf ihrer herrlichen Gestalt ruht. Sie muss warm und weich sein, denkt er. »Sagen Sie, Frau Luna«, fragt er ein wenig verwirrt, »warum leben Sie auf der dunklen Seite des Mondes?« – »Mein Lieber, das ist eine lange Geschichte, die bis zur Schöpfung zurück geht. Als das Universum geschaffen wurde, sollten zwei Lichter die Erde erhellen und die Zeit bestimmen. Für den Schöpfer war Zeit unnötig, er wusste aber, dass der Mensch sie brauchen würde. Da ging als erstes Licht die Sonne auf. Sie übergoss die Erde mit Helligkeit und einer so schönen Farbenpalette, dass selbst der Regenbogen vor Neid erblasste. Unter ihren segensreichen Strahlen dufteten die Kräuter und die Gewächse schmückten sich für sie mit farbenfrohen Blüten. Alle streckten sich ihr entgegen, denn sie schenkte ihnen Leben und Wohlbefinden.

Ich, das zweite Licht, sah neidisch auf all die Pracht und dachte: ›Was soll ich denn da noch, wo sie schon alles so schön werden lässt, dass es schöner nicht geht. Ich bin doch völlig überflüssig, nur das fünfte Rad am Wagen, der Ersatzreifen, der einspringen muss, wenn sie, die Strahlende, einmal unpässlich ist. Wie ungerecht, dass ich nur die Zweite, der Notnagel bin.‹

Mein Verhalten ärgerte den schöpferischen Geist. Er nahm mir den Glanz und gab ihn den Sternen. Da stand ich bleich vor den Himmlischen und weinte bitterlich, weil ich mit dem Gegebenen nicht zufrieden gewesen war. Voller

Verzweiflung rief ich den Schöpfer an: ›Erbarme dich, du Weiser, erbarme dich meiner. Ich war so ungerecht und unzufrieden mit meinem Sein. Ich bereue von ganzem Herzen. Vergib mir mein Fehlen.‹

Der große Schöpfer sah mich gnädig an, denn er ist ein liebender Vater: ›Du, meine geliebte Tochter, sollst die Nacht sein, die allen Wesen Ruhe und Trost bringt. Du sollst die Ermatteten mit den Tränen deiner Reue erquicken und die Verzweifelten in deinen dunklen Mantel hüllen, auf dass ihnen wohler wird. Als Königin der Sterne sollst du über den Himmel wandern und dafür sorgen, dass des Nachts alles rechtens geschieht.‹

So getröstet stehe ich nun inmitten meines Sternenmeeres und bringe auf meinem stillen Gang durch die Nacht Ruhe in die Herzen der Menschen. Ich sehe alles, was im geheimen Dunkel passiert. So weiß ich natürlich auch, mein lieber Braaderup, dass du immer auf der Flucht vor der Realität bist und dich in die Welt der Märchen flüchtest. Sie werden deine Ängste nicht heilen können.«

»Das weiß ich«, sagte Braaderup, »aber ich bin ein Grenzgänger, ein Wanderer auf dem schmalen Pfad zwischen Körper und Seele, Wirklichkeit und Traum, dabei verstehe ich unter Träumen nicht die nächtlichen Bilder, die im Schlaf wie Schiffe hinter unseren Lidern vorbeifahren, sondern Tagträume, denen man sich hingibt, sich quasi in eine Wunschwelt ›beamt‹. Wenn ich diesen Weg beschreiben müsste, würde ich ihn dort ansiedeln, wo die Nacht beginnt, ihren samtschwarzen Sternenmantel über die Erde zu legen und der Tag im zerfließenden Glanz des Abendrots Abschied nimmt. Genau dieser kurze Moment, wir Norddeutschen nennen ihn ›Uhlenflucht‹, beschreibt das Nebelland meiner Phantasien, die Traumwelt, in der

Märchen und Mythen leben. Die Wege sind verschwommen, scharfe Kontraste zerfließen im Dämmerlicht der Phantasie. Diese verwunschenen Nebenpfade des Lebens lindern nicht nur das Gefühl der Zerrissenheit zwischen Mensch und Natur, sondern helfen auch, sie zu überwinden. Wird der Weg unübersichtlich oder geht die Orientierung verloren, droht die Hoffnung zu sinken, ist Liebe das Leitgestirn, das sicher durch alle Widernisse führt. Sie scheint klar und hell, selbst in finsterster Nacht, denn sie leuchtet in die inneren Augen, die kein Licht brauchen. Die Nacht ist ein wunderbares Geheimnis. Sie führt in die Klarheit des eigenen Ichs und enthüllt die intensivsten Gefühle. So, wie die Nacht unser Fühlen bereichert, so tun es auch Märchen und Mythen. Sie eröffnen eine dritte Dimension, indem sie das Denken um das Wunderbare erweitern. Damit bieten sie die Gelegenheit, Ängste, Sehnsüchte und geheime Wünsche zu zeigen – inneres Erleben in einer Art darzustellen, die der Einbildungskraft keine Grenzen setzt. Im Märchen darf das Wunderbare jede rationale, naturwissenschaftliche Ordnung außer Kraft setzen, denn unter dem Vorzeichen des Wunderbaren ist alles möglich. Alle Welten lassen sich miteinander verbinden, Raum und Zeit sind beliebig verfügbar und unlösbare Konflikte werden durch Zauberei gelöst. Traum und Märchen haben vieles gemeinsam. Sie entziehen sich dem äußeren Geschehen und die Phantasie beherrscht alle Vernunfttätigkeit. Sie schafft Bilder ohne jeden Zweck, Bilder, die keiner Erklärung bedürfen, weil sie nur schön sein wollen. Wissen Sie, Frau Luna, Märchen sind für mich der Schutzwall der Seele gegen die Regelmäßigkeit und Gewöhnlichkeit des Lebens.«

»Ach, Braaderup«, Frau Luna lächelte, »obwohl du

schon so alt bist, bist du immer noch ein Träumer. Du hast nie gelernt, in der Realität zu leben. Andere können das besser als du, viel besser.«

»Das mag sein, Frau Luna, ich bin nicht andere und, Sie werden lachen, ich bin stolz darauf. All mein Sehnen, all mein Hoffen sind wie Fäden aus schönster Seide, die ich nachts, wenn ich am Schreibtisch träume, zu verschiedenen Mustern verwebe, immer schönere Entwürfe vor meinem inneren Auge entstehen lasse, alle wieder verwerfe, weil ich das vollendetste aller Traumbilder noch nicht gefunden habe. Ach, Frau Luna, Phantasie ist so eine zärtliche, melodische Weise, wie kleine Schwalbenflügel, so voller Duft und Freiheit, dass sie über den wiegenden Wassern gesungen werden könnte. Doch wenn dann der Herbst kommt und die Wälder verstummen, ist sie plötzlich tot, geht unter im allgemeinen, duftgetränkten Sterben. Da möchte ich mich nur verstecken, tief unten, in einer finsteren Höhle. Die hoffte ich in der Dunkelheit der Rückseite des Mondes zu finden. Stattdessen stehe ich im Licht der schönsten Frau, die ich je gesehen habe.«

»Mein guter Braaderup, ich habe dich Nacht für Nacht beobachtet. Komm, setz dich zu mir auf die Wolkenkissen und ruhe dich aus. Ich erzähle dir in der Zwischenzeit, warum ich deine Geschichten so gerne lese. In den Sätzen ist süße Schwermut und versteckte Freude. Du gehörst nicht zu denen, die Ulk und Klamauk über die kahlen Hohlwege des Lebens schütten, sondern du verstehst es, Melancholie in innige Melodien zu verwandeln, wie es deiner Liebe zur Sprache entspricht. Du sammelst die vom Leben lose hingestreuten Rosenblätter und fügst sie zu einer duftenden Blüte. In dir pocht die Sehnsucht nach längst vergangenen Tagen. Du versuchst sie zurückzuholen, siehst aber die erloschene Fackel der Hoffnung, und in deinem Herzen brennt Traurigkeit. Trotz der Wehmut wirst du nie kahle Felsen beschreiben, sondern immer nur Hänge, die der Oleander in Scharlachrot kleidet. Weißt du, Braaderup, ich lese so was einfach gerne.«

»Liegt das daran, liebe Frau Luna, dass Ihr hinter dem Mond lebt?«, fragte Braaderup und errötete wegen seiner Keckheit.

Sie lachte schallend. »So gefällst du mir, mein Lieber, da kommt doch wieder ein bisschen Schalk durch. Das ist oft der erste Schritt zur Heilung.«

»Lieb gemeint, aber kommt man über jeden Schmerz hinweg? Ich glaube nicht, wenigstens Menschen wie ich nicht. So, verehrte gnädige Frau, wir verabschieden uns jetzt. Vielen Dank für die freundliche Aufnahme und den Trost. Pegasus und ich fliegen wieder zurück zur Erde. Vielleicht wartet ja Josephine auf uns und macht sich schon Sorgen, wo wir so lange bleiben.«

Schon von weitem sah er sie stehen, leicht und licht, wie eine Apfelblüte, die der milde Frühlingsregen in das feuchte Gras der Wiese taumeln ließ, und die Tränen des Regens glitzerten wie kleine Diamanten auf ihren rosaroten Blütenblättern. Es war kein Trugbild, kein Hirngespinst, da stand Josephine; schön wie das Abendrot, und er wusste, dass sie Frau Luna ist.

»Schön, dass du wieder da bist, Liebster. Ich habe dich vermisst. Hoffentlich hattest du eine schöne Reise und hast eine neue Geschichte mitgebracht.«

»Ja, Josephine, ich war weit über den Sternen, in einer Welt voller Wunder. Nun bin ich froh, wieder bei dir zu sein, in der kleinen Zauberwelt, die nur uns beiden gehört. Die Geschichte, die ich dir morgen erzählen werde, ist die Geschichte vom Himmelskind. Sie ist traurig und handelt von der einzigen männlichen Nymphe, die es je gab.«

»Oh, du machst mich neugierig, Braaderup. Von einer männlichen Nymphe? Täuschst du dich da nicht? Es gibt keine männlichen Nymphen. Nie habe ich von einer solchen gehört. – Wo warst du denn eigentlich?«

»Ich war weit weg, mein Herz, tief im Universum und habe auf dem Rückweg Frau Luna besucht.«

»Ach, du warst bei Frau Luna! Wie ist sie denn so? Hat sie dir gefallen? Sie ist eine von uns, weißt du das eigentlich?«

»Das habe ich mir fast gedacht, Liebes. Sie ist so wunderschön, wie nur eine Nymphe sein kann.« Josephine sah ihn prüfend an und sagte nach einer kurzen Pause: »Ich hoffe, du hast dich ordentlich betragen. – Übrigens, die Geschichte muss bis übermorgen warten, denn morgen kann ich nicht kommen. Denis hat mich eingeladen. Es wird sicher spät werden.«

»Wer ist Denis, Liebes?«

»Denis ist ein ganz toller Mann, so liebevoll und voller Verständnis. Einer, wie man ihn sich nur wünscht. Nicht so ein Haudegen und Klopper, sondern zärtlich und einfühlsam. Die Frauen fliegen auf ihn. Manchmal ist es ihm selbst unheimlich. Kaum hat er sich von einer getrennt, steht die nächste schon vor der Tür. Ach, wie gerne hätte ich so einen Sohn gehabt. Er ist das Ideal von einem Mann. Stell dir vor, er hat sogar seine Freundin für diesen Abend ausquartiert, um mit mir ganz ungestört zu sein. Ist das nicht toll?«

»Na ja, Liebes, es kommt darauf an, aus welcher Sicht man es betrachtet. Was sagt denn die Freundin zu der ganzen Sache?«

»Denis meint, sie wäre gar nicht begeistert. Sie sei sogar eifersüchtig.«

»Na, sie wird schon ihre Gründe dafür haben, mein Herz. Die kennt ihren Denis.«

»Ach Braaderup, was du schon wieder denkst. Denis ist ein ganz wunderbarer Mensch. Stell dir vor, er will sogar für mich kochen!«

»Ja, mein Herz, ich stelle mir das vor und habe dabei ein ebenso ungutes Gefühl, wie seine Freundin. Meinst du nicht, dass du ein bisschen zu blauäugig bist, was diesen Denis betrifft? Ich dachte immer, ihr Nymphen würdet alles wissen. Scheint mir nicht so.«

»Braaderup, du hörst die Flöhe husten. Er ist ein kleiner lieber Junge, könnte mein Sohn sein.«

»Du, Josephine, das mit dem Sohn ist kein Argument. Wie alt ist er denn?«

»Fünfunddreißig.«

»Wie alt muss deiner Ansicht nach ein Mann werden, um etwas von einer Frau zu wollen? Würde mich wirklich mal interessieren. Ich war 16, als ich mich fürchterlich in unsere Nachbarin verliebte, die 31 Jahre älter war. Was glaubst du, wie ein 35-Jähriger darüber denkt, dem alle Frauen nachlaufen, wenn die nette Nachbarin, nach der er sich immer schon verzehrt hat, zu einem trauten Tête-à-Tête kommt? Fünfunddreißig, das sind die besten Jahre eines Mannes. Der fühlt sich wahnsinnig stark und ist es auch. Er schwelgt in Gedanken an die Reize der liebeserfahrenen, begehrten Frau. Das Alter, Liebes, spielt dabei eine mehr als untergeordnete Rolle. Wie viele Frauen stehen auf jüngere Männer, wenn sie nur attraktiv genug sind und ihren Mann stehen, wovon man bei einem 35-Jährigen getrost ausgehen kann. Weißt du, Josephine, ist doch alles ein bisschen durchsichtig, findest du nicht?«

»Oh Braaderup, was du da erzählst. Das ist doch alles ganz anders. Ich kenne ihn schon, als er noch ein Kind war. Er ist ein ganz Lieber. Ich sah ihn aufwachsen, habe miterlebt, wie er sich entwickelt hat, hätte immer gern so einen Sohn gehabt. Glaube mir, mein Schatz, der Denis ist ganz anders, als du denkst. Der sieht in mir eine mütterliche Freundin und keine Frau, die er haben will. Weißt du, ich bewundere deine rege Phantasie. Du brauchst nur ein Stichwort und schon entwickelst du eine Flut buntester Phantasien. Das ist einfach großartig, Liebster. Ist deine Geschichte übermorgen auch so blumenreich?«

»Na ja, mein Schatz, wenn du sie hören möchtest und nicht lieber mit Denis Reste essen willst, dann hätte ich eine schöne, blumenreiche Geschichte.«

»Ach komm, sei doch nicht so doof. Brauchst keine Angst zu haben, es wird nichts passieren. Auch Nymphen haben nur ein Herz und meins gehört dir. So ist es und so wird es immer bleiben. Ich liebe dich, nur dich allein. Schiebe die Schlechtwetterwolken weg und breite die Decke in der Wiese aus. Ich will dich, jetzt und gleich. Eine furchtbar hungrige Löwin will ihren geliebten Löwenmann mit Haut und Haaren vernaschen. Komm, mein Herzensmann. Nur du bist der Auserwählte.«

Als sich der Morgentau auf die Wiese legte, flüsterte Braaderup: »Ach Josephine, du bist die wunderbarste Liebhaberin, die es gibt.«

»Ja, mein Schatz, ich weiß«, sagte Josephine und verschwand in der Dämmerung.

Braaderup rief ihr nach: »Viel Spaß mit Denis, mein Herz. Ich vertraue dir. – Mach dir um mich keine Sorgen, ich komme durch!«

Er stand auf, ging ins Haus und setzte sich an den

Schreibtisch. Wie entsetzlich, was er sich da erlaubt hatte. Der armen Josephine eine solche Eifersuchtsszene hinzulegen, und das in seinem Alter. Beschämend. Das hatte sie wirklich nicht verdient. Er wollte es mit einer schönen Geschichte vom Himmelskind wieder gut machen.

So ein Märchen braucht seine Zeit. Die hatte er ja nun. Rasch bestieg er Pegasus, flog davon und war pünktlich am übernächsten Abend zurück.

Dicht aneinander geschmiegt setzten sie sich in die Laube. Braaderup vermied jedes Wort über den Abend mit Denis, obwohl er sehr neugierig war, doch das wollte er sich nicht anmerken lassen.

»Die heutige Geschichte ist ungewöhnlich. Das sind Märchen ja öfter, aber das Himmelskind endet traurig. Ich sage es dir gleich, mein Liebes, damit du vorbereitet bist.«

Das Himmelskind

Den ganzen Tag hatte es geschneit. Zwei Männer, mit großen Reisigbündeln auf dem Rücken, stapften durch den tiefen Schnee. Es war stockfinstere Nacht. Ihre Schritte knirschten. Der Neuschnee machte die Pfade fast unbegehbar.

Die Äste der Bäume hingen tief herab und jedes Mal, wenn eins der sperrigen Bündel einen Ast streifte, fielen kleine Schneelawinen auf die Männer. Wenn sie stehen blieben, um den Rücken zu strecken, sahen sie über sich den herrlichen Sternenhimmel glitzern, und ab und zu fielen Sternschnuppen zur Erde. Sie zogen über den nachtschwarzen Himmel, um golden zu verglühen.

»Ach, wie ungerecht, dass all das Gold in die Schatztruhen der Reichen fällt. Warum kann nicht mal eine von ihnen vor unsere Füße fallen? Alle Not hätte ein Ende. – Doch so bleiben wir arme Schlucker, Hungerleider, die ständig um das tägliche Brot kämpfen.«

»Ja, ja, das ist der Lauf der Welt. So ein winzig kleines Stückchen vom Sternengold, ach, ich hätte das so gerne.«

Schweigend stapften sie weiter, gebeugt unter der Last auf ihrem Rücken und der Schwere des Lebens. Es war gefährlich, mit den großen Bündeln durch das eingeschneite Hochmoor zu gehen. Wenn Neuschnee die trügerischen Pfade bedeckt, kann man schnell vom Weg abkommen und im Moor versinken.

Plötzlich blieb einer stehen. »Du, sieh mal da drüben.«

»Wo?«

»Na, dort, rechts vor uns, bei dem kleinen Gebüsch. – Siehst du es leuchten?«

»Ach, da! Ja, jetzt sehe ich es auch! Ein helles Licht. – Du, vielleicht ist es eine der vielen Sternschnuppen, die zufällig hier, direkt bei uns, niedergefallen ist. Komm, wir wollen mal nachsehen.« Sie legten die Bündel ab und gingen, vorsichtig mit den Füßen tastend, auf das Leuchten zu. Es wurde heller und heller und als sie es erreicht hatten, sahen sie ein kleines Bündel, sorgfältig in eine Decke gewickelt. Behutsam machten sie es auf und fanden ein neugeborenes Kind. Um den Hals trug es eine kleine Goldkette mit einem Bergkristall.

»Wie gut er passt«, sagte der eine Mann, »denn Bergkristall ist der Stein des Steinbocks, und dieses Kind ist im Sternzeichen Steinbock geboren. Der Kristall wurde ihm mitgegeben, weil er ein besonders starker Schutzstein ist und der beste Heilstein, den es gibt.«

Die Männer sahen das Geschöpfchen schweigend an, bis

einer sagte: »Komm, wir wollen weitergehen. Lass es liegen. Was sollen wir denn mit ihm machen? Zu Hause sind so viele hungrige Mäuler zu füttern. Wir haben unsere liebe Not, sie alle über den Winter zu bringen. Einen weiteren Esser können wir nicht brauchen. Möge sich ein Gott seiner erbarmen. Wir haben es nicht gewollt. – Nun komm schon, es wird immer dunkler.«

Da schlug der andere Mann die Decke wieder vorsichtig zusammen und schob das Bündelchen unter sein Hemd, damit es dicht bei der Wärme seines Herzens lag. Dann sah er den anderen an. »Was bist du für ein Mensch? Was bist du nur für ein Mensch? Als du glaubtest, es wäre Gold, bist du gerannt. Gierig hast du danach gegriffen. – Jetzt, wo du siehst, dass es ein kleines Kind ist, viel wertvoller, als alles Gold der Welt, willst du es erfrieren lassen. Hast du so wenig Ehrfurcht vor dem Leben? Was bist du nur für ein Mensch?« Er schüttelte den Kopf, lud sich sein Reisigbündel auf und stapfte dem Dorf zu.

Als er die ersten Hütten erreichte, war der zweite Mann zu ihm aufgeschlossen. »Du, wenn du schon das Kind nimmst, so gib mir wenigstens das Kettchen und den Stein. Schließlich haben wir es ja beide gefunden.«

Der Mann sah ihn voller Verachtung an. »Geh deiner Wege. Wir zwei kennen uns nicht mehr.«

Als er zu seinem Haus kam, stand die Frau in der Tür. »Na, da bist du ja endlich. Komm schnell rein, es weht ein eisiger Wind.« Der Mann knöpfte Jacke und Hemd auf, nahm das Bündel heraus und gab es ihr. »Ich habe uns etwas mitgebracht«, sagte er lächelnd und erzählte, was sich zugetragen hatte.

»Mann! Bist du von Sinnen!? Haben wir nicht genug hungrige Mäuler zu stopfen und wissen nicht wie? Da bringst du noch diesen Wechselbalg ins Haus, anstatt ihn dort liegen zu lassen, wo er lag. Vielleicht bringt er Krankheit und Unheil über uns. Trage es sofort zurück!«

»Frau, heute ist Heiligabend. Drinnen sitzen die Kinder unter dem Christbaum und singen ›*Ihr Kinderlein kommet*‹. Ich bitte dich, um Christi Willen, habe Erbarmen mit diesem unschuldigen Kind, das mit unserem Herrgott Geburtstag hat. Wie sagt er doch? *Was ihr dem geringsten meiner Brüder getan habt, das habt ihr mir getan*. Siehe, unser Herrgott kümmert sich sogar um die Sperlinge draußen auf dem Feld, da müssen wir uns doch um dieses kleine Geschöpfchen kümmern!«

»Erfrieren nicht die Sperlinge im Winter? Jetzt ist Winter!« Zornig ging sie ins Haus. »Mach die Tür zu, es weht ein eisiger Wind. Mich friert!«

»Ach, Frau, in einem Haus, in dem ein kaltes Herz wohnt, friert einen jeden.«

Die Frau setzte sich an den Ofen und er hörte sie schluchzen. Dann stand sie auf, Tränen liefen ihr über die Wangen, und sie sagte leise: »Komm, gib mir das Kind. Ich will es großziehen, als wäre es mein eigenes. Es ist ein Geschöpf Gottes, wie wir alle. – Sieh nur, wie schön es ist.«

Da schlug das Kind die Augen auf, sah sie an und sie spürte, wie der Blick ihr tief ins Herz ging. Sie drückte es fest an sich und sagte: »Er ist mein Sohn.«

Da wurde es heller in der Stube. Der Mann stand auf, holte die Wiege vom Dachboden, legte Stroh hinein und sie betteten das Kind darauf.

Als die Bratäpfel in der Röhre anfingen zu schmurgeln, sangen alle: *O du fröhliche, o du selige Gnaden bringende Weihnachtszeit.*

Die Jahre vergingen. Noch immer wohnte die Armut in den Hütten. Das Findelkind wuchs auf. Es war viel schöner, als alle anderen Kinder im Dorf. Goldblond war sein Haar, weich und weiß seine Haut, wie von feinster Seide. Die Gesichtszüge waren zart und ebenmäßig, und es sprach vornehm, nicht den breiten Dialekt der anderen.

Eines Tages sagte es zu den Kindern: »Meine Mutter ist der Himmel, denn ich bin aus den Sternen gefallen. Weil ich viel schöner bin, als ihr, müsst ihr alles machen, was ich will.« Da riefen die Kinder: »Ja, Himmelskind, wir machen alles, was du willst. Wir folgen dir, wohin auch immer.«

Da lachte das Himmelskind und rief: »Wohlan, dann sammelt Steine, wir wollen die Sperlinge töten. Sie sind unnütz und stehlen uns die Ernte.«

Da sammelten die Kinder Steine und warfen sie nach den Sperlingen, bis sie tot waren.

»Kommt«, rief das Himmelskind, »jetzt wollen wir Frösche fangen und sie aufblasen, bis sie platzen.«

»Oh ja«, riefen alle, »wir wollen die garstigen Frösche jagen!«

Die Eltern erschraken über die Grausamkeiten und Verrohungen ihrer Kinder. Sie ermahnten sie, doch alles war vergebens. Das Himmelskind hatte alle fest in seinen Bann gezogen. Sie taten, was es wollte. Da nahm die Pflegemutter das Kind zur Seite und versuchte, es mit guten Worten auf den rechten Weg zu bringen. Doch alles, was sie sagte, war vergebens. Das Kind war trotzig: »Nur ich weiß, was gut und richtig ist, denn ich bin wunderschön. Meine Mutter ist der Himmel. Ich fiel aus den Sternen. Ich bin etwas Besonderes.«

So trieben die Kinder ihre unsäglichen Spiele weiter.

Quälten Katzen und Eichhörnchen, stachen den Maulwürfen die Augen aus und legten im Wald Schlingen und Fallen. Wie viele Tiere verletzten sich oder fanden den Tod.

Eines Tages kam ein altes Bettelweib in das Dorf. Sie ging von Tür zu Tür und bat um Brot und einen Schluck Wasser. Meistens wurde sie abgewiesen, viele machten die Tür erst gar nicht auf. Die Pflegemutter des Himmelskinds bat sie herein und gab ihr Essen und Trinken. Als sich die Alte gestärkt hatte, fragte sie: »Sagt mal, gute Frau, wem gehört das schöne Kind da draußen? Es ist so anders, als die anderen.«

»Es gehört uns«, sagte die Frau stolz, fügte aber hinzu: »Es ist nicht unser eigenes Kind. Mein Mann fand es bei Eis und Schnee im Moor.« Sie erzählte die Geschichte und zeigte der Alten Decke, Kettchen und Kristall.

»Ach«, rief das Bettelweib, »es ist mein Kind, das ich schon so viele Jahre vergeblich suche. Endlich, ach, endlich habe ich es gefunden.«

Das Himmelskind wurde hereingerufen. »Mein Junge, ein Wunder ist geschehen. Sieh nur, dies ist deine richtige Mutter«, sagte die Pflegemutter. Als die Bettlerin das Kind umarmen wollte, wich es mit einem Schrei zurück und rief: »Nein, nein, sie ist nicht meine Mutter! Das ist ein hässliches, altes Bettelweib! Meine Mutter ist der Himmel, denn ich bin ein Himmelskind! Ich fiel aus den Sternen! Fass mich nicht an, Alte, lass deine schmutzigen Hände von mir. Mich ekelt vor dir!« Er drehte sich um und rannte, als wäre der Leibhaftige hinter ihm her, zur Tür hinaus.

Draußen rief es die Kinder zusammen. »Sammelt große Steine und Knüppel, wir wollen die alte Hexe aus unserem Dorf vertreiben, eh sie Unglück über uns bringt.« Da hoben die Kinder Steine auf, griffen nach dicken Ästen und rückten der alten Frau zu Leibe. Die rannte, so schnell ihre Beine sie trugen, aus dem Dorf und wäre unbeschadet entkommen, wenn das Himmelskind nicht schneller gewesen wäre. Es erreichte sie und trat nach ihr. Die alte Frau stürzte und fiel in den Straßengraben. Als sie sich aufraffen wollte, holte das Kind mit einem dicken Stock aus und wollte sie schlagen. Da erhob die Alte drohend ihre Faust gegen ihn und murmelte ein paar Worte. Der Junge ließ den Arm sinken, der Prügel fiel ihm aus der Hand und er ging ins Dorf zurück.

Als er zu den Kindern kam, wichen sie vor ihm zurück und schrien: »Geh weg, komm uns nicht zu nah. Wir wollen nichts mit dir zu tun haben, denn du bist hässlich, wie eine Kröte. Uns ekelt vor dir. Verschwinde, du pockiges, aufgedunsenes Wesen. Was willst du von uns? Wir kennen dich nicht.«

Das Himmelskind bekam einen Schreck und fuhr sich mit beiden Händen ins Gesicht. Da spürte es, dass seine Haut rau und runzelig war. Es rannte zum Brunnen und sah ins Wasser. Da grinste ihm eine hässliche Fratze entgegen, vor der es selbst erschrak. All seine Schönheit war geschwunden. Es war ein fürchterliches Monster geworden, wie es sie nur in den finstersten Winkeln der Hölle gibt.

Es schlich nach Hause. Die Mutter erschrak, fast hätte sie es nicht erkannt. »Um Himmels willen, mein Kind, was ist passiert?« Da erzählte das Himmelskind, was sich zugetragen hatte. Die Mutter seufzte: »Ach, Junge, ich wusste, dass das kein gutes Ende nehmen würde. Die Alte hat dich verhext. Du wirst erst wieder du selbst sein, wenn sie dir verziehen und den Fluch von dir genommen hat. Du hast Schlimmes getan, mein Kind. Du hast nach deiner leiblichen Mutter getreten und wolltest sie gar erschlagen. – So leid es mir tut, aber dir geschah ganz recht. Ziehe in die

Welt und suche sie. Wenn sie wirklich deine Mutter ist, wird sie dir vergeben.«

Da ging das Himmelskind in die weite Welt hinaus und suchte nach seiner Mutter, aber es konnte sie nirgends finden. Alle Menschen gingen ihm aus dem Weg und wenn es die Tiere fragen wollte, liefen sie weg, weil sie glaubten, es wolle ihnen Böses tun.

In einem Winter, es war erwachsen geworden, zählte über zwanzig Lenze, fand es am Wegesrand einen Sperling, der vor Kälte und Hunger schon fast erfroren war. Es nahm den Vogel in die Hände, hauchte ihn mit warmem Atem an und gab ihm vom wenigen Brot, das es noch hatte, ein paar Krumen. Nach kurzer Zeit kam wieder Leben in das Tier und es fragte: »Warum tust du das, Himmelskind, wo du uns doch früher verfolgt und getötet hast?« Da weinte es bitterlich und sprach: »Es tut mir so leid, dass ich so viel Unrecht getan habe. Ich war stolz und eitel, mein Herz war verschlossen für das Gute. Jetzt, nach so vielen Jahren, sind mir die Augen aufgegangen und ich hoffe, mein Unrecht wiedergutmachen zu können.«

»Du hast Gutes an mir getan, Himmelskind. Ich vergebe dir und sage den anderen, dass du nicht mehr der bist, der du mal warst. So wie Gott den reuigen Sünder lieb hat, so tun wir Tiere es auch. Uns stört auch nicht, dass du hässlich bist, die Hauptsache ist doch eine reine, schöne Seele.«

»Ich danke dir, mein kleiner gefiederter Freund. Ihr Vögel seid doch überall unterwegs. Hat einer von euch vielleicht meine Mutter gesehen, ein altes Bettelweib in zerlumpten Kleidern? Ich suche sie schon seit vielen Jahren und kann sie nirgends finden.«

»An deiner Stelle, Himmelskind, würde ich in die Stadt gehen und suchen. Hier draußen, in der Kälte steht höchstens ein Leiermann barfuß auf dem Eise, und den will keiner hören, keiner sieht ihn an, und die Hunde knurren um den alten Mann. So ist das auf Winterreisen. Das Leben spielt sich in der Stadt ab, dort solltest du suchen. Geh nur immer diesen Weg entlang. Es ist nicht mehr weit. Nochmals vielen Dank, dass du mir das Leben gerettet hast. Viel Glück für dich.« Der Sperling flog fort und es ging weiter in Richtung Stadt.

Am Stadttor wichen die Menschen voller Schrecken vor ihm zurück. »Halt!«, riefen die Wächter. »Solche Missgeburten wie du dürfen die Stadt nicht betreten. – Verschwinde!«

»Lasst ihn passieren, er gehört zu mir«, rief da ein Mann. Das Himmelskind sah auf. Vor ihm stand eine Gestalt, bei deren Anblick ihm eine Gänsehaut über den Rücken lief: Finsterer Blick, scharfkantige Wangenknochen und eine spitze Geiernase. Eine unheimliche Gestalt. Die Wachleute schienen sich auch zu fürchten, denn sie verneigten sich tief vor ihm und gaben sofort den Weg frei.

»Komm schon«, herrschte er das Himmelskind an, »ich habe lange auf dich gewartet.« Er führte es durch dunkle, enge Gassen, bis sie vor einem schäbigen Haus standen. »Hier geht's lang, mein Junge. Vorwärts! Gleich runter in den Keller, wo deine Bettstatt gerichtet ist.« Er führte es zu einem dunklen Verschlag, stieß es hinein und verschloss die Tür. »Hier wirst du nun leben, bei Wasser und Brot, bis du alles tust, was ich von dir verlange. Verstanden?« Er blies die Kerze aus und verschwand. Das Himmelskind hörte, wie er mit schlurfenden Schritten die Treppe hinaufstieg.

Da saß es nun im dunklen, kalten Keller. Nur ein schwacher Lichtstrahl fiel durch ein kleines Fenster. Ihm war elend zumute. Wie würde das enden? Was wollte diese schaurige Gestalt von ihm?

Da pfiff es plötzlich. Als es sich umdrehte, sah es in die rot glühenden Augen einer dicken Ratte. »Na, Schönling, auch hier?«, sagte sie grinsend. »War wohl nichts mit der Schönheit. Nun bist du so hässlich, dass ich dich gar nicht beißen mag. Ich mache dir einen Vorschlag: Du gibst mir dein Brot und ich lasse dich in Ruhe. Wäre das so okay für dich?«

»Ja, ja, liebe Ratte. Es ist okay, aber sage mir bitte, warum du mich beißen willst.«

»Weil du so viele meiner Kameraden getötet hast, obwohl sie dir nichts getan hatten. Du hast sie grundlos umgebracht, wie so viele andere Tiere auch. Deshalb.«

»Ich war doch damals noch klein und wusste nicht, was ich tat. Verzeih mir meine Untaten. Ich habe sie schon so sehr bereut und bitter bezahlt. Ja, du kannst mein Brot haben, doch vergib mit bitte, was ich Böses getan habe.«

»Ich vergebe dir. So wie Gott einem reuigen Sünder vergibt, so tun wir Tiere das auch. Ich werde es den anderen sagen, dass du nicht mehr der bist, der du mal warst.«

»Das ist lieb von dir. Ich werde fürderhin alles mit dir teilen. Wenn du alles haben möchtest, bekommst du natürlich auch alles. Ich brauche nichts mehr.«

»Ach, Himmelskind, lass es gut sein. Wir teilen, so wie es in der Not sein muss. Ich komme morgen wieder, wenn er dir was zu essen gebracht hat.«

Jeden Tag, wenn der schreckliche Mensch ihm Brot und Wasser gebracht hatte, kam die Ratte aus ihrem Loch und sie aßen zusammen, teilten redlich die karge Kost.

Eines Morgens sagte der Mann: »Komm mal her, Himmelskind, ich habe mit dir zu reden. Irgendwo im

Wald vor der Stadt sind ein roter, ein blauer und ein grüner Stein versteckt. Gehe hin und bringe mir den roten. Hast du ihn bis zum Abend gefunden und mir in die Hand gelegt, gebe ich dich frei und sage dir auch, wo du deine Mutter findest. Bringst du ihn nicht, schmachtest du weiter bei Wasser und Brot, bis du stirbst. Weglaufen nützt dir nichts, denn mein Arm erreicht dich überall. Verstanden? Du bist für immer in meiner Gewalt. Ungehorsam bestrafe ich mit dem Tod! Bist du bereit? Willst du es wagen? Es winkt die Freiheit. Du musst mir nur den roten Stein bringen.«

Da ging das Himmelskind los und suchte im Wald nach dem roten Stein. Schon bald sah es eine rote Spur im Gras und folgte ihr. Am Ende der Spur war ein Fuchs, der sich mit der Vorderpfote in einer Falle verfangen hatte, und, das Gefängnis mit sich schleifend, in einem Gebüsch Zuflucht gesucht hatte. Als es näher kam, fletschte der Fuchs die Zähne und knurrte böse. »Na, wer wird denn so böse sein, mein Freund, ich will dir doch nur helfen. Lass mal sehen, was ich für dich tun kann.« Da ließ ihn der Fuchs gewähren. Das Himmelskind zog vorsichtig die Falle auf und untersuchte den Vorderlauf. »Du, der ist gebrochen. Sieht nicht gut aus. Ein offener Bruch. Kompliziert, wie man sagt. Ich werde die Wunde reinigen und eine Schiene anlegen. Sechs bis acht Wochen, und du rennst wieder herum wie früher. – So, und nun beiß mal hübsch die Zähne zusammen, denn es wird wehtun.« Er wusch die Wunde aus, reponierte den Bruch und bandagierte die Pfote mit zwei kräftigen Stöcken und einem Streifen von seinem Hemd. »So, das hätten wir«, sagte er. »Du musst den Vorderlauf schonen, damit alles gut zusammenwachsen kann. Hast du mich verstanden?«

»Klar habe ich dich verstanden. Was glaubst du denn?

Warum tust du das für mich, wo du doch selbst Fallen aufgestellt und Schlingen gelegt hast?«

»Ach, Fuchs, erinnere mich nicht an frühere Sünden. Ich war ein Kind und wurde von bösen Geistern getrieben. Ich habe meine Untaten schon so sehr bereut und wünschte, alles wäre nie geschehen. Ich habe dir geholfen, weil du in Not warst. Da muss man sich doch helfen. Pass gut auf dich auf. Ich muss weiter.«

Gegen Mittag ging er durch einen lichten Fichtenwald. Der blaue Himmel leuchtete durch die Kronen und in der Ferne sah er das flirrende Silber eines Sees. Im Herzen des Waldes war eine kleine Lichtung mit moosbewachsenen Steinen, Wiesenschaumkraut, Storchenschnabel und vielen Sternen weißer Narzissen, die wie Schneeflocken über das Gras verteilt waren. Die Strahlen der Sonne flossen durchs Geäst, wie zarte, zitternde Goldfäden. Erschöpft legte sich der rastlos durch die Welt Getriebene ins Gras, doch er konnte selbst hier, in der friedlichen Idylle, keine Ruhe finden.

Reue und Verzweiflung trieben ihn weiter, immer weiter. Kein Fleckchen des Waldes ließ er aus. In jedem Winkel, unter jedem Stein sah er nach und tastete das dichteste Unterholz aus. Er musste diesen Stein finden, sein Leben hing davon ab. Ohne den Stein würde er im Kerker umkommen, was nicht schlimm wäre, aber er würde die Mutter nicht finden und ohne Vergebung in die ewige Finsternis gehen. Er suchte den ganzen Tag, bis die Sonne unterging. Er hatte den Stein nicht gefunden. Traurig machte er sich auf den Heimweg. Aus, vorbei – alles verloren, – das Glück verspielt.

»Was machst du denn für ein trauriges Gesicht?«, fragte der Fuchs, der gerade vorbeihumpelte. Da erzählte das Himmelskind von seiner ergebnislosen Suche. »Wenn es weiter nichts ist«, antwortete der Fuchs, »ich weiß, wo der rote Stein ist. Komm mit, ich will ihn dir zeigen.« Er führte ihn zurück ins Unterholz. »Dort, heb' mal das Reisigbündel hoch. Da liegt er.« Wirklich! Unter dem Gestrüpp lag ein großer Rubin und funkelte im letzten Abendrot.

»Ich danke dir, mein Freund, du hast mir sehr geholfen. Wie kann ich dir das je vergelten?«

»Du hast mir zuerst geholfen, Himmelskind, grundlos und uneigennützig. Das war viel mehr, als das, was ich für dich getan habe.«

Da ging das Himmelskind froh in die Stadt zurück. Am Stadttor saß ein alter Bettler, der rief: »Ach, Herr, ich bitte Euch, gebt mir ein Geldstück. Ich habe seit Tagen nichts gegessen. Bitte, erbarmt Euch meiner.«

»Guter Mann, wie gerne würde ich Euch etwas geben, aber ich habe selbst nichts, nur diesen Stein, und an dem hängt mein Leben.«

Er wollte weitergehen, doch der Bettler hielt ihn an seinem Kittel fest. »Herr, ich bitte Euch, gebt mir den Stein, sonst muss ich sterben.«

Da sah das Himmelskind sein eingefallenes Gesicht und die bittenden Augen, aus denen aller Glanz gewichen war. Tiefes Erbarmen überkam ihn. Er griff in die Tasche und gab ihm den Stein. »Habt Dank, lieber Herr, der Himmel wird es Euch lohnen.«

Als er in seine Behausung zurückkam, fragte der Herr: »Hast du den Stein?«

»Nein, Herr, ich habe ihn nicht.«

»Dann bekommst du weiter Wasser und Brot«, sagte sein Peiniger und schloss ihn in den Keller.

Nach vier Wochen kam er wieder und sagte: »Himmelskind, wenn du frei sein willst, dann gehe in den Wald und hole mir den blauen Stein. Bringst du ihn, lasse ich dich frei. Bringst du ihn nicht, schmachtest du weiter bei Wasser und Brot, bis du tot bist.«

Da ging das Himmelskind und suchte nach dem blauen Stein. Es suchte den ganzen Tag, konnte ihn aber nicht finden. Da kroch ein Maulwurf aus dem Boden und rief: »Ist da jemand, ich hörte Schritte?«

»Ja«, rief er, »ich bin's, das Himmelskind. Ich suche den blauen Stein. Kannst du mir helfen?«

»Das würde ich sehr gerne, aber du hast mir die Augen ausgestochen. Seitdem sehe ich nichts mehr. Tut mir leid, ich kann dir nicht helfen.«

»Vergib mir, Maulwurf. Verzeih mir. Ich war damals noch ein Kind und wusste nicht, was ich tat. Bitte, nimm die Schuld von mir, damit ich in Frieden sterben kann, denn ich weiß nicht, ob ich noch einmal vier Wochen in der Dunkelheit bei Wasser und Brot überlebe.«

»Ich verzeihe dir, Himmelskind. Weißt du, unten in der dunklen Erde brauche ich mein Augenlicht nicht. Es ist alles nicht so schlimm. – Vergeben und vergessen. Ich wünsche dir viel Glück bei der Suche. – Eins ist sicher, unter der Erde ist er nicht.«

Da ging das Himmelskind traurig weiter und begegnete dem Fuchs. »Na, Reineke, was macht die Pfote? Ich meine, wir können die Schiene so langsam abnehmen. Komm mal her, mein Lieber.« Als er die Schiene entfernte, rollten ihm Tränen über die Wangen. »Was hast du denn, mein Freund? Warum bist du so traurig?« Da erzählte er ihm die Geschichte mit dem blauen Stein, und dass er ihn nicht gefunden habe. »Wenn es mehr nicht ist«, sagte der Fuchs, »ich weiß, wo er ist. Klettere auf den Baum. In halber Höhe ist ein Astloch. Da liegt er drin.«

Als das Himmelskind mit dem Saphir vor dem Fuchs stand, bedankte es sich ganz herzlich bei ihm. »Hab Dank für deine Hilfe, mein lieber Freund. Ich weiß nicht, wie ich dir das jemals vergelten soll.«

»Du hast mir zuerst geholfen, Himmelskind, grundlos und uneigennützig. Das ist viel mehr wert, als das, was ich für dich getan habe.«

Da ging das Himmelskind froh in die Stadt zurück. Am Stadttor saß wieder der alte Bettler und rief: »Herr, ich habe viele Tage nichts gegessen. Erbarmt Euch meiner und schenkt mir ein Geldstück, sonst muss ich verhungern.«

»Guter Mann«, sprach das Himmelskind, »wie gerne würde ich Euch etwas geben, aber ich habe selbst nichts, nur diesen Stein, und an dem hängt mein Leben.«

Da hob der Bettler bittend die Hände: »Herr, gebt ihn mir, ich flehe Euch an, um Christi Willen, gebt mir den Stein. Ihr seid noch jung, habt alle Chancen. Für mich ist er die letzte Hoffnung, am Leben zu bleiben.«

Das Himmelskind sah ihn voller Verzweiflung an, und als es den Tod in den Augen des ausgemergelten Mannes sah, gab es ihm den Saphir.

»Hast du den Stein?«, fragte sein Peiniger mürrisch, als er zurückkam. »Nein, Herr, ich habe ihn nicht.«

»Dann ab mit dir in den Keller, bis deine letzte Chance gekommen ist, du Nichtsnutz!«

Und wieder saß er im dunklen Keller bei Wasser und Brot. Die Kräfte schwanden von Tag zu Tag. Es war kalt und die stickige Luft legte sich schwer auf seine Lunge. Er keuchte, hustete und konnte sich kaum noch auf den Beinen halten. »Es geht mit mir zu Ende«, dachte das Himmelskind, »ach, wie froh ich doch bin, dass alle Qualen bald vorüber sind. Ich tat so viel Unrecht, dass ich es auch nicht anders verdient habe. Ach, hätte ich doch die Mutter noch einmal gesehen, um vieles leichter würde ich sterben.«

Als der Schlüssel in der Tür rasselte, blieb er vor Erschöpfung liegen. »Hey, steh auf, du Kreatur«, herrschte ihn sein Peiniger an, »heute ist dein großer Tag. Geh in den Wald und hole mir den grünen Stein. Der ist schwer zu finden, denn alles dort ist grün. Bringst du ihn mir, bist du frei, und ich sage dir auch, wo du deine Mutter findest. Das ist ein großzügiges Angebot. Nun mal hoch, beweg dich. Die Zeit ist knapp.«

Mit letzter Kraft stand das Himmelskind auf, ging in den Wald und suchte nach dem grünen Stein. Doch das Suchen war vergebens.

Da kam der Fuchs vorbei. Schon von weitem rief er: »Sieh mal, ich kann wieder richtig laufen. Das verdanke ich nur dir.« Als er sah, wie elend das Himmelskind war, erschrak er. »Ja, du lieber Gott, wie siehst du denn aus? Was ist denn passiert?«

Da erzählte ihm das Himmelskind alles, was ihm zugestoßen war. »Ach, wenn es weiter nichts ist«, sprach der Fuchs, »den grünen Stein haben wir schnell. Ich weiß, wo er liegt. Komm mit.« Er führte ihn zu einem See. »Siehst du ihn dort in der Tiefe? Dort drüben, das Grüne. Das ist er. Jetzt musst du ihn nur noch herauf holen.«

»Das schaffe ich nicht mehr. Dazu bin ich viel zu schwach.«

»Dann musst du die Frösche bitten, ihn dir zu holen.«

»Ach, lieber Fuchs, das werden sie nicht tun. Ich habe ihnen so viel Leid zugefügt, das verzeihen sie mir nicht.«

»Wer sagt denn das, Himmelskind? Wir Frösche vergeben, wenn einer Reue zeigt. Du bist ein reuiger Sünder. Wir lieben dich ebenso, wie dich Gott liebt. Um dir das zu beweisen, holen wir den Smaragd für dich aus der Tiefe. – Kommt, Jungs!« Da sprangen alle Frösche ins Wasser und bald legten sie ihm den Smaragd vor die Füße.

»Ach«, sagte das Himmelskind voller Glück, »wie kann ich euch das je vergelten?«

»Du hast zuerst geholfen, grundlos und uneigennützig. Das ist viel mehr wert. Ist jemand in Not, muss man helfen. Das versteht sich doch von selbst.«

Mit dem Smaragd in der Tasche ging er zurück in die Stadt. Der Stein war sicher sehr wertvoll, denn er wog viel und funkelte so herrlich in der Sonne.

Nur ungern würde er ihn dem grausamen Magier geben, der ihn so lange gequält hatte. Würde er dann frei sein? Wollte er überhaupt frei sein? Diese Frage hatte er sich so oft in der Dunkelheit seiner Zelle gestellt. Sicher, wer gefangen ist, träumt von der Freiheit, doch was sollte er mit dieser Freiheit anfangen? Weiter suchen? Wen? Eine Mutter, die vor ihm weglief? Eine Mutter, die ihn nach der Geburt ausgesetzt hatte? Was war das für eine Mutter? Wollte er wirklich die Frau suchen, die ihn ins Moor geworfen hatte, wie man es mit Verbrechern tat? Eigentlich wollte er doch nur seine Schönheit wieder haben. Deshalb war er ausgezogen. Er wollte wieder in das soziale Gefüge eingegliedert werden, das ihn durch den Fluch der sogenannten Mutter isoliert hatte. Ansehen und Würde gingen verloren. Er musste über einen schmerzvollen, dornenreichen Weg Demut und Mitleid lernen, Eigenschaften, die bei ihm nicht angelegt waren. Nun hatte er das Schlechte abgelegt und das Gute in sich gefestigt, war erwachsen geworden und konnte mit der Hässlichkeit gut umgehen. Er war am Ende seines Weges angekommen.

Er wollte zurück in das Dorf gehen und seiner Mutter, der Frau, die ihn großgezogen hatte, danken und Lebewohl sagen. Sie war immer gut zu ihm gewesen, war Liebe und Güte in einer Person.

Gedankenschwer stand er vor dem Stadttor, als der Bettler rief: »Herr, ich habe viele Tage nichts gegessen. Erbarmt Euch meiner und schenkt mir ein Geldstück, sonst muss ich verhungern.«

»Guter Mann«, sprach das Himmelskind, »wie gerne würde ich Euch etwas geben, aber ich habe selbst nichts, nur diesen Stein, an dem mein Leben hängt.«

Da hob der Bettler bittend seine Hände: »Herr, gebt mir diesen Stein, ich flehe Euch an. Wie sagt schon unser lieber Herr Jesus Christus? Was ihr getan habt einem meiner geringsten Brüder, das habt ihr mir getan. Er wird Euch Eure Barmherzigkeit im Himmel vergelten. – Bitte, gebt mir den Stein.«

Da sah ihn das Himmelskind lächelnd an. »Da, mein guter Alter, nimm den Stein, dein Leben ist mir wichtiger, als meins. Ihr erwartet noch, seid voller Hoffnung, kämpft um das Dasein, seid Euch nicht zu schade dafür zu betteln. Meine Lebensgeister haben den Körper schon verlassen, kalt und langsam rollt das Blut mir durch die Adern. Deshalb nehmt den Stein. Ich gebe ihn gerne. Mögen all Eure Wünsche in Erfüllung gehen. Gott schütze Euch.«

Kaum hielt der Alte den grünen Stein in den Händen, veränderte sich seine Gestalt. Er richtete sich auf, warf seinen zerschlissenen Umhang ab, und stand vor ihm als eine stattliche Erscheinung im dunkelblauen Gewand, das mit strahlenden Sternen besetzt war. »Du hast die schweren Prüfungen durch die Tiefen der Hölle bestanden und mir die drei Steine des Lebens, die Symbole für Glauben, Liebe und Hoffnung gebracht. Für jeden Stein bekommst du eine Belohnung: Schönheit, Reichtum und Liebe.«

Da sah ihn das Himmelskind traurig an. »Ich brauche weder Schönheit noch Reichtum, gebt mir nur ein bisschen Liebe, denn ohne sie ist alles sinnlos. Ein Leben, das mich erst ganz hoch steigen ließ, dann in die Tiefe stürzte, mich tiefer und tiefer sinken ließ, so tief, dass ich fast vor Kummer und Not zu Tode kam, will ich nicht. Es bedeutet mir nichts. Wie kann ich ja zu einem Schicksal sagen, das mich böse sein lässt, mich bitter bestraft, für etwas, das ich ohne Willen und Bewusstsein gemacht habe, mich in Not, Angst und Verzweiflung stürzt und dann sagt: Nun lebe. Freue dich. – Ach, wie unsinnig, wie erbärmlich. – Lebt wohl und treibt dieses schändliche Spiel in Zukunft mit Euresgleichen. Ihr habt mein Mitleid missbraucht, habt meine Seele zertreten, meinen Lebenswillen gebrochen. – Was seid Ihr nur für ein schreckliches Wesen. Ich verfluche Euch, den Tag, an dem ich geboren wurde, und die Mutter, die mich geboren hat.«

Das Himmelskind drehte sich um und ging die Landstraße hinunter.

»Halt, bleib stehen! Es stimmt nicht, was du sagst. Das war doch ganz anders gemeint. Du hast das nicht richtig verstanden!«

»Was Ihr gemeint habt, werter Herr, ist mir völlig egal. Zählen tut nur, was ich fühle.«

»Himmelskind, komm sofort zurück, sonst zerschmettere ich dich!«

»Nichts werdet Ihr tun, denn Ihr habt keine Macht mehr über mich. Ich habe dem Leben den Rücken gekehrt und bewege mich in überirdischen Gefilden. Dort ist Eure Macht zu Ende.«

Mit letzter Kraft schleppte er sich den weiten Weg zurück und ruhte erst, als er das Dorf vor sich liegen sah. Langsam stieg er den Hang hinunter. Wie friedlich alles war. Es war zur Mittagszeit, alle saßen am Tisch und aßen. Ungesehen trat er in das Haus der Mutter. Als sie ihn in der Tür stehen sah, starrte sie ihn an, als würde ein Gespenst vor ihr stehen. Sie stand auf, umarmte ihn und sagte: »Schön, mein Junge, dass du wieder zuhause bist.«

»Ach, meine liebe Mutter, ich bin gekommen, um dir Dank zu sagen für alles, was du mir Gutes getan hast. Voller Liebe zogst du mich auf, hast stets versucht, mich zu verstehen, hast mich beschützt, hast mir Nähe und Wärme gegeben, obwohl ich ein Fremder für dich war. Du hast mich verteidigt und auf mich gewartet. Ich danke dir, liebe Mutter, ich danke dir von ganzem Herzen. Möge dir Gott im Himmel alles vergelten. Behalte mich lieb. – Ich gehe jetzt und komme nie mehr wieder.«

»Bleibe doch bei uns, mein Junge. Ruhe dich wenigstens ein bisschen aus. Du siehst so elend aus.«

»Das ist lieb gemeint, Mutter, doch ich brauche keine Verschnaufpause mehr, denn ich habe es nicht weit. Lebe wohl.« Er umarmte sie innig, und als er ihre Stirn küsste, liefen ihm Tränen über die Wangen. Rasch drehte er sich um und ging die Straße hinunter. Immer geradeaus zum Brunnen, der ihm damals seine Hässlichkeit gezeigt hatte.

»Leb' wohl, du schreckliches Leben. Ich habe immer das Gefühl gehabt, dass ich für dich nicht vorgesehen war; nur ein dummer Zufall bin. Du hast mich in die Welt gesetzt, ohne mir die Mittel zu geben, alles in seiner Gesamtheit zu verstehen, um bestehen zu können. Du hast mir Schönheit gegeben und sie mir wieder genommen. Du hast mir meine Minderwertigkeit gezeigt und meine Seele zerstört. Ich habe gelitten und gedarbt, demütig das Böse bereut und auf Verständnis und Erlösung gehofft. Unter allem Leiden habe ich mir doch die Mittel erkämpft, die mir die Stärke geben, dir zu zeigen, dass ich dich verachte und verabscheue, dass ich dich nicht will.«

Mit diesen Worten stürzte er sich in den Brunnen und ward nie wieder gesehen.

Jahre später kam das Bettelweib wieder ins Dorf. Sie klopfte an die Tür der Frau, die seine Pflegemutter war. Diese bat die Alte einzutreten und erzählte ihr vom Ende des Himmelskinds. Da weinte die Alte bitterlich und verwandelte sich unter Tränen in eine wunderschöne Frau.

»Wie ist das möglich«, rief die Frau des Waldarbeiters, »eben wart Ihr noch ein altes Bettelweib und nun steht Ihr, schön wie eine Königin, vor mir.«

»Ach, ich bin die Nymphenprinzessin, die Mutter des Himmelskinds. Weil alle Nymphen weiblichen Geschlechts sind, darf ich nur Töchter zur Welt bringen. Wir geben alle guten Eigenschaften unseres Erbguts in die weiblichen Anlagen und alles Schlechte in die männlichen, die wir dann eliminieren. Deshalb sind Nymphen immer gut, freundlich und liebenswert. Einmal war ein männlicher Embryo durch die Kontrolle der Selektion gerutscht. Ich brachte den Knaben zur Welt und hätte ihn nach dem Gesetz töten müssen. Doch welche Mutter kann so etwas tun? Es war so ein wunderschöner Knabe. Mein Herz hing an ihm. Ich beschloss, ihn in aller Stille und Heimlichkeit groß zu ziehen. Doch der König, Herrscher über alle Nymphen, merkte es. Ich konnte das Kind gerade noch in eine Decke wickeln und den vier Winden anvertrauen, bevor er es packen und vernichten konnte. In seinem Zorn belegte er mich mit dem

Fluch, dass ich, so lange dieses Kind lebt, als Bettelweib durch die Welt ziehen muss. Jetzt, wo es tot ist, bin ich wieder die Nymphenprinzessin, die nicht sterben kann. Nicht einmal vor Kummer und Gram.«

»Ja, Josephine«, sagte Braaderup nach einer Weile, »das ist die einzige Geschichte, die ich von einer männlichen Nymphe kenne.«

»Und was lernen wir daraus, mein lieber, guter Braaderup?«, antwortete sie und küsste ihm liebevoll die Tränen aus den Augen. »Es ist gut, dass es nur weibliche Nymphen gibt. Mit ihnen kannst du deine Phantasien träumen, und alles endet immer gut. Komm, mein Liebster, wir wollen uns ganz festhalten, so fest, dass nichts zwischen uns kommt.«

Braaderup lächelte: »Ach, meine wunderbare Herzensfrau, das wünscht man sich immer, und dann kommt doch alles ganz anders. Weißt du was? Wir erzählen uns morgen Abend Liebesgeschichten; ganz schöne Liebesgeschichten. Jeder bringt eine mit. Einverstanden?«

»Oh ja, Liebster, das ist eine gute Idee. Wir machen unsere eigene Liebesgeschichte, bis der Morgen graut. Ich habe solche Sehnsucht nach dir, und wie ich sehe, du auch nach mir.«

Braaderup saß am Schreibtisch, gedankenlos, völlig abwesend. Den ganzen Tag hatte es geschneit und die kleine Welt seines Gartens in einen Wintertraum verwandelt. Gewöhnlich wäre er in solchen Augenblicken in verträumte Phantasien versunken, wäre mit der Schneekönigin über die Wiese getanzt, doch heute verkroch er sich hinter seinem Schreibtisch. Selbst seine Gedanken flogen nicht durch die Nacht. Er hatte keine, und wohin sollten sie auch fliegen?

Das alte Lebensjahr war schrecklich zu Ende gegangen. Es gibt Dinge, die plötzlich kommen. Wie eine schlimme Krankheit. Sie sind da, nehmen den ganzen Raum ein, wie ein Tumor, reißen die Lebenskraft an sich, und vom blühenden Leben bleibt nur noch eine leere Hülle zurück.

Kommen sie wirklich plötzlich? Sind die Augen vor lauter Glücksgefühl nicht nur blind für das sich anbahnende Schreckliche? Gibt es nicht immer genügend Frühsymptome, Zeichen, die auf das kommende Unheil hinweisen? Es ist unnütz, sich Gedanken zu machen, wann man den Brunnen hätte zuschütten sollen, wenn das Kind ertrunken ist.

Braaderup starrte vor sich hin, drückte sich mit beiden Zeigefingern auf die Schläfen, dort, wo die Temporalarterien verlaufen, um die stechenden, herzschlagsynchronen Schmerzen zu lindern, die ihn schon seit Tagen plagten. War es die Migräne oder der Ekel vor der Welt, der Ekel vor sich selbst? Er musste sich ständig erbrechen.

Er hatte keinen Blick für den Zauber der verschneiten Landschaft. Für ihn gab es nur den großen Baukran und er wusste nichts Schöneres, als auf dieses Ungetüm zu steigen und sich in den Schnee fallen zu lassen. Weiß und Rot, – Schneeweißchen und Rosenrot.

Seine Starre löste sich, als Josephine an das Fenster klopfte. Er stand auf und ging mit ihr in die Laube.

»Was, meine liebe Josephine, wäre unter dem Mond wohl mehr der Rede wert, als die Liebe?«, fragte Braaderup und nahm sie in die Arme. Wie eine wortlose Antwort schmiegte sie sich fest an ihn.

»Liebe atmet, wirkt und webt, bildet und belebt alles. Sie ist der allmächtige Drang, der Gleiches zu Gleichem bringt und für den schönen Zusammenklang der Wesen sorgt. Ist des Menschen Seele nicht pure Liebe? Den Liebenden leuchtet die Sonne mit herzerfreuendem Licht, selbst wenn der Himmel bedeckt ist. Liebende leben das wahre Leben, atmen reine Luft mit freier Brust und sehen alles mit verklärten Augen. Sie hören liebliche Musik durch alle Sphären klingen, fürchten sich selbst in der tiefsten Nacht nicht und schwimmen getrost durch Stille und Sturm auf den ewigen Wogen der Zeit dahin. Natürlich denkst du jetzt, dass zwischen Liebe und Liebe ein mächtiger Unterschied ist. Wie viel Torheit, Eitelkeit und Selbstbetrug mischt sich da häufig mit unter. Wie oft dient sie dem Laster, ist sie die schöne Sklavin der Lüste? Das mag wohl sein, mein Schatz, und doch, was haben Dunkel und Hell miteinander zu tun? Gibt es einen größeren Kontrast? Vermischt man aber beide, so ergibt sich die ganze Magie der Natur. Licht und Schatten verstärken oder schwächen sich zu Bildern, wie sie nur die Natur hervorbringen kann; göttliche Liebesgemälde, die in der Seele wohnen. Leben und Liebe bilden die ewigen Märchen der Natur, das Sehnen aller Kreaturen, das Glück der Menschen und der Engel. Trotz aller Mängel wird sie uns immer lieber sein, als Hader und Streit, als Neid und Hass, Mord, Aufruhr, Trug und List, Verleumdung und Missgunst. Liebe ist vielleicht nicht alles, aber ohne Liebe ist alles nichts. – Meinst du nicht auch, Liebste?«

»Ja, mein Herz, das sehe ich wie du. Oft muss ich dir widersprechen, aber was die Liebe betrifft, sind wir uns völlig einig. Sie ist das Schönste, was es gibt und man muss gut aufpassen, dass sie nicht durch die Finger rinnt, wie Quecksilber, und man zum Schluss mit leeren Händen dasteht. Komm, wir wollen uns Liebesmärchen erzählen. Ich glaube, du hast sie bitter nötig. Ich fange an. Okay?«

Das Rotkehlchen und die Rose

Es war ein Jahr wie jedes andere und doch geschah etwas Unglaubliches. Ein kleiner, graubrauner Vogel verliebte sich in eine Rose.

Schon im Frühjahr, er verfolgte eine leckere dicke Fliege, stoppte er urplötzlich mitten im Sturzflug und starrte sie wie gebannt an. »Ach«, piepste er verlegen, »du bist so wunderschön. Gertenschlank wachsen deine Triebe aus der Erde. Deine rote Belaubung ist Balsam für die Seele. Nichts gleicht an Eleganz und Anmut deinen wunderbaren Dornen. Ach, ich liebe dich, du Traumhafte. Du lässt mein Herz höher schlagen. Komm, du Herrliche, wir wollen uns lieben.« Da neigte die Rose voller Anmut ihre Äste. Er nahm diese Geste als Zustimmung und begann, um sie zu balzen, plusterte sich mächtig auf und spritzte feinste Samentröpfchen an ihre Wurzeln.

»Wir werden viele schöne Kinder bekommen«, zwitscherte der Vogel. Das leise Säuseln in ihrem Blattwerk deutete er als Zustimmung. Ach, es machte ihn so glücklich, dass er, ein kleines unscheinbares Vögelchen, eine so große, edle Frau beglückten durfte.

Nachts setzte er sich in ihr Geäst und drückte sich zärtlich an sie. Eines Morgens war seine Brust rot gefärbt. Er hatte sich im Schlaf gestochen. »Oh, sieh nur, Liebste, jetzt habe ich auch etwas von deinem Rot. Wie ähnlich wir uns doch sind. Das wasche ich nie mehr ab. Das bleibt, als Zeichen unserer großen Liebe, für immer.« Und es schien wie ein Lächeln von ihr, als sie mit den Blättern rauschte.

»Was für eine alberne Verbindung«, zwitscherten seine Artgenossen, »allein der Größenunterschied. Außerdem kann sie nicht fliegen. Was ist er doch für ein Einfaltspinsel.« Doch der kleine Graubraune zwitscherte zurück: »Na und? Ist doch alles nicht schlimm. Die Hauptsache, wir lieben uns. Sie ist die schönste Frau, die es gibt. Ich liebe sie aus tiefstem Herzen. Gut, dass sie nicht fliegen kann. So wird sie immer bei mir bleiben.«

Eines Tages passierte etwas Furchtbares. Ganze Scharen von Blattläusen machten sich an sie ran. Überfallartig begrapschten sie ihre jungen Triebe und Knospen. Wütend fiel er über die Nebenbuhler her und hatte sie in kürzester Zeit vernichtet. So eine Frechheit! Sie gehörte ihm, nur ihm. Alle anderen hatten die Rüssel von ihr zu lassen!

Die Liebe zu ihr schien ungeahnte Kräfte freizusetzen, denn bald kamen gierige Dickmaulrüssler und Rosentriebbohrer und wollten sich an der geliebten Frau vergreifen. Auch Blattrollwespen und Thripse umschwirrten und umwarben sie. Er führte Kämpfe um jeden Quadratmillimeter der geliebten Frau. Keinem gönnte er auch nur die geringste Zuwendung. Alle wurden bekämpft und für ihre Keckheit mit dem Tod bestraft.

Als eines Tages die erste Knospe aufbrach und sich eine wunderschöne, duftende Blüte entfaltete, schwoll ihm stolz die gerötete Vaterbrust. Ach, was war das für ein schönes Kind! Es hatte zwar nichts vom Vater mitbekommen, ähnelte aber auch nicht der Mutter. Es war so besonders, so außergewöhnlich, so wunderbar, wie ihre Liebe.

Vom Duft angelockte Insekten vertrieb er sofort. Keiner durfte das Kind berühren oder auch nur beschnuppern. Ach, es war so schön! Liebevoll legte er das Köpfchen in den Duft, schloss die Augen und sog die himmlischen Aromen tief in sich ein. Nicht nur, dass er die schönste Frau der Welt hatte, sie schenkte ihm auch die schönsten Kinder. Von Tag zu Tag wurden es mehr. Die Schar war fast nicht mehr zu überblicken. Wie gut, dass sie nicht fliegen konnten. Allzu schnell hätte er sie aus den Augen verloren. Das gütige Schicksal hatte gewusst, warum es seiner Liebsten keine Flügel gegeben hatte. Ihre Bodenhaftung vererbte sie dominant an die Kinder. So konnten sie wunderbar zusammenleben und keiner ging verloren.

Eine Sache gab ihm allerdings zu denken. Seine Liebste war fast ein wenig zu kokett, denn sie flirtete ungeniert mit dem Wind. Immer, wenn dieser Typ um sie herumschmeichelte, lehnte sie sich einladend zurück. Man hätte meinen können, sie böte sich ihm an. Das kränkte den kleinen Graubraunen ein bisschen. Manchmal war er darüber so verzweifelt, dass er dachte, sie würde nur mit ihm spielen, es mit der Liebe nicht so ernst nehmen. Doch dann sah er ihr Lächeln und spürte, wie sein kleines Herzchen höher schlug. Alle Bedenken schwanden und er fiel wieder in den großen Liebestraum, der sie so innig miteinander verband. Ach, dachte er, und ein seliges Lächeln lief über sein Gesicht, was für ein unglaubliches Geschenk doch die Liebe ist. Sie fragt nicht, sie ist einfach da und wirkt.

Als der Herbst kam und seine gefiederte Verwandtschaft in den warmen Süden aufbrach, riefen sie ihm zu: »Hey, du, wir fliegen nach Ägypten, da ist es schön warm und es gibt reichlich zu fressen. Komm mit! Beeile dich!«

»Ach«, sagte der Graubraune, »fliegt alleine. Ich bleibe hier. Meine Liebste kann nicht fliegen, und ohne sie möchte ich nicht sein. Gute Reise, Leute. Passt auf euch auf. Bis zum nächsten Frühjahr.«

Mit diesen Worten kuschelte er sich ganz dicht an die Geliebte und spürte ihre Wärme. So hockte er in ihrem langsam welkenden Blattwerk, bis die kalten Stürme kamen, die ihre letzten Blätter abschüttelten. Nach den ersten Nachtfrösten war die Rotblühende nackt und kahl. Der Graubraune war verschwunden.

Man erzählte, ihre Seelen seien gemeinsam in die Wunderwelt über den sieben Himmeln geflogen. In Wirklichkeit war der kleine Vogel erfroren vom Ast gefallen, und sie hatte ihn mit ihren Blättern zugedeckt.

Wenige Tage später schickte der liebe Gott den Erzengel Gabriel los, ihm das Schönste von der Erde zu holen.

Gabriel kam zurück und brachte einen kleinen, erfrorenen graubraunen Vogel mit roter Brust. Da lächelte Gott. »Gut gemacht, Gabriel, mein Junge, das ist wirklich das Schönste, was es gibt: wahre, reine Liebe.«

Er hauchte dem kleinen Vogel neues Leben ein, streichelte sein Gefieder und flüsterte: »Nun flieg schön, mein Kleiner. Lass deine Liebste nicht so lange warten.«

»Ach, Josephine, was für eine schöne Geschichte. Schade, dass der liebe Gott nicht überall erhaltend seine Hände im Spiel hat. Manchmal ist er wohl zu beschäftigt oder zu müde, um zu helfen. Deine Geschichte ist schön und traurig zugleich. Eben eine richtige Liebesgeschichte. Ich kenne auch so eine. Das Merkwürdige an meiner Geschichte ist, dass ich oft nicht weiß, ob ich der Schmetterling oder Braaderup, der Erzähler bin. Vielleicht bin ich auch beide, oder keiner. Wer weiß denn schon, wer er wirklich ist? Ob alles nur ein Traum ist, ein süßer Traum von Liebe und Glück. Manchmal spüre ich, wie mich meine bunten Flügel durch die Lüfte tragen, fühle, wie mein Herz vor sehnsuchtsvoller Freude heftig schlägt, sehe die ersehnte Blüte sich weit öffnen, schmiege mich in ihre weichen warmen Arme und fühle mich zu Hause. Dann sitze ich wieder am Schreibtisch, ein alter Mann, vom Leben gezeichnet, analysiere meine Fehler, verzweifele an meinen Schwächen, wünsche mich weit weg, in ein schöneres Land, ein Land, wo ich mich leben darf und entschließe mich dann ganz schnell, wieder der Schmetterling zu sein, der der Liebsten seinen Rüssel tief in die Blüte steckt und im süßen Liebeswahn verharrt. Ein ewiger Wanderer zwischen Traum und Wirklichkeit. Märchen oder Realität? Was spielt es für eine Rolle? Ist nicht alles immer beides und doch keins? Ach, Josephine, lass uns weiter träumen in unserer Wirklichkeit.«

Die beiden

Eigentlich war er gar kein richtiger Schmetterling, so einer, der von Blume zu Blume flattert und seinen Rüssel neugierig in jeden Stempel steckt. Sein Herz führte ihn immer wieder zur selben Blüte. Dabei schenkte er den anderen Blumen am Wegesrand keinen Blick, sog nicht einmal ihren Duft ein, denn es gab für ihn nur diese eine. Sie war ihm alles Hoffen, alles Wünschen. Sein kleines Herzchen schlug nur für sie. Anspruchsvoll war er schon, denn sie war unter allen die Schönste. Bunt, schlank und groß, folgte er der Stimme seines Herzens, und die sagte ihm: Sie ist es, nur sie.

Wenn die Sonne ihre ersten Strahlen am Horizont zeigte, machte er sich eilig auf den Weg. Je eher er bei ihr war, desto länger konnte er mit der Geliebten zusammen sein. Die unsagbare Sehnsucht verlieh ihm schnelle Flügel. Er konnte es kaum erwarten, sich auf sie zu setzen, ihre herrlichen Blütenblätter ganz nah an seinem Körper zu spüren und seinen Rüssel in sie gleiten zu lassen. Wie köstlich war ihr Honigseim. Der lieblich-süße Duft ihres Körpers ließ ihn vibrieren. Welche Erfüllung! Was für ein Lebensglück! In ihrem Stempel sein, war für ihn alles. Mehr bedurfte es nicht. Sie fühlte wie er und gab sich ihm Tag für Tag hin.

Schön war sie, warm und glatt, samtweich, betörend wohlig, wie frisches Moos. Seine Fühler bebten, wenn er sie berührte. An der Fülle des Nektars merkte er, wie sehnsuchtsvoll er erwartet wurde. Zärtlich saugte er an ihr; voller Hingabe und Begehren. Dabei zitterte sein Körper und das Rüsselchen zuckte.

Während er ihren Nektar trank und ihre Tiefe mit feinstem Mandelöl füllte, betasteten seine weichen Fühler ihre Blütenblätter und Staubgefäße. Zwei waren besonders prall und schön, so wunderbar weich und glatt, er hätte vor lauter Wonne vergehen wollen. Was für eine herrliche, geheimnisvolle Blume, – keiner anderen gleich. Sie entfaltete sich ihm zart rosig und weckte tiefes Liebessehnen.

Ach, wie gerne ließ sie sich von dem Schönen umgaukeln und befliegen. Jedem anderen verschloss sie sich entschieden. Zog sich zusammen, machte ihre Blüte zu. Sogar die dicken, pelzigen Hummeln und die wendigen, geschäftigen Bienen konnten bei ihr nicht landen. Sie wollte nur ihn, den Sanften, Zärtlichen. Jeden Morgen erwartete sie ihn sehnsüchtig. Kaum liebkosten die ersten Sonnenstrahlen ihre geschlossene Blüte, hielt sie schon Ausschau nach dem Ersehnten, einzig Geliebten. Erspähte sie ihn, richtete sie sich auf und streckte dem Herzensmann, voller Sehnsucht nach der Sanftheit seiner Berührung, ihre Blüte entgegen. Ach, wie verging sie vor Lust und Liebe unter seinen warmen, weichen Berührungen. Honigsüßer Nektar bereitete den Weg, den sie beide nie verlassen wollten.

Fasste er sie fester, fordernder, schmiegte sie sich eng an ihn, und sie begannen zu tanzen, sich einander hingebend, tanzten den Reigen, dessen Choreografie in einem Land geschrieben wurde, das hoch über den Wolken, über den sieben Himmeln liegt, in jenem Land, das nur sie kannten. Innig, fest ineinander geschmiegt schwangen ihre Seelen in beglückender Harmonie. Behutsam, fast ängstlich, setzten sie ihre Schritte, vorsichtig, mit viel Gefühl, um zunehmend das Tempo zu steigern, den Rhythmus zu wechseln, mal hierhin, dann dort und wieder so und so, bis sie sich von den lauen Sommerwinden forttragen ließen, über alles Sein hinaus, weit weg von der Welt, der Wirklichkeit entrückt. Es gab nur sie beide, nichts war zwischen ihnen, sie waren eins in sich. Kein Gestern, kein Morgen, nur jetzt und Ewigkeit. Sie hatten sich gefunden, weil sie füreinander bestimmt waren. Dieser Tanz war nur für sie. Nie würden sie ihn mit anderen tanzen können, ohne dass ihr Herz zerbräche. Der Wunder-Sehnsuchtstanz verklebte ihre Seelen so fest wie ihre Herzen.

Wochen und Monate vergingen. Sie merkten es nicht, denn der Traum Liebender ist zeitlos. – Traumzeit hat Unendlichkeit.

Spät im Herbst, die Bäume hatten ihr Laub hübsch bunt gefärbt, der Wind wehte mit prallen Backen und der Schmetterling hatte Mühe, sich an der Geliebten zu halten, sagte sie mit sanfter, leiser Stimme: »Liebster, ich erblühe zum letzten Mal für dich, wir müssen uns trennen. Komm bitte nächsten Sommer wieder. Dann werde ich wieder nur für dich meine Blüte öffnen. Wir bewahren unsere Erinnerungen in warmen Herzen, damit sie nicht erfrieren.«

Da schüttelte der Schmetterling seinen Kopf: »Nein, Liebste, das kann ich nicht«, sagte er und dicke Tränen tropften aus seinen Augen. »Ohne dich möchte ich nicht sein.« Sie nickte. »Ja, – ich auch nicht.«

Da klappte der Schmetterling seine schönen Flügel zusammen, machte sich ganz klein und schmiegte sich dicht zwischen ihre Blütenblätter, bis es aussah, als sei er ein Teil von ihr; so vollkommen eins wurden sie. Sie rollte ihre Blüte über ihm zusammen und hüllte ihn zärtlich ein. Dann senkte sie ihr schönes Haupt, wie zu einem langen Schlaf.

Als sich der Abend nachtblau über sie senkte, kam ein Wind auf, hob die Liebenden in die Lüfte und trug sie weit, weit weg. Hoch hinauf über die sieben Himmel.

***

»Du weinst, mein Liebster?« Josephine wischte seine Tränen weg und küsste die feuchten Lider. »Aber es war doch nur eine Geschichte.«

»Ja, mein Herz, nur eine Geschichte, erzählt in einer Gartenlaube. Morgen werde ich dir ein besonders schönes Märchen aus dem ›finsteren Mittelalter‹ erzählen. Es enthält alles, was man sich von einem Märchen nur wünschen kann. Es ist die Geschichte einer großen Liebe, die viele Prüfungen bestehen muss, bevor sie ein glückliches Ende nimmt. Komm, wir wollen uns noch einmal ganz festhalten, bevor du gehst.«

»Ja, Liebster, ich setze mich auf deinen Schoß, da spüre ich dich so schön und tief. Ich habe solche Sehnsucht nach dir.«

Sie hielten sich ganz fest, Haut an Haut, Herz an Herz, und merkten gar nicht, wie sie in die Höhe getragen wurden, über die sieben Himmel. Als Eos rot am Firmament aufstieg, erwachten sie aus ihrem Traum und hielten sich noch immer eng umschlungen.

In der nächsten Nacht war Josephine ganz pünktlich. Sie klopfte ungeduldig ans Fenster. Die Sehnsucht nach ihr verlieh ihm Flügel, und er eilte hinaus. Fest aneinandergeschmiegt gingen sie zur Laube. »Oh«, sagte sie lächelnd, »deine Sehnsucht ist aber groß! Meine auch. Den ganzen Tag spürte ich dieses verräterische Zucken. Komm, setz dich schnell. Ich kann es nicht mehr erwarten.«

Später fragte sie: »Warum ›finsteres Mittelalter‹? Ich habe mich das die ganze Zeit gefragt. Du sagtest gestern, es sei eine Geschichte aus dem ›finsteren Mittelalter‹. Wenn es eine Zeit gab, die finster war, dann muss es doch auch eine Zeit gegeben haben, die hell war. Wer hat das Licht ausgeknipst und wer hat es wieder angemacht?«

»Ja, Liebes, das mit dem ›finster‹ ist eine typische Klischee-Vorstellung. Die Zeiten waren an sich gar nicht finster. Das Klima war konstant, es gab keine Missernten, jeder hatte zu essen, Kleidung und ein Dach über dem Kopf. Es gab weder Seuchen noch blutige Kriege. Alles in allem war es eine gute Zeit. Finster war es in den Häusern. Die offene Feuerstelle und ein Kienspan an der Wand sorgten für Licht. Die Fenster waren klein und hatten Butzenscheiben, die nicht viel Helligkeit durchließen. Körperlich ging es den Menschen gut, doch in ihren Seelen war es finster, weil alles Denken und Fühlen unter dem Diktat der Kirche stand. Die lockte die Menschen mit dem Gott der Liebe des Neuen Testaments in ihren Schoß, um sie dann mit dem zürnenden Gott des Alten Testaments das Fürchten zu lehren. Die Apokalypse, das Jüngste Gericht, der Weltuntergang beherrschten das Denken dieser Zeit und machten sie ›finster‹. Die Kirche war es, die das Licht ausgeknipst hatte.«

»Aha, und wer machte es wieder an?«

»Ja, Schatz, ganz allgemein gesagt, der menschliche Geist, das logische Denken: Die Renaissance, die Erfindung des Buchdrucks, die Reformation, die Säkularisierung;

alles, was dazu diente, die zu entmachten, die die Hand am Lichtschalter hatten.

Amina und Rosenmund

So, nun mal rein ins Mittelalter zu den beiden Liebenden. Nun sage bitte nicht: Schon wieder eine Liebesgeschichte. Liebe ist ein ewiges Märchen, das Sehnen aller Geschöpfe, das Glück der Menschen und der Engel.

Liebe ist eben Liebe. Lass uns die mondbeglänzte Zaubernacht nutzen und diese Liebesgeschichte beginnen, die Geschichte vom Ritter Rosenmund und der schönen Amina, die nicht recht wusste, was, wen, oder ob sie überhaupt lieben sollte. In dieser Ungewissheit und mit jugendlichem Übermut machte sie sich über ihre Verehrer lustig und trieb allerlei Schabernack mit ihnen. Sicher, sie konnte extrem charmant sein, aber auch launisch und zickig, wie eine kleine Wildkatze, so dass viele Freier nach kurzer Zeit wieder verschwanden.

Wer war sie, die Frau, die alle begehrten, die es sich leisten konnte, ihre Verehrer vor den Kopf zu stoßen?

Vor vielen Jahren, als der Nymphenkönig noch seine Töchter in der oberen Welt besuchte, war er regelmäßig Gast in Brabant bei einer jungen, schönen Gräfin, deren Ehemann von einem Kreuzzug nicht mehr heimgekehrt war. Seine Besuche blieben nicht ohne Folgen. Die Gräfin bekam eine Tochter, die sie Amina nannte. Um das Geheimnis der Herkunft zu wahren, zog sie das Kind in aller Stille auf.

Geschützt von den hohen Burgmauern wuchs das Mädchen zu einer wunderschönen Frau heran. Sie hatte nicht nur die außergewöhnliche Schönheit der Mutter, der ja sogar der Nymphenkönig nicht hatte widerstehen können, sondern auch das nymphenhafte, geheimnisvolle Wesen des Vaters. Viele verliebte Freier kamen und gingen, nur einer blieb getreulich jahrelang am Hofe und warb um ihre Gunst: der Ritter Rosenmund.

Wie einen wertvollen Edelstein trug er sie im Herzen. Alles, was sie machte, fand er wunderschön, egal ob es gut oder böse war. Von morgens bis abends wich er nicht von ihrer Seite.

Er war ein erfahrener Mann, nicht mehr in den Jahren, wo die Phantasie der Schönheit bereitwillig zu Hilfe kommt, und musste sich gestehen, nie zuvor ein so schönes, ausdrucksvolles Gesicht gesehen zu haben, wie das ihre. Lange konnte er sich den Zauber ihrer Ausstrahlung nicht erklären, bis er, Jahre später, glaubte, dass es der Spiegel der Reinheit ihrer Seele war, der ihre jungfräulichen Züge mit dem Glanz des Schönen übergoss. Ihre grau-grünen Augen hatten das Feuer der Nymphen, und ihre Blicke gingen tief ins Herz.

Wenn sie vor ihm durch den Park ging, schien sie zu schweben. Kein Sandkörnchen knirschte unter ihren Schritten. Sie war eher klein, von wunderschöner Gestalt und unbeschreiblicher Anmut.

Ach, er liebte diese Frau, die sein Herz so fest gefangen hielt. Wie oft schon hatte sie ihn von sich gestoßen, wie so viele andere, doch trotz aller Schmerzen, die sie ihm bereitete, wurde seine Liebe immer größer. Er fragte sich, warum das so war, fand aber keine andere Antwort, als dass es die Macht des Schicksals ist. Amina war die für ihn Bestimmte. Es gab für ihn keinen anderen Weg, als zu folgen, was auch immer geschah.

So gleichgültig, wie sie sich stellte, war er ihr nicht, denn ließ seine Aufmerksamkeit für sie einmal nach, ermunterte sie ihn mit freundlichen Worten: ›Na, Herr Ritter, seid Ihr noch müde von der durchzechten Nacht?‹

Oder: ›Ist Herr Rosenmund in Gedanken bei seiner Liebsten?‹ – Es konnte auch sein, dass sie ein Tüchlein fallen ließ und sich mit dem allerliebsten Lächeln bedankte, wenn er es ihr reichte.

Rosenmund nahm alles geduldig hin. Nie schwankte er in seinem Liebeswerben. Nach jeder Stufe abwärts, nach jeder neuen Katastrophe, erschien ihm die Welt schöner und Amina noch wunderbarer. Er lebte im Rausch der schönsten Hoffnungen und glaubte, seine blaue Blume gefunden zu haben.«

Josephine unterbrach ihn. »Du, was versteht man unter einer blauen Blume?«

»Nicht *einer* blauen Blume, mein Schatz, *der* blauen Blume. Weißt du, nach dem alten germanischen Glauben wohnt die Seele im Wasser. Von dort kommt sie und dorthin geht sie wieder zurück. ›Seele – See‹, der Wortstamm verbindet. Blau ist die Farbe des Wassers und der Luft. Sie hat etwas Geheimnisvolles. Blau bedeutet nicht nur betrunken, sondern auch ferne Horizonte, Wunder, Unendlichkeit, Sehnsucht. Das englische *blue* versteht darunter auch: traurig, schwermütig, niedergeschlagen; Eigenschaften, die der Seele zugeordnet werden. Seele – See – Wasser – blau, das gehört alles zusammen. Kein Wunder, dass Novalis' blaue Blume etwas Geheimnisvolles ist. Sie steht für Liebe, Magie und das Wunderbare. Die blaue Blume hat die gleiche Bedeutung, wie der heilige Gral. Der Quell, an dem Novalis die blaue Blume im Traum finden lässt, ist der

Brunnen der Erkenntnis. Die blaue Blume, in deren Kelch ein zartes Mädchenbildnis mit grau-grünen Augen schwebt, ist die Liebe, als Urquell dieser Erkenntnis. Sie ist Symbolik, Melodie und Aura.«

»Danke, Liebster, jetzt habe ich es verstanden. – Also, Rosenmund glaubte, in Amina diese, seine blaue Blume gefunden zu haben. So weit warst du. Nun erzähle weiter.«

»Manchmal, wenn sie besonders derb gegen ihn war, zog er sich traurig zurück, setzte sich im Park in eine Laube und sang zur Laute:

Für dich nur, liebendes Herz,
und für euch, ihr vertrauten Tränen,
sing ich in tiefstem Schmerz
dies traurige, wehmütige Lied.
Wie hilflos ist mein Sehnen.
Warum beißt nur der Schmerz
mit scharfen, giftigen Zähnen
in meine waidwunde Seele,
die so heiter und liebesoffen
einstens einmal gewesen,
so voller seligem Liebeshoffen?
Warum gabst du, Schicksal,
in dieses weiche, warme Herz
der Liebe verlangende Qual?
Nur zum Scherz oder Schmerz?
Werd' ich jemals genesen
von dem vergeblichen Hoffen?
Ich suche sie überall:
in den Sternen, den Winden,
im dunklen Wald, im grünen Tal
und kann sie nirgends finden.

Sie ist verweht, verblüht, dahin,
ich konnte sie nicht halten.
Nun sitz ich stumm, suche den Sinn,
verzweifle an des Schicksals Walten.
Wehklagen, weiß ich, hilft mir nicht,
auch wenn die Lippen beben.
Jetzt gibt es nur noch den Verzicht
und leer ist dann mein Leben.«

»Oh, Braaderup, Liebster, wie schön, wie wunderschön. Jetzt kann ich seinen Schmerz verstehen«, rief Josephine und wischte sich rasch zwei kleine Tränen von den Wangen.

»Josephine, mein Schatz, es ist doch nur ein Märchen. So etwas gibt es doch nicht in der Wirklichkeit. Das wäre dann vielleicht ein Grund traurig zu sein, aber doch nicht das Schicksal von Rosenmund. Er hat sich da was eingebrockt, was immer Schmerzen bereiten kann. Er wusste es und musste es dennoch tun. Sieh mal, ich bin auch oft sehr traurig, dass wir zwei nicht immer beisammen sind. Ich wusste es von vornherein und trotzdem bin ich der Stimme des Herzens gefolgt. Es ist das Schöne, dass sie viel stärker, als alle Vernunft ist. Bei dir war es doch ganz genauso. Oder? Du wusstest, dass wir zwei nie das vollkommene Glück haben würden. Trotzdem hast du es gewagt, und wir zwei sind die glücklichsten Wesen der Welt. Wir lieben uns, wie keine zweiten, sind überglücklich, nehmen diese Liebe mit durch den Alltag und sind voller Freude, wenn wir uns wiedersehen. Was für ein unbeschreibliches Glück, – so ganz außerhalb aller Normen. Wir erfüllen uns gegenseitig, auch wenn wir nicht beieinander sind. Die Glut unserer Küsse erlischt nie. Jedes Mal ist sie heißer. Wir sind immer zärtlich zueinander. Nichts kommt zwischen uns, weil wir einander lieben und uns vertrauen. Gibt es so etwas überhaupt? – Ja! – Zwischen uns beiden. Nun lass uns sehen, wie das mit Amina und Rosenmund weitergeht. Er scheint ein Träumer zu sein, mal sehen, ob er aufwacht.

Rosenmund war verzweifelt. Amina verstand ihn nicht. Seine Liebe war zur blühenden, duftenden Rose geworden, doch sie sah nur die Dornen, sah nicht seinen glühenden Mund, die Tränen in seinen Augen, erkannte nicht die unsterbliche Sehnsucht seines Herzens. Sie hatte kein Ohr für die Seufzer, die ihr der Wind zutrug.

Er war ein Liebender mit so viel Empfindungen, Wärme und Zärtlichkeit. Alles in ihm sehnte sich nach ihr, der holden Schönen; doch sie sah es nicht.

Gering war der Trost, dass sie nicht nur ihn, sondern auch alle anderen abwies, die um sie warben. Amors Pfeil war zu tief in sein Herz gedrungen, und weil er einen Widerhaken hatte, konnte er ihn, selbst wenn er es gewollt hätte, nicht herausziehen.

Die Liebe begann tief in seinen Eingeweiden zu nagen. Er zog sich zurück, mied die Vergnügungen, fand keinen Schlaf und verweigerte schließlich die Nahrung, bis er vor Erschöpfung Fieberfröste bekam und das Bewusstsein verlor.

Alle glaubten ihn todkrank, wähnten sein Ende nah, doch als der Frühling erwachte und die milden Sonnenstrahlen die Natur neu begrünten, erhob er sich vom Krankenlager und legte seine besten Kleider an. Er wollte zu Amina gehen und ihre Liebe gewinnen oder den vielen anderen folgen und schmerzensreich Abschied nehmen. Durch ihre Geringschätzung und abwertenden Worte hatte sein Herz viele Risse bekommen. Amors Pfeil steckte noch tief in seinem Herzen, doch er begann sich zu lockern.

Der Einsatz war hoch, das war ihm klar, aber er wollte alles auf eine Karte setzen. Entweder erhörte sie sein Liebeswerben, oder er würde aus ihrem Leben verschwinden. All die Jahre hatte er bei Regen und Schnee vor ihrem Fenster die schönsten, schmachtenden Lieder gesungen. Sie hatte ihm nicht einmal ein Lächeln dafür geschenkt, hatte ihn verhöhnt und einen Schwärmer genannt.

Er hatte alles geduldig hingenommen. Doch sein Hoffen war aufgebraucht. Ehe die Flammen ganz erloschen, musste er alles in die Waagschale werfen. Diesen letzten Versuch wollte er noch machen. Der Gang fiel ihm schwer. Sein Mut schwand mit jedem Schritt mehr und mehr. Er glaubte, eher dem Ende, als der Glückseligkeit näher zu kommen. In ihm kämpfte die Liebe mit dem Zweifel. Die Liebe drängte ihn zu ihr hin, während der Zweifel flüsterte: Lass es bleiben, es ist zwecklos. Niemals wirst du ihr Herz gewinnen. Gehe lieber in die Welt hinaus. Ziehe in den Krieg und suche einen ehrenvollen Tod in der Schlacht, ganz vorn, in der ersten Reihe. Es ist besser, als Held zu sterben, als vor Kummer und Gram sang- und klanglos zu verkümmern.

Rosenmund stieg zur Burg hinauf. Es ist mein Schicksalsberg, dachte er und hoffte, dass die gute Mutter Natur mit ihren milden Frühlingslüften und der wärmenden Sonne nicht nur in ihm das süße Gefühl der Liebe geweckt hatte, sondern auch in Amina.

Er warf sich ihr zu Füßen und schwor, nicht eher aufzustehen, als bis sie ihm sage, dass sie ihn liebe.

›Lass mich‹, rief Amina und wollte entfliehen, doch er hielt ihre Knie fest umschlungen und legte den Kopf in ihren Schoß.

›Oh, Amina‹, bat er mit klagender Stimme, ›erhöre meine Liebe, ich bitte dich.‹

Sie riss sich los und rief bebend vor Zorn: ›Wo steht geschrieben, mein schöner Ritter, dass ich Sie lieben muss, dass ich, wenn Sie mich lieben, für Ihre Torheit büßen muss? Warum geht Ihr nicht einfach fort, wenn Euch in meiner Gegenwart unwohl ist!‹

›Oh Zauberin, geliebte Zauberin, das fragt Ihr mich? Als ob es in meinem Willen läge fortzulaufen, wo ich doch so an Euch gefesselt bin. Wohin soll ich fliehen? – Wäre ich ein Vogel und könnte fliegen, würde ich nicht ewig Eurem Bild entgegen fliegen?‹

›Ach, Rosenmund, Ihr seid ein Schwärmer. Wie schnell wird mit meinem Bild mein Angedenken verfliegen. Ich kenn' der Männer Art, ihr wollt doch nur die Gegenwart. Kaum ist die Geliebte abwesend, lauft ihr doch jedem neuen Glücke nach. Das Liebchen, dem man Treue schwor, ist schnell vergessen. Niemals werde ich mich auch nur auf einen von euch flatterhaften Schmetterlingen einlassen. – Niemals. Das erspart mir unnütze Schmerzen und Tränen und ich bewahre mir meine Würde und Ehre. Doch wenn es Euch so ernst mit der Liebe ist, dann geht für drei Jahre hinaus in die Welt. Geht in Gesellschaften, seht Euch um, amüsiert Euch, lasst Euch umgackern von den vielen lüsternen Hennen, die nur auf Euch warten und seht selbst, was Eure Liebe zu mir wert ist. Kommt Ihr auf den Tag nach drei Jahren zurück und seid mir treu geblieben, bin ich dann noch die einzige in Eurem Herzen, so will ich Euch erhören, mein schöner Ritter! Minne will verdient werden, nicht ersungen.‹

›Oh, Amina, könnt Ihr nur Liebe empfinden, wenn Bedingungen erfüllt sind? Sind Euch Würde und Ehre wichtiger, als reine, tiefe Liebe? – Nun, wohlan, ich gehe fort und bin in drei Jahren wieder hier, so rein und sauber, wie ich Euch heute verlasse, denn meine Liebe lacht nur über Eure einfältigen Bedingungen. In 1095 Tagen, um diese Uhrzeit, knie ich wieder vor Euch und bitte um Eure Liebe, voller Hoffnung, weil ich die Bedingungen erfüllt habe. Ich hoffe, Ihr steht dann zu Eurem Wort.‹

Er erhob sich, blickte in ihre grau-grünen Augen, küsste voller Inbrunst ihre zarte Hand und ging zur Tür.

›Halt‹, rief sie, ›nehmt dieses Tüchlein, Herr Ritter, es soll Euch an mich erinnern.‹

›Ich brauche keine Erinnerung an Euch, Amina, denn Ihr seid in meinem Herzen. Lebt wohl.‹«

»Ach, mein Braaderup, du machst es wirklich spannend. Jetzt werde ich mir den ganzen Tag überlegen, was Rosenmund alles erlebt. Hoffentlich versteckt er sich nicht drei Jahre in einer einsamen Waldgrotte, damit er bloß nicht in Versuchung geführt wird. Das wäre nicht in Aminas Sinn. – Du, ich freue mich schon auf heute Abend. Mach's gut, Liebster. Bis später.«

Am nächsten Abend erzählte Braaderup weiter:

»Rosenmund sattelte sein Pferd, lud die wenigen Habseligkeiten auf und ritt schweren Herzens davon. Oft sah er zurück, dorthin, wo sein Herz geblieben war. Doch so oft er sich auch umsah, kein Tüchlein winkte zum Abschied, keine Augen sahen ihm sehnsuchtsvoll nach. So zog er fort, irgendwo hin, ein Schatten seiner selbst. Würde er je wiederkommen? Würde er überhaupt wiederkommen wollen? Rosenmund seufzte tief.

Ziellos irrte er umher: heimatlos, hilflos, trostlos. Er solle sich vergnügen, hatte sie gesagt. – Warum? Weil sie

Vergnügen schön fand? Er nicht, doch wollte er alles so machen, wie sie es verlangt hatte.

Monate langweilte er sich in Gesellschaften, hörte sich das leere Gerede an, unterhielt sich mit Frauen, die die Erinnerung an Amina nur noch lebendiger werden ließen. Er verglich ihre gepuderten, maskenhaften Gesichter mit den warmen, weichen Zügen der geliebten Frau, die schwatzhaften Stimmen mit ihrem weichen Timbre. ›Oh Amina, meine geliebte Amina, wie nah bist du meinem Herzen und doch so fern.‹ Er vermisste die Angebetete und die Sehnsucht nach ihr wurde immer größer.

Irgendwann gewöhnte er sich an das neue Leben. Amina war zwar immer der Inhalt seiner Sinne, doch der Nektardunst, der sie in seinen Erinnerungen umgab, wurde blasser, der helle Lichtsaum schmäler. Was sie langsam zu verlieren schien, ging auf sein neues Leben über. Er begann die Betten, die sich ihm einladend auftaten, wahrzunehmen, ohne allerdings Lust zu verspüren, sie zu benutzen. Auch wenn seine Sinne in tiefer Reinheit Amina gehörten, begannen die Gefahren für seine Biederherzigkeit von allen Seiten her zuzunehmen.

Um ihnen aus dem Weg zu gehen, durcheilte er die deutschen und welschen Lande, musste Abenteuer bestehen und seinen Mut in vielen Schlachten beweisen. Er wurde gelobt und verehrt, was die Neugier der Frauen noch vergrößerte, wurde verwundet, aber niemals schwer. Er stand in zahlreichen Turnieren seinen Mann, kam zu Ruhm und Ehre und schließlich nach Paris, wo die schwerste aller Prüfungen auf ihn wartete.

Der königliche Hof empfing ihn mit offenen Armen, denn sein Ruf war ihm vorausgeeilt. Alle sprachen von seinen Heldentaten und wussten seine schönen Minnelieder zu preisen. Es wurde gemunkelt, er wäre sogar an Eleonores Hof nach Aquitanien eingeladen worden.

Rosenmund genoss das Leben bei Hofe. Nichts kam ihm in Europa gleich. Im Gewirr der Ritterschar und der vielen schönen Frauen aus aller Herren Länder fühlte er sich wohl. Besonders die Damenwelt hatte es auf ihn abgesehen, schien er doch ihrem Begehren eine leichte Beute zu sein. Sie scheuten sich nicht, ihm ganz offen ihre Wünsche anzutragen.

Rosenmund spielte den unerfahrenen Naiven, fand alle Damen zu gütig, bedankte sich artig und verlegen für jedes Kompliment, zog sich zurück, je näher sie ihm zu Leibe rückten, sprach über Politik, Moral und das Wetter, doch nie über das, was die Schönen hören wollten. Ja, er übersah sogar diskret jedes aufgeschlagene Bett. Er stellte sich dümmlich, die Damen verloren das Interesse an ihm und die Ritter lachten ihn aus.

So flaute die Welle der Begeisterung für ihn ebenso schnell ab, wie sie gekommen war. Rosenmund freute sich darüber, zumal die drei Jahre bald vorüber waren. In aller Stille bereitete er die Rückkehr zu seiner geliebten Amina vor. Es wurde Zeit, dass er wieder zu ihr kam, denn die Sehnsucht wurde von Tag zu Tag größer.«

»Mir fällt auf, mein Lieber, dass sich dein erzählerisches Frauenbild gegenüber früher geändert hat. – Warum?«, fragte Josephine leicht irritiert.

»Ja, mein Herz, die Frauen haben sich seit Kriemhild, der Frau Siegfrieds von Xanten, doch auch geändert. Mit ihr tritt ein Wandel ein. Das Nibelungenlied heißt nicht zu Unrecht auch Kriemhildlied. Sie ist die Leitfigur in diesem Epos. Es beginnt mit der Beschreibung einer jungen, tugendhaften Frau von sinnlichen Reizen, einem schönen Schmuckstück, das geduldig wartet, verheiratet zu werden. Sie wächst unbehelligt im Schutze der Familie auf und tut alles für sie. Ganz im Sinne der alten, germanischen Lebensart. Jeder Teil ist und bleibt Familie, die gefragt werden muss, die entscheidet, für die man sein Blut gibt. In Italien ist es heute noch so. In einem italienischen Personalausweis trägt die verheiratete Frau ihren alten Familiennamen, nicht den des Ehemanns. In der Sippe haftet ihre seelische Bindung, dort liegen auch ihre entscheidenden seelischen Erlebnisse.

Im Laufe des Epos verändert der Erzähler seine schöne, brave Kriemhild. Er setzt das Gefühl über die Bindung des Blutes. Die individuelle Liebe siegt über die familiären Instinkte. Damit tauscht er einen Grundpfeiler der seelischen Ordnung aus. Es wurde der Traum geboren, der Vater, Mutter und Geschwister ersetzt: Die Liebe; nicht die romantische, zärtliche, sinnliche Liebe, sondern das unentrinnbare Schicksal, noch in einem zweiten Ich zu leben und in ihm tödlich verwundbar zu sein. Dieses Wunder legt der Erzähler in den für mich schönsten Satz des Epos, der auch Kriemhilds letzter ist: Kriemhild hebt Balmung, das Schwert. Zögert einen kurzen Augenblick. Dann flüstert sie: ›Das trug mein holder Liebster, als ich zuletzt ihn sah‹, und schlägt Hagen von Tronje, den sie früher ›Onkel‹ nannte, das Haupt ab. Was für eine herrliche Frau! Was für eine Liebe!

Doch lass uns zu Rosenmund zurückkehren, der, weit weg von der Liebsten, in Paris sitzt und sich auf die Heimkehr freut. Allen Anfechtungen hatte er widerstanden und würde bald die geliebte Amina in den Armen halten.

Mit diesen süßen Gedanken im Herzen ritt er eines Abends vom Schloss in seine Herberge. Da stellte sich ihm eine weibliche Gestalt in den Weg. Er zügelte sein Pferd. ›Kann ich Ihnen helfen, schöne Frau?‹, fragte er sie.

›Herr‹, sagte sie, ›seid Ihr der Ritter Rosenmund?‹

›Ja, der bin ich.‹

›Herr Ritter, nach Eures Standes Sitten dürft Ihr die Bitte eines Mädchens nicht ausschlagen. Wollt Ihr Euch an diese Regel halten?‹

›Sie ist des Ritters schönste Pflicht, mein Fräulein. – Alles, was Lieb' und Ehr' mir erlauben, sei Euch gewährt.‹

›So folgt mir zu meinem Fräulein, die mich nach euch schickt. Sie wünscht Euch zu sehen. – Nun erschreckt nicht gleich, edler Herr. Ihr seid doch kein Hasenfuß. Habt viele Abenteuer bestanden, seid durch die Hölle des Krieges gegangen, da wird es Euch doch nicht an Mut fehlen, einer schönen Frau zu begegnen. – Ja, die Comtesse ist wunderschön. Noch nie sahen Eure Augen so viel weibliche Anmut, so viel Liebreiz, doch was rede ich geschwätziges Ding da nur, Ihr werdet sie ja selber sehen. Folgt mir durch diese Tür. Geht gebückt durch die Gänge, damit Ihr nicht Euren schönen Kopf anschlagt und so benommen seid, dass Ihr sie gar nicht wahrnehmt. Ihr würdet etwas versäumen. Alle jungen Herren haben sich nach ihr verzehrt. Viele gingen aus dem Leben, weil sie auf sie verzichten mussten. Niemand war ihr recht. Sie wollte keinen. – Deshalb wundert mich, dass sie nach Euch schickt. Solltet Ihr etwa der Auserwählte ihres Herzens sein? – Versteht mich recht, lieber Herr, ich könnte sie verstehen.‹

Das hübsche Persönchen schnatterte unentwegt, bis sich der Gang erweiterte und sie in einer großen, dämmrigen Halle standen. Sie machte eine Tür auf und schob ihn in's Zimmer. ›Nun seht selbst, Herr Ritter, ob ich Recht habe. – Nur Mut – und viel Glück.‹

Rosenmunds Herz klopfte mächtig, als er sich im Zimmer umsah. Es war ein prächtiges Gemach, dessen Wände kunstvoll dunkelgrün und golden tapeziert waren. Überall standen Schalen und Vasen mit großen Blumenbouquets. An der Wand ihm gegenüber ein herrliches Gemälde, das Susanne im Bade darstellte. Die schöne, keusche Frau versuchte mit Arm und Händen ihren Busen vor den lüsternen Augen zweier Greise zu verbergen, was die füllige Pracht nur noch herrlicher hervorquellen ließ.

Gegenüber dem Bild stand eine lebensgroße Statue von Aphrodite, aus weißem Marmor, in unbeschreiblich herrlich-nackter Pracht. Sie war so schön und lebendig, dass Rosenmund seine Blicke kaum von ihr lassen konnte.

›Nicht wahr, Herr Rosenmund, sie ist eine schöne Frau. – Eine Göttin eben‹, hörte er eine warme, weiche Frauenstimme sagen. Sie kam aus einem Bett, das dicht verhängt war. Er konnte die Sprecherin nur erahnen, hatte aber das Gefühl, als würde er sie kennen. Schön war sie, diese Stimme, wunderschön.

›Setzt Euch auf den Fauteuil, werter Ritter und verzeiht, dass ich im Bett liege. Eine plötzliche Migräne hat mich niedergeworfen.‹

Langsam öffneten sich die Vorhänge und im gelblichen Damast, mit Silberblumen bestickt, lag die, der die Stimme gehörte. Er hätte sie sich in einem Tizianischen Nachtgewand gewünscht, die obere Hälfte luftig transparent, und irgendwo unter der Decke vorgeschoben, ein zartes, weißes Knie, oder gar mehr, doch sie trug ein alles bedeckendes Gewand mit tausend Falten. Es war unmöglich, von ihrer Gestalt auch nur so viel zu erahnen, um den Gedanken Anstoß zu sein, auf lustvollen Wegen zu wandeln. Alles, sogar Gesicht und Hände, entzog sich den Blicken und blieb unter dichtem Stoff verborgen; zudem verwischte das Dämmerlicht die Konturen. Rosenmund war nicht wohl zumute. Er fühlte sich aus dem Dunklen heraus scharf gemustert, ohne zu erkennen, von wem.

›Ihr seid in der Tat sehr schön, Herr Ritter, gerade so, wie Ihr mir beschrieben wurdet. Gießt uns doch ein Schälchen Tee ein.‹

Er tat es und als sie die Tasse ergriff, rutschte ihre Hand aus dem Ärmel hervor. War es ihre Ausstrahlung oder die Nähe dieser Hand, die er fast berührt hatte, Rosenmund war nicht nur verwirrt, sondern fühlte sich mit Macht von ihr angezogen. Das hatte er noch nie erlebt. – Noch nie? – Nein! – Das konnte er nicht sagen. Amina übte eine solche Kraft auf ihn aus.

›Ich bin die Comtesse de Rochemont‹, unterbrach die Stimme sein Sinnieren, ›und wurde von meinem Vater für drei Jahre nach Paris geschickt, damit wieder Ruhe und Ordnung an seinem Hof einkehren sollten. Wisst Ihr, Herr Rosenmund, meine angebliche Schönheit zog viele liebeslustige Freier an; alles edle Herren, die beköstigt und untergebracht werden wollten. Hätte mein Vater sie abgewiesen, wäre es eine Beleidigung gewesen. Problematisch genug, dass ich es tat. Um Ärger aus dem Weg zu gehen, schickte er mich inkognito nach Paris. Damit mich keiner erkennt, muss ich immer verschleiert bleiben. Deshalb kann ich mich auch Euch nicht zeigen. Ihr werdet es mir nachsehen. Es ist auch besser so, denn wenn Ihr mich seht und euch verliebt, ich bin mir sicher, Ihr würdet es, seid Ihr für die Aufgabe, die ich Euch zugedacht habe, nicht mehr geeignet. Ich lebe hier zurückgezogen mit meiner Zofe und warte darauf, dass die drei Jahre vorübergehen. Bald ist es so weit. Ich treffe schon alle Vorbereitungen für die Rückreise.

Der Weg ist weit und gefährlich für schutzlose Frauen. Ich appelliere an Eure Ritterpflicht, mein lieber Rosenmund, Ihr seid ein tapferer, kühner Mann und eine stattliche Erscheinung, begleitet mich auf meinem langen Weg. Ich vertraue mich Eurem Schutz an.‹

Der Klang ihrer Stimme, auch wenn er nur gedämpft durch den Doppelschleier drang, schien ihm wie der liebliche Gesang eines Engels. ›Was für ein Gesicht diese Sirenenstimme wohl hat‹, dachte Rosenmund und sein Herz bebte vor Entzücken. ›Comtesse‹, sagte er leise, fast flüsternd, ›mein Herz ist bieder und ohne Arg. Hegt keine Bedenken, Euch zu zeigen. Ich werde widerstehen können, meine Ritterehre darauf.‹ Er sank sittsam vor ihrem Bett auf ein Knie, und als sie ihm gebot, sich zu erheben, sah er wieder diese züchtige Hand sich aus dem Ärmel schieben. Ach, sie war so wunderschön, so rein und zart, wie die seiner Amina, doch als er sie küssen wollte, entzog sie sich ihm rasch.

Sich seines verbotenen Blickes bewusst, stand er auf. Da glaubte er hinter dem dichten Schleier ein leichtes Blitzen zu sehen. ›Sie hat das Nymphenblitzen in den Augen‹, durchfuhr es ihn, ›wie Amina.‹ Er war irritiert. ›Ach, Amina, meine wunderbare Amina, keine ist dir gleich, mein geliebtes, engelhaftes Wesen. Ich liebe dich so sehr. Du bist weit weg und doch habe ich das Gefühl, als wärst du hier.‹

›Mein lieber Rosenmund, ich bin erschöpft. Zieht Euch bitte zurück. Vom Grundsätzlichen sind wir uns ja einig. Kommt morgen zur gleichen Zeit, damit wir die Einzelheiten der Reise besprechen können. Ich hoffe, Ihr findet mich in einem besseren Zustand, als heute. Ich schicke Euch meine Zofe. Lebt wohl für heute, mein braver Rittersmann.

Ihr findet den Weg sicher alleine.‹ Rosenmund verneigte sich und ging.

Was für eine merkwürdige Erscheinung, diese Comtesse. Warum diese Heimlichtuerei mit den guten Gaben Gottes? Sonst sind die Damen gar nicht so zurückhaltend, wenn sie was zu zeigen haben; doch sie verbirgt unter einem dicht gewebten, doppelten Schleier sogar ihr Angesicht. Bedeckt züchtig das, was gewöhnlich unter zart gewirkten Hüllen, von des Busens Fülle, wie eine anschwellende Knospe nach oben bricht. – Nichts bietet sie dar, was die Phantasie erregen könnte. Und doch umgab sie ein geheimnisvoller Schimmer, der ihn zwang, sie anzubeten.

Am nächsten Tag blieb er in seiner Herberge. Er konnte an nichts Anderes denken, als an die Hand, die er gestern gesehen hatte und versuchte herauszufinden, wie das wohl aussah, was auf diese zauberhafte Hand folgte. Doch kam er nicht weit in seinen Gedanken, fehlte ihm doch die Erfahrung in der weiblichen Anatomie. So verweilte er stets nur versonnen an ihrem gedachten, wogenden Busen. Ach, er war warm und weich, rund und glatt, und er spürte Nähe und Wärme.

Voller Ungeduld wartete er auf die Zofe. Glücklicherweise ließ sie nicht lange auf sich warten. Schon von fern rief sie: ›Na, Ritter Rosenmund, habe ich Euch zu viel versprochen? Ist sie nicht wunderschön?‹

›Ach, Fräulein, ich habe sie gar nicht zu sehen bekommen. Sie war ganz verschleiert. – Was würde ich darum geben, sie einmal ohne diese Schleier zu sehen. Dieser Wunsch ist zu einem tiefen, inneren Sehnen geworden. Er hat mich gepackt und lässt nicht mehr los. Ich möchte so gerne wissen, wer sie ist.‹

›Och, mein lieber Herr, dem können wir abhelfen. – Die

Comtesse badet fast jeden Tag um Mitternacht in einem Becken im Park. Ganz in der Nähe ist ein dichtbelaubter Baum. Ihr könntet sie von dort nach Herzenslust betrachten, ohne gesehen zu werden. Für zehn Golddukaten zeige ich Euch den Weg.‹

Rosenmund zögerte. Wie gerne hätte er Ja gesagt, doch es war gegen die Ritterehre und so tat er, als habe er nichts gehört. ›Lass uns gehen, deine Herrin erwartet uns sicher schon.‹ Die Zofe lächelte und ging voraus. – Der Weg kam ihm viel länger vor, als tags zuvor.

Als er in das Zimmer trat, lag die Comtesse wieder auf ihrem Bett, doch waren die Vorhänge, im Gegensatz zum Vortag, hochgezogen. ›Nehmt Platz, mein schöner Ritter‹, sprach die Stimme unter den Schleiern, ›und schenkt Euch Tee ein. Die Migräne ist noch nicht ganz verflogen, deshalb seht Ihr mich auch heute noch ruhend. Muntert mich ein wenig auf, das fördert die Genesung.‹

›Ach, Comtesse, ich habe mir über Eure Verschleierung Gedanken gemacht. Sie verunsichert mich, denn es ist doch immer schön zu wissen, mit wem man es zu tun hat. Außerdem ist solche Vermummung wenig sinnvoll, denn das Wahre hat einen alles durchdringenden Schein, den kein Schleier verbergen kann. Es ist nicht zu sehen, denn es fließt von Herz zu Herz, macht neugierig, gibt Anlass zu Spekulationen, Phantasien. Es ist grad' wie mit der Gottheit, die, obwohl unsichtbar, uns ganz durchdringt. Wir sehen sie nicht, drum macht sich jeder über ihr Aussehen Gedanken, spekuliert, formt sich sein Bild. – Wäre es nicht viel besser, Gott würde sich zeigen und allen falschen Überlegungen und Vorstellungen ein Ende bereiten? Könnt Ihr mir sagen, warum ich hinter Eurem Schleier immer die Liebste meines Herzens sehe? – Ich frage mich, wer Ihr seid. Das würde ich nicht, sähe ich Euer Gesicht. Es kann doch so verunstaltet nicht sein, dass Ihr es nicht zeigen möchtet. Ist es schön, so erfreut mich durch seinen Anblick.‹

›Ach‹, rief die Comtesse lachend, ›was Ihr da redet. Mir scheint, die Phantasie geht mit Euch durch, Herr Rosenmund. Mein Gesicht ist keineswegs verunstaltet. Ich bin sicher, es würde Euch gut gefallen.‹

Rosenmund seufzte und schwieg. Sie schien das Sehnsuchtsrufen zu überhören. Konversation war angesagt. Die Comtesse redete und redete, unentwegt. Er empfand ihre Stimme wie den Lustgesang der Sirenen und wünschte sich nichts sehnsüchtiger, als ihr ewig zuzuhören. Mit zunehmender Zeit meldete sich, wie es eben so ist, die Natur, und er begann sich vorzustellen, wie es wohl wäre, neben ihr in diesem warmen, weichen Bett zu liegen und sich mit ihr in den lauen Maienwinden zu wiegen, die über den sieben Himmeln sind.

Rosenmund begann zu schwitzen, streckte mal das rechte, mal das linke Bein aus, legte das Kinn auf diese, dann auf jene Hand und hörte von allem, was sie erzählte, nicht mehr, als die Hälfte. Er fühlte sich zwischen Traum und Wachen und lief fast Gefahr, die geliebte Amina zu vergessen. In dieser inneren Not blickte er auf die Kaminuhr, stellte fest, dass die Nacht schon fortgeschritten war und bat, sich für heute entfernen zu dürfen.

›Wenn Euch nichts Besonderes mehr in dieser Stadt hält, mein edler Ritter, so lasst uns übermorgen in aller Frühe aufbrechen. Ihr habt sicher noch Reisevorbereitungen zu treffen. So zieht Euch zurück. Ich erwarte Euch in zwei Tagen mit dem ersten Hahnenschrei.‹

Sie erhob sich. Groß, edel und schön, wie seine Amina, stand sie da und reichte ihm die Hand. Er küsste sie voller

Ehrfurcht, dabei lief ihm ein Schauer über den Rücken und seufzend verließ er den Raum. Im Gehen rief sie: ›Sehen wir uns morgen zur gleichen Stunde?‹

»Wenn's Euch beliebt, Comtesse, – doch nur bis eine Stunde vor Mitternacht. Wir brechen übermorgen auf und müssen ausgeruht sein. Bis morgen, schöne Unbekannte, die mir doch so bekannt ist.‹

Rosenmund ging in seine Herberge und lächelte. Wenn das jemand erfahren würde … Jetzt wunderte ihn die Verkleidung nicht mehr. Sie hatte sehr viel zu verbergen, die gute ›Comtesse‹.

Keine Stunde war vergangen, als es leise an seine Tür klopfte. Rosenmund öffnete und vor ihm stand die Comtesse de Rochemont in ihrer schwarzbraunen Verhüllung.

›Komm schnell rein, Liebste, es ist besser, wenn dich keiner sieht.‹ Er zog die noch Zögernde rasch ins Zimmer und schloss sie fest in die Arme. Sie wollte sich lösen, aus der Umklammerung befreien, doch er hielt sie ganz fest. ›Ist doch gut, mein Herz, du hast dich lange genug gewehrt, nun folge der Stimme deines Herzens.‹

Er merkte, wie die Anspannung aus ihrem Körper wich und sie an seine Brust sank. ›Nun bin ich endlich angekommen, Liebster. Endlich. – Willst du mir nicht die Schleier abnehmen, damit du sehen kannst, wer ich bin?‹

›Ach, mein Engel, das weiß ich doch längst‹, sagte Rosenmund lächelnd, ›aber ich weiß nicht, wie du unterhalb des Jugulums aussiehst, deshalb bin ich so frei.‹ Er nahm ihr die Gewänder ab, – da stand sie vor ihm, wie die Natur sie geschaffen hatte. Ach, alle guten Gaben waren über sie ausgeschüttet worden. Sie war so schön; schöner noch als die Statue der Aphrodite in ihrem Zimmer. – ›Mein Gott, Amina, wie schön du bist!‹ Auch wenn es gegen alle

Rittertugenden verstieß, Rosenmund sah sie mit leuchtenden Augen an – und sie fand es wunderschön.

Sie verbrachten eine Nacht miteinander, die nicht dem Schlaf gehörte, sondern nur ihnen, ihnen ganz allein.

›Sag mal, Schatz, als du mir die Tür aufmachtest, wusstest du da, wer vor dir steht? Es ist mir sehr wichtig, das zu wissen, denn wenn du die Comtesse de Rochemont in dein Zimmer gezogen hättest, wäre es Treuebruch. Das ist dir hoffentlich klar?‹

›Ja, sicher wusste ich das, Liebste. Du hast es mir leicht gemacht, mein Schatz, dich hinter deiner Maske zu erkennen. In erster Linie waren es unsere Liebesstrahlen, die sich trafen und die Wärme in deiner Nähe. So etwas spüre ich nur bei dir. Sie sind ein Zauber, ein großer Zauber. Dann war es die Teetasse, die du, wie Amina, mit der linken Hand nahmst und dann der Ring an deiner rechten Hand, den ich dir schenkte. Du reichtest sie mir zum Abschied. Als ich das Klopfen an der Tür hörte, wusste ich, dass nur du es sein kannst.‹

›Ach Liebster, das klingt so schön, wie die Lieder, die du Nacht für Nacht unter meinem Fenster gesungen hast. Wie oft habe ich vor Rührung und vor Herzeleid keinen Schlaf gefunden und in meine Kissen geweint. Immer trug ich Zweifel in mir, die mich warnten, dich zu erhören. Sie flüsterten ständig: Ein Mann wie der ist nicht treu, der geht wieder weg, wenn er sein Ziel erreicht hat. Schlage ihn dir aus dem Kopf, wenn du nicht unglücklich werden willst. Deshalb schickte ich dich schweren Herzens auf diese lange Probe. Ich habe mir damit selbst fürchterlich wehgetan, denn die Sehnsucht nach dir fraß mich schier auf. Als ich hörte, du seiest in Paris, hielt mich nichts mehr zu Hause. So schnell wie möglich reiste ich los, um bei dir zu sein. Natürlich inkognito, denn es sollte keiner wissen. Allein schon der Etikette wegen. Ich hatte meiner Zofe aufgetragen, dich bei deinen Rittertugenden zu packen, dann würdest du ihr gewiss folgen, was ja auch geschah. Als du dann ganz schüchtern neben meinem Bett saßt, nicht wusstest, wohin du sehen solltest, und sich unsere Liebesstrahlen verflochten, kam ein Flackern in deine Augen. Wie gerne hätte ich dich zu mir gezogen, um ganz nah bei dir zu sein. Doch ich hielt mich zurück, weil ich nicht wusste, ob du den Verlockungen einer fremden Frau gefolgt wärst, oder ob du mich durchschaut hattest. Das wollte ich gerne herausfinden. Später, als du weg warst, fand ich mein Ansinnen albern. Hätte ich dir übelnehmen können, wenn du deine Liebe deiner Liebsten schenkst? Denn egal, ob die Comtesse oder ich, beide waren ja Amina, die Frau, die du liebst. Das ist kein Treuebruch. Letztlich hättest du mir sogar die Treue mit mir selbst gehalten, mein geliebter Rittersmann. Das ist meine Geschichte, lieber Rosenmund. Du bist ein schlauer Mann, hast du eine Vorstellung, wie ich aus meiner Maskerade herauskomme?‹

Rosenmund lächelte: ›Komm, Liebste, lege dich wieder zu mir und mache dir keine Gedanken. Für die Rückreise lasse ich mir was einfallen; einen günstigen Moment, in dem du dich davonmachst. – Ich werde dich vergebens suchen und dann, zum vereinbarten Zeitpunkt, auf die Burg zurückkehren. Dort spielen wir für die liebesgeilen Freier eine hübsche Farce und verschwinden. Dafür musst du dir was einfallen lassen.‹

Es klopfte an die Zimmertür. Rosenmund sah hinaus. Die Zofe war es, die mit Bedauern mitteilte, dass aus dem Treffen am Abend nichts werden würde, weil die Comtesse noch gestern zu einer Freundin aufs Land gefahren sei und erst am Abend zurückerwartet werde.

›Nach der Reise wird sie doch sicher baden, mein schönes Kind. – Hier, nimm die zehn Golddukaten und zeige mir den Baum.‹

Er tat, als habe die Begier nach unerlaubter Augenweide alle Rittertugenden verdrängt.

›Der Schleier, mein liebes Fräulein, ist das Verhängnis: er versteckte alles, gaukelt mir die schönsten Traumbilder vor, regt meine Phantasie an. So, wie die Kelchblätter der Rose die Knospe umhüllen und verbergen, was sich hinter ihnen versteckt, so verhüllen die dichten Schleier deiner Herrin Liebreiz. Ich bin ihr verfallen. Verstehst du, was ich meine, mein schönes Kind?‹ Das schöne Kind verstand natürlich nichts, nickte aber brav.

›Glaubst du, sie hat mich gesehen, Liebster?‹, fragte Amina besorgt. ›Nein, nein, Liebes, sie wich, als sie mich spärlich bekleidet sah, rasch von der Tür zurück. Da war ihr kein näherer Blick möglich. Mach dir keine Sorgen.‹

›Du sag mal, willst du dir das wirklich antun, nachts auf einen Baum zu klettern, um mich baden zu sehen? Das kannst du doch viel einfacher haben. Hier, sieh mich an.‹

›Ach du‹, flüsterte Rosenmund, ›das gehört doch alles zum Spiel. Sie muss doch in dem Glauben bleiben, dass wir uns nicht kennen. Ich bin für sie der naive, verliebte Ritter.‹

Amina zog sich an und war nun wieder ganz die Comtesse de Rochemont. ›Sehen wir uns heute Abend bei Hofe auf der Soiree, mein Ritter?‹ Sie reichte ihm voller Grazie die Hand. Rosenmund kniete nieder und küsste sie. ›Es wird mir eine Ehre sein, Sie begleiten zu dürfen, mein Fräulein.‹

›Na, nun übertreib's mal nicht, Liebster. Das mit dem Fräulein kannst du dir in Zukunft sparen … Also dann, bis später. Jetzt muss ich erstmal ungesehen aus dieser

Herberge kommen. In diesem auffälligen Aufzug wird es nicht leicht sein.‹

Rosenmund warf sich überglücklich auf das Bett. Ihm war, als spüre er noch die Wärme der vergangenen Stunden. Es roch nach Bergamotte, Sandelholz, Amber, Jasmin und vor allem nach Liebe, ihrer Liebe. Er nahm das Kissen und drückte es fest an sein Herz. ›Oh, Amina, meine geliebte Frau, du machst mich so glücklich.‹

Rosenmund schlief ein, das Kissen fest in den Armen und hätte fast die königliche Soiree verpasst. Schnell zog er das Gewand eines fahrenden Minnesängers an, nahm seine Laute und ritt los.

Die Abendgesellschaft war schon zusammengekommen. Rosenmund bahnte sich einen Weg durch die Menge und versuchte, ohne Erfolg, Amina zu finden. Sicher war sie noch nicht da.

Er grüßte artig nach allen Seiten, besonders die Damen. Hier ein freundliches Nicken, dort ein Lächeln, ein paar Worte im Vorübergehen.

Die Damen tuschelten: ›Seht doch, Herr Rosenmund ist auch mal wieder da. – Was für ein interessanter Mann er doch ist; leider zu schüchtern. – Ach, was würde ich darum geben, mit ihm … Tuschel, tuschel, tuschel, schnatter, schnatter, schnatter‹, wie eben solche Abendgesellschaften sind. Wer allein hingeht, möchte später nicht alleine nach Hause gehen. Man beäugt sich, flirtet, ein zärtliches Küsschen hierhin und dorthin, streichelt dies und das, tätschelt ein Knie, rutscht versehentlich höher; oh Pardon, Gnädigste. – Ach, ist schon gut. Die Dinge nehmen ihren Lauf. Wer nicht auf der Hut ist, wacht am nächsten Morgen in einem fremden Bett auf – oder auch nicht.

Nachdem Rosenmund die königliche Familie begrüßt

hatte, stieg er unter den Klängen eines kleinen Streichorchesters auf die Bühne. Er nahm seine Laute und spielte eines der Lieder, die er nachts unter Aminas Fenster gesungen hatte. Die Melodie ging nicht nur ins Ohr, sondern auch tief ins Herz. Alles Liebessehnen flog ihm zu. Er konnte sicher sein, in den frühen Morgenstunden nicht alleine nach Hause gehen zu müssen. Das hatte er auch nicht vor, denn während er sang, öffnete sich die Tür und eine imposante Gestalt trat ein. Trotz des bis auf den Boden reichenden, schwarzblauen Gewands, mit silbernen Sternen bestickt, erkannte er sofort Amina. Sie hatte sich einen langen, weißen Vollbart angeklebt und trug eine ebenfalls nachtblaue Kopfbedeckung, die sie sich tief in die Stirn gezogen hatte. Ein Magier aus fernem Land, dachte jeder und sie wichen ehrfurchtsvoll zur Seite. Rosenmund lächelte ihr zu und sang noch zärtlicher als vorher.

Kaum war sein Lied verklungen, brachen die anwesenden Damen in begeisterten Applaus aus. ›Ach, was für ein warmherziger, feinfühliger Mensch dieser Rosenmund doch ist. – Kaum zu glauben, dass er auch so ein siegreicher Held sein soll. – Leider zu schüchtern und sittsam. – Er widerstand den schönsten Verlockungen. Er war nicht nur der unerfüllte Traum schlafloser Nächte, sondern auch ein Rätsel. Wie war so etwas möglich? Ist das erlaubt? Verstößt er nicht gegen eine ungeschriebene Ritterpflicht, der Herr Rosenmund?‹

Der wusste, wie man über ihn redete, und, als wollte er noch Öl ins Feuer gießen, ging er schnurstracks auf den fremden Magier zu und begrüßte ihn überschwänglich. Ja, er wich ihm den ganzen Abend nicht von der Seite. Man wollte sie sogar Arm in Arm im nächtlichen Park gesehen haben, und eine völlig in ihn verliebte Dame flüsterte ohnmächtig werdend: ›Er hat ihn sogar geküsst.‹ – Geküsst!!! – Na, nun war alles klar. Der Ritter Rosenmund war von der anderen ›Couleur‹.

›Ach‹, seufzten die Damen, ›es ist doch immer dasselbe: Die interessantesten Männer sind schwul. – Man hätte es wissen müssen, als er unsere Angebote ausschlug. Ärgerlich, wirklich ärgerlich, wo er doch so aufregend ist.‹

Zum Entsetzen der Gesellschaft tanzte er sogar noch zärtlich und anmutig mit dem Fremden, der wie eine Feder in seinen Armen lag. Empörend! Nur weil der König diesem Skandal lächelnd zusah, verließ man nicht den Saal.

Bei der Pariser Gesellschaft war Rosenmund natürlich unten durch, was ihn nicht im Geringsten störte. Amina und er hatten einen schönen Abend gehabt und würden sowieso am nächsten Tag die Stadt verlassen.

Ein säuselnder Abendwind lief durch das Gehölz. In der sinkenden Sonne warfen die Pappeln zauberische Schatten. Die Schatten wuchsen und es wurde nächtlicher um das Wasserbecken, in dem die geliebte Frau baden würde.

Als Rosenmund sein Versteck erreicht hatte, sah er sie im aufkommenden Silberschein des Mondes auf weich bemoosten Steinen sitzen, die Füße weißer als Elfenbein. Vorsichtig prüfte sie das Wasser. Ach, sie war schön, so wunderschön, dass selbst die Nachtigallen im benachbarten Geäst voll ergriffener Andacht schwiegen und bis auf die äußersten Spitzen der Äste flogen, um sich mit weit ausgestreckten Hälsen die Schöne anzusehen.

Die Nacht war noch in dunkles Waldgrün getaucht und in den Lüften wehte der Liebe Atem. Hie und da winzige Reste zerfließenden Goldes der untergehenden Sonne, und inmitten dieses Zaubers sie, die Einzigartige, die Vollendete. Ihre Schönheit bekam für ihn im gleißenden Licht des Mondes eine völlig neue Dimension. Sie war auch sonst wunderschön, aber jetzt war sie ganz Nymphe.

Als sie dem Bade entstiegen und verschwunden war, stieg Rosenmund vom Baum und der brennende Pfeil in seinem Herzen brannte noch viel mehr. Zwischen Rosen und Levkojen, in zärtlichste Farben getaucht, blieb das magische Bild seiner Amina, der schönen Nymphe, in seinem Herzen.

Bevor die Morgensonne die Erde mit Rosenblättern bestreute, brach die kleine Karawane auf. Rosenmund in silberner Rüstung, darüber den weißen Mantel des Kreuzritters. Er ritt an der Spitze, die Zofe bildete die Nachhut. Die Comtesse, ganz in Schwarzbraun gehüllt, ritt in der Mitte.

Sie hatten schon ein rechtes Stück Weges hinter sich, als eine Staubwolke auf sie zukam. Ein in Eisen gekleideter schwarzer Ritter rief schon von fern mit donnernder Stimme: ›Gib mir die Verhüllte oder dein Leben. Es liegt bei dir, Milchgesicht.‹

Rosenmund zog sein Schwert. ›So nehmt denn mein Leben, Freund‹, rief er und stürmte auf den Gegner ein. Kurz war das Schwerterklirren, denn der aus vielen Schlachten kampferprobte Rosenmund hatte den Angreifer schnell aus dem Sattel gehoben. Er sprang vom Pferd, beugte sich über den am Boden Liegenden und flüsterte: ›Das hast du gut gemacht, mein Junge. Es sah alles ganz echt aus.‹

Er sah sich nach der Comtesse de Rochemont um. – Sie war verschwunden. Nur eine völlig verwirrte Zofe stand am Wegesrand. ›So etwas Merkwürdiges habe ich noch nie gesehen, Herr Ritter. Kaum klirrten die Schwerter, warf das

Fräulein ihre Verkleidungen ab und sprengte davon. Bevor der Kampf endete, war sie am Horizont verschwunden. Stellt Euch vor, in Reiterkleidung, ganz ohne Maskerade.‹

›Wir müssen die Ärmste suchen. Sicher ist ihr Pferd durchgegangen und sie irrt nun, der Gegend unkundig, verzweifelt umher. Ihr nach, ohne Säumen. Ihr, mein schönes Kind, sucht in dieser Richtung, ich versuche ihr nachzueilen.‹ Während die Zofe ihre Herrin suchte, machte sich Rosenmund auf den Heimweg. Die drei Jahre waren bald um. Er wollte nicht zu spät kommen.

So ritt er der Stunde entgegen, die sein Liebesglück erfüllen sollte. Viele Abenteuer hatte er erlebt, in manchem Kampf seinen Mann gestanden, die Narben an seinem Körper waren sichtbare Zeugen. Er war tapfer allen Liebeleien aus dem Weg gegangen, bis er in Paris mit der Comtesse de Rochemont seine Amina gewann.

Der Wald lag im Dämmerschatten. Die Vögel waren verstummt, nur noch irgendwo das leise Plätschern eines Baches. Der Wind strich durch das Laubwerk der Bäume und Rosenmund meinte zu hören, wie sie leise miteinander flüsterten.

Das Pferd ging ruhig und sicher, als würde es von einer unsichtbaren, der Gegend kundigen Kraft geführt. Lockende Irrlichter umtanzten sie und erhellten den Weg. Irgendwann kam ein See, in dem sich silbern der Mond spiegelte. Buschige Weiden ließen ihre Zweige bis tief auf das Wasser hängen. Auf dem See schwammen Gruppen weißer, wächserner Teichrosen, die ihre Blüten geschlossen hatten. Kein Laut durchbrach die Stille. Die Szene hatte etwas Unwirkliches, fast Unheimliches, und Rosenmund beschloss, nicht weiter zu reiten, sondern hier zu übernachten. Er stieg vom Pferd und suchte ein weiches Plätzchen für die Nacht. Da sah er eine winkende Gestalt am gegenüberliegenden Ufer. Da war anscheinend noch jemand in diesem einsamen Forst unterwegs. Er nahm sein Pferd beim Zügel und ging um den See auf die Gestalt zu.

Eine junge Frau saß auf einem Stein. Sie sah ihn an und lächelte. ›Da seid Ihr ja, Ritter Rosenmund. Nehmt Platz und ruht Euch aus. Der Weg durch den Wald war sicher beschwerlich. Nur selten kommen Menschen des Weges. Sie meiden die Gegend, weil alte Mythen von bösen Geistern erzählen, die hier ihr Unwesen treiben. Es war mutig, edler Herr, diesen Weg zu nehmen.‹

›Ach, mein schönes Kind, keineswegs mutig, ich konnte gar nicht anders, denn eine unsichtbare Kraft schien mein Pferd zu lenken. Ich hatte keine andere Wahl, wollte ich nicht zu Fuß weitergehen. Nun bin ich hier und weiß nicht, wie ich weiter reiten soll. Vielleicht könnt Ihr mir den rechten Weg weisen?‹

›Es wird sich alles finden, Rosenmund. Der Weg in dieses Land war Euch vorbestimmt. Ihr seid in den wilden Ardennen. Es ist nicht weit bis zu Eurem Ziel. Ruht Euch ein wenig aus, bevor wir weiter gehen. Ich kenne in der Nähe eine kleine Hütte, da können wir gut übernachten.‹

›Ja, wenn es nicht weit ist, so lasst uns gleich gehen. Ich brauche keine Rast und das Pferd auch nicht.‹

›Wie Ihr meint.‹ Die weiße Frau ging voraus. Rosenmund glaubte, sie würde schweben, so leicht und sicher bewegte sie sich in der Dunkelheit. Nicht das kleinste Ästchen brach unter ihren Füßen.

Irgendwann tat sich der Forst auf, und vor ihnen lag im Mondenschein eine kleine Hütte. Die weiße Frau öffnete die Tür. Es war stockdunkel. ›Bleiben Sie stehen, Herr

Ritter, ich mache schnell ein Feuer, damit es warm und hell wird.‹

Nach kurzer Zeit sprühten Funken, dann züngelten Flammen, tanzten durch den Raum und flackerten an den Wänden hinauf, bis zur Decke; mal hier, mal dort. Die Frau warf mehr und mehr Reisig in die Flammen, bis der ganze Raum lichterloh erhellt war. Die Helligkeit öffnete den Blick, der Raum wurde größer und Rosenmund stand in einem weiten Saal.

›Treten Sie näher, Herr Rosenmund‹, sprach ihn eine warme, freundliche Stimme an. Er trat ins Helle, und mit jedem Schritt, den er tat, gingen Lichter an, die weiß gekleidete Frauen in den Händen trugen. Alle waren fast so schön, wie seine Amina. Rosenmund ging auf einen weißgekleideten Herrn zu, den er für den Gastgeber hielt und verbeugte sich tief. ›Ich stehe ganz zu Ihrer Verfügung, mein Herr.‹

›Nun seien Sie mal nicht so förmlich, lieber Rosenmund, setzen Sie sich‹, er wies auf einen Sessel neben sich. ›Ich ließ Sie rufen, um Sie kennenzulernen. Sie wurden mir als ein besonderer, ehrenwerter Mann beschrieben, der selbst am französischen Hof Eindruck hinterlassen hat. Man sagt, Sie seien nicht nur ein Held, sondern auch ein virtuoser Sänger, dem die Herzen der Frauen zuflögen. Sie werden verstehen, mein Lieber, dass mich so ein Mann neugierig macht. Man muss ihn kennenlernen, allein um zu sehen, was man selbst falsch macht. Weil Sie gerade des Weges kamen, dachte ich mir: Lade ihn einfach mal ein.‹ Er lachte gutmütig und sah ihn dabei prüfend und durchdringend an. Rosenmund hatte das Gefühl, als sähe er ihm bis ins Herz.

›Ach Sire, das sind alles nur Gerüchte, leeres Geschwätz.

Als braver Mann tut man seine Pflicht. Das ist normal. Sicher, ich bemühe mich ein bisschen mehr, als manch einer, weil ich alles für meine geliebte Amina tue. Ich möchte, dass sie sich nicht mit mir schämen muss, sondern stolz auf mich ist.‹

›Ihr müsst sie sehr lieben, Herr‹, sagte sein Gastgeber lächelnd. ›Ja, Sire, das tue ich. Ich liebe sie aus tiefstem Herzen. Sie ist mir alles.‹

›Obwohl sie euch das Leben schwer macht?‹

›Ach, wisst Ihr, das kann doch wahre Liebe nicht trüben. Versteht mich recht, Amina ist für mich keine Affäre, keine Romanze, – ich liebe sie!‹

›Verzeiht, Herr Rosenmund, ich bin ein schlechter Gastgeber. Da rede ich und rede und vergesse darüber, dass Ihr hungrig seid. Das Mahl ist gerichtet. Lasst uns gehen. – Würdet Ihr mir nach dem Essen, zum Ausklang des Tages, eins Eurer Lieder singen? Ich liebe Musik.‹

›Es wird mir ein Vergnügen sein, Sire, auch wenn meine Stimme nach dem langen Ritt nicht geschmeidig ist.‹

Sie gingen in den Nachbarraum, wo die Tafel gedeckt war, die in nichts einem königlichen Galadinner nachstand.

Nach dem Essen setzten sie sich an den Kamin, wie zwei alte Freunde, und betrachteten schweigend das Spiel der züngelnden Flammen. Nach einer Weile sagte der Gastgeber: ›Ich will Euch nicht drängen, Herr Rosenmund, doch jetzt würde ich gerne eines Eurer Lieder hören.‹

›Sehr gerne, Sire. Ich singe Ihnen ein Lied, das ich nachts zur Laute unter dem Fenster der Liebsten gesungen habe:

Hell, wie vom Tau des Morgens frisch benetzt
stiegst du vom Himmel zu mir runter,
bis tief in mein Herz, von wo du jetzt

meine Sinne beglückst und mich munter
und überglücklich sein lässt.
Oh, ich will dich halten, Liebste, und fest
an das brennende, liebende Herze drücken,
und liebend hoffen, dass du mich nie verlässt.
Komm', wir wollen zusammenrücken,
und die Liebe leben, wie ein himmlisches Fest.

Oh, sag mir, du, die du die Liebe kennst,
gibt's Schön'res, als dem Liebenden zu sagen,
dass du ihn liebst, dass du verbrennst,
vergehst vor lauter Sehnsuchtsplagen?
Ach, nichts kommt diesem Wunder gleich,
es ist das Schönste, was man kann erleben.
Die Liebe macht zwei Seelen reich,
wenn ihre Herzen füreinander beben.‹

Rosenmund schwieg und sein Gastgeber, der ihm aufmerksam zugehört hatte, applaudierte. ›Was für schöne Verse, mein Junge, kein Wunder, dass Ihnen die Frauenherzen zufliegen.‹

›Ich kann's nicht beurteilen, Sire, aber wenn Sie es sagen …‹

›Es hat mir sehr gefallen, lieber Rosenmund. So voller Tiefe und Seele. Vielen Dank für diesen schönen Tagesausklang. Doch nun wollen wir uns schlafen legen. Ihr werdet sicher morgen in aller Frühe losreiten wollen. Gute Nacht und nochmals herzlichen Dank. Schlaf gut, mein Junge.‹

Als Rosenmund am nächsten Morgen losritt, sagte der weißgekleidete Herr zum Abschied: ›Pass bitte immer gut auf sie auf, sie ist mein geliebtes Kind. Lebe wohl.‹

›Sie ist mein geliebtes Kind‹, hatte er gesagt. Wie meinte er das? Sollte er …? Ach du lieber Himmel, wieso bin ich da nicht schon früher drauf gekommen? Es ist der Nymphenkönig, Aminas Vater. Schnell wendete er sich um und sah zurück. Doch wo eben noch der Palast war, stand eine alte, schäbige Waldhütte.

Er hatte es eilig und ritt im gestreckten Galopp in Richtung Brabant. Die Landschaft flog an ihm vorbei, bis der Schimmel, ohne ersichtlichen Grund, stürzte. Rosenmund flog durch die Luft und landete, welch glücklicher Zufall, in einem weichen Heuhaufen.

›Hollah‹, rief eine bärentiefe Stimme, ›wohin so rasch des Weges, edler Herr? Habt Ihr nicht den Grenzzaun gesehen? Dies ist mein Land. Hier darf nur passieren, wer Wegegeld bezahlt. Fünf Groschen erbitte ich mir. Das ist doch für Euch nicht viel. Zahlt und ich lasse Euch weiterziehen. Wenn nicht, nehme ich Euer Pferd und verkaufe es in der Stadt auf dem Rossmarkt. Es wird eine stattliche Summe bringen. Allein das Zaumzeug mit den Silberbeschlägen ist ein Vermögen wert. – Also, überlegt es Euch, werter Herr. Ich warte.‹

Rosenmund hatte sich während der Litanei dieses Menschen aus dem Heuhaufen gearbeitet und stand nun auf der Wiese. Sein Pferd hatte sich auch berappelt und graste in einiger Entfernung. Rosenmund sah sich nach dem Sprecher um und bemerkte ein dickes Seil, das dieser Halunke über den Weg gespannt hatte. Von einer Grenzmarkierung keine Spur.

›Komm hervor, du hinterhältiger Wegelagerer‹, rief er zornig. ›Ich bin ein freier Ritter des Reiches, nur dem Kaiser unterstellt und reite, wo und wohin ich will. Versuche doch, mich aufzuhalten. Was für eine Frechheit, für diesen schäbigen Weg fünf Groschen zu verlangen. Fünf Ohrfeigen kannst du bekommen. Komm, dass ich sie dir auszahle. Es juckt mir in der Rechten.‹

Da sprang ein ganz in Schwarz gehüllter Riesenkerl aus den Büschen hervor. Er hatte seine Waffe gezückt und wollte auf Rosenmund einschlagen. Der zog seinerseits das Schwert, und sogleich schlugen die Klingen klirrend aneinander. Der Schwarze schlug kräftig und Rosenmund hatte Mühe, sich seiner schweren Hiebe zu erwehren. Schon hatten zwei Treffer die bunten Straußenfedern seines Helmes hinweggefegt, ein weiterer ließ seinen Harnisch klaffen. Da packte ihn der Zorn. Mit beiden Händen nahm er sein Schwert und hieb nun so gewaltig auf den Gegner ein, dass der mehr und mehr zurückwich. Nach einem harten Treffer ließ er seine Waffe fallen und sank in die Knie. Blut quoll aus dem Kettenhemd und färbte das Gras rot.

Rosenmund beugte sich zu ihm: ›Ihr seid ein tapferer Mann und versteht eine Waffe zu führen. Hat einer wie Ihr es nötig, sein Dasein als Wegelagerer zu fristen? Tretet in meine Dienste. Gute Kämpfer sind mir stets willkommen. Geht nach Rosenau, man wird Euch mit offenen Armen empfangen. Wie ich sehe, sind Eure Verletzungen nicht schwer. Sie werden bald verheilt sein. Lebt wohl. Ich habe es eilig. Ihr habt mich schon viel zu lange aufgehalten.‹

Er stieg auf sein Pferd und war bald den Blicken entschwunden. Der Weg führte ihn durch Täler und Höhen, er durchquerte Flüsse und Wälder, ritt über wunderschöne Wiesen, und je weiter er ritt, desto vertrauter wurde ihm die Gegend. Als sein braver Schimmel erschöpft war, stieg er ab und ging zu Fuß weiter. Drei Jahre war er unterwegs gewesen, nun war die lange Reise zu Ende, und er würde bald für immer mit der Liebsten vereint sein.

Kaum angekommen, stürzte er in ihren Salon, wo sie, von einer Schar smarter, liebeshungriger Freier umgeben, auf einer Recamière lag. Er kniete vor ihr nieder, ergriff den Saum ihres Kleides und küsste ihn voller Inbrunst.

›Oh‹, rief Amina, ›der Herr Rosenmund ist aus dem Urlaub zurück. Ihr habt Euch gut erholt, wie man sieht.‹ Pflichtschuldigst lachten alle. Doch Rosenmund sprach: ›Ich war Euch drei Jahre treu. Nun bin ich hier, um Euch an Euer Versprechen zu erinnern.‹

›Von welcher Treue sprecht Ihr, Herr Ritter? Von der Treue zu einer gewissen Dame in schwarzbraun? – Nennt Ihr das Treue?« Sie ließ einen Vorhang öffnen, und dahinter stand, auf einer Puppe aufgezogen, das Gewand der Comtesse de Rochemont.

Rosenmund schien zu erstarren. Langsam, unbeholfen, fast wie eine leblose Maschine, stand er auf. Er musste sich halten, um nicht das Gleichgewicht zu verlieren. ›Oh, Amina, meine geliebte Amina, jetzt durchschaue ich dein Spiel. Du hast mich gequält, meine Liebe mit Füßen getreten und mich mit deiner Schönheit und deinem Liebreiz zum Narren gehalten. Du hast mich in die Finsternis der Hölle geführt und mich immer wieder ans Licht gelockt, obwohl du wusstest, dass es mir nie scheinen würde. Nun wagst du noch, diese Posse zu spielen. Doch nicht mehr mit mir. Ich bin aus dem Spiel. Die Erkenntnis traf mich wie ein Blitzstrahl und hat mir die Tore zu deinem Tun geöffnet. Ich habe mich betören lassen und nicht bedacht, dass alles Lug und Betrug ist. Was war ich doch für ein verliebter, blinder Tor. Verbirg, Amina, deine Seele im Jenseits, damit ich ihr nicht begegnen muss; ich würde die Seligkeit verfluchen, müsste ich sie mit dir teilen. Du hast mich auf Erden um meine Liebe und mein Leben betrogen.‹

Er flüsterte die letzten Worte und seine Augen füllten sich mit Tränen. Mit einem letzten Blick auf die geliebte Frau wankte er aus dem Zimmer.

Einige lachten schadenfroh über den liebesblinden Narren, andere standen wie versteinert, betroffen vom traurigen Schicksal dieses tapferen Mannes.

Rosenmund stieg auf sein Pferd und ritt langsam aus dem Burghof. Er wusste, dass sie ihn aus den Fenstern beobachteten. Nach einigen Metern, den Blicken der Freier entschwunden, richtete er sich auf. Da sah er auf dem Weg vor sich eine dunkle, verhüllte Gestalt. Er gab dem Pferd die Sporen, galoppierte auf sie zu, zog sie in den Sattel und stürmte in die Nacht. ›Ich liebe dich, Amina, meine Herzensliebste. – Was für ein schönes Schauspiel wir ihnen geboten haben. Ich bin stolz auf dich. Jeder glaubt, wir seien auf ewig getrennt. Überall werden sie dich suchen, doch ganz gewiss nicht auf Rosenau.‹«

Die Reise nach Nymphenheim

»Sag mal, mein Lieber, kannst du dich mal frei machen?«

»Für dich immer, Josephine, mit Vergnügen.«

»Ach du, – doch nicht so. Ich meine, ob du dir mal Freizeit für eine Fahrt nehmen kannst. Mein Vater, der Nymphenkönig, möchte gerne den Autor kennenlernen, der in der heutigen Zeit Geschichten über Nymphen schreibt, wo doch keiner mehr an uns glaubt. Wir zeigen uns ja auch den Menschen nicht mehr, wirken im Geheimen, leben versteckt in Wäldern, Brunnen und Grotten, sind nur nachts unterwegs, wenn alle schlafen. Offiziell leben wir nur noch in Märchen, Sagen und Mythen. Moderne Menschen haben keinen Sinn mehr für das Mythisch-Mystische. Du bist anders. Weißt du, mein Braaderup, ich habe dich lange beobachtet und kannte dich gut, bevor ich mich dir zeigte. Ich habe gesehen, mit wie viel Liebe du deinen Garten angelegt hast. Jetzt wird er sicher die schönen Bäume und Sträucher wegmachen, dachte ich, als du das erste Mal sinnend über das Grundstück gingst und alles inspiziertest. Doch nichts geschah, im Gegenteil, du pflanztest hinzu. Mit jedem neuen Strauch, jeder Rose, jeder Staude, ja, mit jeder Zwiebel, die du in den Boden setztest, fühlte ich mich bei dir wohler. Du machtest den Garten anheimelnd, geheimnisvoll. Er blieb Natur, in die du mit bunten Farben deine Bilder maltest. Immer findet sich Buntes, bis weit in den Herbst hinein. Wenn der Schnee noch liegt, blüht Hamamelis, die Zaubernuss und lässt mit ihren bizarren gelben Blütchen vom kommenden Frühling träumen, lange bevor die Winterlinge durch den gefrorenen Boden brechen. Wenn du mit den Pflanzen sprichst, tust du es zärtlich und liebevoll, du streichelst sie sogar. Ich wünschte mir all die Jahre nichts sehnsuchtsvoller, als einmal deine Hände auf meiner Haut zu spüren. Stundenlang sah ich sie mir an, diese schönen, schlanken Hände, die fest zupacken können und doch so zärtlich sind. Ich liebe es, wenn du einfach nur da stehst und verträumt in den Himmel siehst. Ich merke, wie deine Blicke mit den Wolken in die Ferne ziehen. Ach, denke ich oft, jetzt fliegt er wieder in seine Traumwelt. Ob da wohl auch Platz für die kleine Nymphe Josephine ist? Ob er mich wohl mal mitnimmt, der schöne, schlanke Mann? Wo er auch hinfliegt, es muss dort wunderschön sein, denn er wirkt dann so glücklich und weltvergessen. Braaderup, Liebster, du bist wie ich im glücklichen Einvernehmen mit der Natur. Das spüre ich besonders, wenn du beim Arbeiten mit sanfter, warmer Stimme vor dich hin summst.

Du, hast du eigentlich gemerkt, dass ich dir immer bunte Schmetterlinge geschickt habe? Ja, ja, die waren von mir, für dich, weil ich dachte, du wärest mit diesen schönen Gauklern artverwandt. Ich habe aber bald gemerkt, dass du in Wirklichkeit ein ernster, leicht melancholischer Mann bist, auf den man bauen kann. Du gaukelst so gar nicht traumverloren durch laue Lüfte, von Blüte zu Blüte. Du bist ein Norddeutscher, in sich gekehrt und zuverlässig, wie die Wellen, die gleichförmig an den Strand schlagen. Ich habe dich weinen sehen. Das hat mir fast das Herz zerrissen; du, mein starker, schöner Mann, weintest. Was für Schmerzen muss er in sich tragen, dass er weint, dachte ich voller Weh und wünschte mir, dass die Tränen deine Seele von allem Unrat reinwaschen, der auf dir lastet. Als du mal Besuch hattest, lauschte ich neugierig und hörte, wie du sagtest, du würdest über Nymphen schreiben. Ach, mein Herz jubelte, jetzt wusste ich, was du in den langen Nächten am Schreibtisch tust und was dich so glücklich macht. Du schreibst über mich, über Josephine, die gute Seele deines Gartens. Vielleicht bin ich ja sogar ein Teil der Traumwelt, in die du immer reist.«

»Ach, meine Josephine, ich spürte immer deinen guten Geist um mich herum. Als ich damals dein Gewand in der Hand hielt und du leise flüstertest: Hey, Braaderup, wirf mir mal mein Kleid her, ich hocke hier nackt im Schilfgras, führtest du mich für einen winzigen Moment in Versuchung, mein Schatz. Ich spürte deine Nähe, deine Wärme und wollte dich sehen. Doch ich folgte meiner inneren Stimme und warf dir das Kleid zu, ohne mich umzudrehen. Ich wollte nicht den Augenblick, sondern die Ewigkeit, wollte dich für immer. Dafür mussten wir einander kennenlernen, uns näher kommen, fühlen, ob das, was uns der Augenblick zeigte, auch für die Ewigkeit Bestand haben würde. Wir sind uns nähergekommen, mein Liebes, haben uns gefunden in gegenseitiger, inniger Liebe. Wir wissen, dass uns nichts mehr trennen kann, was auch immer geschehen mag. Es ergab sich von selbst, auch wenn wir es anfangs gar nicht wollten. Liebe, nicht Lust, hat uns zusammengeführt. Sie ist eine wunderbare, ewige Kraft, wenn sie wahr und wirklich ist. Sie fragt uns nicht, stellt keine Bedingungen, sie ist da und wirkt. Wir geben uns hin, lassen uns treiben, weil wir wissen, was auch immer geschieht, ist gut. Lieben bedeutet auf weichen Kissen ruhen und auf sanften Wolken schweben, in einem Land, das nur den Liebenden gehört. Wir beide besitzen dieses Wunderland, weil wir es in uns tragen.«

Die Kröte im Brunnen

»Du weißt ja, Liebster, wir Nymphen sehen viel mehr, als Menschen. Wir erkennen auch das Verborgene, Geheimnisvolle hinter dem, was ihr für Tatsachen haltet, wenn du so willst, das Übersinnliche. Ihr hört den Gesang der Nachtigall mit den Ohren, aber er sagt euren Herzen nichts, weil sie empfindungslos geworden sind, als hätten sie Medusa erblickt und seien erstarrt. Gold zieht euch magischer an, als Schönheit und Geheimnisvolles. Dir ist die Gabe gegeben, hinter die Dinge zu sehen, das Verborgene zu erkennen. Du bist in vielem so ganz anders. Deshalb konnten wir uns auch finden. Ist dir eigentlich schon einmal aufgefallen, wie schnell und leichtfertig die Menschen Schönheit,

Jugend und Herzenswärme fallen lassen, um dem nachzujagen, was für sie zählt: dem Geld? Ach, es gäbe so viele Beispiele, doch möchte ich dich damit nicht langweilen. Komm mal mit, ich will dir was zeigen.«

Sie führte ihn zum Brunnen, an dem sie sich in einer lauen Mondnacht kennengelernt hatten. Schmatzend streckten die Fische ihre Köpfe aus dem Wasser, weil sie glaubten, sie würden gefüttert werden.

»Kuck mal dort, auf dem Seerosenblatt. Siehst du die dicke Kröte? Für dich ist es eine normale Kröte, die ihrem Winterschlaf entgegen dämmert. Sie möchte noch nicht auf den Grund des Brunnens abtauchen, weil noch ein paar Sonnenstrahlen ihre Haut wärmen. Ich weiß, du magst Kröten nicht, weil sie dich immer bei der Gartenarbeit erschrecken. Doch diese Kröte hier ist etwas Besonderes. Sie wartet auf dich. Ist dir nicht aufgefallen, dass sie den ganzen Sommer um dich war und nicht wegsprang, wie Kröten es sonst tun, sondern zu dir hin? Sie wollte sich dir nähern, suchte dich, weil du ihr gefällst. Sie will dich, mein Lieber. Mir fiel das auf, und ich habe sie gefragt. Sie hat es mir bestätigt. Das machte mich natürlich wütend, und ich hätte sie sicher getötet, wenn sie nicht ein Geheimnis bergen würde. Sie weiß, dass du nachts oft auf der Terrasse stehst. Deshalb hat sie sich bis hierher gewagt. Dir sollte diese Vertraulichkeit eigentlich merkwürdig vorkommen, mein Braaderup. – Sieh doch nur, wie sie dich ansieht, dieses lustvolle Glitzern in ihren Augen. – Sie ist schön, graugrün, hat sich für dich extra aufgebläht, wie ein Pfau, damit du sie auch bloß nicht übersiehst. – Sie bietet sich an, präsentiert sich. – Du brauchst nur zuzugreifen. Küsse sie, und sie verwandelt sich in eine wunderschöne Prinzessin, gegen die ich nur ein unscheinbarer, grauer Schatten bin. Los, Braaderup, zögere nicht, du bist der Auserwählte. Sie bietet dir alles, was du dir nur erwünschst. Erlöse sie, werde mit ihr glücklich. So eine Gelegenheit kommt nie wieder. Greif zu!«

»Ach, Josephine, warum erzählst du mir solche Sachen? ›Die Herzen aller Frauen werden dir zufliegen‹, ›Siehst du nicht das Glitzern in ihren Augen?‹ Warum sollten mir Herzen zufliegen? Warum Glitzern in den Augen? Ich möchte das nicht, denn es ist unnötig und vergebens. Mein Herz ist besetzt, da ist kein Platz mehr, denn bis in den kleinsten Winkel füllst du es aus, und es macht mich glücklich. Was soll ich mit anderen Herzen? Kannst du mir das mal erklären, wo du doch hinter die Dinge sehen kannst. Erkläre mir bitte, warum mir die Herzen zufliegen sollten und warum ich angeblich verlangendes Glitzern in den Augen von Frauen auslöse. Ich sehe das überhaupt nicht so, ganz abgesehen davon, dass ich es auch nicht will. Du redest immer wieder davon, und ich habe mir nie etwas dabei gedacht, doch die Geschichte mit der Kröte, die angeblich eine schöne Prinzessin ist, gibt mir zu denken. Ich habe die schönste Prinzessin. Die liebe ich von ganzem Herzen. Mich interessieren keine anderen. Es gibt für mich nur sie, die Schönste. Das Schönere mag der Feind des Schönen sein, doch das Schönste ist durch nichts zu übertreffen, und du, mein Schatz, bist für mich die Schönste.

Auch wenn noch so viel Glitzern in fremden Augen ist, noch so viel Begehren, das ist nichts gegen die Liebe zu dir. Du bist nicht nur in meinem Herzen, du bist in all meinem Sinnen und Trachten. Ich wache morgens mit dir auf und schlafe abends mit dir ein. Da ist kein Platz für irgendeine Prinzessin, selbst wenn sie noch so schön wäre. Ich habe nur Augen für dich, Josephine, mein Herz schlägt für dich. Ich sorge mich um dich, sehne mich nach dir und habe ständig Angst, dich zu verlieren. Was scheren mich andere? Ich habe mein Glück gefunden, als ich dich fand. Wenn du mir immer weismachen willst, wie scharf andere Frauen auf mich sind, muss ich doch denken, dass du mich ihnen in die Arme treiben willst, um mich loszuwerden. Verstehst du, was ich sagen will? Es tut mir weh, dass du nicht spürst, dass mein Glück mit dir vollkommen ist, dass in mir nichts anderes Platz hat. Ich bin besetzt, bin glücklich. So glücklich, dass ich Angst habe, die Götter könnten es mir neiden. Der Glückliche ist am Ziel. Er schielt nicht nach Anderen. Er hält sein Glück ganz fest und betet täglich, dass es ihm nicht wie Quecksilber durch die Hände rinnt. Sei mir nicht böse, Josephine, aber die Kröte und das Glitzern in ihren Augen, das ist mir zu banal, selbst wenn sie die schönste Prinzessin ist. Ich bin überhaupt nicht neugierig. Wir wollen sie schlafen lassen. Sie taucht sicher bald in den Brunnen hinab und wird mich im nächsten Jahr wieder erschrecken, wenn sie mit weiten Sätzen durch die Beete springt. Ich bin nicht der Prinz, der sie wach küsst, ganz bestimmt nicht, aber dich, mein Schatz, küsse ich gerne, überall.«

Braaderup nahm sie in die Arme, drückte sie fest an sich und flüsterte: »Bitte verlasse mich nie, bleib bei mir, auch wenn es langsam Abend wird und sich der Tag dem Ende zuneigt. Halte mich fest. Ich liebe dich.«

Sie standen noch lange und hielten sich in den Armen. Dann küssten sie sich, heiß und innig. Die Kröte aber hüpfte seufzend von ihrem Seerosenblatt in die Tiefe.

»Gute Nacht, mein Schatz, schlaf schön. Alle guten Nachtgeister mögen dich beschützen und auf weichen Wattewolken durch die Nacht geleiten. Denke mal über die Reise nach Nymphenheim nach. Wir unterhalten uns morgen darüber. Vater würde sich sicher sehr freuen.«

Josephine verschwand und er stand allein auf der nächtlichen Wiese. Er spürte Kälte in sich aufsteigen. Es war November. Was für ein schrecklicher Monat. Nicht etwa, dass er ihn fürchtete, nein, er hatte panische Angst, weil sich in diesem Monat immer die fürchterlichsten Dinge in seinem Leben ereigneten.

Dunkel herrschte über das Helle, was ihn eigentlich nicht weiter gestört hätte, liebte er doch die Dunkelheit. Aber er brauchte auch das Licht, um Kraft und Energie zu tanken. Es schien ihm verständlich, dass so viele Menschen in den dunklen Monaten, besonders im November, sterben. Der Finsternis so nah, war es ein ganz kleiner Schritt, sie ewig werden zu lassen, galt es doch nur eine winzige Schwelle zu überschreiten. Eine letzte große Aufgabe; die einzige, die das Alter noch stellt. Entschlossen sollte man sie anpacken und versuchen, der Posse mit Würde ein Ende zu setzen.

Scheußlich, diese Novembertristesse, dachte Braaderup. Jedes Jahr das Gleiche, er würde sie nie abschütteln können. Was für ein Glück, dass er Josephine hatte. Sie half ihm über so Vieles hinweg. Nachdenklich stand er auf der Terrasse und sah in den Dunst, der aus dem Boden stieg. Es roch modrig.

Das Leben ist eine merkwürdige Sache. Wir machen uns ständig was vor, damit es erträglicher wird. In Wirklichkeit ist alles eitel, womit sich der Mensch leichtsinnig berauscht. Sogar sein selbstgeschaffenes Paradies aus Rosen und Jasmin ist nur ein Kartenhaus, das ein kleiner Windhauch zum Einsturz bringen kann. Dann sitzt er traurig da und sinnt über die schwere Reise seines Lebens nach. In der Jugend ist es leicht und süß, auf Flaum und Rosenblättern im Übermaß der Freuden zu leben. Doch schwer und unerträglich ist der Dornenpfad des Alters, und immer wieder geht seufzend der Blick zurück und versucht das Vergangene, Entflohene zurückzuholen. Doch vergebens, es kehrt nie wieder, und Zweifel macht sich breit, ob der nun zu beschreitende Weg es wert ist, gegangen zu werden.

Vielleicht verlange ich vom Leben zu viel, dachte er, habe zu hohe Ansprüche, sollte versuchen, mich mehr der Weisheit zu widmen, damit der Geist im reinsten Licht die Wahrheit entdeckt. Es könnte mich dann kein Phantom mehr schrecken und kein Wahn blind machen. Ich würde klar und nüchtern sehen.

Braaderup musste lachen. Was für absurde Gedanken einem doch im tristen November kommen. Weisheit, der scheinbar einzige Ausweg des Alters, wenn uns Mut, Kraft und Liebessehnen verlassen haben. Man fühlt sich nackt und bloß, nichts steht mehr, – da leuchtet am Horizont, aus tiefster Not geboren, die Rettung: Weisheit!!! Ja! – Das ist es! – Oh, komm, du Trost des Alters. Was für ein schönes sich Betrügen in einer trostlosen, schmerzlichen Einsamkeit.

Hey Braaderup! Was soll der ganze Quatsch mit der Tristesse? Warum sagst du nicht ehrlich, dass du traurig bist und dich einsam fühlst, weil sie nicht da ist?

»Sag mal, Josephine, wie kommen wir denn nach Nymphenheim?«, fragte Braaderup, als sie in der folgenden Nacht in der Laube saßen. »Na, mit deinem Auto natürlich! Ich fahre, weil du ja den Weg nicht kennst. Wenn du aufwachst, sind wir da. So einfach ist das.«

»Wieso wenn ich aufwache? Glaubst du, ich könnte schlafen, wenn du chauffierst?« Josephine lächelte. »Sicher wirst du schlafen, mein Schatz. Warte es nur ab. Es wird eine tolle Fahrt werden. Wir fahren in ein Land, das selbst für deine Vorstellungen unwahrscheinlich ist. Wenn wir zurück sind, wirst du meinen, alles geträumt zu haben. Versprochen. – Du, es ist schön, dass du mitkommst. Ich freue mich.«

»Mit welchem Auto willst du fahren, Liebes?«

»Mit dem Porsche natürlich, was glaubst du denn? Ich freue mich schon so darauf, ihn mal zu fahren.«

»Aha! Sei mir nicht böse, mein Schatz, aber hast du überhaupt einen Führerschein?«

»Nein, wo sollte ich den denn her haben? In Nymphenheim gibt es keine Autos. Hast du schon mal eine Nymphe in der Fahrschule gesehen?« Sie lachte vergnügt, und Braaderup fiel in ihr Lachen ein. Wo sie Recht hatte, hatte sie Recht. Eine Nymphe, die den Führerschein macht, das war auch für ihn unvorstellbar.

»Du wirst es schon machen, Josephine, da bin ich mir ganz sicher. – Also, wann soll es losgehen?«

»Morgen!?«

»Okay, dann morgen. Warum auf die lange Bank schieben? Ich bin ja so neugierig.«

»Du, was ich noch sagen wollte, du brauchst kein Gepäck. Alles, was nötig ist, hast du bei dir: Herz, Seele – und mich. So, jetzt muss ich aber weiter. Habe noch viel zu tun. Es bleibt ja alles liegen, wenn wir unterwegs sind. Also dann, bis morgen. Wir treffen uns kurz nach Mitternacht vor der Garage.«

Sie warf ihm eine Kusshand zu und verschwand in der Dunkelheit. Braaderup blieb nachdenklich in der Laube zurück. Worauf hatte er sich da bloß eingelassen? Mit einer Nymphe, die keinen Führerschein hatte, nach Nymphenheim zu fahren. Na, wenn er das erzählte, jeder würde ihn für verrückt erklären. – Nymphenheim, das in keiner Straßenkarte verzeichnet ist! Die nette Frauenstimme im Navigationsgerät würde sicher sagen: »Das eingegebene

Ziel ist unbekannt. Wenn möglich, bitte wenden. Fahren Sie in die Garage zurück.«

Er hörte die 286 Wölfe unter der Heckklappe des Porsches hungrig aufheulen und röhren und wie von unsichtbarer Hand wurde er in den Sitz gedrückt, als sie Gas gab und sich das Auto mit quietschenden Reifen in Bewegung setzte.

Sie sahen sich an. Josephine triumphierend, stolz auf ihren rasanten Start, er verliebt, und Amor schlich sich leichtfüßig, auf sanften Rosenblättern, in sein Herz.

Er starrte sie an, hielt ihre kleine Hand fest in seiner, tat, als höre er ihr zu, verstand indes nicht ein Wort, weil all sein Sinnen auf den runden Vorwölbungen ihres Gewandes ruhten. Er war sich sicher, dass möglicherweise nicht das Glück der ganzen Welt, aber mit Sicherheit seines, an diesen wunderschönen, halben Sphären hing. Sie zogen ihn mit unbeschreiblicher Kraft an. In Gedanken sah er sich an diesen wonniglichen, weichen Hügeln liegen. Ach, wie würde ihre Wärme auf ihn übergehen. Er sah, wie sich die rosigbraunen, kreisrunden Flächen unter seinen Händen kräuselten. Oh, diese himmlischen Gebilde! Nur ein Gott konnte sich so viel Schönheit ausdenken. Lächelnd fragte sie: »Gefallen sie dir? – Sie sind nur für dich.«

»Wirklich? – Nur für mich?« Sie nickte. »Vergiss nicht: wir Nymphen sind keine weltlichen Frauen.« Dann schlief er ein und versank in süße Träume von eben diesen weichen Hügeln.

Er durchträumte alle Stationen ihrer großen, ungewöhnlichen Liebe; von der ersten Begegnung, bis zu dem Augenblick, als er ihr seine Liebe gestand. Sie hatte sich alles mit lächelndem Gesicht angehört. Als Antwort reichte sie ihm schweigend die Hand. Voller Entzücken presste er sie an sein Herz und hoffte, sie würde das Schlagen fühlen. Ein leichtes Wiederdrücken zeigte ihm, dass sie verstand und die Gefühle mit ihm teilte. Als sie sich küssten, konnte sie nicht das zarte »Ach« und »Liebster« ersticken. Alles quoll ihr aus dem Busen, was sie so lange versucht hatte zu verstecken. Die süßesten Gefühle verschmolzen ihre Herzen in tiefer, inniglicher Liebe.

Von Tag zu Tag wurden sie glücklicher, weil jeder sich im Anderen glücklich fand. Frei von Übermut und Begierde schenkten sie sich einander, nicht weil die Natur sie rief, sondern weil die Liebe sie führte.

Er schlief weiter, tief und fest, und immer wieder waren es die warmen, sanften Hügel und das weiche Moos, die ihn in den Träumen hielten. Plötzlich wurde es holprig. Er wurde hin und her geschüttelt. Das ist keine Erotik mehr, dachte er und erwachte. Helles Sonnenlicht fiel ihm ins Gesicht und er musste sich die Hand vor die Augen halten, um nicht geblendet zu werden. Wo waren sie? Das war nicht sein Porsche!

Bald zeigte sich, dass er in einer schönen, gepolsterten Kutsche saß, die durch blumenreiche Wiesen fuhr. Der Weg war schmal und hatte viele Schlaglöcher. Das machte die Fahrt so rumpelig. – Wo war eigentlich Josephine? Er sah sich um. Sie saß vorn auf dem Kutschbock, die Zügel fest in der Hand.

Als sie merkte, dass er erwacht war, rief sie: »Na, mein Schatz, hast du gut geschlafen und von etwas Schönem geträumt? Es wird Zeit, dass du munter wirst, denn wir sind bald da. Du, das Auto habe ich an der Grenze stehengelassen. Die Wege in Nymphenheim sind nichts für ihn. Er liegt viel zu tief auf der Straße. Vater hat uns seine Königskutsche geschickt. Du wirst also genauso vornehm aussteigen, wie aus deinem Auto. Ist übrigens ein tolles Gefährt. Es war ein Heidenspaß. Ich habe mich unsichtbar gemacht. Was glaubst du, wie die Leute geguckt haben, als ein Porsche mit schlafendem Beifahrer und ohne Fahrer an ihnen vorbei fuhr. Davon werden sie noch lange reden. Kann sein, dass du einige Strafzettel bekommen wirst. – Willst du zu mir auf den Kutschbock kommen, Liebster?«

»Ach, Josephine, ich bleibe gerne hier drinnen. Es ist weich und bequem. Auf dem Kutschbock ist es mir zu hart. Außerdem muss ich mich ein bisschen sammeln, schließlich treffe ich bald deine Verwandtschaft. Da muss ich einen guten Eindruck machen. Zudem würde ich dich sicher nur vom Weg ablenken, wenn ich neben dir säße. Pass schön auf uns auf. Ich denke noch über das Erlebte nach und träume von dir, mein Schatz.«

Josephine zog lachend ein Schnütchen und sagte: »Wie du willst, mein Herz. Ich werde es mir merken. In deiner Laube sitzt es sich auch nicht gerade weich.«

»Auf meinem Schoß schon.«

»Nicht immer, Liebster. Nicht immer!«

Als sie Rast an einem kleinen Bachlauf machten, nahm er sie in die Arme. »Ach, meine Josephine, was machst du bloß mit mir? Du hast mich verzaubert.« Sie lächelte schelmisch und sagte: »Ja, ich weiß.«

Es war Nachmittag, als sie die Kutsche anhielt. »So, mein Schatz, alles aussteigen! Den Rest müssen wir zu Fuß gehen. – Es ist nicht mehr weit. Siehst du dort die Hütte vor dem kleinen, dunklen Tannenwäldchen? Das ist das Tor von Nymphenheim. Erschrick nicht vor den beiden schwarzen Hunden. Das sind Wolf und Bonzo. Sie bewachen den Eingang. Hier, nimm die beiden Leckerli, damit machst du dir Freunde.«

Als sie über die Wiese ins Tal gingen, freute sich Braaderup über die üppige Natur. Noch nie hatte er so satte, würzige Wiesen gesehen. Was für ein herrlicher Duft! Selbst die Vögel schienen schöner und fröhlicher zu singen.

Gegen diese Pracht wirkte die Hütte, der sie zustrebten, armselig und bescheiden. Das sollte Nymphenheim sein, der Wohnsitz der Nymphen, von seiner Josephine? Sonderbar, das hatte er sich alles ganz anders vorgestellt. Wie schlicht, ja geradezu ärmlich doch alles war. So ganz im Gegensatz zu Josephine und der wunderschönen Prunkkutsche, mit der sie gekommen waren.

Was denke ich da nur für dummes Zeug, unterbrach er sich. Das sind doch alles nur Äußerlichkeiten. Entscheidend ist der Geist, der in einem Gebäude wohnt, nicht das Bauwerk. Es werden ganz zauberhafte Wesen sein, die hier leben. Weil sie fast immer unterwegs sind, brauchen sie nicht viel Platz. Seine Gedanken wurden von Wolf und Bonzo unterbrochen, die sich laut bellend auf die beiden Ankömmlinge stürzten; schwanzwedelnd auf Josephine und zähnefletschend auf ihn. Schnell steckte er jedem ein Leckerli ins Maul, und schon war auch er willkommen.

Finsternis umfing sie, als sie durch die Tür traten. Nichts regte sich, keine Menschenseele war zu sehen. Ein staubiger, verlassener Raum. Josephine nahm ihn bei der Hand und sagte: »Folge mir, es ist nur ein kurzes Stück.«

Als sie in der Mitte der Hütte waren, tat sich die Rückwand auf und sie betraten ein Zauberreich. In gleißendem Licht lag eine nie gesehene Welt vor ihnen, eine Welt, in der nur Schönheit war. Wo er auch hinsah, Nymphen, wunderschöne Nymphen, – hunderte, – tausende! Was für ein herrliches Bild.

Unbekümmert und fröhlich tanzten sie über Wiesen

oder standen in kleinen Gruppen beisammen, betrachteten neugierig, wen ihre Schwester da mitgebracht hatte, denn es war ungewöhnlich, dass Fremde nach Nymphenheim kamen. Sie konnten sich gar nicht daran erinnern. Wer war dieser Mann, dem der Vater Zutritt gewährte? Einige sagten, er wäre die große Liebe ihrer Schwester Josephine und sie wolle ihn dem König vorstellen, wieder andere meinten, er käme auf Geheiß des Vaters selbst. Er wäre vertraut mit außerirdischen Dingen und könne vielleicht den bösen Fluch von ihm nehmen.

Braaderup hörte von alldem nichts. Er war gefangen von ihrer Schönheit. Seine Augen sahen weder die hübschen Häuser noch die herrlichen Gärten, er sah nur die Bewohnerinnen und meinte, in einem Märchen zu sein.

Erst später, als sie in einem hübschen Zimmer waren und Josephine zu ihm sagte: »Hier werden wir wohnen, so lange wir in Nymphenheim sind«, kam er wieder zu sich.

»Du, Schatz, träume ich, oder ist es wahr? Gibt es so viel Schönheit auf einem Fleck? So viel ungetrübte Lebensfreude?«

»Was du siehst, ist wirklich, Liebster, doch ungetrübt ist auch hier nicht alles. Der Vater wird es dir vielleicht morgen erzählen, wenn er uns empfängt. Auch Nymphenheim hat seine Probleme, große sogar, doch wir fallen deshalb nicht in Trauer und Klagen. – Gefallen dir meine schönen Schwestern? Pass nur auf, dass dir die Augen nicht rausfallen. Du weißt ja, mit dem Blick fängt alles an. Hüte dich, Braaderup. Ich bin verdammt eifersüchtig.«

»Auf wen, mein Liebes?«

»Auf jede! – Ich hätte es mir denken müssen, wo wir doch alle so gleich sind!«

»Nein, Josephine, seid ihr nicht. Du bist die Schönste für

mich. Nun lächle wieder, meine Süße. Die Zornesfalten stehen dir nicht. Und verjage vor allem diese dummen Gedanken aus deinem schönen Köpfchen.« Er küsste sie und streichelte sie da, wo sie es am liebsten hatte.

»Sag mal, Josephine, habt ihr nicht so ein schönes Gewand für mich? Ich komme mir irgendwie deplatziert vor in meinen schwarzen Klamotten. Wohin ich auch gehe, sofort werde ich als Fremder erkannt und alle Augen richten sich auf mich. Wäre ich auch so luftig gekleidet, würde ich doch gar nicht auffallen.«

Josephine grinste breit über das ganze Gesicht. »Ach du, mein naiver Mann, wie unschuldig deine Gedanken doch sind. Ich halte es für besser, wenn du das anbehältst, was du trägst. – Um dich herum sind zurzeit einige hundert Nymphen, und du bist der einzige Mann, mein Mann, wenn ich dich darauf aufmerksam machen dürfte. Ich befürchte, die Schwestern drehen durch, wenn sie dich in transparentes Tuch gehüllt sehen. Auch wenn sie Nymphen sind, sind sie weiblichen Geschlechts. Ich kenne dich und weiß, wie du worauf reagierst. Dein Gewand könnte zu kurz werden … Wenn dir das nichts ausmacht, wenn du es gar willst, kannst du aber gerne ein entsprechendes Kleidungsstück bekommen.«

»Josephine, Liebste, mache dir bitte keine Gedanken. Deine Schwestern reizen mich nicht, denn keine ist so schön, wie dich meine Augen sehen.«

An ihrem Zögern merkte Braaderup, dass sie ihm kein einziges Wort glaubte, zumindest erhebliche Zweifel an der Durchführbarkeit seiner »frommen« Vorstellungen hatte. Sie reichte ihm ein Nymphengewand und sagte lächelnd: »Du, sie können alle zaubern. Vergiss das nicht.«

»Mach dir keine Gedanken, Liebes. Ich bin ein alter

Mann, da läuft nichts mehr. Weißt du, wie viele Jahre es gedauert hat, bis ich die Liebe fand? Bis wir uns begegneten. Ich hatte längst nicht mehr daran geglaubt. Da standest du plötzlich vor mir, schön wie der Morgen, und ich spürte ein unbekanntes Ziehen hinter dem Brustbein. Du bist so besonders, so einmalig. Was kümmern mich alle deine Schwestern. Sie sind wunderschön, lieb und nett, doch dich liebe ich, dich will ich, nicht sie.«

»Kokettiere nicht mit deinem Alter, mein Schatz. Das nimmt dir ja keiner ab, so wie du aussiehst. Du hast einen schönen, schlanken Körper, der immer noch sehr jugendlich wirkt, und dieses Wunderteil da unten, um das dich jeder Dreißigjährige beneiden würde. Glaube nur nicht, dass meine Schwestern das nicht sehen. Jede wird dir voller Lust nachstellen und alles versuchen, dich für sich zu gewinnen, mein begehrenswerter Mann. Was meinst du, warum ich ausgerechnet dich wollte?«

»Gut, Josephine, damit wäre die Kleiderfrage gelöst. Du hast mich überzeugt. Ich lasse meine schwarzen Sachen an. Sicher ist sicher. – Komm, nun zeige mir mal Nymphenheim, dein Zuhause.«

Sie schlenderten eng umschlungen durch den schönsten Ort, den er je gesehen hatte. Nicht nur die hübschen kleinen Häuser begeisterten ihn, sondern vor allem die wunderschönen Gärten, in denen sie lagen. Wie verschwenderisch war die Natur hier mit Pinsel und Farben umgegangen. Millionen Blumenkelche, Halme und Gräser funkelten im Licht der Abendsonne, die ihre Strahlen durch das Geäst hundertjähriger Bäume fallen ließ.

Sie gingen über farbenfrohe Wiesen, legten sich auf weiche Moospolster, die den Boden bedeckten, gingen weiter, vorbei an duftenden Beeten mit Goldwurz und Veilchen. In der Luft lag der betörende Duft von Jasmin, Narzissen, Rosen und Thymian, so überwältigend, als hätte man große Phiolen aufgestellt, ihn zu verströmen. Aus Fontänen und über zahlreiche Kaskaden floss klares Wasser in Marmorschalen, kühle Lauben luden zum Ruhen ein. Und die Musik, diese himmlische Musik, die von überall herüber klang, die aus dem Nichts kam und sich in der Unendlichkeit verlor, wie von überirdischen Orchestern gespielt. Sie ging tief ins Herz und verließ es, einmal gehört, nie wieder.

Nymphenheim war der Ort, den man sich wünscht, erträumt, den es aber nicht wirklich gibt. Das war Braaderup klar, als er mit Josephine in einem lauschigen Park auf einer Bank saß und seinen Kopf in ihren Schoß legte. Josephine, seine Herzensfrau, nichts kam ihr an Schönheit, Anmut und Liebreiz gleich. Sie war das große Geschenk eines gütigen Schicksals. Er war dankbar, sie erleben zu dürfen. Wie gut sie roch und wie weich das Moos ihres Schoßes war …

»Steh' auf, Braaderup, es ist höchste Zeit. Wir müssen pünktlich beim König sein. Bei all den Amtsgeschäften, die er wahrnehmen muss, ist seine Zeit knapp bemessen. Komm bitte, steh auf, Liebster.«

»Ach Josephine, lass uns doch noch ein bisschen …«

»Nix da«, unterbrach sie ihn, »raus aus den Federn. Es ist eine Ehre, vom König empfangen zu werden. Mach' dich fertig. In zehn Minuten müssen wir los.«

Noch halb im Schlaf ging Braaderup mit und stand bald im Thronsaal vor dem König.

»Verzeihen Sie, Herr Braaderup, dass ich nicht aufstehe, um Ihnen entgegen zu gehen. Ein Leiden zwingt mich in diesen Stuhl, ein Leiden, gegen das auch Sie als Arzt machtlos sind.«

Er schlug den langen Purpurmantel auf und Braaderup wich erschrocken zurück. Der König war vom Bauchnabel bis zu den Füßen aus schwarzem Marmor.

»Nicht wahr, das ist schrecklich, Herr Doktor. Ich kann nur noch auf diesem Thron sitzen und zusehen, wie das Volk der Nymphen ausstirbt, weil ich nicht mehr für Nachwuchs sorgen kann. Ach, was für eine erbärmliche, würdelose Situation. Doch ich will nicht klagen, das führt zu nichts. Noch leben wir und haben einen Gast. Treten Sie näher, Herr Dr. Braaderup, damit ich Sie besser betrachten kann.« Er musterte ihn mit kritischem Blick und meinte schließlich: »Na ja, sie ist alt genug, um zu wissen, was sie will. Manchmal wundert man sich über die eigenen Kinder. Ich habe Sie lange beobachten lassen, Braaderup. Wie ich höre, schreiben Sie Erzählungen über die Nymphenwelt. Das ist heutzutage selten. Wir sind doch nur noch Märchengestalten aus alter Zeit. Haben Sie keine Bedenken, dass sich keiner für Ihre Geschichten interessiert?«

»Nein, Majestät, ganz im Gegenteil. Märchen sind doch die schönste Sache der Welt. Im Geheimen weiß das jeder. So, wie die Nacht unser Fühlen bereichert, so tun es auch die Märchen. Sie eröffnen eine dritte Dimension und erweitern unser Denken und Fühlen um das Wunderbare. Wir dürfen in ihnen unsere Ängste, Sehnsüchte und Wünsche zeigen, unser inneres Erleben darstellen. Der Phantasie sind keine Grenzen gesetzt. Das Wunder macht alles möglich. Welten lassen sich miteinander verbinden, Raum und Zeit außer Kraft setzen, unlösbar scheinende Konflikte werden durch Zauberei gelöst. Märchen erweitern unseren Raum ins Unendliche, entziehen sich dem äußeren Geschehen und alle Vernunfttätigkeit wird durch Gefühl und Phantasie ersetzt. Im Dämmerlicht des Phantastischen verschwimmen scharfe Kontraste, verwunschene Nebenpfade des Lebens eröffnen sich. Die lindern die Zerrissenheit zwischen Mensch und Natur, helfen dabei, Gegensätze zu überwinden. Nie geht die Orientierung verloren, nie sinkt die Hoffnung, denn das Leitgestirn auf allen Wegen ist die Liebe. Sie leuchtet in uns, auch wenn es dunkel ist, denn sie braucht kein Licht, weil sie selber das Licht ist. Im Märchen bestimmen Herz und Seele. Sie schaffen die buntesten Bilder, ohne jeden Zweck, Bilder, die keiner Erklärung bedürfen, weil sie nur schön sein wollen. Das Märchen ist der Schutzwall der Seele gegen die Gewöhnlichkeit des Lebens. So lange es Menschen gibt, werden sie Märchen brauchen. Diese Phantasiegemälde, mit den Perlen der Worte gestickt, sind Balsam für die gestresste Seele. So habe ich es einmal beschrieben.«

»Ach, wie Recht Sie haben, lieber Braaderup, wie Recht. Ohne Märchen, ohne Phantasiereisen und Tagträume könnte ich mein leidvolles Leben nicht ertragen. Ich sitze auf diesem Stuhl und träume mich weit weg. Zurück in die Zeit, als die Prinzessin noch da war und mit ihr Liebe und Schönheit. Wir sorgten nicht nur für den Nachwuchs, wir liebten uns von ganzem Herzen. Wie oft hielten wir uns ganz fest umschlungen und streichelten uns. Manchmal überkam uns sogar eine solche Liebeslust, dass wir ihr fast erlagen. Doch wir kannten unsere Aufgaben und Pflichten. Da war körperliche Liebe, die Sie, lieber Braaderup, mit Josephine ja oft und gerne betreiben, nicht vorgesehen. Das würde uns in der Fortpflanzung schwächen.«

»Na, Majestät, da seid Ihr aber medizinisch gesehen weit zurück. Ihr habt viel versäumt, Euer Gnaden. Wahrscheinlich ist sie Euch deshalb auch weggelaufen.«

»Nein! Wo denkt Ihr hin, ein böser Dämon hat sie entführt und mich versteinert, damit ich ihnen nicht folgen kann. Zwei Nymphen schickte ich nach. Die kennen wohl die Richtung, in der sie verschleppt wurde, haben sie aber aus den Augen verloren. Wahrscheinlich versteckt sie der Unhold in einer Berggrotte und bewacht sie Tag und Nacht, damit sie nicht flieht.«

»Majestät, gestattet mir eine Frage. Dürfte ich versuchen, die Prinzessin zu suchen und heimzuholen? Ich fürchte mich nicht vor Dämonen und sonstigem Bösen. Es wäre einen Versuch wert. Ich würde Euch gerne heilen, nicht nur weil ich Arzt bin, sondern weil Ihr der Vater meiner lieben Josephine seid.«

»Gerne gewähre ich Euch die Bitte, lieber Braaderup, doch geht vorsichtig zu Werke, ich möchte mein Kind nicht weinen sehen. Nehmt die Nymphen Laura und Amina mit. Sie sind des Weges kundig und sollen Euch führen. Josephine bleibt hier. Ich habe sie so lange nicht gesehen und möchte sie bei mir haben. Ihr versteht das sicher, mein Freund.«

»Es wird alles so geschehen, wie Ihr es wünscht, Majestät.« Der König nickte und erlaubte ihnen gnädig, sich zurückzuziehen.

»Du, das eine kann ich dir sagen, mein Lieber, lass die Finger von den beiden gierigen Nymphen. Ich habe die Blicke gesehen, mit denen sie dich gemustert haben, als wir ankamen. Ihr doofes Gekichere ist mir jetzt noch in den Ohren. Sieh dich vor, Braaderup, die sind mit allen Wassern gewaschen.«

»Schatz, es ist rührend, wie du dich um mich sorgst, seit wir in Nymphenheim sind. Ich werde gut auf mich aufpassen. Sei unbesorgt. Wir gehen auf ein gefährliches Abenteuer, da habe ich wirklich anderes im Kopf, als Nymphengeschichten.«

»Dann ist es ja gut. Ich wollte es auch nur gesagt haben. – Komm, Liebster, ich weiß was Schönes, damit du nicht so ausgehungert bist, wenn du mit den beiden losziehst.«

Am nächsten Morgen brachen sie auf. Josephine begleitete sie bis zur Landesgrenze. Beim Abschied küsste sie ihn heiß und innig. Tränen liefen ihr über die Wangen, als sie sagte: »Sei nur vorsichtig, Liebster, pass gut auf dich auf und vergiss nicht, was ich dir gesagt habe. Alle guten Geister sollen dich beschützen. Ich werde um eine gute Heimkehr bitten. Lebe wohl, mein Herzensmann.«

Die drei zogen los und schon bald hatte sie der dichte Wald verschluckt. Sie unterhielten sich über dies und das und zunehmend wurden die beiden Nymphen schlüpfriger in ihren Bemerkungen. Als die Sonne unterging und die Dämmerung aufzog, lagerten sie an einem Brunnen. Sie tranken frisches Quellwasser und aßen Beeren.

»So, ihr beiden, nun lasst uns schlafen, auf uns wartet ein anstrengender Tag.«

»Und auf dich, Braaderupchen, eine anstrengende Nacht«, kicherten die beiden Nymphen. Braaderup war schon im Halbschlaf, als sie immer näher rückten. »Hör mal, was willst du denn mit der Josephine?«, flüsterte Laura. »Wir sind doch viel schöner und jünger als sie; ein gut eingespieltes Team. Du stehst doch auf einen Dreier, so wie du gebaut bist, schlank, drahtig, ausdauernd. Hier, sieh sie dir mal an. Ist sie nicht schön? Wir gehen alle vierzehn Tage zum Waxing. Fass sie ruhig an; wie samtweich sie ist. Ich sehe es nicht nur am Funkeln in deinen Augen, dass sie dir ebenso gefällt, wie der hier mir.«

»Ach, ihr Süßen«, sagte Braaderup und wendete sich ab, »ich bin mehr für wachsen, als für waxen. Ich liebe die weichen Fellchen, in die man sich so schön kuscheln kann, wie bei meiner Josephine. Sie ist so besonders, als wäre sie nur für mich gemacht. So ganz Frau. Diese kahlen, traurigen Flächen mag ich nicht. Die haben so etwas Kleinmädchenhaftes, Kindliches. Ein wirklicher Mann möchte eine richtige Frau und keine künstliche Eisbahn. Packt mal wieder alles schön ein, sonst holt ihr euch noch eine Blasenentzündung.«

»Ach komm, Braaderupchen, nun tu' nicht so etepetete. In Wirklichkeit bist du doch richtig scharf auf uns. Gib's zu. – Wenn du mehr für blasen bist, – kannste auch haben. Kuck mal, was hier noch Schönes ist«, und sie zogen ihre Kleider bis zum Hals hoch. »Fass' sie ruhig an, sie beißen nicht.«

Braaderup machte die Augen auf, sah auf kahle Täler, bis sein Blick auf Brüste fiel, die kaum schöner hätten sein können. Ach, diese Paradiesäpfel, diese wunderschönen Nymphenbrüste. Überall waren sie, überall. Wohin er auch sah: Brüste. Ihm schwindelte.

Entschlossen erhob er sich. »So, ihr zwei, ihr seid wunderschön, doch jetzt lasst mal eure Kleider wieder runter. Ich habe mit euch zu reden. Es ist eine Ungezogenheit, ja eine Frechheit gegenüber eurer Schwester, was ihr euch da leistet. Nicht nur, dass sie viel schöner ist, als ihr, sie ist die Frau, die ich liebe. Zu dieser Liebe stehe ich, sie ist mir das größte Glück auf Erden. Wir sind eins, Haut an Haut, Herz an Herz. Niemals wird etwas zwischen uns kommen; ihr schon gar nicht. Haben wir uns da verstanden? Damit ihr eure erhitzten Gemüter abkühlen könnt, verschwindet beide in dem Brunnen und wartet dort, bis ich wieder zurück bin. Gibt es noch Fragen? Bevor ihr abtaucht, noch ein paar Worte in eigener Sache. Dass ihr mir unterstellt, nur

Sex im Kopf zu haben, ist eine Frechheit und beleidigt mich zutiefst. Allein der angebotene Dreier … Ich bin entsetzt. Solche Oberflächlichkeiten mag ich nicht. Liebe ist Liebe und vollzieht sich nur zwischen zwei Liebenden. Sexspiele sind rohe, grobe Lust. Wenn euch so was Spaß macht, tut es, aber lasst mich aus dem Spiel. So, und nun ab ins Wasser.« Die beiden Nymphen zogen eine Schnute, tauchten aber brav in den Brunnen, und Braaderup schwebte im Traum mit seiner Josephine auf watteweichen Wolken über die sieben Himmel.

Er war schon ein paar Tage unterwegs, als er in eine Schneise einbog und eine schlanke Gestalt vor sich gehen sah. Komisch, dachte er, das ist Josephine. Was macht die denn hier?

Die Geschichte der Nymphenprinzessin

»Josephine???«, fragte er ungläubig. »Josephine?« – Mit einem Ruck drehte sich die Gestalt vor ihm um. Braaderup erschrak. Das war nicht Josephine, obwohl er es hätte schwören können. Es war eine wunderschöne, fremde Frau, die ihn mit Glitzerblicken anstarrte. Der Blick war hart und wirkte auf ihn wie ein Warnsignal. Vorsicht! Hier ist Gefahr im Verzug. Braaderup, sei auf der Hut.

Die Schöne fand schnell ihre Fassung wieder. Das Böse wich einem bezaubernden, hinreißenden Lächeln und säuselnd sagte sie: »Ach, Herr Braaderup! Sie hier?«

»Meine Verehrteste, sollte ich Sie kennen, und wenn ja, woher? Ich bin ein Wanderer, der sich verirrt hat. Noch nie war ich in dieser Gegend. Woher also kennen Sie mich?«

»Wir begegneten uns kürzlich. Sie küssten die Tochter

und verschmähten die Mutter. Das verletzte mich zutiefst! Alles hätte so gut gehen können, doch Sie verweigerten sich. Das werden Sie noch bereuen, mein Lieber. Zu Stein verwandle ich Männer, die ich will, die sich mir aber verweigern, damit sie keine andere mehr haben können und immer von quälender Lust befallen sind. Wer mich nicht will, soll es bereuen.«

Braaderup erschrak bei diesen Worten und kniff beschützend die Oberschenkel zusammen. »Die Kröte«, durchfuhr es ihn, »sie ist die Kröte, von der Josephine sagte, dass sie eine verwunschene Prinzessin sei.« Auch wenn sie ihre Mutter nicht erkannt hatte, lag sie mit ihrer Vermutung goldrichtig.

Die Nymphe lachte höhnisch, als sie seine Angst und die schützende Bewegung sah. »Das hilft dir auch nicht, Braaderup, doch ich gebe dir eine letzte Chance, die Demütigung wieder gut zu machen. Hier bin ich. Nimm' mich. Vergiss Josephine.« Sie ließ ihren Schleier fallen. »Sieh mich an, sieh genau hin, alles, was Josephine hat, habe ich im Überfluss. Ich bin die Schönste, die Begehrenswerteste. – Ach, wie deutlich ich sehe, dass du mich willst. Komm, leg' dich zu mir und stille unseren Hunger.«

»Macht Ihr es Euch nicht ein bisschen zu leicht, Gnädigste, wenn Ihr versucht, mich mit Euren Reizen zu verführen? Ihr wisst genau, dass ich Euch nicht widerstehen kann. Dafür lege ich ja ein beredtes, sichtbares Zeichen ab. Doch sagt, wollt Ihr nur Lustbefriedigung? Seid Ihr wirklich die hässliche Kröte, die ich vor lauter Widerwillen nicht geküsst habe? Ich glaube nicht, dass so eine wunderschöne Frau wie Ihr so ein garstiges Etwas sein kann, nur erfüllt von animalischer Gier. Nie im Leben kann ein so himmlisches Wesen, wie Ihr es seid, das mit aller Paradiesesfülle ausgestattet ist, eine scheußliche, eklige Kröte sein. Dazu reicht selbst der Nymphenzauber nicht aus. Das sind doch Märchen, die Ihr da erzählt, um in mir Schuldgefühle zu wecken. Die Kröte in meinem Brunnen hält ihren Winterschlaf. Wie kann sie da gleichzeitig vor mir stehen?«

Ihre Augen blitzten wieder vor Zorn. Sie sprang auf, stampfte vor Ärger mit ihren kleinen Füßen und schrie: »Soll ich es dir beweisen, du arroganter, hochnäsiger Besserwisser? Soll ich mich vor deinen Augen in die Kröte aus deinem Brunnen verwandeln? Das ist für mich kein Problem. Du alter Narr bist nicht klug geworden; ungläubig und verklemmt, wie ein Sextaner.«

Während sie ihn so beschimpfte, hatte sich Braaderup die Hose ausgezogen und sie ganz langsam ordentlich zusammengelegt. Nicht nur seine scheinbar langsame Umständlichkeit, sondern besonders das, was zum Vorschein kam, steigerte ihre Wildheit. Dann zog er sein Hemd aus, behielt es aber in der Hand. Sie merkte es gar nicht, sondern starrte ihn nur wie gebannt an.

»Wenn das alles für Sie so leicht ist, Gnädigste, dann demonstrieren Sie mir doch mal Ihre angeblichen Zauberkünste. Hier und jetzt, auf der Stelle. Ich möchte Sie als Kröte sehen, dann glaube ich alles und zieh auch noch die Socken aus.«

Er hörte nur ein leises »Wutsch« und vor ihm hockte die Kröte aus seinem Brunnen. Blitzschnell warf er sein Hemd über sie, wickelte sie darin ein, verknotete es sorgfältig und hängte es an einen Ast. Sie durfte keinen Bodenkontakt haben, denn dann würde sie sich zurückverwandeln können. – Das ist so ein altes Nymphengesetz.

Nicht lange und er hörte sie sagen: »Komm, Braaderup, nun lass mich wieder raus, oder willst du dich wirklich um das schöne Vergnügen bringen? Du bist doch ein Mann. Ich habe es gesehen. Deutlicher geht es nicht. Du willst mich, bist auf mich genauso scharf, wie ich auf dich, wir wissen das beide. Lass' mich hier raus, damit ich wieder deine Traumfrau sein kann. Ich werde dir alles schenken, was du dir auch wünschst. Versprochen!«

»Wie soll ich dir glauben, wo du mich versteinern wolltest? Dumm wäre ich, wenn ich das täte. Du bleibst, wo du bist, bis ans Ende deiner Tage. Du wirst alt und schrumpelig werden und keiner wird dich mehr ansehen. Das ist von nun an dein Schicksal. Du darfst mir noch erzählen, warum du den Nymphenkönig versteinert und damit die Existenz des Nymphenvolkes gefährdet hast. Vielleicht lasse ich dann Gnade vor Recht ergehen und gebe dir die Freiheit. Überlege es dir gut. Es ist deine einzige Chance. Etwa 30 Prozent, das ist nicht viel, aber besser, als nichts. Ich gebe sie dir nur, weil du so wunderschön bist, und ich glaube, dass sich hinter so viel Schönheit nicht nur Böses verstecken kann. Sogar der Nymphenkönig, dem du so übel mitgespielt hast, schwärmt noch immer von dir. Er glaubt, dass ihn ein böser Geist verwandelt und dich entführt hat. Ich habe mich auf den Weg gemacht, dich zu befreien und nach Hause zu holen, wo er dich mit offenen Armen empfangen wird. Wie war das denn nun in Wirklichkeit mit deiner Entführung, Prinzessin? Erzähle doch mal. Für eine schöne Geschichte bin ich immer zu haben, die verschafft dir Sonderpunkte.«

»Na gut, selbst auf die Gefahr, dass es mir nichts bringt, so entlastet es doch meine Seele. So höre meine Geschichte: Ich bin die Nymphenprinzessin. Meine Aufgabe ist es, mit dem König das Volk der Nymphen zu vermehren. Hierfür spende ich die Eizellen und er den Samen. Im Befruchtungszentrum wird beides zusammengebracht und dann in einer Nährlösung im Brutofen bebrütet. Während dieses Vorgangs werden die männlichen Embryonen eliminiert, denn Nymphen sind nur weiblichen Geschlechts. Am besten wäre es, wir wären geschlechtsneutral, dann würde in uns nie sexuelles Begehren entstehen. Doch hierzu fehlen uns zurzeit noch die nötigen Mittel. Wir haben es geschafft, dass normale Nymphen keine Eierstöcke haben, also unfruchtbar sind, doch den Sexualtrieb können wir nicht unterdrücken. Du wirst verstehen, dass eine Nymphe wie ich, die normale Eierstöcke hat, von diesem Trieb ganz besonders geplagt wird. Immer saß ich neben diesem schönen, begehrenswerten König, meine Lust auf ihn stieg von Jahr zu Jahr, doch er wollte mich nicht. Mein Begehren trieb mich fast in den Wahnsinn. Alles Glück lag zum Greifen nah, ich wollte es ergreifen, doch er verbot es mir. Sein Samen, so meinte er, sei nur für das Befruchtungszentrum. Da kam eines Tages meine Tochter Laura mit ihrem Liebsten nach Nymphenheim. So, wie du mit Josephine. Ich sah ihn und drehte durch. Was für ein Mann, jung und stark, – ach, so stark. Ich wollte ihn, begehrte ihn, war verrückt nach ihm. Ich hielt mich mit aller Kraft zurück, schließlich war ich die Nymphenprinzessin, tugendhaft, frei von Schwächen, und dieser Mann war der Geliebte meines Kindes. Allein schon mein Begehren war Frevel. Doch was sollte ich tun? Es war über mich gekommen, mit einer Gewalt, der ich nicht widerstehen konnte. Ich umwarb ihn, betörte ihn, um ihn schließlich eines Nachts zu verführen. Er war so ein wunderbarer Liebhaber, so zärtlich, so ausdauernd, so hingebungsvoll, von vitalster männlicher Kraft. Ach, er kannte alle Stellen meines Körpers, die so schön elektrisieren und spielte die schönsten Melodien, Lieder, die nur wir zwei kannten, die uns in ein Wunderland entführten, das hoch über den sieben Himmeln liegt. Wir begehrten uns sehr und oft, – eigentlich immer. Ich wurde schwanger, wie eine normale Frau. Was für ein Verbrechen in Nymphenheim. Das gab es noch nie. So etwas durfte nicht sein! Wir freuten uns beide über das Kind, das wir haben würden, aber ich wusste auch, dass mich der Nymphenkönig verfluchen würde, wenn er davon erfuhr. Sofort würde er wissen, was geschehen war, den Geliebten töten und mich in die ewige Verdammnis schicken. Ich musste handeln, musste mein Kind und den Geliebten vor seinem Zorn schützen. Er würde diese Verunreinigung des Nymphengeschlechts niemals dulden. In einer dunklen Nacht flohen wir aus Nymphenheim. Ich wusste, wir würden nirgendwo vor ihm sicher sein. Er würde uns überall finden. Deshalb belegte ich ihn mit einem Fluch und versteinerte ihn vom Bauchnabel abwärts, bis zu den Zehenspitzen. So war es ihm unmöglich, uns zu verfolgen. Meine Tochter brachte ich in einer Grotte in den Bergen zur Welt. Als ihr Vater mich verlassen hatte, zog ich sie alleine auf, lehrte sie alle Nymphentugenden und schickte sie dann nach Nymphenheim. Mir brach fast das Herz, als ich meine Kleine wegschickte, doch es war für sie das Beste. Sie hatte alle Tugenden erlernt und würde nicht auffallen unter den anderen. Der Nymphenkönig kennt seine vielen Kinder ja nicht. Wie sollte er auch? Er weiß nur, dass sie von seinem Sperma sind. Er würde nicht merken, dass Josephine anders ist und sie, weil ich seine Sinne so lenken würde, als Nymphe in deinen Garten schicken. Ich wollte das so, denn sie sollte dich kennenlernen, Braaderup, weil du empfänglich für das Überirdisch-Wunderbare bist. Dass ihr euch ineinander verlieben würdet, war nicht vorgesehen. Als es geschah, bekam ich Angst um mein Kind, fürchtete, sie würde nur ein Spielzeug für dich sein. Deshalb habe ich deine Treue immer wieder auf die Probe gestellt. Du hast sie bestanden; wärst ja lieber gestorben, als ihr untreu zu werden. Ich gebe dir mein Kind. Mache sie glücklich. Sie hat es verdient. Ja, mein lieber Schwiegersohn, das ist meine Geschichte. Nun mache mit mir, was immer du willst. Es wird dir nicht schwerfallen, denn ich bin ja nur eine runzelige, grau-grüne Kröte, eine aus Lust und Liebe untreu gewordene Nymphenprinzessin.«

»Bravo, bravissimo, eine nette Geschichte, ›Schwiegermama‹, – und du meinst, ich würde dir das glauben? Für wie naiv hältst du mich eigentlich? Ich habe viel übrig für schöne Geschichten, aber deine ist zu dick aufgetragen. Du hast dich mir angeboten, mich mit deinen Reizen gelockt. Ich habe die Lust in deinen Augen glitzern sehen. – Alles nur zur Probe? Ich sage es dir ganz ehrlich, viel hat nicht gefehlt und ich wäre deinen Reizen und Verlockungen erlegen. Würde mein Herz nicht Josephine gehören, ich würde es dir schenken, denn vieles an dir gleicht meiner Liebsten. Im Grunde genommen bist du sie, nur dass meine Josephine mehr Wärme und Herzensgüte hat. Das macht sie so liebenswert, so unendlich liebenswert. Immer werde ich ihr angehören, bis an mein Ende. Nach dem Tod wartet meine Seele am hohen Himmel auf sie, um mit ihr in die Unendlichkeit zu fliegen. Wir werden uns nie trennen, denn wir halten einander ganz fest. Was dich betrifft, Kröte, sage mir, wie ich den Nymphenkönig befreien kann. Sobald er wieder Fleisch und Blut ist, lasse ich dich frei, denn vielleicht ist ja doch etwas Wahres an dem, was du erzählst.«

»Schöpfe auf dem Rückweg Wasser aus dem Brunnen, in den du die beiden lüsternen Nymphen zur Abkühlung gesteckt hast und besprenge damit des Königs Unterteil. Dann wird es wieder zu Fleisch und Blut werden.«

»Gut, ich werde alles so machen, wie du gesagt hast. Dem König aber erzählen wir nichts von deiner Geschichte. Sie bleibt ein kleines Geheimnis zwischen uns beiden.«

»Nein, Braaderup, es würde ihn zutiefst verletzen, wenn ich schweigen würde und er die Geschichte zufällig erfährt. Ich muss ihm alles sagen, das bin ich ihm und meiner Liebe zu ihm schuldig. Auch wenn ich mich gegen ihn versündigt habe, so ist doch so viel Ehre in mir, dass ich ihm alles reumütig gestehen möchte. Mein Fehltritt würde sonst immer trennend zwischen uns stehen.«

»Das finde ich gut. Weißt du, ich beginne, deine Geschichte zu glauben. Trotzdem möchte ich vorsichtig sein und lasse dich erst frei, wenn der König geheilt ist. Das hat für dich den großen Vorteil, dass du nicht nach Nymphenheim laufen musst, sondern getragen wirst.«

Er schnitt einen dicken Haselnussstab ab, hängte das Hemd mit der Kröte daran, legte sich den Stock über die Schulter und machte sich auf den Heimweg.

Am Nymphenbrunnen rief er nach den beiden kessen Nymphen: »Kommt nun wieder heraus, ihr beiden und bringt eine Phiole Wasser mit.«

Nicht lange und die beiden Goldigen stiegen aus dem Brunnen. Mit dem verführerischsten Lächeln gaben sie Braaderup ein Fläschchen mit Brunnenwasser und baten ihn, Josephine nichts von dem kleinen »Scherz« zu erzählen. »Klar«, sagte Braaderup, »es bleibt unter uns vieren.« Die beiden Nymphen sahen sich verdutzt an. »Wieso vieren?«

»Ach, ihr Süßen, das ist eine lange Geschichte, die erspare ich euch. So, nun wollen wir uns sputen, dass wir wieder nach Nymphenheim kommen. Vielleicht schaffen wir es noch vor Einbruch der Nacht.« Erschrocken zuckten die drei zusammen, als eine Stimme, wie aus dem Nichts, sagte: »Das schaffen wir nicht.«

Als die Nacht anbrach, hängte Braaderup den Stock mit der Kröte an den Ast einer Eiche und flüsterte: »Schlaf schön, Schwiegermama.«

Zu den Nymphen sagte er: »Wir wollen hier im weichen Gras übernachten. Bleibt hübsch bei mir, damit ich euch immer im Auge behalte.« Er legte sich ins Gras und beide Nymphen schmiegten sich ganz dicht an ihn. Als sie glaubten, er würde schlafen, sagte die eine zur anderen: »Gute Nacht, Schwesterchen, schlaf schön und lass den Braaderup in Ruhe.«

»Lass du aber auch die Finger von ihm, verstanden, er gehört der Josephine.«

»Ach, wie ich die beneide.«

»Ich auch, Schwester, ich auch. Gute Nacht.«

Es wurde Nachmittag, bis sie Nymphenheim erreichten. Braaderup ging sofort zum Königspalast und ließ sich dem König melden. Vor dem Audienzzimmer gab er Laura, der kessen Nymphe, den Haselstab mit dem verknoteten Hemd. »Passe gut auf ihn auf und lege ihn nicht auf die Erde. Versprich es mir, sonst könnte ich Josephine eine gewisse Geschichte erzählen. Amina, meine Süße«, sagte er zu der zweiten, »achte darauf, dass sie alles richtig macht. – Okay?« Beide nickten brav: »Okay, Chef, alles klar.«

»Na, dann will ich mal unser aller Glück versuchen«, sagte Braaderup und betrat den Saal. Geradewegs ging er zum König und bespritzte dessen Unterleib mit dem Wasser des Nymphenbrunnens. Der König lächelte traurig. »Ich wurde heute schon gewaschen, Herr Doktor«, sagte er spöttisch.

Da bekam der harte Marmor plötzlich zahlreiche Risse,

bröckelte von ihm ab, und zum Vorschein kam seine wahre Gestalt aus Fleisch und Blut. »Ihr dürft Euch erheben, Majestät, der Bann ist gebrochen.« Zögernd, fast ungläubig, erhob sich der König von seinem Thron, ging behutsam ein paar Schritte und fiel Braaderup um den Hals. »Ich danke dir, mein Sohn, ich danke dir im Namen des gesamten Nymphenvolkes. Du hast uns am Leben erhalten, schon allein durch das, was du über uns schreibst.«

»Zu viel Lob, Majestät, ganz abgesehen, dass ich es sehr gerne mache, hilft mir doch meine liebe Josephine bei allem. Sie steht mir mit Rat und Tat zur Seite und ermuntert mich, wenn ich ins Zweifeln komme oder verzagt bin. Sie ist eine so wunderbare Frau.«

»Ja, mein Lieber, sie soll bei dir bleiben bis an euer Ende. Doch entschuldige mich jetzt, ich muss mich meinem Volk zeigen. Wie werden sie sich freuen, dass ihre Geschichte nicht zu Ende ist.«

»Einen kleinen Augenblick noch, Majestät, ich habe noch etwas mitgebracht«, sagte Braaderup und ging zur Tür. Vorsichtig nahm er den Hemdbeutel vom Stab, öffnete die Knoten und holte die Kröte heraus. Nun passierte etwas, was keiner je für möglich gehalten hätte, am wenigsten er selbst: Er küsste die Kröte und sie wurde wieder die Nymphenprinzessin. Sie hauchte ein kaum hörbares »Danke«.

»Dafür nicht, du Schöne, dafür nicht. – Nun versuche dein Glück, liebe Schwiegermutter. Ich wünsche dir alles Gute.«

Die Prinzessin ging in den Saal, den sie so gut kannte. Sie kniete vor dem König nieder und senkte ihr Haupt: »Lieber Mann, verstoße mich aus deinem Leben. Ich habe dich belogen und betrogen. Ich habe dich gequält und dein Vertrauen missbraucht. Ich bin deiner Liebe nicht wert.«

Der Nymphenkönig sprang freudig auf und rief: »Ach du, meine Herzensliebste, bist du endlich zurückgekommen! Ich hatte solche Sehnsucht nach dir. Stehe auf, meine liebe Frau und klage dich nicht an. Weißt du, ich habe doch alles gewusst und geschwiegen. Lass uns die Geschichte vergessen. Wir wollen uns fortan ganz festhalten, Haut an Haut, damit nie wieder etwas zwischen uns kommt. Ich will dich, nur dich, weil ich dich von ganzem Herzen liebe.«

Er nahm sie in seine Arme und hielt sie fest; ein Leben lang.

Josephine zupfte ihn am Ärmel: »Komm, Braaderup, mein Held, lassen wir die beiden alleine, sie haben nach all den vielen Jahren so viel nachzuholen, was sicher nicht im Befruchtungszentrum landet.« Sie hakte sich ein und zog ihn hinaus. »Ich habe eine Bitte, Liebster. Jetzt, wo du den Weg kennst, könntest du mich doch dorthin bringen, wo ich aufgewachsen bin. Ich würde die Gegend so gerne einmal wiedersehen, besonders die Grotte, wo mich Mutter zur Welt gebracht hat und wo ich so viele schöne Jahre mit ihr gelebt habe.«

»Klar, mein Herz, gleich morgen wollen wir aufbrechen, doch jetzt lass' uns erst einmal in unser Häuschen gehen, ich habe da nämlich auch eine Bitte, die keinen Aufschub duldet.«

»Liebster, – Sehnsüchtiger! Ich sehe es! – Komm schnell. Deine Bitte erfülle ich doch nur zu gerne.«

Am nächsten Morgen, kaum schickte die Sonne ihre Rosenfinger nach Nymphenheim, brachen sie auf. Vielleicht war es doch ein bisschen zu viel für ihn gewesen, – Braaderup fühlte eine Schwere in den Beinen. Nicht unangenehm, wusste er doch, wovon. Sie gingen am Nymphenbrunnen vorbei, wanderten auf weichen Waldwegen bis zur großen

Blumenwiese, weiter entlang eines murmelnden Bachlaufs, bis in die Berge. Auf einer kleinen Hochalm, die wunderschön nach würzigen Kräutern duftete, übernachteten sie. Braaderup kuschelte sich ins weiche Moos und merkte schnell, dass die Schwäche in seinen Beinen wie weggeblasen war.

»Wie machst du das nur, Liebster? Wie machst du das nur?«, flüsterte Josephine. Über ihnen glänzte ein verschwenderischer Sternenhimmel, und der gute alte Mond schob sich diskret eine Wolke vor das Gesicht.

Am nächsten Tag übernahm sie die Führung, und Braaderup merkte an ihren sicher gesetzten Schritten durch die Geröllfelder, dass sie die Gegend gut kannte. Vor einem Schlehengebüsch blieb sie stehen. »Hinter diesem Gesträuch ist die Grotte, Liebster. Sei mir bitte nicht böse, aber ich möchte gerne alleine hineingehen. Es sind so viele Erinnerungen, die wachgerufen werden, da möchte ich nicht gestört werden. Du verstehst das sicher, mein Schatz.«

»Aber ja, Liebes, ich setze mich ein bisschen in die Sonne und warte, bis du zurück bist. Passe bitte gut auf dich auf. – Du, ich liebe dich. Lass dir nur Zeit.«

Josephine bog die Zweige auseinander und war schnell verschwunden. Braaderup wartete. Er wusste, was so eine Begegnung mit der Vergangenheit bedeutete, was sie für Emotionen weckt, für Schmerzen, für Tränen. Er verstand gut, dass sie da gerne alleine sein wollte. Voller Liebe dachte er an sie, die wunderbare Nymphe, die sein Leben so bereicherte, ihm erst den rechten Sinn gab. Wie gleich sie dachten und fühlten. – Ach, Josephine, was für ein großes, himmlisches Geschenk doch diese Liebe war. Mit diesen Gedanken schlief er ein. Kein Wunder. In den letzten beiden Nächten hatte er kaum ein Auge zugemacht.

Josephine rüttelte ihn wach. »Braaderup! Braaderup! Wach auf, mein Liebster. Da drin ist ein fremder Mann!« Braaderup schreckte hoch. »Um Gottes Willen, mein Schatz, wo ist ein fremder Mann?«

»In der Grotte, – in der Grotte. Er muss mich die ganze Zeit beobachtet haben. Als ich raus wollte, verstellte er mir den Weg und sagte: ›Da bist du ja endlich, Prinzessin. Es hat lange gedauert. Längst wäre ich gestorben, hätte mich nicht der Wunsch am Leben gehalten, dich noch einmal zu sehen. Du hast mich verführt mit deinen unwiderstehlichen Reizen, hast mich schwach gemacht, hast mich Laura, die Frau, die ich liebte, vergessen lassen. Ich habe meine Schwachheit und mein unwürdiges Verhalten tief bereut. Vor Scham wollte ich nicht mehr leben. Doch ich musste dich noch einmal sehen, um zu verstehen, warum ich so schwach werden konnte. Jetzt, wo du vor mir stehst, weiß ich, dass du mein Schicksal bist. Immer wieder würde ich deinem Liebreiz erliegen. Komm, Liebste, wir lieben uns ein letztes Mal, bevor die Dunkelheit über uns hereinbricht. Erst töte ich dich, dann mich. Wir gehen ein in die Finsternis und werden uns immer gehören.‹ – Dann kam er auf mich zu, und seine rotglühenden Augen, Augen der Verzweiflung und des Wahnsinns, durchbohrten mich. Ich riss mich los und rannte zu dir. Hilf mir, Braaderup. Er will mich umbringen, obwohl ich ihn doch gar nicht kenne.«

»Liebes, er steht dir näher, als du denkst, und es wird Zeit, dass du ihn kennenlernst; du ihn und er dich. Deine Reise in die Vergangenheit ist schmerzlicher, als du ahnst. Sie führt dich bis zu deinen Wurzeln. Ich gehe in die Grotte und rede mit ihm, denn ich glaube zu wissen, wer er ist. Warte hier, bis ich wiederkomme. Sei ohne Sorge, auch wenn es länger dauert. Mir wird nichts passieren.«

Braaderup ging vorsichtig durch die Schlehenhecke und stand vor dem Eingang zur Höhle. In sanften Kaskaden schlängelte sich klares Gebirgswasser den Fels hinab und bildete einen feuchten Vorhang vor dem dunklen Loch. Braaderup trat durch die sich auftuende Felsspalte und tastete sich mühsam entlang des kalten, feuchten Gesteins, bis sich der Gang öffnete und er in eine hallenartige Erweiterung kam. Durch einen Riss in der Decke fiel ein wenig Licht herein und sorgte für düsteres Halbdunkel. Er blieb stehen und blinzelte mit den Augen, um sie der Dunkelheit anzupassen.

»Hallo, Unbekannter, ich weiß, dass du da bist. – Ich bin Jan Braaderup, ein Besucher in Nymphenheim, so, wie du vor vielen Jahren. Tritt aus dem Dunkel, ich möchte mit dir reden. Vertraue mir, ich komme in guter Absicht.«

Zuerst knirschte das Geröll, dann hörte er Schritte auf sich zukommen. Im Zwielicht erschien eine Gestalt. »Warum kommst du hierher? Was willst du von mir?«, fragte eine dumpfe Stimme, in der sich alles Leid und alle Qual widerspiegelte.

»Komm, wir wollen uns setzen, denn es wird eine längere Geschichte«, sagte Braaderup. Da setzten sie sich nebeneinander und er erzählte alles, was er wusste: über die Nymphenprinzessin, über Josephine, über den König, einfach alles, und es schien ihm, als erwache in dem neben ihm Sitzenden neue Lebenskraft. Seine Gestalt straffte sich, er richtete sich auf und bekam wieder Glanz in die Augen.

»Wenn ich es richtig sehe«, begann er, »bist du quasi mein Schwiegersohn, darum will ich dir meine Geschichte erzählen: Ich bin damals nicht weggelaufen. Warum hätte ich das tun sollen? Die Nymphenprinzessin war immer nett und freundlich. Wir liebten uns, zärtlich und hingebungsvoll. Wir hatten etwas, das uns innig aneinander band: unser Kind. Wir liebten es beide, es war unsere ganze Freude. Niemals hätte ich die beiden verlassen können. Doch das Schicksal wollte es anders. Die Prinzessin versorgte unser Kind und passte auf, dass ihm nichts geschah. Ich ging auf Nahrungssuche, war Jäger und Sammler, streifte tagelang durch das Gebirge. Die Gegend ist karg, ich musste lange Wege gehen, um genügend zu finden. Eines Tages stürzte ich in eine Felsspalte und fiel in die Tiefe. Es war ein Fall, der nie zu enden schien. Ich fiel und fiel, immer schneller, immer tiefer. Mein Leben zog an mir vorbei. Ich erkannte so vieles, was ich vorher nicht sehen konnte. Die Nymphenprinzessin hatte mich verzaubert, mich auf ihre Seite gezogen, hatte Laura, meine geliebte Nymphe, aus meinem Gedächtnis gelöscht. Ich sah sie nicht mehr, hatte nur noch Augen und Gefühle für die schöne Prinzessin. Jetzt, wo ich in den Tod fiel, war der Bann gebrochen, und ich sah Laura wieder, meine wunderbare Laura. Dann sah ich wieder die Prinzessin mit unserem Kind und wusste, dass ich sie nie würde loslassen können. Die Zerrissenheit brach mir fast das Herz. In meiner Verzweiflung freute ich mich darauf, dass ich am Ende meines Fallens zerschmettert sein würde und verlor das Bewusstsein.

Wie du siehst, habe ich den Sturz überlebt. Mich schwer Verletzten fanden kleine Menschen, die tief im Inneren des Gebirges leben. Sie versorgten meine Wunden und pflegten mich. Ohne ihre Hilfe wäre ich gestorben. Als ich genesen war, bat ich sie, bei ihnen bleiben zu dürfen, denn ich fühlte mich dem irdischen Leben nicht mehr gewachsen. Wie feige ich doch war. Wollte die Augen vor den Problemen verschließen, anstatt sie zu lösen. Die kleinen Menschen lachten und meinten, dass mir sowieso nichts anderes übrigbliebe, als bei ihnen zu bleiben, denn durch den Schornstein, durch den ich gefallen war, könnte ich gewiss nicht wieder hinaufsteigen, weil er viel zu glatt sei. Viele, viele Jahre blieb ich dort. Ich weiß nicht, wie lange, denn im Berg verliert die Zeit ihre Bedeutung. Abgeschnitten von der Welt spielt sie keine Rolle mehr. Irgendwann glaubte ich, in der Felsenhöhle selbst zu Stein geworden zu sein, wie der Nymphenkönig, und war mir sicher, dass auch mich die Prinzessin mit einem Fluch belegt hatte. Ich wehrte mich, versuchte die steinerne Hülle abzuwerfen, doch es dauerte lange, bis die innere Erstarrung wich. In dieser Phase meiner seelischen Gesundung half ich den kleinen Menschen, ihre Räume und Hallen mit Bergkristall auszukleiden und schleppte ihnen die riesigen Kristallprismen vom Fundort in ihre Siedlungen. Sie freuten sich darüber, denn es erleichterte ihre Arbeit. Zum Dank schlugen sie mir Stufen in den Schornstein, durch den ich in ihre Welt gefallen war, damit ich eines Tages wieder in die Oberwelt steigen könnte. Nicht, dass sie mich loswerden wollten, sie waren nur der Meinung, dass große Menschen nicht in ihre kleine Welt passen. Es gab zu viele Schwierigkeiten. Allein das Essen für mich zu beschaffen wurde zum Problem. Neue Kleidung war schier unmöglich. Zum Glück ist es ja im Inneren der Erde warm, da brauchte ich nicht viel. Aber die Toilette da unten im Berg, – ohne Lüftung –, eine Katastrophe. Irgendwann packte mich die Sehnsucht. Ich wollte meine Prinzessin und meine kleine Tochter wiedersehen. Zu Laura wollte ich gehen, zu meiner geliebten Laura und sie um Verzeihung bitten. Würde sie mir vergeben können? Ich wusste es nicht.

Ich fand unsere Grotte wieder, doch sie war verlassen.

Nun durchlebte ich all die schönen Erinnerungen und weinte mir die Augen aus. Ich weiß nicht, ob es Halluzinationen waren, aber vorhin glaubte ich, sie würde vor mir stehen. Langsam, wie in Trance, ging ich auf sie zu. ›Hier bin ich wieder, Liebste‹, wollte ich sagen, aber sie lief davon. Es war wohl nur ein schöner Traum. Das ist in kurzen Worten meine Geschichte. Nun möchte ich bitte meine Tochter sehen.«

Braaderup hatte die Augen geschlossen. Er dachte nach. »Sag mal, würdest du Laura gerne wiedersehen wollen?«

»Ja, natürlich. Ich möchte ihr so gerne alles erklären, sie um Verzeihung bitten, denn ich liebe sie noch genauso wie am ersten Tag.«

»Ich kann dich gut verstehen«, sagte Braaderup und legte ihm tröstend die Hand auf die Schulter, »vielleicht kann ich dir helfen. Es wird nicht leicht, das sage ich dir gleich, und der Erfolg ist ungewiss. – Du dürftest nie wieder Josephines Mutter sehen, das musst du mir versprechen, denn sonst geht es mit Sicherheit schief. – Bedenke es wohl. Noch hast du eine Chance, sie ist gering, aber besser als keine. Wenn dich nach der Prinzessin gelüstet, ist alles verloren. Wirklich alles.«

»Braaderup, du kannst dich auf mich verlassen. Ich tue alles, was du sagst, doch zuerst möchte ich meine Tochter sehen.«

»Okay, dann lass uns nach draußen gehen.« Sie standen auf und gingen durch den dunklen Felsengang dem Licht entgegen.

Josephine war voller Misstrauen, als die beiden Männer durch die Schlehenhecke kamen. »Josephine, Liebste, ich habe jemanden mitgebracht«, sagte Braaderup, »den ich dir gerne vorstellen möchte. Habe bitte keine Angst. Alles ist gut. Dieser Mann hat dich mit deiner Mutter verwechselt, weil du ihr so ähnlich siehst. Viele Jahre war er verschwunden, lebte in einer anderen Welt und hat das Gefühl für Zeit verloren. Deshalb konnte er nicht ahnen, Liebes, dass du nicht die Nymphenprinzessin bist, die Frau, die er liebte, sondern seine Tochter. – Ja, du hast richtig gehört, er ist dein Vater.«

Ängstlich und misstrauisch schmiegte sie sich fest an Braaderup. Sie zitterte am ganzen Körper, als sie ihn fragte: »Bist du dir auch ganz sicher, mein Herz? Ein Irrtum ist nicht möglich? – Ach, halte mich, damit ich nicht falle. Halte mich ganz fest, Liebster. Alles dreht sich um mich herum. Ich weiß nicht mehr, wo ich bin, wer ich bin. Ich weiß nur, dass ich dich von ganzem Herzen liebe. Hilf mir, Braaderup. Hilf mir bitte.«

Er zog sie ganz fest an sich. Ach, sie war so schön, so wunderschön, seine Josephine, und während er sie streichelte, sah er in die traurigen Augen des Vaters. Was für eine eigenartige Situation. Sie suchte Schutz bei dem Mann, den sie liebte, nicht bei ihrem Vater. Er war für sie ein Fremder, einer, den sie nicht kannte, vor dem sie Angst hatte.

Lange standen sie schweigend, bis Josephine aus ihrem Versteck an seiner Brust sagte: »Wer kann mir das jetzt alles erklären? Wer kann die Knoten meiner Gedanken entwirren? Wer gibt mir die Erkenntnis, damit ich alles verstehe?«

»Ich, Josephine, ich, dein Vater will dir alles erzählen und Braaderup soll, soweit er das kann, mein Zeuge sein.«

Er erzählte mit leiser Stimme, was sich ereignet hatte, seit er damals mit Laura nach Nymphenheim kam. Josephine hielt Braaderup ganz fest und zuckte immer ein bisschen zusammen, wenn die Geschichte des Fremden der ihren zu gleichen schien. Über die vielen Tränen, die sie weinte, kam ihre Seele zur Ruhe und sie begann das Schicksal des Fremden zu verstehen, und er begann ganz langsam ihr Vater zu werden.

Als er geendet hatte, löste sie sich vorsichtig aus Braaderups Armen und sah den fremden Vater an. »Sie werden verstehen, Herr Vater, dass Ihnen mein Herz nicht zufliegen kann, habe ich Sie doch noch nie bewusst gesehen. Alleine wuchs ich bei der Mutter auf, fragte nie nach dem Vater, sie redete auch nie über ihn. Später dachte ich, wie alle Nymphen, der König sei mein Erzeuger. Jetzt steht ein wildfremder Mann vor mir, den ich Vater nennen soll. Das kann ich nicht. Ich habe nie einen Vater gehabt und brauche auch keinen, denn Braaderup ist mir Geliebter und Vater zugleich. Ich habe alles und bin glücklich. Gäbe es etwas, das meine Zweifel an Euch verdrängen könnte? Etwas, das mir wenigstens neutrale Gefühle geben könnte, wenn ich an Euch denke? Ein Zeichen vielleicht, etwas, das nur der Vater, die Mutter und ich kennen?«

»Ich kann dich so gut verstehen, mein Kind. Wie solltest du dich an mich erinnern, wo ich für dich nie existiert habe. Ich bin glücklich, dass ich dich sehen darf, dass es dir gut geht, und du dein Glück gefunden hast. – Ich möchte nicht in deine heile, schöne Welt eindringen. Wir lassen die Dinge so laufen, wie sie sind. Wenn ich darf, werde ich deinen Braaderup hin und wieder besuchen, da begegnen wir uns vielleicht das eine oder andere Mal. Du hast übrigens ein Muttermal an der rechten Fußsohle. Es sieht aus, wie ein Herz. Ich betrachtete es immer, wenn ich dich gewickelt habe.«

Josephine zuckte zusammen, seufzte tief und küsste Braaderup heiß und innig. Als sie sich gesammelt hatte, sagte er: »So, nun mal was ganz anderes: Es gibt noch eine wichtige Sache zu besprechen. Glaubst du, Josephine, du könntest nach Nymphenheim gehen und Laura zum Brunnen holen? Wir zwei werden dort auf euch warten. Geht das, mein Schatz? Meinst du, dass du für den weiten Weg stark genug bist?«

»Sicher, Liebster«, sagte sie lächelnd. »Glaubst du, es funktioniert?«

»Liebes, es ist ein Versuch, aber der Mühe wert. Geh schon mal voraus. Wir zwei werden morgen folgen. Dein Vater muss sich noch ein bisschen herrichten. Waschen, rasieren, Haare schneiden. Man sieht ihm nicht nur die vielen Jahre im Berg an, man riecht sie auch. Das ist Laura, bei aller Liebe, nicht zumutbar. In zwei Tagen treffen wir uns am Nymphenbrunnen. Pass gut auf dich auf, mein Schatz. Ich liebe dich.«

»Ach Braaderup, meine Liebe zu dir ist so tief wie das Meer. Ich umfließe dich und halte dich ganz fest. Auch wenn es stürmisch ist, tragen uns die Wogen der Liebe und halten uns ewiglich zusammen. Je mehr Vertrauen du hast, umso sicherer trägt es. – Wir sehen uns in zwei Tagen. Lebe wohl.«

Sie sahen ihr voller Liebe nach, bis sie in der Ferne verschwunden war. »Ich bin so stolz auf meine Tochter. Sie ist eine wunderbare Frau geworden. So ganz die Mutter.«

»Du, die vergiss mal ganz schnell, mein Lieber. Du kannst nicht alles haben wollen, wenn sich die Schicksalsgöttinnen für dich entscheiden sollen. Bei dem Unglück, das du verursacht hast, grenzte es an ein Wunder, kämst du mit einem blauen Auge davon. – So, und nun sind Körperpflege und Instandsetzung angesagt. Ich sehe mir in der Zwischenzeit die Gegend an.«

»Aye, aye, Sir, Captain, wird gemacht!«

Als sie am Nymphenbrunnen ankamen sagte Braaderup: »Hier kannst du dich noch einmal frisch machen. Wenn die beiden kommen, ziehe ich mich mit Josephine zurück. Wir lassen euch zwei Hübschen alleine. Es liegt ganz bei dir, was du aus deiner letzten Chance machst. Ich wünsche dir viel Glück. Du hast es trotz alledem verdient. Wenn ihr mit uns zurück in die reale Welt wollt, treffen wir uns in drei Tagen vor dem Tor von Nymphenheim. Und merke dir eins: Du darfst nie wieder nach Nymphenheim zurück. Verstanden?«

»Ja, Herr Braaderup, Freund und Schwiegersohn, ich habe verstanden und tue mein Bestes. – Wir sehen uns in drei Tagen vor dem Tor.«

Sie sahen die beiden schon von weitem und Braaderup atmete auf. Es war ein erstes gutes Zeichen, dass Laura überhaupt mitgekommen war. Er ging ihnen entgegen und flüsterte Laura ins Ohr: »Ich habe ihr nichts gesagt, wie versprochen.«

»Was habt ihr beiden denn da miteinander zu flüstern?«, fragte Josephine argwöhnisch.

»Ach, nichts, mein Schatz, nichts, was wichtig wäre.«

»Wenn ich sehe, was die für eine rote Birne kriegt, werde ich noch misstrauischer. Gibt es etwas zwischen euch, das ich besser wissen sollte? – Wenn du dich auf eurer Reise an ihn rangemacht hast, Laura, kratze ich dir die Augen aus, und dir, Braaderup, beiße ich den Einäugigen ab, damit ein für allemal Schluss ist mit diesen Spielchen. Also, raus mit der Sprache! Was war?« Braaderup flüsterte Laura hastig zu: »Sieh zu, dass du verschwindest. Renne zum Brunnen, dort wartet jemand auf dich. Mach's gut.«

»Josephine!«, Braaderup tat ganz entrüstet, obwohl er sich innerlich freute, dass sie so eifersüchtig war. Was für ein schönes Zeichen der Liebe. »Josephine, wie kannst du nur glauben, dass ich was mit ihr gehabt hätte? Ich liebe dich, dich, dich, nur dich.«

Drei Tage später bekamen Wolf und Bonzo Leckerlis und viele Streicheleinheiten. Sie wedelten mit den Schwänzen, als zwei Liebespaare die Königskutsche bestiegen und Nymphenheim verließen. Ach, war das anstrengend, dachte Braaderup noch und schlief ein.

Er saß in der Laube, als ihn die Kälte weckte. Es war stockdunkle Nacht. Sterne blinzelten am Himmel, wie tausend Diamanten. Er rieb sich die Augen und streckte sich. – War das ein aufregender Traum gewesen! Dieses Nymphenheim würde er so schnell nicht vergessen. Wenn ihn Josephine noch einmal fragen sollte, ob er mitkäme, würde er sofort »Ja« sagen, ohne zu zögern.

Als er ins Haus ging, sah er vorsichtshalber in die Garage, ob der Porsche auch da war.

Braaderup liebte das Zwielicht, die Zeit, in der die Nacht den Tag in immer größere Schatten verwandelt. Farben verblassen, zerlegen sich und tauchen über Grau in Schwarz ein. Es ist der Moment, in dem sich Tag und Nacht die Hand geben, um Abschied zu nehmen. Abschied bedeutet immer Trennung; von jemandem, von etwas. Aus der Welt gerissen, muss man sich vom Liebgewordenen, Vertrauten lösen und wird an ein fremdes Ufer geworfen.

Trennungen sind schlimm, wenn man zurückbleibt, wenn sich mit einem Schlag alles verändert. Mit dem Gehen nimmt der Scheidende auch die Wärme mit, die er gegeben hat. Frösteln breitet sich aus, Trauer legt sich aufs Gemüt. Will man noch? – Nein, – man erduldet, erträgt das Dasein wie eine schwere, unnütze Last. Es ist fast wie ein kleiner Tod. Auch wenn es wie immer zu sein scheint, hat sich doch alles verändert. Abschied, – Bewusstwerden der Vergänglichkeit, Erkennen der Unwiederbringlichkeit, – er macht Angst vor der Nacht.

»Du, Josephine, der Alta Quarzit auf der Terrasse redet mit mir. – Na ja, er spricht nicht direkt, es ist nonverbal, ohne Worte. Mehr eine Informationsübertragung. Wenn ich nachts draußen stehe und nachdenke, weil mir eine passende Formulierung fehlt, die mir am Schreibtisch nicht einfallen will, über die ich schon eine ganze Weile gebrütet habe, kommen mir auf der Terrasse sofort die richtigen Worte. Sie sind einfach da. Du, ich glaube, dass mir die Steine Impulse geben, mich auf die richtige Gedankenspur bringen. Viele Geschichten entwickeln sich Nacht für Nacht, wenn ich auf ihnen stehe. Denke nicht, dass ich ein Esoteriker bin, aber ich glaube fest an die Energie der Steine. – Du kennst doch den Lapislazuli auf meinem Schreibtisch. Ich freue mich nicht nur jeden Tag über seine Schönheit, er gibt mir auch Kraft. Oder der herrliche Bergkristall: wie viel Reinheit und Anmut diese Hexaeder ausstrahlen. – Weißt du, mein Schatz, ich liebe Steine. Sie sind ehrlich und zuverlässig, man kann nicht nur mit ihnen, sondern auch gut auf sie bauen.«

»Ja sicher, Liebster, wenn ich unterwegs bin, teilen mir die Steine mit, wie es dir geht. Bist du fröhlich, bin ich es auch, bist du traurig, komme ich schnell und tröste dich. Das erzählen mir die Steine und natürlich die Winde, die guten Freunde. Sie flüstern mir so vieles ins Ohr. Glaube mir, die wissen alles, denn sie wehen durch jede Ecke, bis in die entlegensten Winkel. Dass dir die Steine Geschichten erzählen, glaube ich sofort. Sie sind uralt und haben viel erlebt. Auch wenn sie still und behäbig wirken und so tun, als wollten sie in ihrer Ruhe nicht gestört werden, so erzählen sie doch gerne aus ihrem Leben. Neulich, um die Mittagszeit, ruhte ich mich auf einem warmen, schönen Granit aus; ihr nennt so etwas, glaube ich, ›Findling‹. Er fragte mich, ob er mir was erzählen solle.«

»Du Süßes, glaube mir, wenn du auf mir sitzen würdest, würde ich dich auch fragen, ob ich dir was …«

»Ach du, ich würde ohne zu zögern Ja sagen. – Zu dem Granit habe ich auch Ja gesagt, denn die alten Knaben kennen wunderschöne Geschichten, natürlich längst nicht so schöne, wie die ohne Worte mit dir, Liebster. Er erzählte mir eine unglaubliche Geschichte.«

Die Geschichte von der Bergnymphe

Es war ein besonders harter Winter. Wochenlang hatte es geschneit. So weit das Auge reichte, war die Welt in ein weiches, dickes Daunenbett gehüllt. Grimmiger Frost fuhr in die Föhren, die unter der Last des Schnees zusammenbrachen, wie Kartenhäuser. Schnee, überall meterhoher Schnee; bis tief ins Tal.

Scharfe Nordostwinde türmten gewaltige Schneewehen auf. Die Wege waren unpassierbar. Es schien, als wollte der Schnee alles erdrücken. Die Tiere konnten unter der harten, tiefen Schneedecke kein Moos und keine Flechten mehr freischarren und umlagerten in großen Rudeln die Futterstellen.

Von der Außenwelt abgeschlossen, war der Jäger von morgens bis abends unterwegs, um Futter zu den Krippen zu bringen. Immer, wenn er kam, war alles bis auf den letzten Halm aufgefressen. Mit zunehmender Not kämpften die Tiere um das Futter. Wenn es um das nackte Überleben geht, kennt die Natur kein Erbarmen: Survival of the Strongest.

Viele Kitze und Jungtiere fanden den Tod. Ein harter Winter hält strenge Musterung. Zur Jagdzeit wird es wenig zu Schießen geben, dachte der Jäger. Das ist immer so.

Weil er vor Einbruch der Nacht im Forsthaus sein wollte, hatte er eines Tages in der Eile an der letzten Futterkrippe seine Büchse vergessen. Er kehrte um und sah, wie ein gewaltiger Gamsbock mit riesigen Krucken Jungtiere von der Krippe vertrieb und ihnen mit seinem Gehörn schwere Verletzungen beibrachte. Er war von einer gewaltigen Brutalität. Der Jäger hatte den Eindruck, dass der Riese bewusst mordete. Es ging ihm nicht um das Futter, er ließ es sogar achtlos liegen. Er wollte nur die Konkurrenz umbringen. Einige Jungtiere lagen schon tot oder schwer verletzt auf dem Platz.

Der Jäger war entsetzt. Hier war ein Tier völlig aus den Fugen geraten, ohne natürliche Instinkte, ohne Hemmschwelle, nur Killertrieb. Diesem Morden musste ein rasches Ende gesetzt werden. So schnell es ging, versuchte er an sein Gewehr zu kommen. Als hätte der Bock sein Vorhaben geahnt und die augenblickliche Machtlosigkeit des Gegners erkannt, stellte er sich ihm in den Weg, senkte den Kopf, schnaubte wütend, scharrte mit den Vorderhufen und nässte in den Schnee.

Der Jäger wusste, dass er unbewaffnet der Unterlegene war. So ein Bock wiegt seine 50 Kilo. Dieser hier hatte gut und gerne 70. Trotz seiner Masse war er flink und wendig. – Ihm blieb nur der Rückzug. Vorsichtig, das Tier im Auge behaltend, ging er langsam rückwärts, bis zu den Schutz gewährenden Föhren.

Irgendwann hob der Gamsbock den Kopf, und er glaubte, ein triumphierendes Blitzen in seinen Augen zu sehen. Eine eindeutige Kampfansage. So lange der »Killerbock« an Leben war, würde er sich in ständiger Gefahr befinden. Ging es ihm um die Ehre, die er verletzt glaubte, weil der Bock seine Angst gewittert hatte? Er beschloss, nicht eher zu ruhen, bis dieses Monster zur Strecke gebracht war.

Noch lange jagten kalte Winde um das Forsthaus, brausten durch Felsschluchten und Bergtäler. Der Jäger hatte seine liebe Not, die Tiere halbwegs gut durch den Winter zu bringen. Dem Killerbock war er nicht mehr begegnet, doch fand er überall seine Spuren: Spuren der Verwüstung und des Mordens.

Zögernd kam der Frühling. Der Schnee begann an den Hängen zu tauen. Von Tag zu Tag entledigte sich die Erde mehr und mehr ihrer weißen Last, und als das erste Grün aus den Gesteinsritzen spross, atmete der Jäger erleichtert auf. Es war geschafft, alle Not hatte ein Ende. – Wirklich alle? – Nein, denn eine war geblieben, die Demütigung durch den »Killer«. Er konnte nicht vergessen, wie höhnisch und überheblich dieses Monster sich aufgeführt hatte. So hätte sich auch ein menschlicher Rivale benommen. Ja, das war es: Dieser Bock hatte etwas primitiv Menschliches. Damals, in der verschneiten Winternacht, waren sie Feinde geworden. Einer würde diese Feindschaft mit dem Leben bezahlen müssen. Das stand fest. Blieb nur zu klären: Wer? Auge in Auge, mit dem Gewehr in der Hand, war ihm der Jäger überlegen. Selbst auf große Entfernungen würde er ihn niederstrecken. Doch im Fels, auf unwegsamem Gebiet, hatte der Killer die besseren Karten. Die würde er konsequent nutzen, das war sicher. Deshalb musste er versuchen, nie zum überraschten Gejagten zu werden, sondern immer der überraschende Jäger zu sein. Tag und Nacht wollte er ihm auf der Spur bleiben, ihn nicht zur Ruhe kommen lassen, bis er ihn gestellt hatte.

Gämsen sind klug. Wie oft hatte er das schon erfahren müssen. Listenreich führen sie die Jäger an der Nase herum, locken sie höher und höher auf den Berg, bis es kein Zurück mehr gibt und der Sturz in die Tiefe zur tödlichen Folge unbesonnenen Jagdfiebers wird.

Eines Morgens, Schnee und Eis hatten sich weit in die Berge zurückgezogen, brach er auf, fest entschlossen, nicht eher zu ruhen, bis das Duell entschieden war. Die großen Krucken wollte er, als Zeichen des Sieges, über die Tür des Forsthauses nageln.

Es wird ein schwerer Gang, dachte er, als er die Tür verriegelte und sich auf den Weg machte. Die Sterne verblassten, hinter den Bergen dämmerte der Morgen und legte zartes Rosa auf die schneebedeckten Gipfel. Er suchte die Futterplätze nach frischen Spuren ab. Der Boden war aufgeweicht, die Fährten zeichneten sich deutlich ab. Er suchte lange, doch die großen Hufe des Bocks waren nicht zu finden. Wahrscheinlich hatte er sich schon höher in die Berge zurückgezogen. Böcke sind Einzelgänger, die stoßen erst zur Paarungszeit zum Rudel.

Weiter ging's bergan, bis zur Schneegrenze. Hier suchte er tagelang jeden Meter ab. Die Vorräte gingen langsam zur Neige, und er wollte schon umkehren, als die mühsame Suche ein jähes Ende fand. In einer kleinen Mulde mit frischem Flugschnee sah er seine Spur. Schwere Hufe hatten Moos freigescharrt. Endlich ein Zeichen. Das war die gesuchte Fährte. Eigentlich wollte er das schneebedeckte Gebiet meiden. Andererseits – so nah am Ziel … Mit der Verbissenheit des Gedemütigten nahm er die Fährte auf.

Stundenlang stieg er höher und höher in den Berg. Als es dunkel wurde, sah er sich nach einem Platz für die Nacht um. Schnell fand sich eine schützende Felsspalte. Der Jäger legte Gewehr und Rucksack ab und wollte sich für die Nacht einrichten, als plötzlich alles ganz schnell ging: Er hörte ein mächtiges Donnern, wie von hundert Pferdehufen, sah den Killerbock auf sich zu rasen, riesig groß, fast so groß, wie ein Hirsch. Es griff das Gewehr, legte an, da hatte ihm auch schon das Tier beide Hörner in den Leib gerammt. Er flog durch die Luft, landete in einer Schneewehe, die unter ihm nachgab und fiel und fiel, – fiel tiefer und tiefer, unaufhaltsam, bis es schwarz um ihn wurde und er das Bewusstsein verlor.

Donnerndes Brausen und stöhnendes Gurgeln umgaben ihn, als er wieder zu sich kam. So muss es sein, wenn die Welt untergeht, dachte der Jäger. Schon der erste Blick machte ihm seine gefährliche Lage klar. Er ragte mit dem halben Körper über einen Eisvorsprung und sah in eine schreckliche Tiefe. Weit unter ihm donnerte und brodelte ein Gletscherfluss, der sich mit gewaltigen Strudeln gurgelnd in die Tiefe stürzte. Er blieb regungslos liegen. Jetzt hieß es einen klaren Kopf bewahren. Der geringste Fehler in dieser unheilvollen Lage würde den Tod bedeuten. Das Eis, auf dem er lag, war glatt. Wie leicht rutscht man da ab und stürzt in den grässlichen Schlund des Strudels.

Vorsichtig suchten seine Hände einen Widerhalt, um sich aus der Gefahr zu ziehen. Nach längerem, behutsamem Tasten glaubte er etwas Festes in der Hand zu haben und begann sich vorsichtig vom Abgrund wegzuarbeiten.

Angstschweiß tropfte von der Stirn, die Kräfte schwanden. Er musste längere Pausen einlegen. Zentimeter für Zentimeter gewann er festen Grund unter seinem Körper, bis er schließlich ganz auf dem vereisten Vorsprung lag. Als er sich auf den Rücken drehte, sah er, dass er in einen großen Eistrichter gefallen war, der in den Fluten des gewaltigen Gletscherstroms endete.

Am oberen Ende des Trichters war ein Loch, durch das Licht fiel. Es reflektierte sich an Eiskristallen und gewaltigen Eiszapfen, die von der Decke herabhingen. Durch das ungewöhnliche Lichtspiel war es in der Höhle taghell.

Für den Moment schien er wenigstens vor dem Sturz in die grausige Tiefe gerettet, doch wenn es kein Weiterkommen gab, bedeutete das schmale Eisplateau, auf dem er lag, seinen sicheren Tod. Er würde verhungern oder erfrieren. Als er die Wände nach einem möglichen Steigpfad absuchte, sah er sein Gewehr, das, welch Wunder, sich mit dem Tragriemen, unmittelbar über ihm, an einer kleinen Felsnase verfangen hatte. Vorsichtig richtete er sich auf und holte es herunter. Beide Läufe waren geladen.

Das Gewehr ist wichtig, dachte er. Auch wenn es in dieser eisigen Einsamkeit keine Feinde gab und auch kein Stück Wild, das seinen Hunger hätte stillen könnte, so hatte er doch die tröstliche Möglichkeit, seinem Leben ein Ende zu setzen, wenn die Qualen des Sterbens unerträglich werden würden. Zweckentfremdet war es auch ein brauchbares Arbeitsgerät.

So lange es hell war, suchte er das Plateau ab, ob es irgendwo einen Spalt im Eis gab, durch den er weiterkommen könnte; wohin auch immer.

Nachdem er die Eisplatte entlanggelaufen war und nur feststellte, dass die Felsenwand homogen mit einer dicken

Eisschicht bedeckt war, klopfte er sie mit dem Gewehrkolben ab. Vielleicht klang es ja irgendwo hohl. – Doch nichts. – Es gab kein Entkommen. Sein Leben würde hier zu Ende gehen. Er setzte sich in eine sichere Ecke, knöpfte die Jacke bis obenhin zu und wartete. In dieser Kälte würde er sicher die Nacht nicht überleben. Ach, wenn doch nur das schreckliche, donnernde Brausen und Heulen des Flusses nicht wäre. Es hallte so höllisch in dem Trichter, dass er keinen Schlaf finden konnte.

Mittlerweile war es finster geworden. Ihm graute vor dieser Dunkelheit. Sie war wie der Tod. Kein Mond, kein Stern, kein Fünkchen, er sah nicht einmal seine eigene Hand vor den Augen. Warum hatte das Schicksal ihn nicht in den Strudel stürzen lassen? Da wäre jetzt alles vorbei. Doch so saß er hoffnungslos in einem eisigen Gefängnis und wartete. – Worauf? – Auf ein Wunder?

Frierend fand ihn der Morgen. Er ging noch einmal das Plateau ab. Was sollte er auch sonst tun? Vorsichtig, von der Kälte steif gefroren, tappte er über die Platte. Da war ihm, als wäre hinter einer Eisfläche ein Lichtschimmer, wenigstens war das Eis hier heller, als an den anderen Stellen. Er schlug mit dem Gewehrkolben dagegen und rief, so laut er konnte: »Hallo, ist da wer?« Doch er hörte nur das laute Echo seiner Stimme in der trostlosen Leere verhallen.

Mit dem Mut des Verzweifelten versuchte er das Eis mit dem Gewehr zu zerschlagen. Dieser kleine Schimmer, dieser winzige Helligkeitsunterschied im Eis, den er durch Zufall im Zwielicht der Dämmerung gesehen hatte, war seine einzige Chance. Er musste sie wahrnehmen. Vielleicht gab es doch einen Weg aus der eisigen Todeszelle.

Mit ganzer Kraft hieb er auf das Eis ein, doch so fest er auch schlug, es gab um keinen Deut nach. Erschöpft wollte er schon aufgeben, als die oberste Schicht zu springen begann und in große Brocken zerfiel. Tiefer und tiefer drang er nun in das Innere des Eises vor. Das Licht wurde heller, und als er die Wand durchbrach, sah er in einen großen Saal, der wie das Innere eines Iglus aussah. In der Mitte stand ein riesiger Hexaeder, ein Bergkristall von über Menschengröße, der das Licht ausstrahlte. Mit wenigen Schlägen hatte er das Loch vergrößert und zwängte sich hindurch.

Voller Bewunderung, ja Ehrfurcht, stand er vor dem Kristall. Er hatte schon viele Bergkristalle gesehen, doch so ein Wunderwerk … Er vergaß den Hunger, die Hoffnungslosigkeit seiner Lage und bestaunte ihn. Wie schön er war, wie wunderschön. Was für glatte Flächen und Kanten; ein Solitärkristall, mit leichter, aber gleichmäßiger Trübe. Vorsichtig legte er beide Hände an ihn und merkte, dass er klarer und durchsichtiger wurde. Auch das Strahlen nahm zu. Er presste seinen ganzen Körper an ihn und versuchte, all seine Wärme abzugeben. Der Kristall wurde rein und klar, wie Quellwasser, und in seinem Inneren erschien eine wunderschöne Frau in einem langen weißen Schleier. Das Leuchten ging von ihr aus. Sie war von einem hellen Schein umgeben. Sie schlief. Doch je wärmer der Hexaeder wurde, umso mehr Leben schien in sie zu kommen, bis sie schließlich die Augen öffnete und ihn lächelnd ansah. – Ach, diese grau-grünen Augen! – Diese wunderschönen Augen! Ihre Blicke gingen ihm tief ins Herz. Um sie besser sehen zu können, trat er einen kleinen Schritt zurück. Da wurde der Kristall trüb und das Bild der Frau begann zu verblassen. Rasch zog er Pullover und Hemd aus, damit er all seine Wärme der Wunderbaren geben konnte. War es die Kälte? Ihm drohten die Sinne zu schwinden. Da spürte er, wie sich der Kristall unter seinen Händen auflöste und er eine weiche Frau in den Armen hielt.

»Ziehen Sie sich rasch was über, Herr Jäger, sonst holen Sie sich noch den Tod in dieser Kälte«, sagte sie lächelnd. »Oh, entschuldigen Sie, dass ich so halb nackt vor Ihnen stehe«, sagte er verlegen und zog sich die warmen Kleider wieder an.

»Wie um alles in der Welt kamt Ihr in diesen Kristall? – Ich sah noch keinen schöneren und habe nie erlebt, dass er wegschmilzt und einen Inhalt freigibt, der an Schönheit nicht seinesgleichen hat. Ihr seid wunderschön. Euer Lächeln hat mich verzaubert. Verzeiht meine Dreistigkeit, aber mit Euch geschmückt zu sein, von Euch geliebt zu werden, ist das größte Glück auf Erden. Wir sollten uns, im Angesicht des nahen Todes, die Hand zum Bund für's Leben reichen. Wäre das nicht wunderbar? – Ihr zögert, ach, ich gefalle Euch nicht. Das kann ich verstehen. Wem gefalle ich schon? Deshalb habe ich mich auch aus der Welt zurückgezogen und lebe als Jäger allein in einem einsamen Forsthaus, hoch oben in den Bergen. Ich hätte es nie verlassen, wären nicht fürchterliche Dinge passiert, die mein Gemüt nicht tatenlos hinnehmen konnte. Doch verzeiht, da rede ich vor lauter Freude, in diesem gnadenlosen Gefängnis einen Menschen gefunden zu haben, dummes Zeug, mache Euch gar verlegen und lasse Euch nicht zu Wort kommen. Wer seid Ihr und wie kommt Ihr in diesen Kristall? Bitte verzeiht meine Gefühlsverwirrung. Es sind wohl Hungerhalluzinationen, Phantasien in der Agonie. Vielleicht seid Ihr ja gar nicht da und alles ist nur ein schöner Traum, ein letzter, schöner Traum.«

»Nein, Herr Jäger, es ist kein Traum, Eure Vorstellung von Agonie ist die traurige Wirklichkeit. Er wird kommen und uns umbringen, nachdem er seine Lust an mir befriedigt hat. Wir haben nichts, womit wir ihn aufhalten können. Gerne würde ich mit Euch durch's Leben gehen. Es wäre die Erfüllung eines seit langer Zeit gehegten Wunsches. Ach, wie lange habe ich Euch beobachtet, damals, als ich noch frei war, bevor mich das Monster in den Kristall gesperrt hat. Wie brannte mein Herz für den jungen Jägersmann, der so liebevoll mit der Natur umging, dem Hege und Pflege wichtiger waren, als alle Waidmannslust, der so schön sang, wenn er auf die Pirsch ging, damit ihn die Tiere hören sollten und rechtzeitig weglaufen konnten. Ich liebte den Mann mit dem großen Herzen, der die Schwachen schützte, dem ich voller Lust zusah, wenn er im kühlen Quell badete, bei dem ich mir verzieh, dass mein Herz bei seinem Anblick vor Lust und Wonne schneller schlug, der das Begehren in mir weckte, das wir Nymphen eigentlich nicht kennen. Ich bin die Bergnymphe Gabrielle. Sicher habt Ihr schon von mir gehört. Überall in den Bergen reden sie von mir und fragen, warum ich fortgegangen bin.

Es begann damit, dass das Böse von den Spitzen des Gebirges herabstieg und über uns kam. Es nahm die Gestalt eines riesigen Gamsbocks an und trieb seitdem sein schändliches Unwesen. Er lockte Wanderer in Felsenklüfte. Sie wären umgekommen, hätte ich sie nicht gerettet. Er tötete Tiere, zerstampfte sie mit seinen mächtigen Hufen, zerstörte die schönsten Blumen, machte auch vor dem Edelweiß nicht halt. Er riss sie mit den Wurzeln raus und ließ sie liegen. Ich pflanzte sie wieder ein. Wo er nur konnte, richtete er Schaden und Unheil an. Alles Böse ist ihm zur Freude. Er hat mich gehasst, weil ich ihm so oft den Spaß verdorben habe. Ich ging ihm stets aus dem Weg, bis er eines Tages vor mir stand. Ich konnte nicht fliehen. Er hatte sich alles klug ausgedacht. Mit den Hörnern drückte er mich gegen den Felsen und wollte mich bespringen. Seine blutunterlaufenen Augen sahen mich gierig an. Ich schrie vor Ekel und Entsetzen laut auf, spuckte ihn an und trat ihm so fest ich konnte zwischen die Hinterläufe. Er zuckte, vor Schmerzen stöhnend, zusammen und ließ von mir ab, um mir aber gleich wieder die Hörner so kräftig gegen die Brust zu stoßen, dass mir die Sinne schwanden. Als ich erwachte, hatte er mich hierher gebracht und in den Kristall eingeschlossen. Er will mich erst wieder herauslassen, wenn ich mich ihm freiwillig hingebe. ›Du wirst mich noch um das bitten, was du mir jetzt verweigerst! Denke an meine Worte‹, schrie er. Seit dieser Zeit kommt er regelmäßig vorbei, bäumt sich am Kristall auf, wärmt ihn, damit er mich sehen kann und fragt, ob ich bereit bin. Glauben Sie mir, werter Jägersmann, wenn Sie nicht zufällig des Weges gekommen wären, würde ich ewig in dem Kristall geblieben sein. Nach meiner Zeitvorstellung müsste er bald kommen. Er wird uns umbringen. Wir sind machtlos gegen diese Urgewalt. Er ist brutal und gemein, so, wie das Böse eben ist.«

Der Jäger schluckte und sagte leise: »Mich hat er auch hierher gebracht«, und er erzählte seine Geschichte.

»Wir müssen hier raus, bevor er kommt. Es muss einen Weg aus der eisigen Hölle geben. Zumindest den, den er immer nimmt. Wir wollen ihn suchen.«

»Das ist zu gefährlich«, sagte Gabrielle, »im engen Gang sind wir eine leichte Beute. Eigentlich haben wir keine Chance. Die Wände der Höhle sind zu glatt, um an ihnen hoch zu steigen. Sollte es uns gelingen, würde er uns zerstampfen, wenn uns die Kräfte verlassen und wir abstürzten. Ach, es ist hoffnungslos.« Gabrielle schluchzte und

Tränen rannen ihr über die Wangen. Ihm brach schier das Herz, als er die Not und die Verzweiflung dieser schönen Frau sah. Beschützend hielt er sie mit beiden Armen fest umschlungen. Da legte auch sie ihre weichen Arme um ihn und drückte ihr Köpfchen an seine Brust.

»Gabrielle, bitte nicht weinen. Ich habe eine Idee, die uns retten könnte. Es ist nicht einfach, aber wir müssen es riskieren. Wir haben das Gewehr mit zwei Schuss Munition. Wenn er kommt, stellst du dich direkt neben den Durchbruch zum Eisplateau und ich liege in dem schmalen Gang, den ich zu dir geschlagen habe. Wenn er eintritt, wird er sofort sehen, dass du nicht mehr im Kristall bist. Er wird schäumen vor Wut. Dann sieht er dich und rast auf dich zu. Seine Aufmerksamkeit wird nur auf dich gerichtet sein. Ich kann in aller Ruhe zielen und schießen. Hab Vertrauen, ich bin ein guter Schütze. Wir schaffen es.«

Sie warteten, Stunde um Stunde, Tag für Tag. Langsam schwanden dem Jäger die Kräfte, kaum konnte er das Gewehr noch halten. Da hallten die schweren Hufe des Killerbocks durch die Stille. Es klang, als würde ein Trupp Soldaten marschieren. Als er den Eissaal betrat, waren sie in den besprochenen Positionen. Er stieß einen grässlichen Laut aus, als er den zerbrochenen Kristall sah. Wütend blickte er um sich. Als er die Nymphe sah, raste er mit gesenktem Haupt auf sie zu.

Der Jäger sprang aus dem Gang, stellte sich schützend vor Gabrielle, riss das Gewehr hoch, zielte kurz und schoss. Der Bock starrte ihn ungläubig an, knickte in der Vorderhand ein, stürzte zu Boden und rutschte mit unverminderter Geschwindigkeit auf sie zu, wie ein Geschoss mit riesigen Krucken. Der Schütze warf sich mit der geliebten Nymphe im Arm zur Seite, der Kadaver schlitterte an ihnen wie ein

Pfeil vorbei, presste sich durch das Loch in der Eiswand und fiel in den Strudel des wütend zischenden Gletscherstroms.

Noch immer dröhnte das Echo des Schusses wie ein Donner durch den Eisdom. Die riesigen Eisstalaktiten kamen in Schwingung. Sie vibrierten, zerbrachen und krachten mit Getöse in den Strudel. Alle Eismassen gerieten in Schwingungen, die Wände rissen unter lautem Bersten und polterten in den rasenden, schäumenden Strom. Der heulte und gurgelte schaurige Lieder, und dazwischen das krachende Zerbersten der Zapfen, ihr platschendes Aufschlagen und das dröhnende Zersplittern des riesigen Eismassivs.

In diesem Chaos der Urgewalten, in all dem Schrecken, hielt ein Mann eine Nymphe fest in den Armen. Sie spürte seine Wärme, vertraute sich ihm an und wusste, dass das Herz, das in ihr schlug, immer ihm gehören würde.

Als der Spuk vorüber war, öffneten sie die Augen. Ihre Blicke trafen sich, dann ihre Lippen, und sie hielten sich fest, ein Leben lang.

***

»Liebster, wenn dich jemand fragen würde, wo deine Heimat ist, was würdest du antworten?«, fragte Josephine ganz beiläufig und schmiegte sich wie ein Schmusekätzchen an ihn.

»Ach, mein Schatz, du stellst manchmal Fragen. Ganz allgemein gesehen ist meine Heimat dort, wo ich mit den meisten Menschen die gleiche Sprache spreche, wo ich die Speisekarte lesen und mich klar und verständlich beschweren kann, wenn mir das Essen nicht schmeckt, wo ich die

Erklärungen des Kellners ebenso verstehe, wie er meine Antwort. Noch allgemeiner ist meine Heimat da, wo die Liebe ist, und die ist dort, wo ich ungestraft der sein kann, der ich bin. Präzise ausgedrückt, ist meine Heimat der Ort, an dem ich das Licht der Welt erblickt habe, oben im Norden, an der See, wo der Himmel hoch ist, wo der Blick in die Unendlichkeit geht, wenn er über die Weite des Meeres sieht. Im Land des ewigen Wellenschlagens, wo die Möwe sich von den Winden tragen lässt, wo die Spuren im Sand rasch verwehen, wo die Luft salzig schmeckt und so herrlich nach Meer riecht. Dort, wo die schönen Kleinode der Erinnerung, all das Wunderbare, was uns dauerhaft und warm verbindet, zu Hause sind. Es fällt mir schwer zu sagen, wo meine Heimat ist, mein Liebes. Sie ist dort, wohin meine Sehnsuchtsvögel fliegen. Ich denke, das trifft es am besten.«

»Und wohin fliegen deine Sehnsuchtsvögel, Liebster?«

»Zu dir, mein Schatz, dorthin, wo die Liebe ist.«

»Wie schön du das gesagt hast, alter Schmeichler.«

»Nein, nein, die Wahrheit mag geschmeichelt klingen, sie ist aber immer ernst.«

Josephine schwieg eine Weile. War sie beleidigt, weil seine letzte Bemerkung im Ton schärfer gewesen war, als gewöhnlich? Es ärgerte ihn immer, wenn Liebesworte nicht ernst genommen wurden. Es gab Worte, über die man keine Scherze macht. Liebe war eins davon. Sie musste es gemerkt haben, denn ihre Stimme war leise, als sie sagte: »Erzähle mir doch mal was von deiner norddeutschen Heimat, Liebster.«

»Ja, weißt du, Josephine, was mich immer wieder in den Norden treibt, sagt der Text des Liedes ›Nordseewellen‹:

Wor de Nordseewellen trecken an den Strand,
wor de geelen Blumen bleuhn int gröne Land,
wor de Möwen schrieen hell int Stormgebrus,
dor is mine Heimat, dor bin ick to Hus.

Wind und Wogen sungen mi dat Weegenleed,
un de hohen Diek, die kennt min Kinnertied,
kennt ok all min Sehnsucht as noch lüt ick wär
in de Welt to flegen, ower Land un Meer.
Nun is all's verswunnen, wat mi quält und dreev,
hev dat Glück woll funnen, doch die Sehnsucht bleev.

Weißt du, um dieses Land richtig verinnerlichen zu können, muss man den Zauber der Weite spüren können. Alles ist dort ein bisschen anders, als hier. Entweder man mag es oder man mag es nicht. Damit will ich sagen, dass man die Küste nicht ein bisschen mögen oder ein bisschen nicht mögen kann. Es ist ein Leben mit der Faszination der Weite. Das Wasser, das Land, der Himmel, alles ist weit. Das Land ist so flach, dass du schon drei Tage vorher siehst, wer zu Besuch kommt, käme er zu Fuß.

Dort entstanden meine ersten Erinnerungen: einige der schönsten. Ein Stück meines Herzens wohnt noch immer dort und meine Wurzeln stecken tief in den Dünen, wie der Strandhafer, zwischen dem ich als Kind spielte. Ich liebe die Landschaft, und diese Liebe schenkt meiner Seele Glück und Frieden.

Wer vom Binnenland an die Waterkant kommt, sagt meistens Waterkante oder Wasserkant, obwohl es Waterkant, Wasserrandgebiet, heißt. Wi snak platt un seggen Moin Moin. Keiner sagt freiwillig Guten Tag. Zu jeder

Tages- und Nachtzeit sagt man Moin oder Moin Moin, je nach der Gegend. Do mutt di dran wennen, min Deern.

Die Menschen sind von der rauen See geprägt. Sie reden nicht viel, sie handeln. Wer gegen die Urgewalten bestehen will, hat keine Zeit für große Worte, der muss handeln, sonst geht er unter; nicht nur in den grau-blauen Wasserwogen, sondern auch im Leben.

Roter Backsteinklinker und Reetdächer bestimmen das Bild der Dörfer und Städte. Die Häuser passen sich der Landschaft an, sind ein Teil von ihr und keine Fremdkörper, die die harmonische Silhouette des Horizonts kantig, kastig unterbrechen. Erst der Tourismus hat das Bild zerstört. Apartmenthochhäuser und Hotels, die teilweise wie Bunker aus der Erde ragen, verändern die Landschaft. Besonders tragisch ist das auf den nord- und ostfriesischen Inseln. Diese naturgegebenen Eilande wollen, strömungsbedingt, ihre Form und Lage ständig verändern. Wangerooge und die anderen ostfriesischen Inseln wandern in Westostrichtung. Was die Strömung im Westen abträgt, schwemmt sie im Osten wieder an. Dieses Wandern wurde durch aufwändige Maßnahmen für den Moment aufgehalten. Doch für wie lange? Wind und Wellen sind die stärksten Waffen der Natur, sie rasten nie. Wie die Unendlichkeit scheint das Schlagen der Brandung an den Stand zu sein. Mit jeder Welle kommt Bewegung in den Ufersand. Unentwegt reiben die Steine aneinander, werden kleiner und feiner, bis sie der Wind davonträgt und Dünen aufbaut.

Ewig, wie das Wellenschlagen, ist auch der Wind. Er ist immer da. Sehr angenehm im Sommer, wenn es heiß ist. Der milde Wind kühlt und der Sonnenbrand kommt unbemerkt für den Unvorbereiteten. Am weißen Strand reflektiert nicht nur das Wasser die Sonnenstrahlen, sondern jedes kleine Sandkorn. Der Sand ist nicht nur am Boden, sondern auch in der Luft. Wer am Strand gegen den Wind läuft, merkt schnell die hauchfeinen Sandschleier, wie ein feines Sandstrahlgebläse, das bei Sturm wie Nadelstiche pikst.

Der Strandkorb ist nicht ohne Grund eine Erfindung des Nordens, denn er ist der beste Rundumschutz gegen Sonne, Wind und Sand. Wer direkt auf dem warmen Strand liegen möchte, braucht einen Windfang gegen den Treibsand, sonst ist er schnell paniert, wie ein Kotelett. Matjesbrötchen oder Eis kann man am Strand essen. Doch keine Panik, wenn es zwischen den Zähnen knirscht. Es ist feiner, sauberer Flugsand; ein bisschen salzig, was den Matjes nicht im Geringsten stört. Wenn wir schon beim Essen sind: Krabbenpulen ist der Volkssport Nummer Eins. Nordseegarnelen, eine Delikatesse, ein Gaumenschmaus. Sie müssen aber erst geschält, d. h. gepult werden. Auf dem Deich sitzen und Krabben pulen, was für ein Spaß! Aber, wie alles im Leben, nur für den, der es kann. Stundenlang mit den Gedanken auf großer Fahrt, in den Ohren das Rauschen des Meeres, die Schreie der Möwen, die sich schnell einfinden, und die Hände werkeln wie zwei Roboter; immer die gleichen Bewegungen. Man sieht nicht mehr hin. – Wer ein Kilo gepult hat, versteht, warum sie so teuer sind. Nicht nur, weil sie köstlich schmecken, sondern weil sie gepult werden müssen. Wenn jeder die Garnelen, die er isst, selbst schälen müsste, wären alle Sorgen um ihren Bestand in der Nordsee überflüssig. Dort, wo das Wattenmeer menschenleer ist, sieht man noch gelegentlich Vereinzelte langsam durch das Wasser gehen. Manchmal bücken sie sich und holen etwas Zappelndes heraus. Das ist der zweite Volkssport der Friesen: Buttpetten. Der Butt, die Scholle, wird mit dem Fuß festgehalten und mit den Händen oder der »Buttforke« herausgeholt. Der Ungeübte kann sich mit der vierzinkigen Widerhakengabel üble Verletzungen zufügen.«

Von den Meeresnymphen

»Du, Braaderup«, unterbrach ihn Josephine, »bevor du jetzt über die Bouillabaisse des Nordens erzählst oder von der Finkenwerder Kutterscholle, den Sylter Austern und dem Filet von der Brossme, – kennst du meine Halbschwestern, die Meeresnymphen? Bist du ihnen schon mal begegnet?«

»Sicher kenne ich die schönen Windbräute, die im Orkan auf feurigen Rossen über die Schaumkronen der Wellen reiten, die Nebelfeen, die in hellgrauen, wallenden Gewändern über die Salzwiesen tanzen. Jeder kennt sie, jeder sieht sie, wenn er den rechten Blick für das Wunderbare hat. Im Herbst steigen sie wie feiner weißer Dunst aus den Salzwiesen und breiten sich in dichten Schwaden über die tiefliegenden Wiesen aus. In ihnen verliert alles seine Wirklichkeit. Konturen zerfließen, lösen sich auf, werden zu schemenhaften Schatten, die lautlos schweben. Das sind sie, die Meeresnymphen. Sie wallen in ihren wehenden, grauen Gewändern über das Land. Ängstliche Stille breitet sich aus, selbst die Möwen schweigen, nur hin und wieder das dumpfe Dröhnen eines Nebelhorns, wenn noch ein Kutter den Priel hinauf dem heimatlichen Hafen zu steuert.

Unheimlich sind sie, die Meeresnymphen, und schaurig schön. Ihr Locken und Winken verheißt nichts Gutes. Bleibt zu Hause, verschließt Fenster und Türen, denn die wilde

Jagd geht über das Land. Opfert der Gottheit ein Pferd, um sie gnädig zu stimmen, damit sie uns beschützt und die Windbräute zähmt. Hört, sie rütteln schon an den Türen. Deine Halbschwestern haben mit euch Nymphen nur die Schönheit gemeinsam, Josephine, vom Wesen her sind sie ganz anders. Die Gefährten der Stürme und Sturzseen bewahren nicht das Gute und Schöne, wie ihr, sondern sie strafen und vernichten.«

Josephine war nachdenklich geworden. »Ja, Braaderup, da magst du wohl Recht haben. Es sind Stiefschwestern. Wir haben keinen Kontakt untereinander. Niemand von uns redet gern über sie. – Kennst du die Geschichte von Rungholt? Als Nordfriese solltest du sie kennen, sie wird überall erzählt. Doch glaube mir, es war anders, als die Chronisten berichten:

Damals, als die Menschen noch einträchtig mit der Natur lebten, betrachtete Mutter Natur die Erde. Sie wurde nachdenklich, als sie Nordfriesland sah. Was für ein armseliges, entbehrungsreiches Dasein die Menschen dort führten. Sie lebten im Watt auf mühsam aufgeworfenen Wurten, jeden Tag zwölf Stunden von schäumenden Wassern umgeben. Ihre Nahrung waren Fische, Schalen- und Krustentiere, kaum mal etwas Grünes. – Ach, sie wurden nicht alt, diese Friesen, und trotzdem waren sie voller Dankbarkeit und Vertrauen. ›Sie haben meine Liebe verdient, diese treuen Gesellen‹, dachte Mutter Natur und rief das Wasser und den Nordwestwind zu sich. ›Hört mal zu, ihr beiden‹, sagte sie, ›wir müssen etwas für die Nordfriesen tun. Die brauchen festen Boden unter den Füßen und fettes, fruchtbares Land, von dem sie gut leben können. Du, mein unsteter, ständig fließender Geselle‹, und sie wies auf das Wasser, ›bringst viel Sand, Schluff und Ton an Nordfrieslands unwirtliche Küste, und du, stürmischer Nordwestwind, sollst so auf das westliche Gestade wehen, dass die Wasser zur Ebbe nur ganz langsam ablaufen. So wird sich schnell viel Sediment absetzen, und das Watt wächst aus dem Meer. Damit es sich stabilisiert und begrünt, bittest du deine Brüder, den Süd- und Ostwind, viele Samen der wichtigsten Pflanzen herbei zu tragen. Ich denke an den Queller, die Strandmelde, das Salzkraut, die Salzmiere, den Strandroggen, Meersenf, Strandhafer, Silbergras und was euch sonst noch alles unterkommt. Bringt von allem was hin. Die robusten Anpassungsfähigen werden sich durchsetzen. Und vergesst auch die Binsen nicht, das Heidekraut und die Kriechweide. Ich werde am anderen Ende des Ozeans riesige Gletscher und Eisberge entstehen lassen, um dem Meer Wasser zu entziehen. Dadurch sinkt der Meeresspiegel in der Nordsee, das Neuland wird nicht mehr geflutet und meine Friesen müssen nicht um ihr Leben bangen. Nun mal ran an die Arbeit, Kinder, lasst keine Zeit verstreichen. Diese Menschen sind unserer Mühe wert.‹

Wenn man die Natur walten lässt und ihr keine Hindernisse in den Weg legt, kommt stets etwas Gute dabei raus. Die Westküste Schleswig-Holsteins wuchs und wuchs. Es entstanden große Inseln, die voneinander nur durch breite Priele getrennt waren.

Auf der großen Insel Sand, zwischen Sylt und der Halbinsel Eiderstedt, lag vor vielen hundert Jahren die Stadt Rungholt. Sie ist auf keiner Karte mehr verzeichnet, denn die Perle Nordfrieslands versank in einer furchtbaren Januarnacht des Jahres 1362 im Meer; in einer einzigen Nacht war all die Pracht dahin. Die See hat sie verschlungen und mit ihr einhunderttausend Menschen entlang der nordfriesischen Küste. Wer Rungholt finden will, muss sie zwischen Pellworm und Südfall suchen. Dort in der Tiefe schläft sie, die Sagenumwobene. Hier hören die Fischer in sternklaren Vollmondnächten, bei ruhiger See, Jammern und Klagen in der Tiefe und fernes Glockenläuten.

›Heut‹, schreibt Detlev von Liliencron, Hardesvogt auf Pellworm,
›heut bin ich über Rungholt gefahren,
die Stadt ging unter vor fünfhundert Jahren.
Noch schlagen die Wellen da wild und empört,
wie damals, als sie die Marschen zerstört.‹

Was war passiert? Warum zerstörte Mutter Natur, was sie vorher so sorgsam aufgebaut hatte?

Als die Westküste Nordfrieslands geschaffen war, die Natur hatte weder Mühe noch Tatkraft gescheut, stiegen die Friesen von ihren Wurten und siedelten sich an. Das neue Land war fruchtbar und belohnte sie reich für ihre Arbeit. Immer mehr Menschen kamen. Es entstanden Dörfer und kleine Städte; acht Kirchspiele gab es allein auf der Insel Sand. Weil die Menschen bald mehr hatten, als sie für den Lebensunterhalt brauchten, entstand reger Handel mit den benachbarten Nordseeanrainern. Rungholt profitierte. Reich geworden durch Ackerbau, Viehzucht, Fischerei und Salzgewinnung, investierte man jetzt in den Handel, in die Schifffahrt. Von allen Städten hatte man die beste Lage zur offenen See, denn die Stadt lag in einer schützenden Bucht. Ein vom Festland kommender Fluss sorgte für eine tiefe, natürliche Fahrrinne. So konnten auch Schiffe mit größerem Tiefgang anlegen. Rungholt, Handels- und Hafenstadt, wurde Zentrum für den Handel bis Flandern und für die nördlichen Regionen. Reich und in hohem Ansehen, überlegten die Bürger, wie der Wohlstand noch mehr ausgebaut werden könnte. ›Reichtum vergeht, Hektar besteht‹, – Landgewinnung hieß das Zauberwort. Durch große Deiche wollten sie Buchten, Priele und Rinnen von der See abschneiden und austrocknen. Dadurch würden die größeren Inseln miteinander verbunden werden und ein sicheres Bollwerk gegen das Meer bilden.

Als sich Großbauern, Kaufleute, Gemeindevorstände, kurz alles, was Rang und Namen hatte, zu einem Lokaltermin trafen, um das Bauvorhaben zu besprechen, stiegen die Meeresnymphen aus den Salzwiesen. Sie umschwebten die versammelten Herren, hüllten sie in ihre feuchtgrauen Gewänder und sangen:

›Ihr Bürger von Rungholt, hört zu, was wir singen,
die Natur lässt sich von euch nicht bezwingen.
Es ist nicht gut, was ihr da tut.
Wind und Wasser sind starke Gewalten.
Keiner kann sie in Grenzen halten.
Drum gebet Acht, was ihr auch macht,
sie kommen über euch, tief in der Nacht.
Lasst ab von dem Plan, es ist Größenwahn.‹

Die Menschen lachten über das dumme Singen der grauen Nebeleulen und sprachen: ›Ihr grau-feuchten Weiber, mischt euch nicht in Männerangelegenheiten. Was wisst ihr schon vom Deichbau? Tanzt über die Wiesen, erschreckt kleine Kinder, aber lasst uns in Ruhe mit eurem Gesinge. Wir sind die Herren der Stadt und wissen sehr gut, was wir tun. Außer uns hat hier keiner was zu sagen, schon gar nicht ihr, geduldete Überbleibsel aus lange zurückliegenden Zeiten. Geht zum Teufel mit eurem Gebarme oder ihr bekommt den Quabeltrank! Verstanden?‹

Als die Meeresnymphen sahen, wie ihre gut gemeinten

Warnungen verlacht und in den Wind geschlagen wurden, zogen sie sich zurück und sahen dem Treiben aus der Ferne zu. Mutig waren sie schon, die Menschen, – übermütig. Das würde sich rächen.

Nachdem die Frühjahrsstürme vorüber und die Felder bestellt waren, begann der Deichbau. Sie wollten die Inseln entlang der Meerseite miteinander verbinden. Buchten und Landeinschnitte sollten vom Wasser abgeschnitten werden. Das Ziel war eine befestigte Küstenlandschaft. Dadurch würde sich das fruchtbare Marschenland im Laufe der Jahre deutlich vergrößern.

Ein heroischer Plan, ein gewaltiger Eingriff in die Natur. Hatten die Meeresnymphen vielleicht doch Recht, wenn sie vor diesem Plan warnten? Würde die Natur eine solche Veränderung hinnehmen? – Ach, sollte sie sich doch wehren. Sie würden ihr einen Deich entgegensetzten, wie es ihn noch nie gegeben hatte; ein Zeichen ihrer Macht und Größe.

Schwer und entbehrungsreich war die Arbeit am Deich. So mancher hätte sich gerne gedrückt, doch die Ratsherren hatten vorgesorgt: Jeder, der in irgendeiner Form vom Deich profitierte, der also ein Stück Land besaß, war zum Bau und zur Pflege des zugewiesenen Deichabschnittes verpflichtet. Wer nicht in der Lage war oder nicht wollte, musste sein Land verlassen. Seit damals gilt die Regel: ›Wer nich will diken, de mutt wiken.‹

Naturgegebene Ungerechtigkeiten, unterschiedliche Beanspruchung des Deichs oder die Vorteile der landeinwärts gelegenen Besitztümer wurden bei der Verteilung der Pflichten, so gut es ging, ausgeglichen. Wo es Pflichten gibt, muss es auch jemand geben, der aufpasst, dass Gesetze und Verordnungen eingehalten werden. Das war die Geburtsstunde der Deichgrafen.

Das Erdreich für den Deich kam von landeinwärts. Mit Spaten und Gabeln wurde es auf Fuhrwerke geladen, zum Deich gebracht und mit Tragen und Kiepen auf den Deich geschleppt. So entstanden im Landesinneren die Pütts, lange, tiefe Gräben, die für die Entwässerung des eingedeichten Landes sorgen.

Die Außenhaut des Deiches bildeten lange, treppenförmig aufeinandergelegte Grassoden auf schwerem Tongrund, deren Pflege die Schafe übernahmen. Sie halten den Rasen kurz und sorgen dafür, dass er fest mit dem Untergrund verwurzelt.

Tiere, die unterirdische Gangsysteme bauen, wie Wildkaninchen, Maulwürfe und Wühlmäuse sind Feinde des Deiches. Sie schwächen ihn und werden daher nicht geduldet.

Abschnitte, an denen der Deich durch eine besonders starke Brandung gefährdet war, wurden seeseits durch Holzpfähle verstärkt.

Heute verwendet man Stein- oder Asphaltdecken. Doch so viel wir auch bauen und verstärken, werden die Deiche auch halten, wenn der Meeresspiegel steigt, wie es die Meeresgeologen voraussagen, oder wird Husum zu einem zweiten Rungholt?

Jahrelang hatten die Nordfriesen gearbeitet. Immer wieder mussten sie Rückschläge hinnehmen, wieder und wieder holte sich das Meer Teile ihrer Arbeit. Jedes Mal erschienen die Meeresnymphen und erhoben ihre warnenden Stimmen. Doch angesichts der ungeheuren Leistung und des zu erwartenden Reichtums lachten die Rungholter und hießen sie in die Märchenbücher verschwinden, wo sie hingehörten.

Eines Tages, es war ein kalter Januartag, war es so weit.

Der letzte Spatenstich war getan. Die Bürger von Rungholt saßen in der Wirtschaft und begossen ihr Meisterwerk nach Landessitte mit Köm un Bruus. Als sie so richtig duun waren, stiegen sie auf den Deich, stießen ihre Spaten in die Deichkrone und riefen: ›Merk es wohl, wir sind die Herren hier und trotzen dir, blanker Hans, Nordseeteich. Komm' nur, wenn du kannst!‹ Sie lachten und drohten mit den blanken Fäusten; mache zogen gar ihre Hosen runter und zeigten dem Meer den Allerwertesten. Dann gingen sie singend und grölend wieder ins Wirtshaus und tranken weiter.

In dieser Nacht zog ein Orkan auf, wie ihn Nordfriesland noch nie gesehen hatte. Meterhohe Wellen schlugen gegen den Deich. Lange hielt er stand. Doch die Brecher wurden höher und höher und die Meeresnymphen jagten über die Schaumkronen der Wellen. Ihre wallenden Gewänder flatterten im Sturm. Lachend trieben sie die feurigen Rosse gegen den Deich und übersprangen ihn vier Ellen hoch. Als hätten sie ein Zeichen gesetzt: Die Nordsee wurde zur Mordsee. Sie überspülte die Deiche, durchbrach sie und ergoss sich über das Land. Die Sturmflut riss die Inseln auseinander und das Meer verschluckte Land und Leute.

Am nächsten Tag war Rungholt verschwunden. Keiner konnte sagen, wo sie einst gewesen war, die Perle des Nordens. Mit ihr versank der größte Teil des Holsteiner Marschenlandes im Meer. Das Wasser holte sich zurück, was es einst geschenkt hatte.

Du siehst mich ungläubig an, Liebster. Glaubst du mir nicht? Alles ist wahr. Tief in den Fluten habe ich Rungholt gesehen. Wir Nymphen sehen alles, auch wenn es noch so verborgen ist. Feiner, weißer Sand hat die stolze Stadt verdeckt, nur der Kirchturm ragt heraus. Miesmuscheln haben sich angesiedelt und durch die Fenster schwimmen Fische. Nichts ist geblieben von der einstigen Pracht. Die Perle Holsteins wurde in einer Nacht von gewaltiger Hand in die Tiefe gezogen. Wie sagt ihr so schön? Hochmut kommt vor dem Fall.«

»Ach Josephine, du bist so alt, hast so viel erlebt, ist es nicht immer das gleiche Lied? Unersättlich, Raubtieren gleich, deren Hunger nie gestillt wird, fallen wir über die Erde her, schlimmer als Abermillionen Heuschrecken, und hinterlassen Spuren der Verwüstung. Wir wollen alles und möglichst noch mehr. Unsere Gier ist grenzenlos, weil wir uns keine Grenzen setzen, und wenn wir es tun, überlegen wir Mittel und Wege, sie zu überschreiten. ›Es irrt der Mensch, so lang er strebt‹, was für eine große Erkenntnis. Doch die meisten Erkenntnisse kommen erst, wenn es zu spät ist. Erst als das Wasser sie packte und in die Tiefe zog, haben die Bürger von Rungholt erkannt, dass sie den Bogen überspannt hatten. Ein sinnvolles Leben mit der Natur verlangt Gespür für das rechte Maß der Dinge. Friedliche Koexistenz ist angesagt und nicht Kampf. Da verliert der Mensch immer. Doch in seiner Hybris vergisst er es. Kennst du das Gedicht über Rungholt? Nein, nicht ›Trutz, blanke Hans‹ von Detlev von Liliencron, sondern das von mir? – Du kennst es nicht? Na, dann will ich es dir mal vortragen:

Perle des Nordens

Runghold hieß die Stadt, der Sage wohl bekannt,
die stolze, schöne Perle, in Holsteins Marschenland.
Mächt'ge Wasserfluten, Schlick und Sand und Watt
decken heut' die Stätte, wo sie gestanden hat.

Sie ist im Meer versunken, in einer einz'gen Nacht.
Gewaltig waren die Fluten, die sie zu Fall gebracht.
In vielen stillen Nächten, wenn auch die Möwe schweigt,
hört man ein klagend Rufen, das aus den Wassern steigt.

Es sind die vielen Seelen der Toten dieser Stund',
die keinen Frieden finden auf tiefem Meeresgrund.
Ach, diese stolzen Bürger, hochmütig und keck,
nahmen einst dem Meere viel zu vieles weg.

Waren nicht zufrieden mit dem, was es ihnen gab,
können nicht Ruhe finden in ihrem feuchten Grab.
Die Menschen waren maßlos, wollten immer mehr,
doch zum Schluss, da holte alles sich das Meer.

Fährst du mal von Pellworm rüber nach Südfall
und hörest aus der Tiefe leisen Glockenschall,
gedenke der Stadt Rungholt, der Perle im Marschenland,
die aufstieg, fiel und unterging, die keiner wiederfand.«

»Wusste ich es doch! Natürlich kanntest du die Geschichte von Rungholt, wie sonst hättest du dieses schöne Gedicht schreiben können? Ja, ihr Menschen seid schon sonderbar. Wo wir gerade bei der Deutschen Bucht sind, mein Braade-rup, sie ist ein so schönes Beispiel für Maßlosigkeit und Inkonsequenz. Dieses traumhaft schöne Naturschutzgebiet ist Fauna-Flora-Habitat, Nationalpark, Landschaftsschutzgebiet, Vogelschutzgebiet und Unesco-Weltnaturerbe. Hunde sind im Watt verboten, aber alles darf mit Offshore-Windparks zugepflastert werden, damit Energieriesen sich dumm und dämlich verdienen. Glaubst du, dass sich von denen auch nur einer mal Gedanken gemacht hat, was sie der Natur antun?«

»Na ja, mein Schatz, es sind ja nicht nur die Offshore-Windparks, die das Bild der Natur verkotzen, sondern auch die Windräder entlang der Küste, mit denen alles zugenagelt wurde, die diesem Landstrich den Charme und die Natürlichkeit nehmen und ein Szenario bieten, als seien gerade Außerirdische auf der Erde gelandet. Was hilft es der Landschaft, dass sie schön sein möchte, wenn es um gigantische Gewinne geht? Komm, wir ziehen uns lieber wieder in unsere Märchenwelt zurück, da ist alles noch gut, wahr und schön. Wenigstens für uns, mein Schatz.«

»Ja, Braaderup, wir wollen alles ganz festhalten, damit wir es nicht verlieren. Ach, was ich dich schon immer fragen wollte: was machst du eigentlich immer im Jubiläumspark? Gibt es da was Besonderes?«

»Ja, Josephine, ob es etwas Besonderes ist, weiß ich nicht. Dort, wo der Jubiläumspark vom Kurpark durch den Schwedenpfad getrennt wird, steht ein Brunnen von Hans Dammann. Er nannte ihn ›Durst‹ und nahm damit 1910 an einer großen Kunstausstellung in Berlin teil. Helmut von Brüning, ehemals Landrat, schenkte ihn der Stadt Bad Homburg für den Jubiläumspark. Ich liebe diesen Brunnen, er hat so etwas Geheimnisvolles. Immer, wenn ich davor stehe, frage ich mich, welchen Durst der Künstler wohl gemeint hat. Gewiss nicht den Durst bei Flüssigkeitsmangel, denn dann hätte er die Panther, rechts und links neben der Skulptur, aus dem großen Becken trinken lassen, an das sie so bequem herankommen. Doch die Tiere strecken sich, vorsichtig tastend nach oben, hin zu der schalentragenden Göttin. Das drückt für mich ein anderes Begehren aus, als trinken wollen. Wie oft stand ich schon vor dem Brunnen und ließ ihn auf mich wirken, versuchte seine Sprache zu verstehen, Dammanns Gedanken zu erraten, zu erkennen, welche Eingebung ihn geführt haben mag. Vielleicht täusche ich mich, aber ich glaube, die Lösung gefunden zu haben. Sollte ich mich irren, ist es nicht schlimm, bleibt es doch trotzdem eine schöne Geschichte.«

Der Durstbrunnen

Plötzlich war es da. – Nicht, dass er es sich gewünscht hätte. – Nein, nein. – Es war einfach da, war ohne die geringste Aufforderung in ihm. Er bemerkte es rein zufällig und wunderte sich. Was sollte er damit anfangen? Am besten abwarten, wie es sich entwickeln würde, ob es etwas bezwecken oder einfach nur da sein wollte.

Es war ein Gefühl. – Na ja, könnte man sagen, ein Gefühl, was ist das schon? Wir haben so viele. Sie bestimmen uns; so oder so. – Das mag wohl stimmen, doch dieses war ein ganz besonderes Gefühl. So einem war er noch nie begegnet. Es war wie Durst, doch nicht jener Durst, der sich mit einem Getränk stillen lässt, das hatte er natürlich probiert. Doch dieser Durst blieb unverändert, was ihm von vornherein klar gewesen war, denn es war eben nicht der Durst, den wir als Ruf des Körpers kennen, wenn der Flüssigkeitsspiegel sinkt. Es war der Durst nach etwas, das ihm nicht im

Bewusstsein war. Früher oder später würde er es sicher wissen, aber augenblicklich hatte er nicht die geringste Vorstellung. Vielleicht war es unwichtig, was er aber bezweifelte, weil sich ein solches Gefühl nicht ohne Grund einschleicht.

Gerade begann er, sich an den neuen Mitbewohner zu gewöhnen, als ihm jede Nacht der gleiche Traum erschien: Er ging eine Einkaufsstraße hinunter, betrachtete die Schaufenster, kaufte dies und jenes, alles Dinge, die er schon immer gerne gehabt hätte; kurz, er erfüllte sich alle heimlichen Wünsche. Mit einer Menge Einkaufstüten bepackt ging er weiter, musste die schweren Tüten öfter abstellen, ruhte sich aus, sah dem geschäftigen Treiben der Leute zu, ging wieder ein Stück, bis die Straße plötzlich abbrach und sich vor ihm eine bodenlose Tiefe auftat. »Spring hinunter«, sagte eine Stimme. »Warum sollte ich?«, entgegnete er, drehte sich um, ging zurück und kaufte in den gleichen Geschäften die gleichen Artikel noch einmal, als hätte er vergessen, dass er sie schon hatte. – Nacht für Nacht. Die Straße hin und zurück, und immer der Zwang, kaufen zu müssen.

Irgendwann brachte ihm das Einkaufen keinen Spaß mehr. Er sah keinen Sinn darin, sich mit Dingen abzuschleppen, die, wenn er ganz ehrlich war, überflüssig waren. Er begann an sich zu zweifeln und schalt sich wegen seiner Einfältigkeit. Auch wenn er sich geheime Wünsche erfüllte, war es doch pure Zeitverschwendung. Brauchte er das alles? Ihm kamen Bedenken. – Nein, er brauchte diese Dinge nicht, es war nur schön, sie zu haben. Doch bald zweifelte er auch daran. War es wirklich schön, sie zu besitzen, oder waren nur die Wünsche schön? Je länger er darüber nachdachte, desto unsicherer wurde er. Es gab nur

Weniges, worauf er nicht verzichten wollte, was ihm lebensnotwendig schien, doch das meiste … Nein, wirklich, er brauchte es nicht. Schließlich lebt der Mensch nicht für den Konsum. – Als er noch hin und her überlegte, passierte es! Das Durstgefühl meldete sich und stellte ihm Fragen: »Was ist denn wichtig? – Wofür lohnt es sich zu kämpfen? Zu sterben? Zu leben? – Was ist dir wirklich wichtig? Sind doch interessante Überlegungen. Denke mal drüber nach. – Lass dich vom Wissensdurst führen, vom Durst nach Erkenntnis, nach Weisheit. Ich bin dieser Durst. Versuche mich zu stillen.«

Seltsam, dachte er, da meldet sich dieses Gefühl und charakterisiert sich als Durst nach Wissen, Erkenntnis und Weisheit.

Also, Erkenntnisse waren für ihn stets wichtig gewesen. Die Sache mit der Weisheit, – ja, die Weisheit, – die hatte er sich für später aufgehoben. Er wollte über die Fragen nachdenken. Morgen, heute war er zu beschäftigt. Er musste ja noch diese langweilige Einkaufsstraße entlang gehen, da war keine Zeit zum Nachdenken.

Schnell fand er sich in den Traum, ging die Straße hinunter, kaufte und kaufte, kam schwer bepackt an das Ende der Straße, sah in die schwarze, endlose Tiefe, und als die Stimme sagte: »Spring hinunter«, sprang er.

Nun könnte man fragen: warum ausgerechnet jetzt und nicht schon früher? – Er wusste es nicht. Der Entschluss war in ihm, er musste folgen.

Es kam der lange Sturz in eine endlose Tiefe, den er schon so oft geträumt hatte, nur dass er diesmal die Einkaufstüten bei sich hatte. Er fiel und fiel, ihm schwanden die Sinne, und als er wieder zu sich kam, lag er, bedeckt mit Tragetaschen, auf einer weichen Wiese. Genervt befreite er sich von dem Plunder und je mehr er von sich warf, desto freier fühlte er sich. Bald lagen die Begehrlichkeiten seiner geheimen Wünsche verstreut auf der Wiese, und im Bewusstsein, überflüssigen Ballast über Bord geworfen zu haben, beschloss er, die vor ihm liegende Welt zu erkunden. Er machte sich auf den Weg; zuerst zögerlich, dann unbekümmert und leichten Fußes.

Die Gegend war menschenleer, und doch hörte er Stimmen, Gespräche, wurde angesprochen, war erstaunt, dass ihn jemand zu kennen schien, jemand, den er nicht sah, bis er merkte, dass es die Pflanzen und Tiere waren, die sich unterhielten, die über ihn redeten.

»Was machst du denn hier in der Parallelwelt?«, fragte ihn ein Baum. »Ja, so richtig weiß ich das auch nicht. Ich bin gesprungen, – vielleicht, weil ich das suche, für das es sich lohnt zu leben.«

»Da hast du dir aber viel vorgenommen, mein Lieber. – Ist das Leben nicht um seiner selbst wert gelebt zu werden? Wenn du das nicht so siehst, wird es schwierig. Geh' den Weg, der durch die Tiefe deiner Seele führt; immer geradeaus, sieh dich um, achte auf alles, was dir begegnet. Sieh die Dinge mit offenem Herzen, dann wirst du es irgendwann finden. Verzage nicht. Gute Reise, und lass dir nur Zeit.«

»Gut, dann will ich mal weitergehen. Hab vielen Dank für den Rat.«

Er ging auf einem bunten Regenbogen, weich wie ein Teppich, der extra für ihn ausgebreitet zu sein schien. Manchmal war er wie eine lange Brücke, deren Ende unsichtbar im Nebel lag, und doch wusste er, dass er ihn zu wunderbaren Gestaden führen würde. Mal führte der Weg durch die schweigenden Tiefen mächtiger Wogen, dann wieder über schäumende Wellenkronen bis hin zu den Gefilden der Sterne. Ach, es waren Wunderwelten, die sich ihm eröffneten.

Wenn er zurückblickte, sah er in der Ferne ein Licht verlöschen, in dessen Abglanz irgendjemand stand, dessen Antlitz schon nicht mehr zu sehen war. Oft ging sein Blick zurück, wollte die fallende Dämmerung durchdringen, wollte mit den Händen halten, was doch schon lange verloren war.

Je weiter er ging, desto mehr blieben Kummer und Not zurück. An irgendeinem Punkt der Reise waren alle unnützen Banalitäten aus seinem Gedächtnis gelöscht und er zog mit der Leichtigkeit eines Vogels seine Straße.

Er vergaß, dass der Weg einen Anfang gehabt hatte, dachte nur an das Ziel, das er sich nicht herbeisehnte, von dem er aber wusste, dass dort sein Durst gestillt werden würde. Dort, in der unsichtbaren Ferne, würde er die Antwort auf die Frage finden, wofür es sich lohnt zu leben.

Mit der Zeit lernte er die Sprache der Pflanzen und Tiere, freute sich der freundlichen Wegbegleiter, und in seinem Herzen wurde es wärmer. Er war froh, den Sprung in die Tiefe gemacht zu haben, weg von der Zivilisation, zurück zu den Wurzeln, – hin zur Quelle. War er hungrig, so fand er Beeren und Früchte rechts und links am Wegesrand. Sie riefen ihm zu: »Iss uns, wir sind reif. Iss uns, sonst faulen wir und sterben, ohne einen Zweck erfüllt zu haben. Das Leben ist sinnlos, wenn man keinen Zweck erfüllt; darum iss uns.«

»Hey«, sagte er, »meint ihr, es ist des Lebens Sinn, einen Zweck zu erfüllen? Ihr seid Obst und möchtet gegessen werden, doch welchen Sinn und Zweck hätte der Mensch? Die Arterhaltung? Was macht es für einen Sinn, eine Art zu erhalten, deren einziger Sinn die Arterhaltung ist? Weil ich das absurd finde, habe ich mich auf den Weg gemacht, einen Sinn für mich zu finden. Ich suche etwas, das es wert ist, zu leben. Dort oben in meiner Welt konnte ich nichts finden. Nun hoffe ich, ihm hier, in der Parallelwelt, zu begegnen.«

Fröhlich ging er weiter. Der Sturz in die Endlosigkeit war wie eine Neugeburt in das wahre Leben, und das war wunderschön.

Eines Nachts fand er in einer lauschigen Felsengrotte Unterschlupf. Er schlief sorglos ein, bis ihn die Strahlen der aufgehenden Sonne weckten, die durch die Zweige eines wilden Mandelbaumes in die Höhle fielen. Während er sich reckte und streckte, hörte er das Plätschern einer Quelle und trat ins Freie. Unweit seiner kleinen Felsenherberge sprudelte ein Quell aus dem Fels und ergoss sich über moosbedecktes Gestein in ein kristallklares Becken. Um den Brunnen standen drei wunderschöne Frauen in weißen Gewändern. Sie schienen ihn nicht zu beachten, denn sie unterbrachen ihr Gespräch nicht, als er sich zum Gruß höflich gegen sie verneigte.

In artigem Abstand ging er vorüber, beugte sich über die Quelle und schöpfte mit beiden Händen Wasser. Während er trank, ging sein Blick über die frühmorgendliche Damengesellschaft und ruhte wie gebannt immer wieder auf einer. Er fragte sich, warum gerade auf dieser. Sie waren sich alle so ähnlich, alle wunderschön, doch sein Blick blieb immer wieder an dieser einen hängen. Je länger er sie ansah, desto anziehender erschien sie ihm. Was für eine sanfte Stimme sie hatte. Sie flocht mit Worten Träume, baute Luftschlösser. In ihrer Gegenwart wurde die Welt zu einem Lustgarten, in dem Phantasien freien Lauf hatten. Seine Gedanken, ja, all sein Sehnen flogen, eilten durch die Lüfte, zu ihr, der

Schönen. Er spürte ihre Wärme, und ein tiefes Sehnen legte sich auf seine Seele.

Halt suchend lehnte er sich an einen Baum, der ihm leise zuflüsterte: »Ja, mein Junge, sie ist wunderschön, die Schönste, die ich je gesehen habe. Glaube mir, auch unter meiner harten Rinde schlägt das Herz schneller bei ihrem Anblick. Was für eine zauberhafte Erscheinung, die der Reiz und die Schönheit der Jugend schmückt.«

»Ach ja, du Baum, wie Recht du hast. – Sie ist wunderbar.«

Als hätte sie seine Worte gehört, kam sie lächelnd auf ihn zu. »Sei willkommen in unserer Welt, Wanderer. Du bist an der Quelle der Reinheit. Wir sind ihre Nymphen. Getrunken hast du schon, nun lege deine Kleider ab und steige in das Wasser, damit du auch äußerlich rein wirst, denn nur der Reine darf zum Brunnen der Erkenntnis weitergehen.«

Er spürte ihre Hand, und seinen Körper durchströmte ein Zauber. Er hielt die Hand, sie ließ sie ihm und sah ihn lächelnd an. Als sich ihre Blicke trafen, war ihm, als zöge ihn ein Magnet unaufhaltsam zu ihr. Vorsichtig, er konnte es nicht hindern, drehte er sich zu ihr und küsste ihre Lippen. Sie schien nicht überrascht und erwiderte seinen Kuss. Ach, es floss so viel Wärme und Zärtlichkeit von einem zum anderen. Er war in ihr verloren und wünschte sich nichts sehnlicher, als dass es ihr ebenso ging.

Er legte seine Kleider ab, stieg in das Becken, stellte sich unter den Fall der Quelle und ließ das klare Nass über sich laufen. Mit dem Rinnen des Wassers schien sich endgültig alles zu lösen, was ihn je belastet hatte, und er fühlte sich rein, wie ein Kind.

Als er aus dem Brunnen stieg, waren die Nymphen verschwunden, auch seine Kleider waren weg. An ihrer Stelle fand er ein weißes Gewand. Er zog es an und wollte gehen. Doch sein Herz war schwer. Die Frau, der er gehören wollte, war verschwunden, gerade jetzt, wo er der Glückseligkeit so nah zu sein glaubte. Alles war nur eine schöne Illusion gewesen, der er sich nur zu gerne hingegeben hatte. Sollte er weitergehen? Was wünschte er sich noch? Nichts, denn alle Wünsche und Hoffnungen würden an diesem Brunnen zurückbleiben. Sie, die Nymphe, war die Antwort auf die Frage gewesen, wofür es sich lohnt zu leben.

Nein, er wollte hier bleiben, denn ginge er fort, würde er sich mehr und mehr von ihr entfernen. Es war besser, an der Quelle zu bleiben. Sie würde wiederkommen, zu groß war das Gefühl des ersten Augenblicks, als dass es nicht auch ihr Herz ergriffen hätte. So setzte er sich unter den Baum, der ihm so freundlich zugesprochen hatte und wartete. »Was machst du denn noch hier?«, fragte der Baum erstaunt. »Ich dachte, du wolltest zum Brunnen der Erkenntnis.«

»Ach, weißt du, Baum, ich bleibe hier, um auf die Schöne zu warten. Sie hat mein Herz entflammt. Ich möchte nichts anderes, als sie. Was nützen mir alle Erkenntnisse? Ich weiß jetzt, was Liebe ist. Mehr Erkenntnisse brauche ich nicht.«

»Wusstest du das nicht schon in eurer Welt?«

»Ach, Baum, ich hielt es für ein Wort, doch durch die schöne Nymphe habe ich den wahren Wert erkannt. Ein Leben ohne Liebe, was ist das schon? Ich will hier warten, bis sie wiederkommt. Dann werde ich sie in die Arme nehmen, ganz festhalten, so fest, dass Herz an Herz und Haut an Haut sind. Alle Sehnsucht wird schwinden und wir verschmelzen zu einem unzertrennbaren Ganzen. Ach, sie ist wie ein sanft klingender Baum, der mit goldenen Früchten beladen ist.«

»Wer? Die Nymphe oder die Liebe?«

»Die Liebe, mein Lieber, die Liebe, doch die finde ich nur bei ihr. Sie ist der sanft klingende Baum.«

»Dann, lieber Freund, solltest du dich auf den Weg machen und deine Zeit nicht mit Warten vertrödeln. Finde den ›sanft klingenden Bau mit den goldenen Früchten‹. Du hast zwei Möglichkeiten an das Ziel deiner Träume zu kommen. Suche die Liebe, und du hast die Nymphe. Findest du aber die Nymphe, hast du auch die Liebe. Zwei Chancen. Nutze sie. Untätig herumsitzen und Trübsal blasen führt zu nichts, du musst dich bemühen. Das Glück fällt dir nicht in den Schoß. Gehe ihm entgegen. Während du hier in sehnsüchtigem Selbstmitleid zerfließt, kann es dort hinten über den Weg laufen, und du hast das Nachsehen. – Ich verstehe gar nicht, warum sich dein Durstgefühl nicht meldet. Das sollte dich jetzt antreiben, vorwärts drängen. Aber wahrscheinlich hat es sich ebenso heimlich verdrückt, wie es gekommen ist. Ach, wer sich auf Gefühle verlässt, …«

»Halt«, rief da das Durstgefühl, »sprich nicht weiter, denn es ist falsch, was du denkst. Ich bin da und wirke im Verborgenen. Glaube mir, mein Guter, es ist nicht leicht, einen Trauerkloß zu motivieren. Sieh ihn dir an. Da hockt er, wie ein Häufchen Unglück, und glaubt, alles verloren zu haben. Er will sitzenbleiben und hofft, sie käme irgendwann mal wieder. Diese reine, unschuldige Seele im weißen Hemdchen hat zu viel im Reinheitsbrunnen gebadet. Er hat keine Triebkräfte mehr, die jetzt so nötig wären. Verstehst du, was ich meine? – Anscheinend nicht. Also, ich will es dir erklären: Er ist voll reinster Liebe und voller Wehmut, weil er meint, die Liebste verloren zu haben. Zugegeben, eine traurige Situation, und ich kann ihn gut verstehen. Doch schon Novalis sagt, dass ›süße Wehmut der eigentliche Charakter der Liebe ist – das Element der

Sehnsucht und Vereinigung‹. Hätte er noch die zur Liebe gehörende Lust in sich, die er aber im Rahmen der Reinigung abgewaschen hat, wäre sie die nötige Kraft, die ihn rastlos suchen ließe. Du siehst, die Situation ist nicht so einfach, wie man meinen könnte. Weißt du, ich lasse ihn einfach hier sitzen. Soll er leiden, er wird's überleben. Ich fülle in der Zwischenzeit ganz langsam, er soll's ja nicht merken, seine innere Leere mit Sehnsucht, diesem innigen Verlangen nach etwas, das man liebt und begehrt. Nun kommen wir auf Novalis zurück und stellen fest: Wehmut hat er, Liebe hat er, Sehnsucht bekommt er von mir. Glaube mir, die Lust, als vierte Komponente, wird ihm Flügel verleihen. Du siehst, mein Lieber, als Durst nach Weisheit hat man es nicht immer leicht, denn sie versteckt sich oft in der Doppeldeutigkeit. – Es wird funktionieren, da bin ich mir sicher. Der ›Gereinigte‹ ist auch nur ein Mann; er ist berechenbar.«

Ist er das wirklich? Mutig, was der Weisheitsdurst da meint, denn hier wäre eine ideale Stelle, der Geschichte eine entscheidende Wende zu geben. Der »Gereinigte« könnte sitzen bleiben, bis der Tod ihn überkommt. Fleißige Ameisen würden ihn fein säuberlich bis zum Skelett abnagen, und er würde zum Mahnmal unerfüllter Liebe. Völkerscharen kämen gepilgert. Jeder verliebte Jüngling würde seine Angebetete dorthin führen und sagen: »Sieh nur, Liebste, was aus mir wird, wenn du mich nicht erhörst. Willst du das?« – »Nein, Liebster! Nein!«, würde sie hauchen. »Komm, wir gehen gleich hier in die Grotte.« Natürlich könnte sie auch sagen: »Woher willst du wissen, dass es ein Mann ist? Vielleicht war es eine Frau, die der geliebte Mann sitzen gelassen hat, nachdem er hatte, was er wollte. Männer wollen doch immer nur das eine.«

Es wäre natürlich auch möglich, dass er sagt: »Jetzt habe ich aber die Schnauze voll. Ob dort oben oder hier unten, es ist doch überall das gleiche. Ich steige wieder hoch in meine Welt, gehe die Einkaufsstraße runter, in den nächsten Telefonshop, kaufe mir ein Smartphone und mache Casual-Dating. Da spare ich Zeit und eine Menge Ärger.« Bei all diesen Lösungen erhebt sich natürlich die Frage: Warum dann die lange Vorgeschichte? Wäre das nicht viel einfacher gegangen?

Klar, sehr viel einfacher, aber es soll ein romantisches Märchen werden. Deshalb hat der Weisheitsdurst Recht. – Er ist berechenbar! So ging er auf der Straße des Regenbogens weiter, doch ohne fröhliches Sphärenrauschen, ohne bunte Farben, er hörte auch die Pflanzen nicht mehr reden. Es gab nur ein Ziel, das er unbeirrt verfolgte: Er wollte sie finden.

Durch tiefe Wälder war er gelaufen, hatte Flüsse und Wüsten durchquert, war durch einsame Steppen gegangen und über blühende Blumenwiesen, hatte die Welt in den verschiedenen Jahreszeiten erlebt, Sturm, Regen, Schnee, Blitz und Hagel, nichts konnte ihn aufhalten, die zu suchen, der sein Herz gehörte. Jeden Weg, jeden Steg war er gegangen, um nach der Liebsten Ausschau zu halten, doch alles schien vergebens. Sie war und blieb verschwunden.

Ihm sank der Mut, als er an einen großen Gebirgszug kam, dessen Gipfel bis in die Wolken ragten. Was verbarg sich in dieser Felsenburg, die vor ihm im Silberlicht des Mondes lag? Morgen würde er versuchen, dem Geheimnis auf die Spur zu kommen. Es galt, einen Weg zu finden, über den er die steile Wand erklimmen konnte. Für heute suchte er sich ein weiches Plätzchen für die Nacht und war bald eingeschlafen. Doch sein Schlaf war unruhig, immer wieder plagten ihn Albträume von steilen Felsen, in denen er sich verstiegen hatte. Es gab kein Vorwärts und kein Zurück. Er hing fest, traute sich nicht, in die schwindelnde Tiefe zu sehen, versuchte festen Halt zu bekommen, rutschte ab, der Fels bröckelte unter seinen Füßen, er drohte zu stürzen, hielt sich an der schwachen Wurzel eines Strauches und wusste, dass sie ihn nicht halten würde, – der Absturz war gewiss. Dann stürzte er in eine schwarze, seelenlose Tiefe, immer schneller, versuchte sich zu halten, ergriff einen rettenden Widerhalt und hing erneut an der Wurzel, die nachgab und alles begann von neuem. Erst gegen Morgen ebbten die Träume ab.

Auch wenn die Nacht nicht erquickend gewesen war, suchte er frohen Mutes das Felsmassiv nach einem geeigneten Einstieg ab. Während ihm gestern das Unternehmen noch unmöglich schien, fand er heute hinter einem dichten Schlehengestrüpp eine Höhle, an deren entferntem Ende Licht schimmerte. Wenn er durch diese Höhle ging, würde er wieder ins Freie kommen, möglicherweise hinter der Felsenwand. – Was für eine Welt würde dort auf ihn warten? Sicher eine Wunderwelt, denn warum sonst hatte sie sich so hermetisch abgeriegelt?

Der Weg führte streckenweise durch einen Wasserlauf und über grobes Geröll. Vorsichtig setzte er die Tritte in der Finsternis, um nicht zu stürzen. Es dauerte lange, bis das Licht näher kam. Doch dann hatte er es geschafft und trat ins Freie. Vor ihm lag eine weite, sonnige Schlucht, durch die sich ein herrlicher Zypressenweg schlängelte. Er folgte ihm, bis er in einen Talkessel kam. Würzig-fruchtiger Duft von Blumen und Wildkräutern lag in der Luft: ein Aromenbouquet von solcher Schönheit, wie er es noch nie gerochen hatte. Alles schien ihm übersinnlich, nicht für Menschen, sondern für Götter gemacht. So stellte er sich die »Elysischen

Gefilde« vor, diese paradiesischen, rosengeschmückten Wiesen, wo ewiger Frühling ist und ein Trank Lethe, aus verborgener Quelle, langes Vergessen schenkt.

Am Horizont sah er einen hellen Schein. Ahnend, dass dort sein Ziel war, ging er weiter. Eine endlose Kette von Gedanken zog durch seine Sinne. Zuerst die guten alten Bekannten, die schönen, so oft gedachten, dann all die anderen, selten oder nie gedacht, – eine Kette ohne Ende; oft schmerzlich, peinigend, voller Schuld und Reue. Obwohl er alles hinter sich gelassen hatte, würden die Gedanken bleiben. Das war auch gut, denn in ihnen spiegelte sich sein Leben wider. Sie waren Erkenntnisse, Ergebnisse eines langen, oft dornenreichen Weges. Blieben ihm die Gedanken nicht, wäre es, als hätte er nie gelebt.

Als sich ein leises, geheimnisvolles Plätschern in sein Denken schlich, blickte er auf. Er stand vor dem Brunnen, der allen Durst stillt. Das ist ja der Durstbrunnen, durchzuckte es ihn. – Das also war sein Ziel. Jetzt wusste er, was es für ein Gefühl war, das sich damals in ihm breitmachte: Der Durst der Seele.

Stolz und unbeweglich saß sie auf ihrem Sockel, die Göttin der Weisheit. Sie hatte ihre Beine übereinandergeschlagen, fast wie im Lotussitz, und hielt in den ausgestreckten Händen eine Schale, von der der helle Schein ausging, der ihm die Richtung gewiesen hatte. Rechts und links von ihr ein schwarzer Panther, Sinnbild von Kraft und Schönheit. Sehnsuchtsvoll sehen sie zur heiligen Schale empor, die sich ständig mit Wasser füllt und es, übervoll, an ein großes Becken abgibt. Ein unaufhörliches Nehmen und Geben, ein leises plätscherndes Überquellen.

Voller Sehnsucht sah er die heilige Hüterin der Schale an, doch ihre Blicke trafen sich nicht. Sie, die Göttliche, sah über alles hinweg in die Unendlichkeit. Sie schwebte über allem und gab dem, der durstig war. Er stieg auf den Sockel, wollte etwas vom Glanz der Schale, einen kleinen Hauch des Himmelslichts. Als er hinein blickte, sah er sein Gesicht sich widerspiegeln:

Im Wasser sehe ich das Grau der Schläfen
und den verkniff'nen Mund, mit dem ich's sah,
und trotzdem hoffe ich, du sagtest »Ja«,
wenn wir uns träfen,
auch wenn nichts mehr ist, wie's einmal war.

Der Widerschein, der früher aus dem Spiegel kam,
ist längst verblasst, weil ihn das Alter nahm.
Wie vieles ist verschuldet und verflossen,
das Schöne musste weiterzieh'n.
Was von der Hoffnung habe ich genossen?
Das meiste ging vorbei, ohne zu glüh'n.

Der schöne Glanz von meinem Spiegelbild,
so hell und klar, und konnte doch nicht dauern.
Es kommt Verzweiflung auf, ein wenig trauern,
um das Verfloss'ne, weil's endgültig ist,
und irgendwo, im Tiefsten meiner Seele,
entsteht die bange Frage nach der Frist:
Wie viel der Lebenszeit mir noch gegeben ist.

Ich seh' mich an, versuche zu verstehen,
versuche es zu fassen, alles einzusehen,
und seh' doch nur der Schläfen Silbergrau
und den verkniff'nen Mund, mit dem ich's schau.

Da erschien plötzlich ein zweites Gesicht im Wasser, das sich lächelnd dem seinen näherte. »Da bist du ja, Liebste«, flüsterte er, »ich habe dich so lange gesucht. Meine Füße sind wund, doch mein Herz bebt vor Freude und Seligkeit. Wir haben uns gefunden und wollen uns für immer festhalten, in Liebe und Treue.«

»Oh Braaderup, mein Liebster«, flüsterte Josephine und schmiegte sich fest an ihn, »sind die beiden glücklich geworden?«

»Ja, Liebes, sehr glücklich. Sie hielten sich fest, ein Leben lang.«

***

Es war eine jener Nächte, die besonders dunkel waren. Dichte, schwarz-graue Regenwolken hingen am Himmel. Die silberhellen Strahlen des Mondes konnten sie nicht durchdringen. Kein einziger Stern funkelte. Auch das Licht seiner Schreibtischlampe schien heute den Weg nach draußen nicht zu finden. Böse Geister spukten durch die Nacht. Es war unheimlich.

Braaderup saß mit Josephine, wie immer zur mitternächtlichen Stunde, in der Laube. Auch hier war es dunkel. Sie hatten sich dicht aneinander gekuschelt und leuchteten sich mit ihrem Lächeln ins Gesicht. Ihre Hände ertasteten einander in der Dunkelheit. Sie fanden sich und Wärme floss von einem Herz in das andere. Sie fühlten sich, ohne einander zu sehen, denn Liebende sehen sich nicht mit den Augen, sondern mit der Seele.

Es schien, als wollte keiner sprechen, als wollten sie sich nur ganz nah sein. Die mit Efeu und wildem Wein bewachsene Laube war ihr Zuhause geworden, hier waren sie nach einer langen Wanderschaft angekommen. Warum reden, wenn zärtliches Schweigen mehr sagt, als alle Worte. Sie hörten ihre Herzen schlagen, hörten ihren Atem und um sie herum nur die geheimnisvollen Geräusche der Nacht, einer Nacht, die ihnen gehörte. Alles Überflüssige hatte der Tag mitgenommen. Eng ineinander verschlungen, wie siamesische Zwillinge, saßen sie auf der Bank, vereint und frei.

»Ich habe ein Märchen mitgebracht, mein Herz, möchtest du es hören?«

»Oh ja, Liebster, erzähle es mir bitte. Ich höre dich so gerne erzählen.«

»Es ist eine Liebesgeschichte, wie könnte es anders sein, aber keine gewöhnliche. Der Schluss machte mir Schwierigkeiten. Ich habe lange herumgebastelt, aber es fiel mir kein Happy End ein. Vielleicht findest du eins. Die Geschichte heißt ›Die sieben Rosenknospen‹.«

Die sieben Rosenknospen

Der alte Graf von Wattenstein war schlecht gelaunt. Was musste seine Schwester auch im Kindbett sterben. Sein Schwager August, den er schon immer für ein Weichei gehalten hatte, grämte sich über den Verlust seiner Frau zu Tode. Nun hatte er diesen Säugling Rosamunde am Hals. Was sollte er denn mit dem Kind anfangen? Das Wesen war klein und zerbrechlich. Es passte so gar nicht in seine Männerwirtschaft. Ja, wenn sie schon mit auf die Jagd hätte gehen können, sähe die Sache anders aus. Aber so? Er rief nach dem Leibarzt. »Doktor, was machen wir mit diesem

Kind da? Wir können es nicht auf Wattenstein lassen. Es muss weg. Haben Sie eine Idee?«

»Tja, Durchlaucht, da ist guter Rat teuer. Sie ist Eure Nichte. Die Erbin des Vermögens derer von Bärenklau und auch des Euren. Ihr habt Pflichten und Verantwortung. Schluss mit dem Lotterleben, das Euch früher oder später ins Grab bringt, wobei ich fürchte, eher früher. Würdet Ihr endlich Pflichten übernehmen und für Ordnung im Hause sorgen, wäre es Euer Schaden nicht. Das Kind braucht eine Amme.«

»Unmöglich! Ein Weibsbild kommt mir nicht ins Haus. Auf keinen Fall.«

»Dann gebt das Kind der Frau des Pfarrers. Sie hat gerade entbunden und kann auch zwei Kinder großziehen. Es sind anständige Leute von gehobenem Stand. Sie haben Bildung. Bei ihnen wäre Rosamunde in rechten Händen. Wenn Ihr gut bezahlt, nehmen die das Kind gerne. Allein schon wegen der Nächstenliebe. Außerdem können sie jeden Pfennig gebrauchen.«

»Na ja, der Pfaffe ist ein redlicher Mann und auf der Jagd gut zu gebrauchen. Ich werde mal mit ihm reden.«

Es war selten, dass der durchlauchtigste Herr ins Dorf kam, und dann auch noch zum Pastor. Die Pfarrersfrau staunte, als sie die Tür aufmachte und der Graf vor ihr stand. »Ist der Pfarrer da? Ich will ihn sprechen!«

»Einen Augenblick, Herr Graf, er kommt sofort.« Pastor Hagemann wunderte sich nicht nur über den seltenen Besuch, sondern vor allem über den ungewohnt freundlichen Ton, den der Herr von Wattenstein anschlug. Er erzählte von den Trauerfällen in der Familie, dass er nun mit der kleinen Nichte dastünde und nicht wisse, was er mit dem Kind anfangen solle. »Da habe ich mir gedacht, mein lieber Pfarrer, wenn Ihre Frau sich vielleicht der Kleinen annehmen könnte. Es soll Euer Schaden nicht sein. In ein paar Jahren, wenn das Kind größer ist, kann sie jedes Wochenende hoch auf die Burg kommen, damit sie ihrer Familie nicht ganz entwöhnt wird. Doch zunächst würde ich sie gerne zu Ihnen in Pension geben. Einverstanden? Klar seid Ihr einverstanden, mein Lieber. Das sehe ich Euch doch an der Nasenspitze an. Ich werde sie gleich herunter bringen lassen. Ach ja, sie heißt Rosamunde. Ich geh dann mal. Man sieht sich.«

»Was hat er denn gewollt, der gnädige Herr?«, fragte die Pfarrersfrau. »Er gibt uns seine Nichte zur Pflege. Wir sollen das arme Waisenkind großziehen. Nun, bei den Rabauken da oben ist sie ja auch wirklich nicht gut aufgehoben. Wir wollen uns des Kindes annehmen, um unseres lieben Herrgotts willen.«

So kam Rosamunde ins Pfarrhaus. Der Onkel kümmerte sich nicht weiter um sie, nur der Doktor sah gelegentlich vorbei und freute sich, wie prächtig das Kind unter der Pflege der Pfarrersleute gedieh. Wenn er dem Grafen von ihr berichtete, hörte der kaum hin und sagte höchstens: »Doktor, es war der beste Rat, den Ihr mir jemals gegeben habt. Das werde ich Euch nie vergessen.«

Rosamunde entwickelte sich zu einem sanften, bescheidenen Mädchen, das im ungetrübten Frieden der Pfarrersfamilie aufwuchs. In dieser kleinen, abgeschiedenen Oase ahnte sie nichts von der Welt um sich herum, wusste nichts von Standesunterschieden und was es bedeutete, dass sie ihre Wurzeln außerhalb ihrer Pflegeeltern hatte. Das tägliche Leben in der liebenden, redlichen, gottesfürchtigen Familie formte ihr Bewusstsein und ihre Seele war rein, voller tugendhafter Frömmigkeit.

Von den Kindern der Familie stand ihr der fünf Jahre

ältere Gottfried am nahesten. Er war, wie sie, sanft und bescheiden. Sie lernten zusammen, was der Herr Pfarrer sie lehrte, streiften durch die Wälder und halfen ihrer Mutter im Garten. Sie hatte einen schönen Garten, mit vielen Blumen und gepflegten Gemüsebeeten. Von allen Pflanzen mochten sie einen großen Rosenstrauch am liebsten. Er hatte so wunderschöne Blüten mit einem gar himmlischen Duft. Wie gerne saßen sie auf einer kleinen Bank vor dem Strauch und träumten von der Zukunft. »Ach Gottfried, es wäre so schön, wenn wir immer zusammenbleiben könnten.«

»Ja, Rosamunde, das wäre mir auch das liebste. Wir würden uns einen Garten mit lauter Rosen anlegen. Es träumt sich so schön in ihrem Duft.«

Im Laufe der Zeit wuchsen sie zu einem unzertrennlichen Ganzen zusammen, das aus zwei besonderen Hälften bestand. In ihren Herzen lag eine tiefe Neigung zueinander, die noch unbewusst im Tiefsten ihrer Brust schlummerte und nur eines winzigen Weckstrahls bedurfte, um in heller Lohe zu entflammen. Die Frau des Pfarrers sah mit Sorge die Gefühle, die die Kinder füreinander hegten. Wenn eines Tages das geschwisterliche Verhältnis in Liebe übergehen würde ... Ihr schwante nichts Gutes, wo doch Rosamunde in einem anderen Stand geboren worden war, als ihr Gottfried. Eine Verbindung der beiden war undenkbar. In mütterlicher Liebe versuchte sie das Unheil von den beiden fernzuhalten und sorgte dafür, dass ihr Sohn auf eine entfernte Universität zum Studieren geschickt wurde. Vier lange Jahre waren die Liebenden voneinander getrennt. Während dieser Zeit hatten sie sich nicht einmal gesehen. Doch die lange Trennung hatte in ihren Herzen keine Veränderung herbeiführen können. Das junge Mädchen hing mit inniger Zärtlichkeit an dem geliebten Mann. Sie nutzte die Jahre, um zu einer blühenden, schönen jungen Frau heranzuwachsen. Als Gottfried zurückkam, überließen sie sich, ohne an die Zukunft zu denken, dem Ruf ihres Herzens und genossen die himmlische Zeit des Wiedersehens.

An einem Wochenende, Rosamunde war auf der Burg des Onkels, ließ dieser sie zu sich rufen. Der Oheim teilte ihr mit, dass sie in wenigen Wochen den Sohn eines Jagdfreundes heiraten werde. Rosamunde erschrak. Tränen traten ihr in die Augen. Sie fiel vor dem Onkel auf die Knie und bat ihn, seine Entscheidung rückgängig zu machen. Doch der rohe, grobe Mann geriet in blinde Wut und ging mit gezücktem Hirschfänger auf sie los. Sie floh entsetzt aus dem Raum und brach im Vorzimmer ohnmächtig zusammen. Ein Diener des Grafen brachte sie in ihr Zimmer und verständigte die Ziehmutter. Als Rosamunde aus ihrer Ohnmacht erwachte, sah sie in die besorgten, liebevollen Augen der Mutter. Sie fiel ihr schluchzend um den Hals. Unter Tränen erzählte sie ihr die schreckliche Nachricht. Die gute Frau versuchte, das verzweifelte Mädchen zu trösten, doch nichts konnte ihren Schmerz lindern. Die drohende Trennung hatte sie erkennen lassen, wie unendlich groß ihre Liebe zu Gottfried war. Sie wusste, dass sie ohne den geliebten Mann nicht leben konnte und es auch nicht wollte.

Als Gottfried die Nachricht hörte, ging es ihm wie seiner geliebten Rosamunde. Auch ihm wurde angesichts der Schreckensnachricht bewusst, wie tief und innig seine Liebe zu ihr war. Durch die plötzlichen Ereignisse sahen sich die beiden Liebenden mitten in der rauen Wirklichkeit. Die unbeschwerten Jahre der Kindheit waren vorüber und mit ihnen die Sorglosigkeit. Blass, matt, teilnahmslos gingen sie umher. Vergebens waren die Bemühungen der Pfarrersleute, sie zu trösten. Sie zogen sich in eine innere Einsamkeit zurück und trafen sich nur noch des Abends im Garten des Pfarrhofs. Stundenlang saßen sie schweigend nebeneinander auf der kleinen Bank vor dem Rosenstrauch. Sie hielten sich bei der Hand, drückten sich fest aneinander, so als wollten sie sich gegenseitig Schutz und Wärme geben.

Die Zeit verging wie im Flug. Rosamunde versank in dumpfe Schwermut und welkte von Tag zu Tag immer mehr. Sie strahlte nur noch unsägliches Leid aus. Gottfried waren die Veränderungen der geliebten Frau nicht entgangen. Tiefe Sorgenfalten gruben sich in sein Gesicht.

Der Doktor erschrak, als er Rosamunde sah und erkannte sofort die Ursache für die Veränderungen des Mädchens. Er versprach, beim Grafen vorzusprechen. Aber alle Versuche, ihn umzustimmen, verliefen ergebnislos. Er schien die Veränderungen seiner Nichte gar nicht zu bemerken, und wenn, dann hielt er alles nur für Verstellung. So welkte Rosamunde ihrem Hochzeitstag entgegen.

Eines Abends als sie wieder unter dem Rosenstrauch saßen, sagte Rosamunde: »Sieh nur Gottfried, dieser hübsche Zweig. Er trägt sieben Knospen. Das sind die Tage, die mir noch bleiben. Jeder Tag ist eine Knospe. Wenn sie verblüht sind, werde ich es auch sein.« Gottfried schüttelte den Kopf: »Nein, nein, Liebste, da täuschst du dich. Unsere Tage sind unendlich.«

»Ach Liebster, gib dir keine Mühe, mich von meinem Entschluss abzubringen. Wir haben noch sieben Tage, dann gehe ich fort. Das ist mein einziger Trost in dieser hoffnungslosen Welt. Dort oben«, sie zeigte mit der Hand zum Himmel, »dort oben wird es wunderschön sein. Ich warte auf dich, mein Liebster. Lass mich nicht so lange allein.« Da konnte sich Gottfried nicht mehr halten. Mit hervorbrechenden Tränen umarmte er die geliebte Frau und schwor ihr Treue über den Tod hinaus. Rosamunde lächelte, brach eine Knospe ab und gab sie ihm. So ging es nun alle Tage, bis Rosamunde am fünften Tag vor Schwäche kaum noch gehen konnte. Am sechsten blieb sie aus und starb am siebten allein in ihrer Kammer. Gottfried wollte es nicht glauben, denn es waren ja noch zwei Knospen am Rosenzweig.

Als Rosamunde in der gräflichen Gruft beigesetzt wurde, verschloss er sich in einem dunklen Zimmer und drückte die fünf Rosenknospen an sein Herz. Als er am Abend in den Pfarrgarten ging, bekam er einen Schreck. Die beiden letzten Knospen waren verschwunden.

Er ging er in die Kirche und stieg in die gräfliche Gruft, um die Nacht mit der Liebsten zu verbringen. Als er den Deckel des Sarges wegschob, lag sie vor ihm mit einem seligen Lächeln im Gesicht und auf ihrer Brust lagen die beiden letzten Rosenknospen. Er küsste noch einmal ihren süßen Mund und die todestrunkenen Augenlider. »Schlaf schön, meinen Schatz, schlafe hinüber in eine bessere Welt. Du wirst nicht lange auf mich warten müssen.« Dann verschloss er den Sarg, ging in das Zimmer der geliebten Frau, schloss sich ein und verweigerte die Nahrung so lange, bis auch er in den seligen Himmel aufsteigen konnte.

Das ist der zeitlich angepasste Schluss der Erzählung. Standesdenken, Verheiratungen gegen den Willen der Beteiligten, hoffnungslose Ergebenheit in das Schicksal. Das kennen wir ja heute noch bei Völkern anderer Religionen.

So richtig wohl ist mir bei diesem Ende nicht. Der Tod

als einzige Lösung? Das ist eigentlich zu abgegriffen. Nein! Das ruft heute keine Tränen der Rührung hervor, höchstens schallendes Gelächter.

Ich musste eine andere Lösung finden, ohne dass die an sich hübsche Geschichte ihren Glanz verliert. Nicht ganz einfach. Es soll ja in der Zeit bleiben. Da kommt kein Deus ex Machina in Form eines Ufos, das die Liebenden in eine bessere Welt bringt. Es gibt nur Möglichkeiten, die sich aus dem damaligen Leben ergeben.

Eine andere Frage ist: an welcher Stelle der Geschichte fängt der neuen Schluss an? Ich glaubte, am besten hier:

Da konnte sich Gottfried nicht mehr halten. Mit hervorbrechenden Tränen umarmte er die geliebte Frau und schwor ihr Treue über den Tod hinaus. Rosamunde lächelte, brach eine Knospe ab und gab sie dem Liebsten. So ging es nun alle Tage, bis Gottfried am fünften Tag sagte: »Wenn dir unsere Liebe ebenso viel bedeutet wie mir, mein Herz, gibt es nur einen Ausweg: die Flucht. Wir müssen alle Brücken hinter uns abbrechen und in der Fremde ein neues Leben beginnen. Wenn uns das Schicksal wohlgesonnen ist, wird es gelingen. Packe das Nötigste ein. Morgen, wenn es dunkel wird, gehen wir los. Bis der Graf dein Verschwinden bemerkt, sind wir weit weg. Ich habe während des Studiums einen sehr netten Burschen kennengelernt, der uns ganz gewiss aufnimmt, bis wir auf eigenen Füßen stehen können.«

»Wir wollen alles so machen, Liebster, wie du sagst.«

Sie brach die fünfte Knospe ab und gab sie ihm. »Ach, mein Schatz, lass die Knospen am Strauch, damit sie erblühen können, so wie wir erblühen werden.« Er küsste sie zärtlich und als sie ging, meinte er, Tränen in ihren Augen zu sehen. »Nicht weinen, Liebes. Es wird alles gut.«

»Ach, Gottfried, unterschätze die Macht des Schicksals

nicht. Der Mensch denkt, aber Gott lenkt. Ich will um den Schutz des Himmels bitten.«

Es war eine stockfinstere Nacht, als die beiden losgingen. Sie kamen nur langsam voran, denn Rosamunde war geschwächt und schien von Stunde zu Stunde mehr abzubauen. Tagsüber versteckten sie sich im dichten Wald und nachts versuchten sie möglichst schnell vorwärtszukommen. Am dritten Tag ihrer Flucht kam ein schreckliches Gewitter auf. Der Himmel öffnete alle Schleusen. Kleine Bäche schwollen zu reißenden Flüssen, die Wege waren überschwemmt. Als sie an eine Brücke kamen, sagte Gottfried: »Rosamunde, Liebste, da müssen wir noch drüber, dann sind wir in Sicherheit. Lass uns keine Zeit versäumen. Je eher, desto besser. Wer weiß, wie lange sie noch dem Andrang des Wassers standhält.« So gingen sie über die Brücke, die unter den anflutenden Wassermassen krachte und schwankte. Als sie in der Mitte waren, brach sie unter ihren Füßen zusammen, legte sich langsam knarrend zur Seite und stürzte in die reißende Flut. Ihnen blieb nur noch Zeit, sich ganz festzuhalten, bevor sie engumschlungen in den Fluten versanken.

»Findest du diesen Schluss schöner?«

»Nein, aber er entspricht dem Schicksal. Natürlich hätte der Onkel die Nichte auch in seiner Wut erstechen können. Dann hätte Gottfried ihm auf der Jagd aufgelauert und ihn aus dem Hinterhalt erschossen. Der Doktor könnte den Täter suchen und finden und ein Gericht würde ihn zum Tode verurteilen. Du siehst: auch bei dieser Variante siegt das Schicksal. Die einzige Möglichkeit für ein Happy End wäre, dass sich der alte Graf auf der Jagd das Genick bricht oder im Suff die Treppe hinunterfällt. Dann könnte Rosamunde sagen: ›Nun ist er endlich tot, der alte Tyrann. Hat sich sowieso nie um mich gekümmert. Komm, Gottfried, wir ziehen jetzt auf Burg Bärenklau und führen ein sorgenloses Leben.‹ Das finde ich aber zu konstruiert und unwahrscheinlich. Es ist ein Märchen aus dem 17./18. Jahrhundert, da ist Tragik angesagt. Ich für meinen Teil bleibe bei der Originalfassung. Letztlich kann sich ja jeder den Schluss heraussuchen, der ihm am meisten zusagt. Wer keinen findet, der überlege sich selbst einen. Er braucht sich vom Schicksal nur einen Wunsch zu borgen und lebt ihn so, als wäre er wirklich. Jeder ist in der Lage, etwas zu tun, das einer geborgten Wünschbarkeit entspricht, damit scheinbar nichts geschieht, was gegen das eigene Wollen verstößt; so ein kleines bisschen gedachte Freiheit.«

»Also, wenn ich ganz ehrlich bin, Braaderup, mir gefällt kein Schluss von dir so richtig«, sagte Josephine. »Ich habe meinen eigenen. Das liegt wohl daran, dass ich eine Frau bin. Meiner geht so:

Eines Abends, als sie wieder unter dem Rosenstrauch saßen, sagte Rosamunde: ›Sieh nur, Gottfried, dieser hübsche Zweig. Er trägt sieben Knospen. Das sind die Tage, die mir noch bleiben. Jeder Tag ist eine Knospe.‹ Gottfried schüttelte den Kopf: ›Nein, nein, Liebste, da täuschst du dich. Unsere Tage sind unendlich.‹

›Ach Liebster, gib dir keine Mühe. mich von meinem Entschluss abzubringen. Wir haben noch sieben Tage, dann gehe ich fort. Das ist mein einziger Trost in dieser schlimmen Lage. Dort oben‹, sie zeigte mit der Hand zum Himmel, ›dort oben wird es wunderschön sein. Ich warte auf dich, mein Liebster. Lass mich nicht so lange allein.‹ Da konnte sich Gottfried nicht mehr halten. Mit hervorbrechenden Tränen umarmte er die geliebte Frau, schwor ihr ewige

Treue und dass er einen Weg finden werde, alles zum Guten zu wenden. ›Wer liebt, mein Schatz, der versetzt Berge, der leitet Schicksalsströme um und wendet alles zum Guten.‹ Rosamunde lächelte, brach eine Knospe ab und gab sie dem Liebsten. So ging es nun alle Tage, bis Rosamunde am fünften Tag vor Schwäche kaum noch gehen konnte.

Als Gottfried an diesem Abend zur ihr ging, kam er mit federnden Schritten und einem strahlenden Lächeln. Er sank vor ihr auf die Knie, ergriff ihre schmale Hand, küsste sie und fragte: ›Meine liebe, geliebte Rosamunde, sag, willst du meine Frau werden? Wir gehen noch heute Nacht nach Bärenklau. Morgen früh beim ersten Sonnenstrahl soll uns der dortige Pfarrer trauen. Dann kann dein Oheim dich nicht mehr mit einem anderen verheiraten, denn du bist schon verheiratet. So steht es bei Matthäus Kapitel 19, Vers 6: *Was nun Gott zusammengefügt hat, das soll der Mensch nicht scheiden!*, auch dein Onkel nicht.‹

›Oh Liebster, nichts auf dieser Welt will ich lieber, als deine Frau werden. Aber der Onkel wird überaus erzürnt sein, wird mich verstoßen, mich vielleicht töten, wenn ich nicht seinen Willen tue.‹

›Soll er dich verstoßen, mein geliebtes Herz, ich werde für dich sorgen. Wir brauchen sein Geld nicht. Töten wird er dich nicht, denn er wird dich nicht mehr sehen. Du schreibst ihm morgen nach der Trauung alles, was sich ereignet hat. Wir beide gehen außer Landes und kehren erst zurück, wenn dieser wüste Mensch gestorben ist. Dann kannst du dein Erbe antreten. Bis dahin beschütze ich dich vor aller Unbill dieser Welt und ganz besonders vor ihm.‹

So nahmen die beiden Liebenden mutig ihr Schicksal in die Hand und beugten sich nicht den gesellschaftlichen Normen, die gewiss nicht der Himmel ersonnen hatte. Als

Eos, die Morgenröte, ihre Rosenfinger ausstreckte, sah sie eine glücklich lächelnde Braut, die dem geliebten Mann vor Gott und der Welt ihr Jawort gab.

Gleich nach der Zeremonie verließen sie das Land und als der Mond aufgegangen war, befanden sie sich jenseits der Grenze in Sicherheit. Gottlieb aber fand, als er in der einfachen Herberge, in der sie nächtigten, zu seiner Frau unter das Laken schlüpfte, auf ihrer Brust die letzten beiden Rosenknospen, die unter seinen liebkosenden Küssen prächtig erblühten.«

»Ach Josephine, du bist eine wunderbare Erzählerin. Von dir kann ich noch viel lernen. Dein Schluss hat so viel Herz und Selbstbewusstsein. Er sprüht vor Energie und Tatendrang. Du ergibst dich nicht in ein scheinbar unabwendbares Schicksal, sondern versuchst, diesem Schicksal eine andere Richtung zu geben, es aktiv zu drehen. Mag sein, dass das mehr der weiblichen Psyche entspricht, oder es ist der Tatsache geschuldet, dass du eine Nymphe bist.«

»Hey, Braaderup, du machst mich richtig verlegen mit deinen Lobeshymnen. Mal was ganz anderes: Du hast wunderschönen Phlox.«

»Er bringt Farbe in den sommerlichen Garten, wenn sich die Rosen ausruhen, damit sie beim großen herbstlichen Halali wieder ganz vorne dabei sind. Ich liebe den würzigblumigen Duft, der durch alle Räume zieht und so tief in die Nase geht. Riech doch nur, wie schwer er im Garten liegt. Und die vielen verschiedenen Farben, wie ein Flammenmeer. Kein Wunder, dass sie Flammenblumen heißen.«

»Ja, mein Schatz, ich mag sie auch sehr. Sie bringen Leben in den Garten, wenn ihm im Sommer die Farben ausgehen und das Grün beginnt, staubig zu werden. Da sind nur noch die großen Stockrosen, der Sommerflieder und die Hortensien. Habe ich dir eigentlich schon mal das Gedicht über die Flammenblumen vorgetragen? – Nein? Na, dann pass mal auf:

Die Flammenblume

Dem Menschen gleich, haben die Rosen
schon bald den ersten Flor verschwendet,
und ruh'n sich aus vom Liebeskosen,
das sie dem Menschen zugesendet.

Hie und da noch eine Blüte,
doch zarter, kleiner, nicht die Pracht,
mit der sie stürmisch ihre erste Blüte
voll Stolz und Kraft hervorgebracht.

Nun warten sie auf ihre Wiederkehr
und sammeln frische Kraft und Energie,
denn einmal wollen sie noch brennen
im herbstlich bunten Flammenmeer,
der Schöpfung Abschiedssymphonie;
bevor wir uns für lange trennen.

Und während sie in stiller Ruh
vom großen Zauber träumen,
strebt die Rivalin rasch dem Lichte zu.
Sie möchte keine Zeit versäumen
und blühend duften in den Räumen,
die zwischen jetzt und Spätherbst sind.

Auf hohem Stängel bunte Dolden:
die Flammenblume ist erwacht.
Sie will verschwenden, will vergolden,
will sich verschenken, Tag und Nacht,
mit ihrem Duft durch alle Räume schweben
und ein Bouquet aus allem Schönen weben,
das die Natur hervorgebracht.«

»Das ist hübsch. Du hast nicht nur ihre Eigenschaften, sondern auch ihren Stellenwert gut getroffen. – Du, ich kenne das Märchen von den Flammenblumen. Komm, wir gehen in die Laube. Ich will es dir erzählen.«

Das Märchen von den Flammenblumen

Vor langer Zeit, als die Erde noch wüst und leer war und der Geist des Herrn über ihr schwebte, regierte die siebenköpfige Feuerschlange. Sie jagte über die Erde, und alles, was ihr heißer, feuriger Atem berührte, ging in Flammen auf. So kam es, dass der Erdball zu glühen begann und das Land auf flüssiger Lava schwamm. Überall bebte die Erdkruste und riesige Vulkane spuckten Feuer.

In dieser brodelnden Ursuppe fühlte sich die Feuerschlange wohl, denn sie war das Böse, dem nichts Schönes gefiel. Glut und Schwefelgase waren ihr am liebsten. Ach, wie zischelte sie vor Freude mit ihren sieben Schlangenzungen, wenn es heiße Asche auf die Erde regnete.

Der Schöpfer war betrübt über dieses Tohuwabohu und beschloss, es zu ändern. Aber wie? Petrus meinte, er solle sich mit Sophia, der Weisheit, besprechen. Die sagte, er müsse zuerst das Böse, die Feuerschlange, beseitigen, denn sie sei schuld, dass sich auf der Erde nichts Schönes entwickeln könne, womit sie zweifellos Recht hatte. Doch das war leichter gesagt als getan, denn das Böse lässt sich nicht vernichten, selbst vom Schöpfer nicht. Es war immer da und wird immer da sein.

In seiner unbegreiflichen Weisheit handelte der Herr aller Dinge einen Kompromiss aus. Die Feuerschlange bekam ein bestimmtes Areal auf der Erde, in dem sie tun und lassen kann, was sie will, darf aber den weitaus größten Teil nicht mehr betreten. Damit sie sich nicht wie eine Gefangene fühlt, steht ihr der Himmel zur Verfügung. Deshalb sehen wir sie oft nachts, wenn es sternenklar ist, wie einen bunten Blitz durch die Sternzeichen zischeln, oder sie speit Flammenblitze durch dunkle Wolken. Dann wird es taghell auf der Erde und die Menschen bekommen Angst.

Wie es dem Bösen eigen ist, hält sie sich natürlich nicht an den Vertrag, sondern erscheint den Menschen in verschiedenen Verkleidungen, um sie mit schönen Worten zu locken und sprüht Gift unter sie.

Das Land, in dem sie lebt, hat sie in einen wunderschönen Garten verwandelt, in dem herrliche Blumen blühen. Sie sollen die Menschen locken, denn wer den Garten betritt, gehört ihr, der ist ihr Opfer. Alle, die ihn je betreten haben, sind nie wieder gekommen. Sie wurden versengt von ihrem feurigen Atem. Aus dem Feuer aber wachsen die schönsten Blumen: die Flammenblumen.

Hätten nicht Ameisen den Samen aus dem Schlangengarten in unsere Welt gebracht, könnten wir sie immer nur aus der Ferne bewundern. Doch dank dieser kleinen Wesen, die die Feuerschlange nicht bemerkt hatte, wächst der Phlox nun auch in unseren Gärten. Mit ihren flammend leuchtenden Farben strahlen seine Blüten heute noch die Glut ihres Ursprungs aus.«

Der Tag hatte sich längst schlafen gelegt und der volle Mond hing in den Zweigen der Hainbuche. Braaderup sah auf die Uhr. – Kurz vor drei. Josephine müsste längst da sein, dachte er und begann sich Sorgen zu machen. Es wird ihr doch nichts passiert sein? Ach, du lieber Gott, er wusste ja nicht einmal, wo er nach ihr suchen sollte. Sie verschwand immer, ohne zu sagen, wo sie hinging. Vielleicht lag sie jetzt irgendwo verletzt, hatte Schmerzen und konnte sich nicht helfen. Wie oft hatte er ihr gesagt, dass es besser wäre, wenn sie ein Handy hätte. Doch sie hatte nur lauthals gelacht und gemeint, dass so etwas Modernes nun gar nicht zu ihr passen würde. Im Stillen hatte er ihr Recht gegeben. Jetzt wäre aber ein solches Gerät sehr hilfreich, könnten sie sich doch über Apps und Mails Lebenszeichen senden. So aber blieben ihm nur das Warten und die quälende Sorge.

Plötzlich sah er im Gebüsch ihren hellen Schein, der langsam näher kam. Gott sei Dank! Aber warum kam sie so langsam, wo sie doch sonst immer schnell herbeihuschte?

»Ach, Liebste, da bist du ja endlich. Ich dachte schon, du würdest mich heute alleine lassen.«

»Nein, Braaderup, das würde ich niemals. Ich liebe dich doch. Wer wird denn den Liebsten alleine lassen? – Da bin ich. Ich bin nur fürchterlich abgeschlagen und ausgelaugt. Die viele Arbeit wächst mir über den Kopf. Es ist Herbst, da ist immer besonders viel zu tun. Ich wünschte mir oft, vier Hände und viel, viel Zeit zu haben. Du, die Zeit ist es. Sie ist so schrecklich knapp, als würde sie schneller vergehen als früher. Ich kann gar nicht alles schaffen. Sieh mal, ich muss die Früchte reifen lassen, muss den letzten Rosen Mut machen, noch einmal aufzublühen, muss das ganze Laub bunt anmalen. Kaum bin ich damit fertig, fallen die Blätter ab. Dann muss ich ihnen einen kleinen Schubs geben, damit sie nicht zu dir, sondern in Nachbars Garten fallen. Du, das will alles gemacht werden. Das passiert nicht von allein. Wenn der Winter kommt, tritt zum Glück Ruhe ein, Zeit zum Erholen, bevor es im Frühjahr wieder losgeht. Ist dir eigentlich aufgefallen, wie schnell so ein Jahr vergeht?«

»Ja, ja, Liebes, die Zeit. Alle stöhnen über Zeitmangel, Zeitverdichtung. Ich bin so froh, dass ich dieses Problem nicht habe. Ich freue mich über jeden Tag, den ich erleben darf und nutze ihn. Ich quäle mich nicht von einem Vergnügen zum anderen. Mein Vergnügen ist das Schreiben. Da drängt mich nichts, da bin ich mit meinen Gedanken allein, erlebe die schönsten Dinge und denke an dich, meine geliebte, kleine Fee. Was ich heute nicht schaffe, mache ich morgen. Die Hauptsache ist, dass wir uns sehen. Wahrscheinlich bin ich fürchterlich altmodisch, aber ich bin glücklich. Das Gefühl, zu wenig Zeit zu haben, hat es schon immer gegeben. Ich erinnere mich noch gut an die frühen 60-er Jahre, die Zeit des Wirtschaftswunders. Damals hieß es: Ärmel hochkrempeln und arbeiten. Wohlstand war das Zauberwort. Mühe und Engagement wurden belohnt: Jedes Jahr war etwas mehr im Geldbeutel. Wer mehr arbeitete, der hatte auch mehr. Das war der Grundsatz der Leistungsgesellschaft. Fleiß wurde belohnt. Da klagte keiner über Stress und Zeitverknappung. Es galt der Spruch: ein Tag hat 24 Stunden, und was wir da nicht schaffen, machen wir nachts.

Die Unzufriedenheit mit dem Arbeitsplatz war bei weitem nicht so groß, wie heute mit dem Job. Keiner sprach von Work-Life-Balance, denn die Arbeit war ja das Leben. Da dachte keiner ans ›Abtauchen‹ oder ›Handtuch werfen‹ oder an eine ›Auszeit‹. Freizeit war Arbeitszeit. Gut, das könnte man heute auch sagen: wir arbeiten bis zum Umfallen, 38,5 Stunden die Woche, in den 60-er Jahren waren es im Schnitt 46, und zusätzlich surfen wir in den sozialen Netzwerken, gehen ins Fitnessstudio, spielen Golf oder Tennis oder beides und fragen uns, wenn der Tag zu Ende ist: was habe ich eigentlich für mich gemacht? Wo ist meine Zeit geblieben?

Damals gab es einen Schlager von Ralf Bendix, das ist der, der auch den Baby-Sitter-Boogie gesungen hat, der die Situation charakterisierte: ›Schaffe, schaffe, Häusle baue‹, und der Volksmund erweiterte den Text noch um ›Hund abschaffe, selber belle.‹

Man war enorm produktiv. Es war die einzige Zeit in der Bundesrepublik Deutschland, in der es Vollbeschäftigung gab. Es gab so viel Arbeit, dass sogar Gastarbeiter aus dem Ausland geholt werden mussten. ›Wohlstand für alle‹, war die Devise von Ludwig Ehrhard.

Wir sahen unsere Väter selten, weil sie sich abrackerten wie die Blöden, damit es der Familie gut ging. Sie schluckten Captagon und Ritalin, um noch mehr aus sich rauszuholen. Da kam es durchaus vor, dass die Männer körperlich erschöpft waren und zur Kur geschickt wurden. Von solch einer Kur, in Bad Neuenahr, kommt der Held meiner heutigen Geschichte gerade zurück:

›Hallo! Kinder! Da bin ich wieder! Tatütata! Ach, Leute, bin ich froh, dass ich wieder da bin, dass die Kur zu Ende ist. Kommt alle mal her! Wir wollen einen auf meine Heimkehr trinken und dann erzähle ich euch, wie es war. Also! – Prösterchen! Prösterchen. Ihr glaubt gar nicht, wie erholsam das war. Ich kam an, wurde in einen Liegestuhl verfrachtet und musste mich erholen. Also, das ging gar nicht.

Stundenlang in den Himmel starren, da gehen einem die Gedanken durch den Kopf, ob die Geschäfte richtig gehen und wenn sie richtig gehen, ob sie ohne mich richtig gehen und wenn sie ohne mich richtig gehen, ob sie ohne … Prösterchen, Prösterchen. Nichts ist schlimmer, als untätig herumliegen und die Seele baumeln lassen. Ich bin fast durchgedreht. Habe mich natürlich sofort bei der Sanatoriumsleitung beschwert. Der Doktor machte ein bedenkliches Gesicht und untersuchte mich gründlich. Zunge rausstrecken und Aaaaa sagen, na, ihr kennt das ja. Mit dem Hämmerchen aufs Knie klopfen, das ganze Pipapo. Dann sah er mich lange an, wusste wohl auch nicht so recht und sagte dann: Herr Meier, versuchen Sie es mal mit angeln, angeln beruhigt. Also ging ich am nächsten Tag in ein Anglerbedarfsgeschäft und kaufte eine Angel, Köder und einen bequemen Hocker. Gleich beim Sanatorium fließt die Ahr. Ich suchte mir ein schattiges Plätzchen und warf die Angel aus. Aber was soll ich euch sagen: wenn man stundenlang auf einem Fleck sitzt und auf den Schwimmer starrt, da gehen einem die Gedanken durch den Kopf, ob die Geschäfte richtig gehen und wenn sie richtig gehen, ob sie ohne mich richtig gehen und wenn sie ohne mich richtig gehen, ob sie ohne … Prösterchen! Prösterchen. Kurz entschlossen kaufte ich zwei weitere Angeln und legte sie im Abstand von 50 Metern aus. Nun war das schon ganz schön. Im Dauerlauf lief ich den Fluss hinauf und hinunter, denn mal biss rechts einer an, dann wieder links oder in der Mitte. Es war ein ständiges Fisch vom Haken, Köder drauf, Angel auswerfen. Fisch vom Haken, Köder drauf, Angel auswerfen. So ging es den ganzen Tag. Abends brachte ich den Fang zum Klinikkoch. Der freute sich ein Loch in den Bauch und fragte, ob ich nicht mehr liefern könnte, damit er sie auf die Speisekarte setzen könne. Ich sagte zu und kaufte weitere sieben Angeln. Zehn Angeln im Abstand von 50 Metern ist viel, deshalb musste noch ein Fahrrad her. Nun war das eine richtig gute Sache. Ich düste den Fluss hinauf und hinunter. Fisch vom Haken, Köder drauf, Angel auswerfen. Fisch vom Haken, Köder drauf, Angel auswerfen. Fisch vom Haken, Köder drauf, Angel auswerfen ... Die Fänge wurden immer größer und ich belieferte die nahegelegenen Pensionen. Der Gewinn wurde sofort investiert. Als ich 25 Angeln ausliegen hatte, dachte ich, dass das Geschäft ausbaufähig ist, pachtete das ganze Flussufer, kaufte noch 75 Angeln dazu und stellte zehn Leute ein. Fünf für den Fischfang und fünf für die Verpackung vor Ort. Das Geschäft entwickelte sich lawinenartig. Ich beliefere die Gasthäuser, Rasthäuser, Krankenhäuser, Tannhäuser, Kyffhäuser ... Prösterchen! Prösterchen! Aaaah, das tut gut! Das Geschäft läuft. Um alles ausliefern zu können, kaufte ich ein Transportunternehmen mit Kühlwagen. Ach, Kinder, Urlaub ist so ein seltener Luxus. Wenn man ihn sich mal leistet, muss er sich auch lohnen. Zurzeit habe ich 165 Angeln ausliegen, 25 Mitarbeiter, ein eigenes Transportunternehmen und liefere bis hoch zum Hamburger Fischmarkt. Augenblicklich verhandele ich mit einem Schiffseigner, um seine Kutterflotte zu kaufen, denn wenn der Fluss im Winter zugefroren ist, muss ja der Verkauf weitergehen. Ihr glaubt gar nicht, wie froh ich bin, wieder zu Hause zu sein. Alles geht seinen geregelten Weg. Also denn man Prost und rein ins Vergnügen, wird ja allerhand liegengeblieben sein, während ich in Kur war.‹

Heute ist der Zeitmangel völlig anders, mehr hausgemacht, irgendwie überflüssig. Mir scheint, die Menschen haben nicht die Kraft und den Mut zu entschleunigen, denn dann würden sie ja genug Zeit haben, müssten aber auf Vergnügen verzichten, was sie aber nicht wollen.

Wir leben im Zeitalter der Zeitverdichtung, der Zeitbeschleunigung, der Zeitknappheit. Keiner weiß so recht, warum. Obwohl wir kritiklose, treue Adepten der Technik sind, haben wir das Gefühl, die Zeit sei knapper als ein wertvoller Rohstoff.

So komisch es auch klingt, aber es ist gerade die Technik, die uns das Leben erleichtern und für mehr Freizeit sorgen sollte, die das Lebenstempo beschleunigt und den Menschen stresst. Alles ist schneller geworden. Ein ICE ist schneller als die Postkutsche, eine E-Mail schneller als ein Brief, wir produzieren immer mehr Güter und Dienstleistungen in immer kürzerer Zeit.

Brauchte früher ein Schiff von Europa nach USA drei Wochen, so schaffen es heute Passagierflugzeuge in acht Stunden. Die Technik, die uns helfen sollte, Zeit zu sparen, führt zur Beschleunigung des Lebenstempos. Sie eröffnet uns die Welt und macht vieles möglich, was früher undenkbar war. Wir möchten für uns möglichst viele dieser Optionen realisieren, alles machen, überall dabei sein, das Leben auskosten. Früher oder später erkennen wir, dass trotz aller Beschleunigung unsere Zeit nicht ausreicht, alles ›mitzunehmen‹. Unsere Lebenszeit ist zu kurz.

Es scheint die Tragödie des modernen Menschen zu sein, dass er den Eindruck hat, in einem unbarmherzigen Hamsterrad gefangen zu sein. Sein Lebens- und Welthunger wird nicht befriedigt, und er wird zunehmend frustrierter. Er sieht die gewaltigen Möglichkeiten, die ihm die Technik bietet, aber ihm fehlt die Zeit, sie alle zu nutzen. Das Internet hat die Geschwindigkeit kommunikativer Interaktionen gesteigert und neue Kommunikationsstrukturen geschaffen. Hinzu kommt, dass der Kapitalismus keine Pause einlegen kann, denn eine Pause bedeutet altmodisch werden, nicht mehr aktuell zu sein, anachronistisch bezüglich der Erfahrungen, des Wissens, der Kleidung, der Orientierung und sogar der Sprache. Ältere Menschen in der westlichen Gesellschaft sind häufig nicht mehr in der Lage, die Jüngeren zu verstehen, wenn sie über ihre Gameboys, E-Mails, DVDs oder PCs reden.

Der Mensch ist auf Dauer der Raserei nicht gewachsen. Mag auch der Körper physisch standhalten, die Seele tut es nicht. Die Folge des Beschleunigungsdruckes sind individuelle Ausstiegsreaktionen, wie Depressionserkrankungen, zu denen auch das Burnout-Syndrom zählt. Burnout, fast schon zum Modewort geworden, ist in den letzten Jahrzehnten so gut wie in allen Teilen der globalisierten Welt signifikant angestiegen. Die Seele wehrt sich und sorgt für Entschleunigung. Es scheint sich so etwas wie ein Kult zu entwickeln: Wer heute keine Lust mehr hat oder dem unphysiologischen Beschleunigungsdruck nicht mehr standhält, flüchtet sich in ein Wort: Burnout. Englisch! Das klingt wichtig. Würde er das nicht tun, gälte er als Schwächling, der den Anforderungen der Zeit nicht gewachsen ist.

Wer ein solches ›Opfer‹ in der ›Klapse‹ besucht, wird es bald beneiden. Was der alles darf, ohne bestraft zu werden. Fantastisch! Sogar in den Medien findet er uneingeschränktes Mitleid und Verständnis. – Wie sich doch die Zeiten ändern.«

Vor kurzem hatte er Eddy, sein großes Vorbild, besucht. Eddy war das, was man einen Gipfelstürmer nennt; früher haben wir verächtlich Streber gesagt. Er schuftete Tag und Nacht. – Der hatte mehr unbezahlte Überstunden als Kernarbeitszeit. Neben der täglichen Arbeit war er unaufhörlich in den sozialen Netzwerken unterwegs, investierte eine Unmenge Zeit, um möglichst viele »Likes« zu ergattern. Seine Zeit verdichtete sich mehr und mehr.

Er konnte sich noch gut erinnern, wie stolz Eddy auf diese lächerlichen Likes war. Hätte lieber mit uns ein gemütliches Bier trinken sollen. Aber nein, sein Pseudoimage war ihm wichtiger.

Egal, wann man nachts bei der Firma vorbeiging, in Eddys Büro brannte Licht. Wie oft hatte er sich gefragt, wann der eigentlich schlief. Morgens, wenn die anderen kamen, saß er schon vor seinem PC, gestriegelt und gebürstet, immer frisch rasiert, Zähne gebleacht, dunkler Anzug, weißes Hemd, Krawatte, rahmengenähte Schuhe von Alden. Warum die immer braun sein mussten, was beim dunklen Anzug definitiv scheiße aussieht, verstand keiner. War wohl modern.

Eddy scheute keine Mühen für die Karriere. Privatleben hatte er nicht, sieht man mal von seinem »Mingle-Dasein« ab. Er vermied jegliche Bindung und lebte mit seiner Partnerin in der Halbbeziehung des klassischen, beziehungsunfähigen Großstadtneurotikers. Er traf sich mit der Auserwählten in gewissen Abständen, ging mit ihr essen oder ins Kino, telefonierte, hatte Sex und Gespräche, alles plätscherte so dahin. Alles ein bisschen, aber immer Wischiwaschi. Eine feste Bindung ging er nicht ein. Mit der Beziehung war es wie mit der Karriere: er wollte sich keine besseren Optionen verbauen. Sein Optimierungsbestreben machte ihm letztlich so viel Stress, dass er eines Tages in einer psychiatrischen Klinik landete, d. h., er wies sich selbst ein, weil er sich nicht mehr in der Lage sah, sein Leben in den Griff zu kriegen. Das sollten nun andere für ihn tun. Flucht in die Krankheit, wobei der Begriff »Krankheit« relativ zu sehen ist. Bekanntlich stellt sich, wo Begriffe fehlen, ein Wort zur rechten Zeit ein, und so segelte Eddy unter der Diagnose: Burnout. Klasse! Modern und durchaus positiv konnotiert, während die deutschen Begriffe leistungsschwach, depressiv, negativ belegt sind.

Natürlich waren alle geschockt. Donnerwetter, es hatte den armen Eddy erwischt, ausgerechnet jetzt, wo er dabei war, wie ein Komet aufzusteigen. Ach, der Ärmste. Er hatte sich nicht geschont, immer alles gegeben, war am Limit gewesen. Was für einen aufopfernden Balanceakt hatte er hingelegt. – Und nun? – Ach, Eddy. Alle bedauerten ihn. Keiner kam auf die Idee, dass er den Aufgaben, die er sich zugemutet hatte, nicht gewachsen war, dass er ständig über sein Fähigkeitslimit gelebt hatte.

Irgendwann besuchte er ihn. So eine Nervenklinik ist eine Welt für sich, nicht nur, dass alle Klischees, die es über derartige Einrichtungen gibt: kahle Gänge, Menschen im Trainingsanzug oder Nachthemd, Gemeinschaftsräume mit Fernseher, vor dem stupide vor sich hin starrende Menschen sitzen, streng eingehalten werden.

Beim Pförtner erkundigte er sich nach Eduard Schneider. – »Schneider, Eduard, – Schneider, Eduard, – da haben wir ihn! – Station A2. – Sie nehmen den Fahrstuhl und fahren in den zweiten Stock, wenn Sie rauskommen, gehen Sie nach links, das ist die A2, rechts ist die B2.«

Der Fahrstuhl, ein uraltes Modell, wahrscheinlich noch die Erstausstattung, machte so fürchterliche Geräusche, dass er froh war, als er im zweiten Stock aussteigen konnte.

Die Tür zur A2 war verschlossen. – Bitte klingeln! – Er klingelte und wartete geduldig, bis ihm ein Pfleger öffnete. »Ich möchte gerne zu Herrn Schneider, Eduard Schneider«, sagte er leise. »Kommen Sie rein, der Eddy ist im Park. Da ist er meistens. – Na, der wird sich freuen, dass er mal Besuch bekommt. – Gehen Sie den Gang entlang bis zur Tür und dann die Treppe hinunter ins Erdgeschoss. Na, Sie werden ihn schon finden. Eddy sitzt irgendwo auf einer Bank.«

Er hatte ihn schnell gefunden, denn es saßen nicht viele auf einer Bank. Doch der Mann auf der Bank war nicht der Eddy, den er kannte. Er trug immer noch Anzug, jetzt aber Schlafanzug, und darüber einen weit offenen Bademantel. Er hatte sich seit Tagen nicht rasiert, seine Haare waren fettig. Das war nicht der gestylte Karriere-Eddy, sein Vorbild.

»Hallo, Eddy, altes Haus, wie geht's dir?« Er sagte nichts, sondern starrte ins Leere. Das musste er sich abgeguckt haben oder es war der klinikeigene Virus, denn hier guckten alle so. – Irgendwie meschugge.

Nach längerem Schweigen fragte er: »Du, soll ich uns einen Kaffee holen? Mit Milch, mit Milch und Zucker, oder schwarz?« Eddy schwieg. Nach einer Weile sagte er mit bedächtiger Stimme: »Du, ich weiß es nicht. Manchmal trinke ich Kaffee nur mit Milch, aber oft auch mit Milch und Zucker. Ich bin mir nicht sicher. Was meinst du?« – »Ja, Eddy, eigentlich hast du ihn immer schwarz getrunken. – Schwarz, wie meine Seele, hast du gesagt. – Weißt du was, überlege es dir in aller Ruhe, wir können ja in der Zwischenzeit ein bisschen spazieren gehen.«

»Das ist gut, mein Therapeut hat gesagt, ich soll mir immer alles gut überlegen und nichts voreilig entscheiden. Vor Entscheidungen soll ich mich hüten, die seien mein Problem, meine Achillesferse. Die würden nur unnütze Hektik in mein Leben bringen, und ich brauche jetzt sehr viel Ruhe. Schließlich bin ich krank.«

Komisch, dachte er, bevor die ihm hier erzählt haben, dass er ein Problem mit Entscheidungen hat, hatte er keins.

Scheint wohl alles eine Frage des Therapeuten zu sein. Es ist gut, eine Diagnose zu haben. Die berechtigt zu einer Auszeit, nimmt einen aus dem Rennen. Jeder muss es verstehen, muss Rücksicht nehmen, denn schließlich ist man krank, man hat eine offizielle Berechtigung zum Scheitern, zum Versagen.

Was für ein Segen, dass plötzlich in unserem Land psychische Krankheiten nicht mehr stigmatisieren. Diese blöde Pflichterfüllung, die wir mit der Muttermilch aufgesogen haben, hat endlich ein Ende. Was heißt hier: kümmere dich um dich, du musst dein Schicksal in die Hand nehmen, werde glücklich. – Alles Schnee von gestern. Alle müssen sich um mich kümmern, müssen mir helfen, müssen Rücksicht auf mich nehmen, denn schließlich bin ich krank. – Was für ein Glück, dass sich der Mensch aus der Evolution genommen hat, denn dadurch wird er bedauert und gepflegt; früher wäre er ausrangiert worden.

»Weißt du«, sagte Eddy und starrte ein Loch in die Luft, »sie haben mich fertig gemacht.«

»Wer hat dich fertig gemacht, Eddy?«

»Ihr alle. Ihr habt mich immer nur beneidet, doch von keinem habe ich Anerkennung bekommen. Alle haben nur gefordert. Immer mehr habt ihr mir aufgeladen, bis ich nicht mehr konnte. Ich habe das nicht gemerkt, weil ich keine Zeit zum Besinnen hatte. Mein Therapeut sagt, ich sei ein typisches Beispiel für Überforderung. – Das hat er gesagt. Ich würde mich nicht trauen ›nein‹ zu sagen, hat er gesagt.«

»Aber Eddy, es hat dich doch nie einer gezwungen, du hast dir den ganzen Quatsch selbst aufgeladen, freiwillig auf dich genommen. Du wolltest brillieren, Karriere machen, wolltest der absolute Überflieger sein, bist an allen vorbeigeprescht, immer in der ersten Reihe. Da sind irgendwann die Akkus leer.«

»Nein, das siehst du ganz falsch. Die Umwelt, die Gesellschaft, hat mir jegliche Hilfe verweigert, hat immer nur positive Bilanzen sehen wollen. – Ich habe geackert und geackert. Glaubst du, einer hätte mal ›Danke‹ gesagt? – Nur die Ergebnisse zählten. – Ich war doch allen scheißegal.«

»Aber Eddy, keiner hat dich gezwungen, du hast dich in einen Erfolgsrausch gebracht, hast verbissen geschuftet, nicht nach rechts und links gesehen. Nur einmal im Jahr hast du gelächelt: wenn du die Höhe deiner Boni gesehen hast, oder von deinen 250 Likes erzähltest. Was hat dir das alles genützt, mein Lieber? – Nichts! Wo sind sie denn, deine vielen ›Freunde‹ aus dem Netz? Glaubst du, die gäben dir jetzt noch ein Like, wo du auf der Nase liegst? Hat dich einer besucht? – Du musst mich gar nicht so ansehen, Eddy, das ist doch die Wahrheit. Ich bin der Einzige, der kommt, weil ich dein Freund bin. Von mir bekommst du keine Likes, aber ich besuche dich. Glaube mir, Eddy, nur ein Freund in der Not ist ein wahrer Freund. Dein ganzes soziales Netzwerksystem ist zusammengebrochen, außerdem hast du erkannt, dass du der Beschleunigung des Lebens nicht gewachsen bist. Das alles war zu viel. Deine Seele hat ›Nein‹ gesagt zu dieser unphysiologischen Lebensweise und dir eine Auszeit verordnet, damit du in aller Ruhe über deine Fehler nachdenken kannst. Nutze die Chance und fang von vorne an. Noch ist es nicht zu spät. Wenn ich dir helfen kann, du kannst auf mich zählen.«

»Kritisiere mich nicht, das ist ganz schlecht, sagt mein Therapeut. Ich muss auf meiner Meinung beharren und meine Umwelt muss auf mich eingehen, weil ich krank bin. Alle müssen Rücksicht nehmen.«

Es war zwecklos, mit ihm zu diskutieren. Eddy lebte seine Krankheit. Er ging völlig in dem auf, was er darüber im Internet gelesen hatte und was ihm sein Therapeut eintrichterte. Vielleicht wollte er es so, denn die Krankheit gab ihm Sicherheit in seiner eingebildeten Welt, machte ihn immun gegen Anfechtungen. Nur sein Therapeut hatte zu ihm Zugang, und Eddy folgte ihm willenlos. – Jetzt war er wirklich krank.

Irgendwann wird ihn sein Psychiater wieder auf die Schienen setzen. Hoffentlich hat er ihm bis dahin beigebracht, dass das Leben kein Zuckerlecken, dass Unglücklichsein etwas ganz Normales und Karriere nur für den wirklich Starken bekömmlich ist, dass man Fehler immer bei sich selbst suchen muss, um sie aufzudecken, zu korrigieren, und sich dadurch zu optimieren. Hoffentlich sagt er ihm auch, dass ständiges Glück eine Lüge und Unglück keine Krankheit ist.

Krank ist der, der denkt, dass immer alles harmonisch und sanft dahin fließen muss, wie ein murmelnder Bach. Ständig glücklichen Optimisten sollte man mit Skepsis begegnen und sich fragen, was bei denen wohl alles schief läuft. Wahrscheinlich haben sie eine Manie und sind schwer krank. Den Verzagten, den Zweifelnden, den Unglücklichen klopft man am besten auf die Schulter und sagt: »Junge, du bist in der richtigen Welt angekommen. Willkommen im Club.«

Als er mit dem knarrenden, krachenden Fahrstuhl wieder in die Freiheit fuhr, entschloss er sich, das Angebot seines Chefs anzunehmen und Eddys Nachfolge anzutreten.

»Weißt du, Josephine, es ist doch immer das gleiche, wer wie verrückt an seinem Image schleift, ist stumpf, bevor er scharf ist. Jede Zeit hat ihre Zeitprobleme. Unterschiedlich ist doch nur, wie man zum Leben steht, was man für sich verlangt, welche Schwerpunkte gesetzt werden, und die Art, wie man mit einem Problem umgeht. Das geht alles Hand in Hand, ist miteinander verquickt. Es ist wahrscheinlich, dass ein und derselbe unter unterschiedlichen Voraussetzungen auch unterschiedlich reagiert, dass der ›Macher‹ der 60-er Jahre heute auch in der ›Klapse‹ landen würde. Bei Null anfangen und etwas aufbauen, sind andere Voraussetzungen, als im Überfluss leben und einer ungeheuren Menge von Versuchungen ausgesetzt zu sein. Außerdem passt sich jeder dem Zeitgeist an. In den 60-ern war es der Wunsch, Wohlstand zu schaffen. Heute leben wir im Wohlstand und möchten vor allem das Leben genießen, den Wohlstand aber bewahren. Das ist schon ein bisschen maßlos und nicht so leicht umzusetzen.

Wie anders ging es da doch dem Hans. Als Zweitgeborener eines Bauern stand er nach dem Tod des Vaters mittellos auf der Straße und musste in der weiten Welt sein Glück suchen.«

Der rote Zauberstein

Der alte Bauer lag im Sterben und rief seine beiden Söhne. »Ich gehe jetzt von dieser Erde und überlasse euch eurem Schicksal. Johann, mein Ältester, du bekommst den Hof, so, wie es Brauch ist. Du, Hans, geh in die weite Welt hinaus und suche dein Glück. Bello, unser treuer Hund, soll dich begleiten.« Er sprach's und schloss die Augen für immer.

Hans füllte sein Ränzel mit Proviant, nahm Abschied vom Bruder, rief Bello und machte sich auf die Wanderschaft. Sie waren noch nicht weit gekommen, als sie in den Feldern die Katze mit einer Maus spielen sahen. »Halt, du alter Kater, lass das Mäuschen in Ruhe.« Hans nahm die Maus, die ihr letztes Stündlein schon gekommen sah und steckte sie in die Tasche. »Dich, Mäuslein, wollen wir als Erinnerung an unser Zuhause mitnehmen.«

Fröhlich und unbeschwert gingen sie immer der Sonne entgegen. Die Maus hatte sich bald von ihrem Schrecken erholt. Meistens saß sie in Bellos Fell, der sich gut mit ihr verstand, und wenn es Abend wurde, verschwand sie in der Jackentasche von Hans.

Sie waren viele Tage gegangen, da ging ihr Proviant zur Neige. »Ja, meine Lieben, jetzt ist guter Rat teuer«, sagte Hans, »was sollen wir gegen den Hunger tun? Geld haben wir keins, und die Vorräte sind aufgebraucht.« Die kleine Reisegesellschaft ließ die Köpfe hängen.

Müde und längst nicht mehr so fröhlich gingen sie weiter, bis sie an eine große Mauer kamen. »Was mag sich wohl hinter dieser Mauer verbergen?«, sagte Hans. »Ich werde mal hochklettern und hinübersehen.« Mit Mühe kletterte er an der hohen glatten Mauer empor und war erstaunt, als er vor sich einen herrlichen Park mit einem prächtigen Schloss sah.

»Hört mal, ihr beiden, wir müssen da rüber. Hinter der Mauer verbirgt sich eine Wunderwelt«, sagte er, als er wieder auf der Erde stand.

»Für dich, mein Mäuschen, wird es einfach sein, du krabbelst einfach in meine Jackentasche, und ich nehme dich mit, aber der Bello, was machen wir mit dem Bello? Am besten knote ich meine Kleider aneinander, binde sie um seinen Bauch und ziehe ihn hoch. Auf die gleiche Weise lassen wir ihn auf der anderen Seite herunter.« Gesagt, getan. Es dauerte nicht lange und die drei Gefährten standen in dem herrlichen Garten. Noch nie hatten sie so etwas Prächtiges gesehen. Fast ungläubig gingen sie die Wege entlang, immer in der Angst, alles würde so plötzlich verschwinden, wie es da gewesen war. Als sie auf eine große Wiese kamen, sahen sie eine junge Frau, die mit einer schweren Kette an einen Baum gebunden war. Sie weinte unaufhörlich. Hans blieb wie angewurzelt stehen. So eine schöne Frau war ihm noch nie begegnet. Von ihr ging eine Wärme aus, die sein Herz höher schlagen ließ. »Ihr seid so wunderschön, sagt mir doch, warum Ihr weint.«

»Ach, ich bin die arme Nymphe Gabrielle, die von dem Herrn dieses Schlosses gefangen gehalten wird. Ich werde so lange an diese Kette gebunden bleiben, bis ich mich ihm freiwillig hingebe. Dieser brutale Wüstling ist es gewöhnt, zu bekommen, was er will. Ich wollte nicht. Deshalb hat er mich an diesen Baum gekettet. Hier muss ich nun bei Wind und Wetter stehen. Jeden Tag kommt er und fragt mich, ob ich bereit bin. – Ach, ich bin schon so matt, dass ich kaum noch kann. Seid nur vorsichtig, dass er euch nicht sieht. Er wird euch vernichten.«

»Na, meine Liebe, mit dem Vernichten ist es noch lange nicht so weit. So schnell lassen wir uns nicht unterkriegen, mag er noch so ein großer Zauberer sein. Jetzt wollen wir Sie aber erst mal von der schweren Kette befreien. Das ist ja fürchterlich, Sie armes Geschöpfchen.« Mit ein paar flinken Handgriffen hatte er die Kette gelöst und Gabrielle rieb sich die wunden Sprunggelenke. »Komm«, sagte Hans, »wir wollen Huflattichblätter drauflegen, die kühlen schön, und dann sehen wir zu, dass wir hier wegkommen. Lasst uns ein schönes Versteck suchen, damit uns der Unhold nicht findet.«

»Mein lieber Hans, dieser Teufel in Menschengestalt

wird uns überall finden. Er verfügt über übersinnliche Kräfte. Nichts wird uns helfen. Wir sind verloren.«

»Ach, Gabrielle, fürchte dich nicht. Wir wollen erst einmal abwarten, was geschieht. Hast du eine Ahnung, wo wir was zu essen bekommen? Unsere Mägen knurren schon seit Tagen.«

»Warum das denn?«, fragte die Nymphe besorgt.

»Ach, Gabrielle, wir sind drei heimatlose Wanderer. Der Bruder hat den Hof bekommen, wie es Brauch ist, und ich muss nun in der weiten Welt mein Glück suchen. Wären meine beiden Freunde nicht, ich würde sterben vor lauter Leid und Sehnsucht. Vor Tagen schon haben wir unseren Proviant aufgegessen und sind nun vom vielen Marschieren hungrig. Weißt du, ich bin ein tüchtiger Bauer, aber kein guter Wandersmann. Wie oft habe ich mir schon gewünscht, wieder zu Hause zu sein, gerne auch als Hilfsknecht; Hauptsache auf dem Hof. Hast du nicht vielleicht irgendwo ein Stückchen Land, das ich bebauen kann?«

»Vielleicht«, sagte Gabrielle und lächelte. »Doch alles zu seiner Zeit. Jetzt müssen wir euch erst einmal was zu essen besorgen. Ich habe da eine Idee: Auch wenn es fantastisch klingt, es ist am besten, wenn du zu dem Unhold gehst und ihn um etwas zu essen bittest. Er wird dir nichts geben, aber sein Lieblingsspiel mit dir treiben. Er wird sagen, du sollst aus seiner Schatzkammer so viele Taler nehmen, wie du tragen kannst. Dafür könntest du dir was zu essen kaufen. Alle, mit denen er dieses Spiel getrieben hat, stopften sich ihre Taschen so voller Gold, dass sie kaum noch laufen konnten. Wenn sie dann weniger Meter vom Schloss entfernt waren, rief er: » Hilfe! Ich bin bestohlen worden! Herbei, ihr Männer! Bringt mir den Dieb zurück! Tot oder lebendig!« Dann hetzen seine Schergen hinterher und fangen den sogenannten Dieb ein. Er hat seine Freude daran, zu sehen, wie die Menschen um ihr Leben laufen und auf der Flucht versuchen, alles Gold aus ihren Taschen wegzuwerfen, um schneller rennen zu können. Deshalb stopfe deine Taschen mit Watte aus, damit sie prall gefüllt aussehen. Nimm nichts von dem Gold, es ist viel zu schwer. Nimm nur den kleinen roten Stein, der auf dem Fensterbrett liegt. Dieser Stein ist das wertvollste, was er überhaupt hat, denn es ist ein Zauberstein. Wenn ihn eine reine Jungfrau rubbelt und sich etwas dabei wünscht, geht es in Erfüllung. Was meinst du, weshalb dieser Wüterich meine Liebe gewinnen will. Ich soll den Stein rubbeln, damit er sich über mich alle Wünsche erfüllen kann.«

»Ach, Gabrielle«, rief Hans lachend, »rubbeln ist immer schön. Ich werde alles genauso machen, wie du gesagt hast. – Bello, du legst dich auf die Lauer und beißt jeden, der mir zu nahe kommt, ins Bein. Verstanden?«

»Klar«, knurrte Bello und fletschte die Zähne.

Hans trat keck vor den Unhold. Der sah furchterregend aus mit seinem zerzausten Bart und dem starren, kalten Blick. Hans lief eine Gänsehaut über den Rücken. Doch er riss sich zusammen und sagte mit fester Stimme: »Majestät, tagelang habe ich nichts gegessen. Ich war schon dem Verhungern nah, da sah ich Euer Schloss und dachte bei mir: da drin muss ein gütiger, großzügiger Herr leben, der einem armen Wanderer etwas zu essen gibt. Ich bitte Euch um einen Kanten Brot, und wenn Ihr mir in der Güte Eures Herzens noch ein Stückchen Wurst dazu geben würdet, bin ich Euer gehorsamer Diener.«

Schlagartig veränderte sich das Gesicht des Wüterichs. Ein Lächeln erschien und mit säuselnder Stimme sagte er: »Aber mein lieber, junger Freund, das ist ja ganz schrecklich. Tagelang, sagt Ihr, habt Ihr nichts gegessen. Da wollen wir gleich Abhilfe schaffen. Geht in meine Schatzkammer und nehmt Euch so viel vom Gold, als Ihr tragen könnt. Kauft Euch zu essen, was und so viel Ihr wollt. Mein Diener soll Euch führen.«

»Majestät, ich danke für Eure Güte«, sagte Hans und verbeugte sich tief. Der Diener führte ihn durch viele Gänge, bis zu einer großen, schweren Tür. »So, da sind wir«, sagte er und schloss die Tür auf. »Bedienen Sie sich, mein Herr.«

Hans glaubte seinen Augen nicht zu trauen. Da stand eine riesige Truhe neben der anderen, mit Schmuck und Goldtalern übervoll. An den Wänden Regale, die sich unter der Last der Goldbarren bogen. In Kisten und Glasvitrinen waren, sorgfältig in Watte gelegt, die schönsten Edelsteine drapiert. Ach, es war ein Glitzern und Funkeln im Raum, dass er von der Pracht ganz geblendet war.

Als der Diener verschwunden war, nahm er als erstes den roten Stein vom Fensterbrett und steckte ihn tief in die rechte Jackentasche. Der war für Gabrielle. In die linke steckte er einen Goldtaler für sich und die Tiere. Dann stopfte er alle Taschen mit Watte voll, bis er wie aufgeblasen aussah. So getan ging er scheinbar schweren Schrittes zum Ausgang. Da hörte er den Unhold rufen: »Hilfe! Ich bin bestohlen worden! Herbei, ihr Männer! Bringt mir den Dieb zurück! Tot oder lebendig!«

Hans hatte keine Zeit, sich zu wundern, woher so schnell die vielen Bewaffneten kamen, denn er musste, so schnell er nur konnte, rennen. Aber es war vergebens. Schnell hatten ihn die Schergen des Bösewichts umringt und führten ihn vor den Thron. »Ach, da ist er ja wieder, unser Hungriger«, rief der mit donnernder Stimme. »Nun macht ihm mal die

Taschen leer, damit wir sehen können, was er alles stehlen wollte.« Wie staunte der Unhold, als nur lauter Watte zum Vorschein kam und ein einziges Talerchen. Den Stein hatten sie nicht gefunden, denn er war durch ein Loch in der Tasche in das Jackenfutter gerutscht. »Ach, sieh nur, der Brave, einen winzigen Taler hat er sich genommen. Das war brav von dir. Dafür wollen wir dich belohnen, leidiger Dieb. Holt die Kiste, Leute.« Die Männer schleppten eine große Holzkiste herein. »Wir werden dich in diese Kiste legen, sie zunageln und in den Fluss werfen. Weil du tagelang nichts gegessen hast, geben wir dir reichlich Proviant mit. Gerade so viel, dass die Kiste nicht sinkt. Da hast du für die Fahrt eine schöne Wegzehrung. Du weißt ja, ob du die Lebensmittel isst oder nicht, das Gewicht der Kiste bleibt gleich. Im Laufe deiner schönen Bootsfahrt wird sich das Holz langsam mit Wasser vollsaugen, bis sie versinkt. Die andere Möglichkeit wäre, dass du es bis zu den Wasserfällen schaffst. Ich gönne es dir von Herzen, denn das geht schneller, als dieses leidige Ertrinken. – Legt ihn in die Kiste, Männer, und gebt ihm alles mit, was die Küche zu bieten hat. Er soll nicht sagen, ich sei knauserig gewesen. Ich wünsche dir schon mal gute Reise. Das Mittagessen wartet. Ich muss mich beeilen, sonst wird es kalt. – Alles Gute, mein Freund.« Er drehte sich um und ging lachend davon.

Die Männer legten ihn zusammen mit Schinken, Würsten und Brotlaiben in die Kiste. Dann wurde es dunkel, und er hörte, wie sie große Nägel in den Deckel schlugen. Sie trugen die Kiste zum Fluss und warfen sie im hohen Bogen hinein. Als es Platsch machte, dachte Hans: »Nun ist alles verloren.«

Doch nichts war verloren. Seine drei Freunde schlüpften unbemerkt durch das geöffnete Tor und folgten den Männern.

Sie sahen, wie die Kiste im Wasser trieb und liefen ihr am Ufer nach. Da sagte die Maus zum Hund: »Du, Bello, bleib mal stehen. Ich krabbele auf deinen Rücken, du springst ins Wasser und schwimmst so schnell du kannst zu Hans in der Kiste. Ich werde das Holz um die Nägel zerbeißen, damit Hans den Deckel von innen aufstoßen kann. Wir müssen uns aber beeilen, damit sich das trockene Holz nicht mit Wasser vollsaugt und er in den Fluten versinkt.«

»Ja«, sagte Gabrielle, »es ist Eile geboten, denn auch der Wasserfall ist nicht mehr weit.«

Bello war erschöpft und atmete schwer, als sie das hölzerne Gefängnis erreichten. Rasch kletterte Mäuschen auf das Dach und nagte zunächst ein Loch, um zu sehen, wie es Hans ging. Der merkte natürlich sofort, dass irgendetwas im Gang war und musste lachen, als er den kleinen Mäusekopf sah. »Du«, sagte das Mäuschen, »ich hol dich hier raus. Ich nage das Holz an den Nägeln an, dann brauchst du nur von innen gegen den Deckel zu stoßen und herausklettern. Sei vorsichtig, dass ich dabei nicht ins Wasser falle. Du weißt ja, ich kann nicht schwimmen.«

Gesagt getan. Das Mäuschen hatte schnell die vier großen Nägel vom Holz befreit und sagte: »Nun hebe vorsichtig den Deckel an.«

Als Hans aus der Kiste stieg und ins Wasser sprang, blieb er mit seiner Jacke an einem Nagel hängen. Das Futter riss und der Zauberstein versank im Wasser.

»Ach, Gabrielle, ich habe den Zauberstein verloren«, klagte Hans, als er am Ufer stand. »Er ist ins Wasser gefallen.« »Hmmh«, Gabrielle dachte nach. »Lasst mich mal machen. Ihr versteckt euch im Gebüsch, bis ich wieder da bin.« Sie ging zum Ufer, weinte und rief laut: »Oh Elend, oh Jammer. Oh

Elend, oh Jammer.« Nach einer Weile kam eine dicke alte Kröte zu ihr geschwommen und fragte: »Warum jammerst du denn so laut, Nymphe Gabrielle? Ist was Schlimmes passiert?«

»Noch nicht, liebe Kröte, noch nicht, aber es wird bald etwas Fürchterliches passieren. Ein gewaltiger Erdrutsch wird den Fluss zuschütten und alles Leben vernichten. Ach, ihr armen Frösche und Kröten und die unschuldigen Fische. Wir müssen ganz schnell einen Deich aus Steinen bauen, doch ich schaffe das nicht allein.«

»Das ist ja fürchterlich, Gabrielle, ich muss es sofort allen sagen. Sie sollen Steine vom Grund des Flusses herbeischaffen. Vielleicht können wir das Unheil noch abwenden.«

Da tauchte alles Getier des Flusses auf den Grund, holte Kieselsteine und warf sie ans Ufer. Gabrielle rannte hin und her und besah sie. Da waren weiße, gelbe und graue, aber kein einziger roter. Sie war schon ganz verzweifelt, als die Kröte auftauchte. »Du suchst doch sicher diesen hier«, sagte sie und spuckte ihr den Zauberstein vor die Füße. »Als ich ihn in den Wurzeln der Seerosen liegen sah, wusste ich, worum es dir ging. – Hättest es gleich sagen können, da wäre uns viel Mühe erspart geblieben.«

»Ach, Kröte«, sagte Gabrielle verlegen, »dieser Stein führt in Versuchung. Ich wollte nicht, dass er in unrechte Hände fällt und Unglück bringt.«

»Lass es gut sein, Gabrielle, ich verstehe dich schon. Hättest dir keine Sorgen machen müssen, denn reine Jungfrauen gibt es hier unten nicht, bis auf die Wasserjungfern, und was sollen die mit dem Stein? Mach's gut und gehe sorgfältig mit ihm um.«

Die Nymphe eilte zurück zu den Freunden. »Ich habe ihn! Seht nur, wie schön er ist. Nun wollen wir ihn auch benutzen.« Sie rubbelte und sprach: »Feuerroter Zauberstein, vernichte den Unhold und alles, was an ihn erinnert. Für den Hans, seine beiden Freunde und mich wünsche ich mir einen kleinen Bauernhof, in dem wir glücklich zusammen leben können.«

Da legte sich tiefer Nebel über das Land, dass sie kaum die Hand vor den Augen sehen konnten, und als der Wind den Nebel auflöste, war das Schloss mit dem Wüterich verschwunden. Vor ihnen stand ein hübscher kleiner Bauernhof mit Scheunen und allerlei Getier.

Gabrielle drehte sich um und warf den Zauberstein weit in den Fluss. »Da liegt er für alle Zeiten sicher. Wir brauchen ihn nicht mehr, haben wir doch alles, was das Herz begehrt: ein Dach über dem Kopf, Liebe im Herzen und gute Freunde.« Mit diesen Worten hakte sie sich bei Hans ein, und sie gingen zusammen in ihr gemeinsames Zuhause. Hier lebten sie glücklich und zufrieden, und wenn sie nicht gestorben sind, dann leben sie noch heut.

***

Der Herbst kam kalt und stürmisch. Josephine war sehr beschäftigt und Braaderup hatte sich einen grippalen Infekt eingefangen. Seltener und kürzer waren die Treffen in der Laube.

Zum Glück ging es auf den Winter zu, da würden sie wieder mehr Zeit füreinander haben. Als er mit Josephine darüber sprach, sah sie ihn traurig an. »Ach Liebster, wir werden gar keine Zeit haben, ich muss nach Hause, nach Nymphenheim. Der Vater hat uns alle zu sich gerufen. Ich glaube, es gibt Veränderungen. Ach komm, mach nicht so ein trauriges Gesicht, das steht dir nicht. Es ist doch alles halb so schlimm. Im Frühjahr bin ich wieder da und bringe uns viele schöne Märchen mit. Du kannst sicher sein, dass ich nur an dich denken werde. Sobald das Wasser in unserem Brunnen wieder eisfrei ist, sitze ich voller Sehnsucht in der Laube. Ruhe dich nur gut aus, denn es erwartet dich eine hungrige Löwin. Nun vergiss mal alles und lass uns den Oktober genießen. Er bringt uns noch viele schöne Tage. Wir wollen uns heiß und innig lieben, quasi auf Vorschuss. Wenn es dann November wird, bin ich weg. – Ich weiß, dass das schwer für dich wird, Liebster, aber der Vater will es so. Schreibe mir bitte Briefe. Ich möchte so gerne wissen, wie es dir geht, was du machst, womit du dich beschäftigst, was du gerade schreibst. Das interessiert mich alles sehr und macht uns die Zeit der Trennung leichter. Meine Anschrift ist: Josephine, Nymphenheim, postlagernd. Ich werde jeden Tag nachfragen, ob ein Brief für mich da ist. So, und nun wische die Schlechtwetterwolken weg und nimm mich fest in die Arme, ich brauche das jetzt und du auch.«

Sie setzte sich auf seinen Schoß, schmiegte sich fest an ihn und legte die Arme um seinen Hals. Nach einer Weile flüsterte sie: »Oh Braaderup, mein lieber Braaderup, wie sehr ich dich vermissen werde«, und er spürte, wie ihr Tränen über die Wangen liefen.

Der Sommer schien noch einmal zurückzukehren, so goldenschön war der Oktober. Oder war es, weil Braaderup nur Augen für sie hatte, seine Wunderschöne?

Dann kam ihre letzte Nacht. Schweigend hielten sie sich fest, Haut an Haut, Herz an Herz, so als wollten sie miteinander verwachsen, damit sie sich nicht trennen konnten. Wie gerne hätte er ihr ins Ohr geflüstert: »Bleibe bei mir, Liebste«, doch er wusste, es würde ihr den Abschied nur noch schwerer machen.

»Pass gut auf dich auf und komme bald wieder. Ich liebe dich.«

Als sie gehen wollte, sagte er leise: »Ich habe noch ein Gedicht für dich, Liebes. Nimm es bitte mit. Es soll dich immer an mich erinnern:

Du bist die schönste aller Frauen,
so warm und zärtlich, nymphenhaft.
Ich brauche dich nur anzuschauen,
und spüre Wärme, Lust und Kraft.

Du bist mir Freund und Frau zugleich,
das Himmelreich und alle Engelscharen,
Geliebte voll Erotik, wild und weich,
mit einer Wunderblüte in den Haaren.

Wie flammend heiß ist deine Liebe,
dass, wer sie einmal nur gespürt,
sich wünscht, dass sie doch ewig bliebe,
weil sie ins Wunderreich entführt.

Wie wildes Meer tost mir das Herz,
die heißen Flammen wollen mich nicht lassen.
Dich, Liebste, will ich halten, fassen,
denn sonst verbrenne ich vor Schmerz.

Komm, still das Brennen, heil die Wunden,
erlöse mich von allen Qualen.
Gering ist doch der Preis, den wir bezahlen,
verglichen mit den Liebesstunden.«

Sie küsste ihn ein letztes Mal und verschwand im Dunst der Nacht. Er sah ihre Silhouette noch lange gegen die Dunkelheit, die nun über ihn kam und wusste, dass ihm nun nur noch die Hoffnung geblieben war.

Nachwort

Ich, Jan Braaderup, habe nichts Großes schreiben wollen, sondern etwas Schönes. Für die Gelehrten zu wenig, doch Balsam für die Seele.

Ich schrieb im Rahmen meiner Möglichkeiten und gestehe, dass ich nichts hätte besser machen können. Auch wenn mich die Experten für vieles tadeln oder gar belächeln würden, fiele ihnen dieses Buch zufällig in die Hände, so wird doch das wahr und nützlich bleiben, was wahr und nützlich ist.

Seufzend, mit niedergeschlagenen Augen im Dunklen zu sitzen, führt nicht dazu, unsere Welt mit all ihren Schönheiten und Wundern zu erkennen. Deshalb bin ich auf Wanderschaft gegangen, habe mich unter die Oberfläche des Lebens gegraben, habe versucht, Licht ins Dunkel des unwegsamen Lebensdickichts zu bringen.

Dabei habe ich bewusst die Form »aus den Zeiten, als das Wünschen noch geholfen hat« gewählt, um zu zeigen, dass diese Zeiten längst nicht vorüber sind.

Das Märchen schien mir ratsam, weil sich in ihm die äußere und innere Welt mit dem Überirdischen, Wunderbaren verbindet und einen Schutzwall für die Seele gegen die Gleichgültigkeit der realen Welt bildet.

Als Grenzgänger bin ich wie ein Elementarteilchen ständig zwischen beiden Welten unterwegs, mal hier, mal dort, erlebe doppelt und verbinde beide zu einem Ganzen.

Märchen finden nicht auf kahlen Datenwiesen zwischen seelenlosen Kolonnen von Nullen und Einsen statt, sondern im Silberlicht des Mondes, auf duftenden Blumenwiesen, zwischen Feen und Nymphen.

Wer ihre Sprache versteht, wird in eine Zauberwelt geführt. Auch wenn wir sie nicht mehr in unseren Herzen tragen, so ist sie doch da, man muss sie nur sehen wollen.

»Die Brunnennymphe« möchte der Reiseführer in diese traumhafte Phantasiewelt sein. Auch wenn es scheint, dass ich das Leben wie einen großen Traum sehe, bin ich weit davon entfernt, ein Phantast zu sein. Der Traum ist nur ein schöner Teil des Lebens und macht es oft leichter und angenehmer. Wir brauchen unsere Träume, um nicht an der Alltäglichkeit zu ersticken.

Oft lasse ich mich bewusst in Träume fallen. Es ist so ein sanftes Fallen, wie ein Blütenblatt, das vom milden Strahl der Sonne fällt, leicht und matt. Man hebt die Hände, um es zu erhaschen, damit das Schöne keinen Schaden nimmt, blickt hoch und in den Augen spiegelt sich der Himmel; so viel Himmel, und bei Nacht sind es die Sterne, hell wie Diamanten.

Wenn mich die Gegenwart schreckt, wünsche ich mir, ein Einhorn zu sein, ein scheues, weißes Fabeltier, das ängstlich in seine Zauberwelt entschwindet.

Aus diesen Träumen heraus schreibe ich Märchen, die mir so sehr Wirklichkeit sind, dass ich in ihnen das wahre Leben verstecke. Damit geht der Bezug zur Realität nie verloren.

Oft habe ich das beängstigende Gefühl, die Dinge würden mir entgleiten, bis ich feststellte, dass sie keineswegs verloren sind, sondern unbemerkt in mein Innerstes gleiten und mich dort mehr umtreiben als zuvor. Dieses Entgleiten aber ist kein Abschiednehmen, kein Nicht-Wiedersehen, sondern ein tiefes, innerliches Verbinden in einer neuen

Dimension, als würde sich das Schicksal um eine neue Mitte drehen.

Immer ist es Josephine, meine geliebte Brunnennymphe, die mir Kraft und Zuversicht gibt, ohne die ich kein Buch aus den Traumwelten hätte schreiben können.

Abends, wenn die Dämmerung herab fällt, erscheint sie, oft nur vom zarten Hauch des Nachtwinds umhüllt, und ihr heller Schein erfüllt mein Herz.

Einmal noch wünsche ich mir diesen unbeschreiblichen, sanften Duft, der mit ihrem Kommen durch den Garten weht, wie ein milder Wind, der die erhitzte Seele kühlt. Noch einmal den Duft trinken und vor dem Schönen in die Knie sinken. Ach ja, Liebe ist ewig. Aus dem Ewigen gibt es keinen Ausgang, immer nur ein Vorwärts.

Die Zeit des Schreibens ging dahin, doch wenn ich es recht besehe, bin ich es, der dahin gegangen ist. Die Zeit blieb zurück und wenn ich mich umsehe, liegt sie im gleißenden Sonnenlicht oder in finsterer Nacht. Ich sehe ihre Verwandlung. Aus einer Blume wurde im Laufe der Zeit eine Blumenwiese und aus einem leichten Nieselregen ein Gewittersturm. Alles verändert sich, obwohl alles gleich bleibt. Ich träume von den schönen Augenblicken. Sie bleiben in der Erinnerung, weil sie tief im Herzen verwurzelt sind.

Phantastische Visionen und realistische Gegenwartsbeschreibungen wollte ich zu einer logischen, unauflöslichen Einheit verbinden. Das Reale ist verfremdet, steckt voller Geheimnisse und wirkt phantastisch, während das Phantastische oft nüchtern und exakt zu sein scheint, als wäre es das eigentlich Reale.

Die Form des romantischen Märchens kam mir sehr entgegen, denn nirgends sonst kann eine phantastische Welt so wunderschön aufleuchten und verklingen wie hier.

Natürlich ist der Märchenerzähler, Jan Braaderup, kein Realist, sondern Surrealist. Muss er ja sein, denn die Phantasie ist die ihn inspirierende Kraft. Eine Kontrolle der Gedanken durch die Vernunft hält er zwar nicht für überflüssig, aber für hinderlich und lähmend, denn für ihn ist Phantasie ausschließlich Inspiration.

Nichts ist wahrer, als das Vergessene. An ihm wird nicht mehr herumgedeutelt, bis einer kommt, der sich des Vergessenen erinnert. So einer bin ich. Ich sehe das Vergangene, scheinbar Überholte und gehe nicht lächelnd vorüber. Ich bleibe stehen, betrachte es, rede mit ihm, durchdenke es und fühle, wie es seinerseits auf mich zukommt und mich für sich vereinnahmt. Ich suche nicht, ich werde besucht, öffne die Tür und behandele den Besuch freundlich und respektvoll.

Immer wieder sind es einfache Ideen, die mich beschäftigen, die ich oft lange durchdenke, wie die Überlegung: was wäre, wenn ich eine Brunnennymphe hätte, wir die gegenseitigen Berührungsängste ablegten, aufeinander zugingen, um uns kennenzulernen?

Wir würden von unseren Problemen erzählen, in unbekannte Welten eintauchen, einander schätzen lernen und vielleicht sogar eine neue Form der Liebe finden, eine Form der gegenseitigen Bereicherung. Etwas, was nicht dem alten Wunsch- und Ideenklischee entspricht, das sich längst überholt hat.

Zwischen Mensch und Nymphe ist alles möglich. Wunderbare Denkwelten tun sich auf, zeigen verschlungene, traumschöne Wege, die besonders erstrahlen, wenn man sie im Silberlicht des Mondes geht. Es ist wie eine Rückkehr in paradiesische Gefilde, in das friedliche Wechselspiel zwischen realer Welt und paradiesischer Gegenwelt.

Auch wenn die Erzählungen nicht alle den Anforderungen eines romantischen Märchens entsprechen, habe ich mich dennoch bemüht, der Maxime von Novalis nahezukommen. Er war mir Leitgestirn und Vorbild zugleich. Auch wenn sein Genie unerreichbar ist, gilt doch: Wer nicht nach den Sternen greift, wird nicht einmal auf den Mond kommen.

So bin ich in die Unendlichkeit des Universums gestürmt, um schließlich Frau Luna auf dem Mond zu treffen. Ich fordere für mich das Unmögliche, um in einer schönen Wirklichkeit zu leben; auch auf die Gefahr hin, dass sie nur für mich wirklich ist, weil ich die Fähigkeit habe, den Traum in der Realität zu leben. Dass eine solche Denkart isoliert, ist klar; doch ich zögere keinen Augenblick, diesen Weg zu gehen, weil ich überzeugt bin, dass ein System krank ist, das seine Ängste und Sehnsüchte nicht in einfachen, verständlichen Bildern ausdrücken kann. Zu diesen Ausdrucksformen gehören in erster Linie Träume, Mythen und Märchen.

Ich gehe nicht nach Westen, sondern nach Osten, dem morgenroten Himmel entgegen. Er ist zart und geheimnisvoll und schmiegt sich sanft und bescheiden zwischen Nacht und Tag. Nicht dem Abendrot entgegen, weil es zu gewaltig ist, zu dominierend, zu endgültig auf das Ende gerichtet. Die Morgenröte verkündet den Anfang. Jeder Tag bringt einen Anfang, voller Zauber und Sehnsucht. Als Romantiker hängen meine Augen natürlich an den silbernen Sternen des blauschwarzen Nachthimmels. Doch meine Liebe gehört dem Anfang, dem Beginn, der Geburt, dem Erleben des Wunders.

Mir geht es um das Verständnis für den Zusammenhang von Geist, Natur, Welt und Geschichte, der nirgends so verständlich repräsentiert wird, wie in Märchen und Mythen. Die Schnittstelle ist dort, wo sich Kunst und Wissenschaft berühren: in der Poesie. Ein Spagat, der nur schwer zu schaffen ist, erfordert er doch diskursiv-rationales Denken, das bei mir, Braaderup, zu kurz gekommen ist. Zudem bedarf es der kreativen Phantasie, also einem Gespür für die äußere Welt in ihren Erscheinungen und für Stimmung und Empfindsamkeit des Inneren.

In einer von zunehmender sozialer Kälte gekennzeichneten Gesellschaft bleibt mir nur die Zuflucht in mein Inneres. Die ökologische Krise, die nicht nur unsere, sondern auch die Lebensgrundlagen der zukünftigen Generationen gefährdet, zwingt zu einem Bewusstseinswandel, einem tiefgreifenden Umdenken des bisherigen Umgangs mit der Natur.

Deshalb versuche ich, in den Märchen die Bedeutung der Natur für den Menschen aufzuzeigen, ohne dabei »Zurück zur Natur« zu wollen, sondern in gegenseitiger Achtung miteinander zu leben, nicht an den schnellen Gewinn zu denken, sondern an die Folgen des Raubbaus.

Der Umgang mit der Natur ist zurzeit naturwissenschaftlich geprägt: Rechnen, messen, wiegen und analysieren.

Der Poet versteht und erkennt die Natur besser, denn er ist nicht auf Beute aus, sondern auf ein harmonisches, beflügelndes Miteinander. Er versucht, die Wunder in sich aufzunehmen, sie zu verstehen und mit Hilfe der Sprache auszudrücken.

Der technisch verwöhnte Mensch mag über meine Aussage den Kopf schütteln. Wenn er aber darüber nachdenkt, wird er erstaunt sein, wie viel Richtiges sie enthält.

In den Märchen geht es um den gestressten Menschen,

der irgendwann den Bezug zu seiner äußeren Welt verliert oder an ihr seelisch zerbricht, sich gegen sie abschottet und sich in sein Innerstes zurückzieht. Solche Vorgänge laufen heute unter dem Begriff »Burnout«.

»Nach Innen geht der geheimnisvolle Weg«, sagt Novalis. Ein Satz, der keine Patentlösung ist, sondern auffordert, zu reflektieren, um zu verstehen. Der »Weg nach Innen« ist schwer, weil man nicht nur das eigene Selbst begreifen muss, sondern auch Erkenntnisse über das Nicht-Selbst braucht. Ein Prozess, der von jedem vollzogen werden kann. So möchte ich auch das Wunderland meiner Märchen und den Weg dorthin verstanden wissen, denn das Heilende ist in jedem von uns. Wir brauchen für diese Reise kein Gepäck und keine Wanderkarte, sondern allenfalls einen Wegbegleiter, einen Reiseführer, der nur die Aufgabe hat, dem Reisenden zu zeigen, dass er nicht alleine ist, dass viele auf dem Weg sind und vor ähnlichen Problemen stehen, wie er.

Ich bin ein Mensch, der im Wachen träumt und deshalb geheimnisvolle Dinge kennt, die denen entgehen, die nur schlafend träumen.

Ich lebe in einer Phantasiewelt, die über der Wirklichkeit liegt. Die Katastrophen, die eintreten müssen, wenn die Welt der Illusionen auf die raue Realität trifft, sind vorauszusehen. Doch sind diese Konflikte zumutbar. Natürlich hoffe ich, auf dem Weg Gleichgesinnte zu treffen.

Meine phantastischen Reisen sind unmittelbare Trauminspirationen, die der Realität von Beziehungen entspringen, die nur im Traum möglich sind.

Ich sehe die Doppeldeutigkeit der Dinge und es kümmert mich wenig, ob dieses Sein von außen erscheint oder ob es aus dem Inneren aufsteigt. Was zählt: Für das

Phantastische offen zu sein, zu warten, das Unbegreifbare zu greifen oder sich von ihm ergreifen zu lassen.

So blühen unter meinem Bleistift imaginäre Landschaften und Handlungen, deren Abläufe auf den ersten Blick klar zu sein scheinen, deren Wahrheit aber erst in den tiefen Schichten der Seele entsteht: die Ahnung von der traumverbundenen »anderen Wirklichkeit«, der Wirklichkeit, um die es mir geht.

Mein Leitmotiv ist das Prinzip Hoffnung und ich weiß sehr gut, dass diese Hoffnung stirbt, wenn die Liebe tot ist.

Eine Hommage an die Schönheit, die Liebe oder das Leben? Das bleibt dem Leser überlassen.